Rückwirkender Vermögensübergang?

Schriften zur Entwicklung des Privatrechtssystems

Herausgegeben von Christian Baldus und Christian Pohl

Band 1

PETER LANG

Frankfurt am Main · Berlin · Bern · Bruxelles · New York · Oxford · Wien

Susanne Kaiser

Rückwirkender Vermögensübergang?

Partage de l'indivision successorale und Erbteilung

PETER LANG
Europäischer Verlag der Wissenschaften

Bibliografische Information Der Deutschen Bibliothek
Die Deutsche Bibliothek verzeichnet diese Publikation in der Deutschen Nationalbibliografie; detaillierte bibliografische Daten sind im Internet über <http://dnb.ddb.de> abrufbar.

Zugl.: Köln, Univ., Diss., 2004

D 38
ISSN 1613-771X
ISBN 3-631-54112-0

www.peterlang.de

Vorwort der Herausgeber

Schriften zur Entwicklung des Privatrechtsystems

Die Sondergebiete des Privatrechts entwickeln sich dynamisch, bisweilen sprunghaft; Beratungsbedarf und wissenschaftliche Foren wachsen weithin ungesteuert. Dabei gerät bisweilen eines in den Hintergrund: Eine Rückführung der Sonderentwicklungen auf Grundfragen und allgemeine Ordnungsmechanismen, möglichst auch auf allgemeine Grundsätze, ist notwendig, um die Weiterentwicklung des Gesamtsystems beobachten und begleiten zu können. Diese Notwendigkeit hat sich in der Bundesrepublik erst jüngst, bei der Schuldrechtsreform, wieder deutlich gezeigt. Zahlreiche Auslegungs- und Wertungsfragen stellen sich neu, was häufig einen Rückgriff auf die dogmengeschichtliche Entwicklung jedenfalls seit dem späten 19. Jh. verlangt. Der revidierte Normtext ist in der Auslegung neu zusammenzufügen; teilweise gelöste und ungelöste Fragen gesellen sich zu neu aufgeworfenen. Auf der anderen Seite sind in den Grundlagenfächern, rechtsgeschichtlich wie rechtstheoretisch und rechtssoziologisch, die systematischen Instrumente intensiv reflektiert und in Frage gestellt worden; oft freilich ohne erkennbaren Wert für die Praxis.

„Das" System ist nicht mehr, wie noch im 19. Jahrhundert, ein selbstverständliches Element juristischer Bildung und Arbeitsweise. Es dient zwar noch (oft phrasenhaft) als Auslegungsargument, wird aber selten am praktischen Fall zu Ende gedacht, und von theoretischer Seite erhebt sich die grundsätzliche Frage, wieviel System das Recht denn brauche und vertrage, namentlich in internationalen und transnationalen Bezügen.

Jedenfalls für die deutsche Rechtsordnung läßt sich sagen: Das Gesetz ist bei alldem in der Struktur unberührt geblieben. Es ist ein pandektistischer, also hochsystematisch gedachter Kodex. Im kontinentaleuropäischen Ausland ist der Befund weithin ähnlich: Die meisten Kodifikationen bleiben vom 19. Jh. geprägt, und die Praxis kommt mit ihnen zurecht. Parallel dazu öffnet sich die Wissenschaft vom Gemeinschaftsprivatrecht für die Notwendigkeit, bei allem Pragmatismus und Effizienzdenken Pragmatik und Effizienz, vor allem Rechtssicherheit, auch im deduktionsfähigen System zu suchen. Die Europäische Kommission hat sich mittlerweile wichtige Elemente dieses Ansatzes zu eigen gemacht. Damit stellt sich die Frage nach einer „Exportfähigkeit“ deutscher Erfahrungen mit dem kodifizierten Pandektenrecht, aber auch diejenige nach einer „Importfähigkeit“ ausländischer Modelle.

Für Monographien aus diesem Felde, wo auch immer entstanden, will die Reihe ein wissenschaftlich profiliertes Forum bieten. Leitkriterien für die Aufnahme sind:

- realistische Themenbegrenzung in der Breite
- Zurückverfolgung des Regelungsproblems in seinen wesentlichen Zügen jedenfalls bis in die Vorgeschichte des untersuchten Gesetzbuches
- Berücksichtigung europäischer Vorgaben
- wo indiziert, Vergleich mit ausländischem Recht, Einheitsrecht oder Vereinheitlichungsprojekten
- formale und inhaltliche Transparenz in der Darstellung (auch durch leserfreundliche Register und fremdsprachliche Zusammenfassungen)
- bei Dissertationen: Mindestniveau der akademischen Bewertung (nicht unter *magna cum laude*).

Die Kölner Dissertation von Susanne Kaiser, betreut von Andreas Wacke und Barbara Dauner-Lieb, erfüllt alle Kriterien in vorbildlicher Weise. Sie gewährt dem deutschen wie dem französischen Leser, dem Praktiker wie dem Theoretiker einen zuverlässigen und kritischen Blick auf eine Konstruktionsfrage, der sich keine europäische Rechtsordnung entziehen kann und die als Regelungsproblem weit über das Erbrecht hinausweist. Die Vereinheitlichung des Erbrechts wird auch die Frage nach der Teilung der Erbengemeinschaft auf die europäische Agenda bringen. Es steht zu wünschen, daß die wissenschaftliche Diskussion dann weit genug gediehen sein wird, um die Rechtspolitik unterstützen zu können.

Diese Diskussion findet in der Arbeit von Susanne Kaiser einen vorzüglichen Ausgangspunkt. Weitere Studien sollten diesen Ausgangspunkt nutzen und kritisch diskutieren – sei es mit Blick auf die Rechtsordnungen des romanischen Rechtskreises, in denen sich französische und deutsche Einflüsse überschneiden, sei es für die Rechte der ostmitteleuropäischen Reformstaaten, in denen verwandte, aber andersartige Rezeptionsprozesse stattgefunden haben, oder hinsichtlich der Ansätze des *common law* und der nordischen Rechte. In jedem Fall ist Voraussetzung einer praktisch befriedigenden Lösung auch auf europäischer Ebene eine möglichst einfache Konstruktion, die bekannte Anwendungsprobleme reflektiert und für neue offen ist. Dieser moderne und zugleich geschichtsbewußte Umgang mit der Konstruktion im Recht prägt die – von der Kölner Fakultät mit *summa cum laude* bewertete – Dissertation, und so schätzen die Herausgeber sich glücklich, die Schriftenreihe mit dieser Arbeit eröffnen zu können.

Heidelberg und Ludwigshafen, den 1. März 2005

Prof. Dr. Christian Baldus   Notar Dr. Christian Pohl, D.E.S.S.

Vorwort

Die Arbeit hat im Wintersemester 2004/2005 der Rechtswissenschaftlichen Fakultät der Universität zu Köln als Dissertation vorgelegen. Später erschienene Literatur konnte nur in Einzelfällen berücksichtigt werden.

Meinem Doktorvater, Herrn Professor Dr. Dr. h.c. Andreas Wacke, LL.D. h.c., der das Thema angeregt hat, danke ich für die Betreuung der Arbeit sowie dafür, daß er mir während meiner Zeit als Wissenschaftliche Mitarbeiterin die notwendigen Freiräume gewährte. Mein Dank gilt ferner Frau Professor Dr. Barbara Dauner-Lieb für die zügige Erstellung des Zweitgutachtens.

Herrn Professor Dr. Christian Baldus und Herrn Notar Dr. Christian Pohl, D.E.S.S., danke ich für die Aufnahme der Arbeit in die Reihe „Schriften zur Entwicklung des Privatrechtssystems".

Den Mitarbeitern am Institut für Römisches Recht bin ich für vielfältige Unterstützung verbunden. Für kritische Lektüre und wertvolle Hinweise danke ich herzlich Professor Dr. Christian Baldus und Professor Dr. Peter Jung sowie Eva Kaiser, Dr. Beatriz Rodríguez Antolín und Anna Seelentag.

Besonderen Dank schulde ich meinen Eltern und meiner Familie, insbesondere meinem Mann Christian Heidbrink, der mir während des Entstehens der Arbeit stets unterstützend zur Seite stand. Ihm widme ich dieses Buch.

Berlin, im Mai 2005 Susanne Kaiser

Inhaltsübersicht

Inhaltsverzeichnis

Abkürzungsverzeichnis

AcP	Archiv für die civilistische Praxis
AGBG	Gesetz zur Regelung der allgemeinen Geschäftsbedingungen
AgrarR	Agrarrecht
ALR	Allgemeines Landrecht für die preußischen Staaten
Antonin.	Antoninus
AnwBl	Anwaltsblatt
AO	Abgabenordnung
ArchBürgR	Archiv für bürgerliches Recht
Arch. phil. du droit	Archives de philosophie du droit
AVAG	Anerkennungs- und Vollstreckungsausführungsgesetz
BayAGGVG	Bayerisches Ausführungsgesetz zum Gerichtsverfassungsgesetz
BayObLG	Bayerisches Oberstes Landesgericht
BB	Der Betriebs-Berater
Beschl.	Beschluß
BGB	Bürgerliches Gesetzbuch
BGH	Bundesgerichtshof
BGHZ	Entscheidungen des Bundesgerichtshofs in Zivilsachen
BIDR	Bulletino dell'Istituto di Diritto Romano
BNotO	Bundesnotarordnung
Bull.	Bulletino dell' Istituto di diritto romano ,Vittorio Scialoja'
Bull. civ.	Bulletin des arrêts de la Cour de Cassation, Chambres civiles
Bull. soc. lég. comp.	Bulletin de la Société de Législation comparée
BVerfG	Bundesverfassungsgericht
C.	Codex Iustinianus
CA	cour d'appel
Cass. civ.	cour de cassation, chambre civile (bis 1964)
CC	Code civil
CGI	Code général des impôts
Cic. de orat.	Cicero, De oratore
Civ.	Cour de cassation, chambre civile (seit 1965)
chr.	chronique

CPC	Code de Procédure civile
CPO	Civilprozeßordnung
D	Recueil Dalloz Sirey de doctrine de jurisprudence et de législation – hebdomadaire
D.	Digesta Iustiniani
Defrénois	Répertoire du Notariat Defrénois
Dig.	Digesta Iustiniani
Diocl.	Diocletianus
doctr.	doctrine
DStR	Deutsches Steuerrecht
EGBGB	Einführungsgesetz zum Bürgerlichen Gesetzbuch
EGV	Vertrag zur Gründung der Europäischen Gemeinschaft
EheVO	EG-Verordnung über die Zuständigkeit und Anerkennung und Vollstreckung von Entscheidungen in Ehesachen und Verfahren betreffend die gemeinsame Verantwortung für die gemeinsamen Kinder der Ehegatten
Entscheidungen	Entscheidungen des königlichen Ober-Tribunals
ErbbauVO	Verordnung über das Erbbaurecht
ErbStG	Erbschaftsteuer- und Schenkungsteuergesetz
EuGH	Gerichtshof der Europäischen Gemeinschaften
EuGHMR	Europäischer Gerichtshof für Menschenrechte
EuGVVO	EG-Verordnung über die gerichtliche Zuständigkeit und die Anerkennung und Vollstreckung von Entscheidungen in Zivil- und Handelssachen
EURL	entreprise unipersonnel à responsabilité limitée
EuRPL	European Review of Privat Law
EWiR	Entscheidungen zum Wirtschaftsrecht
FamRZ	Zeitschrift für das gesamte Familienrecht
FGG	Gesetz über die Angelegenheiten der freiwilligen Gerichtsbarkeit
FGO	Finanzgerichtsordnung
Gai.	Gaius
Gai. Inst.	Gai institutiones
GBO	Grundbuchordnung
GbR	Gesellschaft bürgerlichen Rechts
Glotta	Glotta – Zeitschrift für griechische und lateinische Sprache
GmbH	Gesellschaft mit beschränkter Haftung

Gord.	Gordian III.
GrdstVG	Grundstücksverkehrsgesetz
Gruchot	Beiträge zur Erläuterung des Preußischen Rechts, begründet von Gruchot
HausratsVO	Verordnung über die Behandlung der Ehewohnung und des Hausrats
HausTWG	Gesetz über den Widerruf von Haustürgeschäften
HessFGG	Hessisches Gesetz über die freiwillige Gerichtsbarkeit
HGB	Handelsgesetzbuch
HKK	Historisch-kritischer Kommentar zum BGB
HöfeO	Höfeordnung
HRG	Handwörterbuch zur deutschen Rechtsgeschichte
Index	Index – Quaderni camerti di studi romanistici
InsO	Insolvenzordnung
Inst.	Institutiones Iustiniani
IPrax	Praxis des Internationalen Privat- und Verfahrensrechts
IR	informations rapides (Entscheidungsanzeigen in D)
Iul.	Salvius Iulianus
Iura	Iura – Revista internationale di diritto romano e antico
Iustin.	Iustinianus
JA	Juristische Arbeitsblätter
JCP	Juris Classeur Périodique (= La Semaine juridique)
JCP not.	Juris Classeur Périodique notarial
Jherings Jahrbücher	Jherings Jahrbücher für die Dogmatik des bürgerlichen Rechts
JR	Juristische Rundschau
JZ	Juristenzeitung
Kamptz's Jahrbücher	Jahrbücher für die preußische Gesetzgebung, Rechtswissenschaft und Rechtsverwaltung
L.	Lucius
Labeo	Labeo – Rassegna Di Diritto Romano
LMK	Lindenmaier-Möhring, Kommentierte Rechtsprechung
LPartG	Lebenspartnerschaftsgesetz
Marcian.	Aelius Marcianus
Maximian.	Maximianus
MittRhNotK	Mitteilungen der Rheinischen Notar-Kammer
MünchKomm	Münchener Kommentar

NJW	Neue Juristische Wochenschrift
Nov.	Novellae Iustiniani
NCPC	Nouveau Code de Procédure civile
OHG	Offene Handelsgesellschaft
OIR	Orbis Iuris Romani
PACS	pacte civil de solidarité
Pap.	Aemilius Papinianus
PartGG	Partnerschaftsgesellschaftsgesetz
Paul.	Iulius Paulus
pr.	principium
Präjudizien	Präjudizien des Geheimen Ober-Tribunals
praef.	praefectus
ProdHaftG	Produkthaftungsgesetz
Quaderni Fiorentini	Quaderni Fiorentini per la storia del pensiero giuridico moderno
Rép. civ.	Encyclopédie Dalloz: Répertoire de droit civil
Req.	Cour de cassation, chambre des Requêtes (bis 1947)
Rev. crit.	Revue critique de législation et de jurisprudence
Rev. gén. du droit	Revue générale du droit, de la législation et de la jurisprudence
Rev. lég. et jur.	Revue de législation et de jurisprudence
Rev. soc.	Revue des sociétés
RG	Reichsgericht
RGRK	Reichsgerichtsrätekommentar
RGZ	Entscheidungen des Reichsgerichts in Zivilsachen
RIDA	Revue internationale des droits de l'antiquité
RIW	Recht der internationalen Wirtschaft
RTD civ.	Revue trimestrielle de droit civil
RTD com.	Revue trimestrielle de droit comercial
SachenRBerG	Sachenrechtsbereinigungsgesetz
SC	senatus consultum
SchuldRAnpG	Schuldrechtsanpassungsgesetz
SDHI	Studi et Documenta Historiae et Iuris
Sirey	Recueil général des lois et des arrêts
Striethorst's Archiv	Archiv für Rechtsfälle aus der Praxis der Rechtsanwälte des Königlichen Obertribunals
StuW	Steuer und Wirtschaft

SZ rom. Abtl.	Zeitschrift der Savigny-Stiftung für Rechtsgeschichte, Romanistische Abteilung
SZ germ. Abtl.	Zeitschrift der Savigny-Stiftung für Rechtsgeschichte, Germanistische Abteilung
T.	Titius
TE	Teilentwurf
TR	Tijdschrift voor rechtsgeschiedenis. Revue d'histoire du droit. The legal History Review
Ulp.	Domitius Ulpianus
UmwG	Umwandlungsgesetz
Urt.	Urteil
VerbrKrG	Verbraucherkreditgesetz
WM	Wertpapier-Mitteilungen
XII tab.	lex XII tabularum
ZEuP	Zeitschrift für Europäisches Privatrecht
ZEV	Zeitschrift für Erbrecht und Vermögensnachfolge
ZGR	Zeitschrift für Unternehmens- und Gesellschaftsrecht
ZHR	Zeitschrift für das gesamte Handelsrecht und Wirtschaftsrecht
ZIP	Zeitschrift für Wirtschaftsrecht
ZNR	Zeitschrift für Neuere Rechtsgeschichte
ZPO	Zivilprozeßordnung
ZRP	Zeitschrift für Rechtspolitik
ZustDG	EG-Zustellungdurchführungsgesetz
ZustellungsVO	EG-Verordnung über die Zustellung gerichtlicher und außergerichtlicher Schriftstücke in Zivil- oder Handelssachen in Mitgliedsstaaten
ZVG	Zwangsversteigerungsgesetz
ZVglRWiss	Zeitschrift für vergleichende Rechtswissenschaft
ZZP	Zeitschrift für Zivilprozeß

§ 1. Einleitung

Hat ein Erblasser mehrere Erben, so bilden sie bis zur Teilung eine Gemeinschaft, sei es zur gesamten Hand wie im deutschen Recht, sei es nach Bruchteilen wie im römischen Recht oder sei es eine Mischform aus Bruchteils- und Gesamthandsgemeinschaft wie im französischen Recht.
Die Teilung der Erbengemeinschaft ist nach dem BGB ein Rechtsgeschäft, bei der alle Mitglieder der Gemeinschaft einen einzelnen Gegenstand einem Mitglied übertragen. Eine konstitutive Teilung kraft richterlichen Gestaltungsermessens kennen wir im deutschen Recht nicht.
Die Regelungsmechanismen des Rechtsinstituts Teilung hängen von bestimmten Prämissen ab: Woraus besteht die Erbschaft und wem sind die Erbschaft oder die einzelnen Erbschaftsgegenstände zugeordnet? Daran anknüpfend kann der Betrachtungsschwerpunkt entweder auf der Gemeinschaft der Rechtsinhaber oder auf den ungeteilten Gegenständen liegen. Das Erblasservermögen kann nämlich einerseits als Einheit, z.B. als Sondervermögen der Erben, weiterbestehen. Andererseits ist es möglich, den Nachlaß bereits im Zeitpunkt des Erbfalles jedenfalls ideell aufzuteilen. Das Modell des Sondervermögens hat das BGB übernommen. Der französische Code civil hinwiederum vollzieht durch die Teilung lediglich dasjenige tatsächlich, was rechtlich bereits angeordnet wurde. Die Teilung wirkt nach Art. 883 I CC nämlich lediglich deklaratorisch und rückwirkend. Der Erbe wird daher so angesehen, als sei er bereits seit dem Erbfall Eigentümer der ihm nach der Teilung zugewiesenen Nachlaßgegenstände. Dieser Gegensatz zum BGB bot den Anlaß für die hier vorgelegte Untersuchung.

Monographisch befaßte sich in Frankreich zuletzt 1996 *François Xavier Testu* mit der Rechtsnatur der Gemeinschaft in seiner Schrift „L'indivision". Die 1979 von *Michel Névot* erschienene Arbeit „La notion d'opération de partage" untersucht die Wirkungsweise der Teilung.
In Deutschland behandelten in den letzten Jahren drei Dissertationen das Thema der französischen Erbenmehrheit und der Gemeinschaftsteilung: 1987 veröffentlichte *Friedrich Trockels* seine Arbeit „Die Erbengemeinschaft im französischen Recht", deren Schwerpunkt auf der Teilung der Nachlaßforderungen und -schulden liegt. *Monika Exner* legte 1994 „Die Auseinandersetzung der Erbengemeinschaft im deutschen und im französischen Recht" vor. Ebenfalls 1994 setzte *Uwe Krenz* sich mit dem Thema in „Modelle der Nachlaßteilung" auseinander.

Die deutsche und die französische Rechtsordnung erklären die Gemeinschaftsteilung jeweils in Abgrenzung zur römischrechtlichen Regelung. Daher ist hier zunächst die römischrechtliche Erbteilung zu betrachten, um den gemeinsamen Bezugspunkt beider Rechtsordnungen zu kennen. Da der Erbteilung des BGB ursprünglich ebenfalls eine römischrechtliche Konzeption zugrunde liegen sollte, ist zudem nach den Gründen für die Gesamthandslösung zu fragen. Darüber hinaus soll das heutige Verständnis der Rechtsnatur der Erbengemeinschaft aufgezeigt werden, bevor die Erbteilung erörtert wird.
Auch für das französische Recht ist die Rechtsnatur der Erbenmehrheit zu klären. Zudem sind die Auswirkungen ihrer Rechtsnatur ebenso wie diejenigen der Teilungskonstruktion auf die Erbenmehrheit zu untersuchen. Neben dem Teilungsverfahren soll insbesondere die Konstruktion der Teilungswirkung betrachtet werden.

Damit werden hier die Modelle einer römischen, deutschen und französischen Erbenmehrheit und Nachlaßteilung vorgestellt. Im Hinblick auf eine zukünftige europäische Rechtsvereinheitlichung sind gemeinsame Entwicklungslinien sowie die Weichenstellungen ihrer unterschiedlichen Weiterentwicklung aufzuzeigen. Welche Bausteine dieser Modelle ihre Funktion am ehesten erfüllen und für die Zukunft geeignet sind, soll erforscht werden.

Erster Teil: Römisches Recht

Das antike römische Recht umfaßt einen zeitlichen Rahmen von mehr als 1000 Jahren, innerhalb dessen es seine Erscheinungsform vielfach wandelte. Dieses Recht spiegelt sich in dem uns zur Verfügung stehenden Quellenmaterial in unterschiedlicher Dichte wider. Eine Begrenzung ist daher für die folgende Betrachtung indiziert: Die Zeit der klassischen Jurisprudenz beeinflußte das geltende Recht und die europäische Privatrechtswissenschaft am stärksten und wurde uns vor allem durch die Kompilation Justinians, das sog. *Corpus iuris civilis*[1] aus den Jahren 528-534 überliefert. Ihr zweiter Teil, die *Digesta* (oder *Pandectae*) *Iustiniani*, hat diejenigen Schriften römischer Juristen zum Inhalt,[2] aus denen sich das Recht der klassischen Periode entnehmen läßt. Auf diese Epoche, die bis heute auf uns nachwirkt, soll sich die Darstellung konzentrieren. Denn sie ist für das Verständnis des heutigen Rechts notwendige Bedingung. Insbesondere befaßt sich ungefähr ein Drittel der erhaltenen juristischen Quellen mit erbrechtlichen Fragen.[3]

Die nun hier zu betrachtende Zeit der römischen Klassik deckt sich ungefähr mit der des Prinzipats, d.h. sie ist von 30/23 v.Chr. bis 283 n.Chr. anzusiedeln.[4]

§ 2. Erbenmehrheit in Rom: Die *communio* der *coheredes*

Im Erbrecht ebenso wie in anderen Gebieten des römischen Rechts finden sich nebeneinander zwei Rechtsschichten: das *ius civile* und das *ius honorarium*.[5] Erst aus dem Zusammenspiel beider Rechtsschichten ergibt sich das römische Recht der Erbenmehrheit. Bevor die Zusammensetzung der Erbenmehrheit erläutert wird, ist daher kurz auf das Verhältnis von *ius civile* und *ius honorarium* einzugehen:

[1] Dazu *Liebs* (1999) S. 92-103. Die Bezeichnung *Corpus iuris civilis* wurde erstmals im 13. Jahrhundert und vor allem seit der Gesamtausgabe 1583 von *D. Gothofredus* als Sammelbezeichnung für die Gesetzeswerke Justinians verwandt. *Schlosser* (2001) S. 30, 72.

[2] Zu den römischen Juristen *Kunkel* (1967/2001).

[3] *Manthe* (2000) S. 77.

[4] Zur üblichen Einteilung der römischrechtlichen Epochen *Wieacker* (1988) S. 19-25. S. auch *Wieacker* (1961) S. 161-186 sowie zur klassischen römischen Rechtswissenschaft *Kunkel/Schermaier* (2001) S. 140-163.

[5] Vgl. *Kaser* (1978) S. 108f. und *ders.* (1984) S. 83-92.

Das *ius civile* umfaßt vor allem das um 451/450 v.Chr. aufgeschriebene Recht der Zwölftafeln sowie das später in sonstigen Gesetzen niedergelegte Recht. Dieser Quelle stand das *ius honorarium* gegenüber, das Amtsrecht des Prätors, d.h. des zuständigen Magistraten für das Rechtswesen, welcher als Gerichtsherr fungierte.[6] Das prätorische Amtsrecht diente nicht nur der Ergänzung des Zivilrechts dort, wo dieses Lücken aufwies. Darüber hinaus entschied der Prätor nötigenfalls auch gegen bestehendes Zivilrecht, korrigierte damit seine Ungerechtigkeiten und paßte es an veränderte Situationen an.[7] Zu Beginn seiner Amtszeit legte jeder Prätor seine Rechtsbehelfe schriftlich fest, die denjenigen seiner Vorgänger hinzugefügt wurden (*edictum perpetuum*)[8].
Im Privatrecht überlagerten sich also zwei Rechtsquellen, wobei das jüngere Honorarrecht, die *viva vox iuris civilis*,[9] das ältere, formal in Kraft gebliebene Zivilrecht verdrängte. Neben dem *ius civile* und dem *ius honorarium* dienten seit der Kaiserzeit auch Senatsbeschlüsse sowie die kaiserliche Gesetzgebung, die *constitutiones*, als Rechtsquellen.[10]
Der Deduktion einer Entscheidung aus abstrakten *regulae iuris* standen die römischen Juristen allerdings grundsätzlich skeptisch gegenüber.[11] Ihre Methode war eher induktiv, d.h. ihr Recht entwickelte sich aus Fallrecht, dem ein erkennbares äußeres System wohl fehlt.[12]

[6] *D'Ors* (1968/2002) S. 321f. Eine spezielle Zuständigkeit oblag neben dem Prätor den kurulischen Ädilen, da diese die Gerichtsbarkeit für Marktstreitigkeiten inne hatten: *Baldus* (1999b) S. 30 und *ders.* (1999), S. 61f.

[7] Pap. D. 1.1.7.1: *Ius praetorium est, quod praetores introduxerunt adiuvandi vel supplendi vel corrigendi iuris civilis gratia propter utilitatem publicam. Quod et honorarium dicitur ad honorem praetorum sic nominatum.*

[8] Das Edikt wurde erst nach seiner Endredaktion durch *Julian* im Jahre 129/130 als *edictum perpetuum* bezeichnet. Bis dahin wurde es *edictum tralaticium* genannt.

[9] Marcian. D. 1.1.8.

[10] *Honsell/Mayer-Maly/Selb* (1987) S. 15, 17. Zur Anwendung römischen Rechts auf Rechtsfälle mit Nichtrömern *Baldus* (1999a), S. 23-28.

[11] *Kaser* (1976) S. 17f. S. allerdings *Wacke* (1999) S. 566 und *Böhr* (2002) S. 61f.

[12] Zum inneren und äußeren System im römischen Recht *Baldus* (2001) S. 125-129, zugleich Rezension von *Cuena Boy* (1998). Anders aber *Wacke*, wie vor.

A. Die Zusammensetzung der *communio*

I. Die personelle Zusammensetzung

In Rom existierten in klassischer Zeit alternativ die Berufung zur Erbfolge kraft Testaments und die Intestaterbfolge.[13] Fehlte ein Testament des Erblassers, so ergab sich die Erbfolge aus dem *ius civile* sowie aus dem prätorischen Edikt.[14] Mangels Testaments erbten die *sui heredes*, also die gewaltunterworfenen Hausgenossen, soweit sie durch den Tod des *paterfamilias* gewaltfrei wurden.[15] Waren keine *sui heredes* vorhanden, so erbten nach dem Zwölftafelgesetz die gradnächsten Agnaten, d.h. die Verwandten in männlicher Linie, zu gleichen Teilen nach Stämmen (Repräsentationsprinzip). Fielen auch diese aus, so ging die Erbschaft an die *gentiles*, die sonstigen Verwandten.[16]

Neben die gesetzliche Erbfolge der Zwölftafeln trat die prätorische, welche nach Klassen auch die Kognaten (Seitenverwandten und Blutsverwandten in weiblicher Linie) sowie die Ehefrau des Erblassers als *bonorum possessores* berief, wobei der Begriff des *heres* den nach *ius civile* Berufenen vorbehalten war.[17] Diese prätorische Erbfolge, die der Gerichtsmagistrat abweichend von der Erbfolgeordnung des *ius civile* zuließ, findet ihre Ursache in den starren Regelungen des Zwölftafelrechts, welche in der jüngeren Republik zunehmend als ungerecht empfunden wurden, da sie nicht gewaltunterworfene Hauskinder und Kognaten von der Erbfolge ausschlossen.[18] Beeinflußt wurde die Erbfolge ebenfalls durch

[13] Zur weiten Verbreitung von Testamenten *Champlin* (1991) S. 41-45; *Stern* (2000) S. 413-428, insb. S. 426. Die Testierfreiheit war bereits in den Zwölftafeln (5,3) verankert: *uti legassit, ita ius esto.*

[14] *Manthe* (2000) S. 77-83, 100-104.

[15] Zu Lebzeiten des *paterfamilias* standen seine Söhne und Töchter sowie sonstige Haushaltsmitglieder grundsätzlich unter seiner Hausgewalt (*patria potestas* oder *manus*). Dies bedeutete, daß sie selbst nicht Inhaber von Vermögensrechten sein konnten. Infolgedessen waren auch erwachsenene Kinder grundsätzlich nicht fähig, eigenes Vermögen aufzubauen. *Manthe* (2000) S. 99f., aber u. Fn. 77.

[16] XII tab. 5, 4f.: *Si intestato moritur, cui suus heres nec escit, adgnatus proximus familiam habeto. Si adgnatus nec escit, gentiles familiam habento.*

[17] *Honsell/Mayer-Maly/Selb* (1987) S. 443f.

[18] *Honsell/Mayer-Maly/Selb* (1987) S. 438. Die nicht gewaltunterworfenen Kinder sind in diesem Falle allerdings zu Ausgleichsleistungen (*collationes*) an die *sui heredes* verpflichtet, wenn sie bereits eigenes Vermögen aufbauen konnten.

die Familienpolitik von Augustus.[19] Durch Senatsbeschluß wurde unter Hadrian die Erbberechtigung der Ehefrau verbessert.[20]

Den Hauserben, also den *sui heredes* sowie den kraft Testaments freigelassenen Sklaven, fiel die Erbschaft *ipso iure* mit dem Erbfall an.[21] Sie waren überdies *heredes necessarii*, da sie die Erbschaft auch nicht ausschlagen konnten. Die Außenerben (*heredes extranei*) dagegen mußten als *heredes voluntarii* die Erbschaft zu ihrem Erwerb erst antreten. Kraft Amtsrechtes berufene Erben wies der Prätor durch Dekret in die Erbschaft ein, er erteilte ihnen damit die *bonorum possessio*.[22]

Ob die Juristen der klassischen Zeit davon ausgingen, daß in den Erben die Persönlichkeit des Erblassers weitergeführt wird und sich dies im *ipso iure*-Erwerb der *sui heredes* ausdrückt, ist nicht abschließend geklärt.[23] Diese Frage beschäftigte die Wissenschaft vor allem bis zum beginnenden 20. Jahrhundert.[24] Für die Spätantike jedenfalls läßt sich die Personennachfolge der Erben einer Quelle entnehmen.[25]

Sofern kein Alleinerbe (*heres ex asse*) Gesamtnachfolger des Erblassers wurde, erbten die Testaments- oder Intestaterben nach Bruchteilen.

An die Stelle von Testamentserben konnten Noterben treten.[26] Ein formelles Noterbrecht stand denjenigen *sui heredes* zu, die in einem Testament nicht formgerecht enterbt, sondern stillschweigend übergangen wurden. Testamentserben wurden in ihrem Erbrecht vor übermäßigen Legaten seit 40 v. Chr. durch die *lex Falcidia* geschützt,[27] welche bestimmte, daß der Aktivnachlaß nur zu drei

[19] *Mette-Dittmann* (1991) S. 151-161; *Knothe* (2002) S. 217.

[20] SC Tertullianum: Inst. 3,3.

[21] Die freigelassenen Sklaven erbten nur dann, wenn ihnen ein Vermächtnis zugewendet war.

[22] Näher zum Verfahren *Papakonstantinou* (1998) S. 32-46.

[23] Verneinend *Wacke* (1998) S. 447ff. gegen *Schanbacher* (1987) S. 126-132. Zur Bedeutung dieses Ansatzes für das französische Recht u. § 8.B.

[24] Dagegen: *Woeß* (1911) S. 13; *Bonfante* (1916) S. 158-169, der darauf abstellt, daß der Erbe die politische Funktion des Oberhauptes der *gens* übernehme (gegen diesen insgesamt *Rabel* (1930) S. 295-332); *Kaser* (1971) S. 673. Dafür: *L. Mitteis* (1908) S. 93, *Saleilles* (1911) S. 1031f.

[25] Nov. 48 praef. und § 1.

[26] Vgl. *Honsell/Mayer-Maly/Selb* (1987) S. 463-467. S. a. *Wacke* (1996) S. 114ff.

[27] *Hennig* (1999) S. 20 und *Schanbacher* (1995) S. 29f.

Viertel mit Vermächtnissen beschwert werden dürfe.[28] Außerdem konnte ein Testament von bestimmten vollständig oder teilweise übergangenen Intestaterben als pietätlos gegenüber der Familie (*querela inofficiosi testamenti*) angefochten werden mit der Folge, daß das Testament (teilweise) unwirksam wurde.[29]

II. Die gegenständliche Zusammensetzung

Gemäß dem Prinzip der Universalsukzession (*succedere in iura defuncti*) gingen alle vererbbaren Nachlaßgegenstände auf die Erben über.[30] Diese Gegenstände in ihrer Gesamtheit stellen die Erbschaft (*hereditas*) dar.[31] Von der Gesamtnachfolge ausgenommen waren diejenigen Gegenstände, die als Vindikationslegat (*legatum per vindicationem*) einem Vermächtnisnehmer zugedacht waren.[32] Im Gegensatz zum *legatum per damnationem* hatte das *legatum per vindicationem* dingliche Wirkung, so daß der Bedachte mittels der *rei vindicatio* Herausgabe, nicht auch Übereignung (*actio ex testamento*) von den Erben verlangte.[33]
Am Nachlaß beteiligt waren auch diejenigen, die durch ein Fideikommiß mit der ganzen Erbschaft oder einem Bruchteil (Universalfideikommiß) bedacht waren. Anders als beim *legatum per vindicationem* erwarb der mit einem Fideikommiß Bedachte die Erbschaft oder einen Erbteil nicht direkt vom Erblasser, sondern hatte bloß einen obligatorischen Anspruch gegen gegen den Erben.[34]
Die Schulden des Erblassers waren wohl nicht Bestandteil der *hereditas*.[35] Sie wurden den Erben jedoch trotzdem auferlegt,[36] so daß die Erben dem Erblasser in seine Aktiva und Passiva nachfolgten.

[28] *Wacke* (1973) S. 209f. Legatsbeschränkungen enthielten bereits die *lex Furia* (zwischen 204 und 169) und die *lex Voconia* (169), deren Zweck aber wohl im Kontext der sog. Luxusgesetze zu suchen ist. *Kaser* (1971) S. 756.
[29] *Kaser* (1971) S. 710; *Kaser/Knütel* (2003) S. 426.
[30] Iul. D. 50,17,62. Zum Begriff des Gegenstandes *Wacke* (2002) S. 28-34. Zu besonderen Fällen *Krenz* (1994) S. 119f.; *Bretone* (2001) S. 209 zur *hereditas*.
[31] Begriffliches bei *Lübtow* (1956) S. 411f. (*hereditas*), 508f. (Universalsukzession).
[32] Umstritten war unter den hochklassischen Rechtsschulen der Sabinianer und Prokulianer, ob das Vindikationslegat automatisch oder nur durch (ausdrückliche oder konkludente) Annahme erworben werden konnte. Vgl. *Honsell/Mayer-Maly/Selb* (1987), S. 491.
[33] *Honsell/Mayer-Maly/Selb* (1987) S. 485.
[34] *Johnston* (1998) S. 45f., 48.
[35] *Kaser* (1971) S. 733. S. aber *Kroppenberg* (2001) S. 189 und *Guarino* (2001) Nr. 35.1.1, welcher die Schulden in den Begriff der *hereditas* miteinbezieht.
[36] *Kaser* (1971) S. 733. Näher – auch zu Ausnahmen – u. B.II.2.

B. Die Rechtsnatur der Erbenmehrheit

I. Das altrömische *consortium ercto non cito*

In der römischen Frühzeit vor dem Zwölftafelgesetz bildete eine Mehrzahl von Erben das *consortium ercto non cito*.[37] Bereits aus dem Namen ergibt sich, daß die Gemeinschaft ungeteilt ist: *erctum ciere* bedeutet „Teilung vornehmen",[38] bei dem *consortium* wurde diese Teilung nun nicht (*non*) vorgenommen. Daher wird das *consortium* in der Literatur auch fortgesetzte Erbengemeinschaft genannt.[39] Jedenfalls blieben die Hauskinder des Erblassers in der bäuerlichen Frühzeit nach dem Erbfall in der Hausgenossenschaft zusammen und führten den Nachlaß, meist ein Landgut, gemeinschaftlich weiter.[40] Erst später, aber bereits zur Zeit der Zwölftafeln, war eine Teilung des *consortium* möglich.[41] Dafür stand die Teilungsklage der *actio familiae erciscundae* zur Verfügung, die im Verfahren der *legis actio per iudicis arbitrive postulationem* vor einem Teilungsrichter (*arbiter*) durchgeführt wurde.[42]

Beim *consortium* ging die Erbschaft als Ganzes auf die Erben über. Von diesen konnte jeder als Ausfluß seiner Mitgliedschaft (im untechnischen Sinne) in der Gemeinschaft über Nachlaßgegenstände ohne Zustimmung seiner Miterben wirksam verfügen.[43] Einzelne Anteile am Nachlaß oder den Nachlaßgegenständen waren vom Recht allerdings noch nicht herausgebildet worden.[44] Auch in sonstiger Hinsicht war das Innenverhältnis der Gemeinschaft rechtlich nicht ausgestaltet. Insofern waren die Miterben auf einvernehmliche, interne Regelungen verwiesen.

[37] Gai. Inst. 3,154 a/b; Cic. de orat. 1,56,237; *Wieacker* (1936) S. 126-169.

[38] *Bretone* (1960) S. 169; *Honsell/ Mayer-Maly/Selb* (1987) S. 331. Nach *Guarino* (2001) Nr. 40.4.1 heißt *erctum ciere* „zur Teilung rufen". Ausführlich zur Etymologie *Nelson* (1967) S. 43-53.

[39] Z.B. *Wieacker* (1936) S. 127. S. aber *Maschi* (1935) S. 45ff.

[40] *Wieacker* (1940) S. 19ff.; *Kaser* (1975) S. 281-288.

[41] Gai. D. 10,2,1pr.

[42] *Broggini* (1957) S. 163f.; *Behrends* (1974) S. 49f.

[43] Gai. Inst. 3,154b. *Bretone* (1960) S. 182; *Kaser* (1971) S. 100; *Guarino* (2001) Nr. 45.4.2.

[44] *Honsell/Mayer-Maly/Selb* (1987) S. 149.

II. Die *communio* der Miterben

Nachdem die Hausgemeinschaft des *consortium ercto non cito* als Erbengemeinschaft überwunden war, bildeten die Miterben in klassischer Zeit am Nachlaß eine Bruchteilsgemeinschaft wie Miteigentümer,[45] die *communio*. Der Begriff der *communio* ist nicht auf das Eigentum oder die Erbschaft beschränkt. Vielmehr drückt sich in ihm generell die gemeinschaftliche Innehabung eines Gegenstandes oder eines Vermögens aus.[46] Da die Gemeinschaft für die Erben zufällig und nicht willentlich entsteht, wird sie auch *communio incidens* genannt.[47]

Die Gemeinschaft der Erben verstanden die Römer als Vermögensgemeinschaft.[48] Die *hereditas* als *res incorporalis* stellte zwar ein Rechtsobjekt dar,[49] nicht jedoch ein selbständiges Sachenrecht in dem Sinne, daß über die *hereditas* im ganzen verfügt werden konnte.[50]

Die Gemeinschaft der Miteigentümer (*communio pro indiviso*) wird von *Celsus* folgendermaßen charakterisiert:

> Ulp. D. 13,6,5,15[51]
> *Celsus [...] ait duorum quidem in solidum dominum vel possessionem esse non posse: nec quemquam partis corporis dominium esse, sed totius corporis pro indiviso pro parte dominum habere.*
>
> Celsus [...] sagt, daß von zwei Personen nicht jede eine Sache als Ganze im Eigentum haben oder besitzen könne und daß auch keiner [von ihnen] Eigentümer eines Teiles einer körperlichen Sache sein könne; vielmehr habe jeder ungeteiltes Miteigentum an der ganzen körperlichen Sache.[52]

Bei der Bruchteilsgemeinschaft der Miteigentümer ist die Sache selbst also nicht geteilt. Jedem Gemeinschafter steht an ihr aber ein eigener, ideeller Anteil zu, über den er auch verfügen kann. Das Miteigentum an der Sache, das ein Vollrecht ebenso wie das Alleineigentum ist, wird durch die Klage der *actio communi dividundo* aufgehoben. In schuldrechtlicher Hinsicht bilden die Miteigentümer eine

[45] Zum Miteigentum *Warmelo* (1957) S. 125-195.
[46] *Guarino* (2001) Nr. 45.1.1.
[47] Paul. D. 10,2,25,16; Ulp. D. 17,2,31.
[48] So galt für die *communio hereditatis* der Grundsatz der dinglichen Surrogation, näher *Welle* (1987) S. 26-35 und *Andrés Santos* (1997) S. 75f.
[49] Inst. 2,2,2.
[50] *Kaser* (1971) S. 377, 673f. Zum Begriff der *res Becker* (1999) und *Chiusi* (2002) S. 103-110.
[51] Ebenso überliefert von Paul. D. 50,17,141,1: *Uni duo pro solido heredes esse non possunt.*
[52] Übersetzung aus *Behrends/Knütel/Kupisch/Seiler* (1999) S. 168.

Gesellschaft (*societas*), sofern sie im Innenverhältnis über das schlichte Haben der Sache hinaus aktiv werden und Konsens darüber erzielen, einen gemeinsamen Zweck mit gemeinsamen Mitteln zu verfolgen.[53]

1. Anteile

Ebenso wie bei der *communio pro indiviso* soll jeder Miterbe am einzelnen Nachlaßgegenstand einen ideellen, rechnerischen Anteil (*pars pro indiviso*) innegehabt haben.[54] Dies spricht die heutige Literatur eindeutig aus.[55] In der pandektistischen Literatur läßt sich hingegen beobachten, daß lediglich unspezifisch auf die Regelungen über die *communio* der Miteigentümer verwiesen wird, obwohl der Darstellungsumfang hinsichtlich einer Mehrzahl von Erben stetig zunimmt.[56] Einen Anteil an den einzelnen Nachlaßsachen erkannte allerdings ausdrücklich *Dernburg* an. Nach ihm können die Miterben auch darüber verfügen.[57] *Windscheid* dagegen schrieb, die Erben würden eine *communio* wie Miteigentümer bilden, deren Objekt die Erbschaft und damit eine unkörperliche Sache sei.[58]

Die Bejahung eines Anteils am einzelnen Gegenstand führt dazu, daß die Miterben neben der Gemeinschaft am Nachlaß eine weitere an jedem einzelnen Nachlaßgegenstand bilden.[59]

[53] *Arangio-Ruiz* (1936) S. 355-395; *ders.* (1959) S. 56f.; *Wieacker* (1936) S. 112ff.; *Guarino* (2001) Nr. 46.4.1.

[54] *Kaser/Knütel* (2003) S. 434.

[55] *Kaser/Knütel* (2003) S. 434.

[56] *Puchta* (1853) § 511; *Vangerow* (1867) §§ 513f.; *Arndts von Arnesberg* (1886) §§ 526f.; *Brinz* (1886) §§ 407f.; *Windscheid* (1891a) S. 205-210; *Dernburg* (1892) S. 355-359. *Savigny* (1841) S. 36f., 279, 409f. widmet in seinem System des heutigen Römischen Rechts der Mehrzahl von Erben kein eigenes Kapitel, sondern behandelt sie stattdessen u.a. im Zusammenhang mit den verschiedenen *actiones* Dies ist auch darauf zurückzuführen, daß er sein Werk nicht beenden konnte. Überdies entspricht sein Aufbau noch nicht dem späteren System der Pandektisten; *A. Schwarz* (1921) S. 587 und *Luig* (1984a), Sp. 1422f., 1427f. Auch *Biondi* (1954) Nr. 201; *Voci* (1967) S. 733; *Kaser* (1971) S. 727; *Honsell/Mayer-Maly/Selb* (1987) S. 476 verweisen lediglich auf die *communio* der Miteigentümer.

[57] *Dernburg* (1892) S. 355, 357. Auf S. 355 Fn. 1 verweist er auf *Göppert* (1864) S. 77f., der sich mit dieser Frage im Hinblick auf das ALR auseinandersetzt. S.u. § 3.B.II.1.

[58] *Windscheid* (1891a) S. 205 Fn. 1.

[59] *Koeppen* (1886) S. 221ff.; indirekt *Berger* (1912) S. 15f.; *Eidenmüller* (1953) S. 7f. Dagegen *Göppert* (1864) S. 79, der einen Anteil an der Gesamtheit ausschließt.

Über seinen Anteil am einzelnen Nachlaßgegenstand kann ein Miterbe ohne Zustimmung der anderen verfügen.[60] Überträgt er beispielsweise einen Anteil, so scheidet der betroffene Gegenstand aus der *communio* der Erben aus und eine neue Gemeinschaft entsteht daran.[61] Eine Verfügung ist auch über die Gesamtheit der einzelnen Anteile möglich.[62] Für die Verfügung über einen einzelnen Gegenstand im ganzen bedarf es hingegen der Zustimmung aller Miterben.[63]

2. Nachlaßforderungen und -verbindlichkeiten

Nachlaßforderungen und -verbindlichkeiten teilten sich gemäß der auf die Zwölftafeln zurückgeführten Regelung *nomina sunt ipso iure divisa* anteilig mit dem Erbfall nach ihrer Erbquote auf die Erben auf.[64] Anders als die körperlichen Gegenstände des Nachlasses unterlagen sie damit nicht dem gerichtlichen Teilungsverfahren.[65] Vielmehr ordnet diese Rechtsregel für Schulden und Forderungen eine bestimmte, nämlich automatische und anteilige Teilungsart an.[66] Es entstehen daher so viele neue Schuldverhältnisse mit dem Gläubiger oder Schuldner, wie Erben vorhanden sind. Erfüllt allerdings ein Schuldner die gesamte ursprüngliche Forderung, so steht ihm gegen die Inanspruchnahme durch die übrigen Miterben eine *exceptio doli* zu.[67] Ein Erbe, der eine Nachlaßschuld vollständig begleicht, kann bei seinen Miterben Regreß nehmen.
Für die dingliche Sicherheit einer Forderung, das Pfand, galt allerdings nicht das Prinzip der Aufteilung unter den Miterben, sondern der Grundsatz *pignoris causa*

[60] Vgl. *Biondi* (1954) Nr. 202; *Guarino* (2001) Nr. 46.2.1.
Die Frage der Verfügungsmöglichkeit über eine Nachlaßsache werfen dagegen nicht auf *Voci* (1967) S. 733ff.; *Kaser* (1971) S. 727; *Honsell/Mayer-Maly/Selb* (1987) S. 476.
[61] *Biondi* (1954) Nr. 202.
[62] *Kaser/Knütel* (2003) S. 434.
[63] *Kaser/Knütel* (2003) S. 434, 147.
[64] XII tab. 5,9; Paul. D. 10,2,25,9 u. 13; Gord. C. 3,36,6: *Ea quae in nominibus sunt, non recipiunt divisionem, cum ipso iure in portiones hereditarias ex lege duodecim tabulorum divisa sunt. Voci* (1967) S. 633ff., 733. Nach *Korošec* (1927) S. 58 geht diese Regelung erst auf die späte Republik zurück. Für unteilbare Schulden bestand allerdings eine gesamtschuldnerische Verpflichtung, *Kaser* (1971) S. 733.
[65] *Kaser* (1952) S. 537.
[66] *Kaser* (1952) S. 540ff., der für das altrömische *consortium* annimmt, daß Schulden und Forderungen sich erst im Zeitpunkt der Auseinandersetzung der körperlichen Nachlaßgegenstände teilten.
[67] Antonin. C. 8,36,1.

est indivisa.[68] Eine verpfändete Sache haftet den Erben daher gemeinschaftlich (*in solidum*).[69] Ebenso haften die Miterben im umgekehrten Fall einer gesicherten Nachlaßverbindlichkeit dinglich *in solidum*. Ein einzelner Erbe kann danach seinen Anteil der Schuld zwar begleichen, verhindert damit jedoch nicht – vorbehaltlich anderslautender Abreden – die Verwertung des gesamten Pfandes.[70] Zahlt ein Miterbe allerdings die gesamte Verbindlichkeit, so kann er sich im Gegenzug vom Gläubiger ausbedingen, die gesicherte Forderung übertragen zu erhalten.[71] Jedenfalls wird durch das ungeteilte Pfand die für die Nachlaßgläubiger ungünstige Aufteilung der Schulden bei gesicherten Forderungen gemildert.[72]

Mit der anteiligen Übernahme der Nachlaßverbindlichkeiten ging die ebenfalls anteilige Haftung für diese einher,[73] da das römische Recht begrifflich nicht zwischen Schuld und Haftung unterschied: Wer schuldete, der haftete auch.[74] Um die Nachlaßgläubiger vor dem Zugriff der Eigengläubiger eines Erben zu schützen, konnten sie im Falle des Konkurses die *separatio bonorum* beantragen.[75] In diesem Falle haftete den Nachlaßgläubigern ausschließlich der Nachlaß, den Eigengläubigern ausschließlich das Eigenvermögen der Erben. Nachlaß und Eigenvermögen, welche im Falle einer bereits vorgenommenen Teilung miteinander verschmolzen waren, trennten sich also wieder.[76] Aktiv konnte sich der Erbe vor der Haftung seines Eigenvermögens für Nachlaßschulden nur bewahren, wenn er als *extraneus heres* die Erbschaft nicht antrat oder wenn ihm als *suus heres* der Prätor das *beneficium abstinendi* gewährte. Dadurch wurde er so angesehen, als wäre er niemals Erbe gewesen.[77]

[68] Vgl. Pap. D. 21,2,65.
[69] S. *Vanzetti* (1970/73) S. 313.
[70] *Wacke* (1972) S. 455-462, 464.
[71] Sog. *ius offerendi et succendi*, s. *Wacke* (1990) S. 610. Eine andere Möglichkeit bestand darin, gegen seine Miterben mittels der *actio familiae erciscundae pro parte* oder der *actio negotiorum gestorum* vorzugehen. *Wacke* (1972) S. 465 u. Fn. 77.
[72] *Wacke* (1976) S. 502f.
[73] *Intra vires hereditatis* hafteten die Erben allerdings für Schulden, die aus einem Testament herrührten, z.B. Vermächtnisse, sowie für die Bestattungskosten, *Kaser* (1971) S. 734.
[74] *Honsell/Mayer-Maly/Selb* (1987) S. 212f.
[75] *Wiechmann* (1992) S. 23.
[76] *Wiechmann* (1992) S. 20.
[77] *Honsell/Mayer-Maly/Selb* (1987) S. 469. Bei gewaltunterworfenen Haussöhnen führte dies allerdings trotzdem dazu, daß ihr *peculium*, d.h. das ihnen bereits zu Lebzeiten des Vaters gewährte Sondergut, für die Nachlaßschulden haftete. Dagegen konnten sie allerdings in spätklassischer Zeit das sog. *beneficium competentiae* einwenden, so daß die Gläubiger gegen sie nur soweit vollstrecken konnten, wie der Haussohn leistungsfähig war (*in id quod facere potest*). S. dazu *Wacke* (1994) S. 474-478.

Die Möglichkeit der Haftungsbeschränkung durch Inventarerrichtung (*beneficium inventarii*) auf die Nachlaßgegenstände kannte das klassische Recht nicht; sie führte erst Justinian ein. Ansonsten konnte der Erbe lediglich mit den Nachlaßgläubigern vereinbaren, daß sie ihre Forderung beschränkten.[78]

C. Die Teilung der *communio*

I. Aktionenrechtliches Denken und Formularprozeß

Im Falle der Durchsetzung seiner Rechte mittels Klagerecht (*actio*) unterschied man in Rom nicht zwischen dem materiellrechtlichen Anspruch und seiner prozessualen Durchsetzung.[79] Denn der Begriff des Anspruchs existierte im römischen Recht nicht. Stattdessen kennt es den Begriff der *actio*, welcher einen weiteren Bedeutungsinhalt als der des Anspruchs aufweist. Die *actio* stellt ab auf die „Möglichkeit der Erlangung richterlicher Zuerkennung für das Begehren, welches man hat“[80], d.h. sie geht nicht vom materiellen Recht aus, sondern von der prozessualen Seite eines Rechtsstreits.[81]
In der gerichtlichen Verfolgbarkeit eines Rechts liegt für die Römer erst seine rechtliche Anerkennung.[82] Um sein Recht durchzusetzen, bedarf es einer *actio*, über deren Gewährung der Prätor zu entscheiden hat.[83] Das juristische Denken richtet sich in Rom daher stets danach aus, ob es in einem Rechtsfall ein Recht der gerichtlichen Verfolgung, also ein Klagerecht gibt.[84] Dabei wird das Recht nicht nach seiner materiellen und formellen Seite unterschieden. Anders verhält es sich im geltenden Recht. Nach der auf *Windscheid* in § 194 I BGB zurückgehenden Definition des Anspruchs als eines Rechts, von einem anderen ein Tun oder Unterlassen zu verlangen, wird dieses Recht unabhängig von seiner gerichtlichen Durchsetzbarkeit betrachtet, welche ihrerseits erst aus der Existenz des (materiellen) Rechts folgt.[85]

[78] Iul. D. 17,1,32; Ulp. D. 2,14,7,17; Ulp. D. 44,4,4pr.
[79] *Kaufmann* (1964) S. 482f.
[80] *Windscheid* (1891) S. 101.
[81] *Kollmann* (1996) S. 54f.
[82] *Windscheid* (1891) S. 101.
[83] *Windscheid* (1856) S. 3: „Actio ist die Befugnis, seinen Willen durch gerichtliche Verfolgung durchzusetzen.“
[84] *Windscheid* (1891) S. 102.
[85] *Windscheid* (1891) S. 102. S.a. HKK-*Hermann* (2003) §§ 194-225 Rn. 19f.

Da in Rom der Grundsatz *iura novit curia* nicht in derselben Weise galt wie heute, hatte der Kläger oder sein *advocatus* festzulegen, auf welche *actio* er sein Begehren stützte.[86] Entschied er sich für eine falsche *actio*, so wurde seine Klage vom Prätor nach vorheriger Androhung als unzulässig oder unschlüssig abgewiesen (*denegatio actionis*) und der Rechtsstreit nicht an einen Richter überwiesen.[87]
Das römische Verfahren in klassischer Zeit, der Formularprozeß, war nämlich zweigeteilt:[88] Vor dem Prätor fanden sich die Beteiligten zunächst ein (*in iure*),[89] um sich dort auf ihr Prozeßprogramm zu einigen. Sie legten dabei fest, aus welcher *actio* der Kläger vorgeht, und ggf. welche Einrede (*exceptio*) der Beklagte dagegen vorbringt. Zusätzlich hatten Kläger und Beklagter entsprechend ihrer Beweislastverteilung darzulegen, auf welche Beweise sie sich stützten.[90]
Die Fixierung des weiteren Prozeßverlaufs (*litis contestatio*) schloß den ersten Prozeßteil in der Weise ab, daß der Prätor kraft einer Formel die *actio* des Klägers einem Richter (*iudex*) übermittelte. Nach der Litiskontestation konnte das Prozeßthema sodann nicht mehr geändert werden. Mit der Einsetzung des *iudex* begann die zweite Phase des Prozesses (*apud iudicem*), in welcher der *iudex* prüfte, inwiefern die Voraussetzungen der *actio* vorlagen.
Die Formel des Prätors enthielt neben der Einsetzung des *iudex* die Beschreibung des Sachverhalts (*demonstratio*),[91] an welche sich nach dem Klagebegehren (*intentio*) die Aufforderung an den Richter anschloß, den Beklagten entweder zu verurteilen, wenn der Sachverhalt sich als wahr erwies (*condemnatio*), anderenfalls ihn freizusprechen.[92] Hatte der Beklagte Einwände gegen die Klage vorgebracht, so wurden diese in die Formel als Ausnahmetatbestand (*exceptio*) auf-

[86] *Wacke* (1998a) S. 83f.
[87] *Bürge* (1995) S. 9. Der Prätor konnte allerdings neue *actiones* schaffen, z.B. indem er bestehende Klagerechte mittels Fiktion auf andere Tatbestände erstreckte. *Riccobono* (1929) S. 5f.
[88] Das Formularverfahren geht vermutlich bereits auf die mittlere Republik zurück und wurde unter Augustus zum offiziellen Prozeßmodus, *Kaser/Hackl* (1996) S. 151, 163.
[89] Hierzu hatte sich der Beklagte in einer förmlichen Erklärung, dem *vadimonium*, gegenüber dem Kläger verpflichtet. Gleichzeitig versprach er die Zahlung des vom Kläger geforderten Betrags für den Fall, daß er nicht bei Gericht erscheinen sollte. Die Ladung zum Prozeß erfolgt also nicht durch das Gericht, sondern die Parteien. *Cloud* (2002) S. 145.
[90] S. dazu *Wacke* (1992) S. 444f., insbesondere gegen ein Ermessen des Richters hinsichtlich der Beweislastverteilung.
[91] Ob eine *demonstratio* stets erforderlich war, ist abschließend nicht geklärt; vgl. *Kaser/Hackl* (1996) S. 315.
[92] Zu besonderen, darüber hinausgehenden Befugnissen des *iudex* im Rahmen der Teilungsklagen s. sogleich u. II.1.

genommen.[93] Nicht in der Formel enthaltene Einwände berücksichtigte der *iudex* nämlich nicht.[94]
In der Formel der *actio* findet also dasjenige seinen Ausdruck, was wir heute als materiellrechtlich bezeichnen. Die Formel vermittelt uns daher römisches Erbrecht direkt aus der gerichtlichen Praxis heraus.

II. Die Teilungsklagen

1. Die Teilungsklagen als *iudicia duplicia*

Ein Miterbe konnte jederzeit die Teilung des Nachlasses verlangen:[95] *In communionem vel societatem nemo compellitur invitus detineri.*[96] Dabei war es auch möglich, lediglich eine dingliche oder persönliche Teilauseinandersetzung zu fordern.[97] Bei der *actio familiae erciscundae* mußte es sich stets um die ganze Nachlaßmasse oder einen Anteil daran handeln (*res hereditatis*), die auseinandergesetzt werden sollten. Für nur einen einzelnen Nachlaßgegenstand war die *actio communi dividundo* zu erheben.[98]

Im Teilungsverfahren übernahmen die Parteien abweichend von sonstigen Prozessen sowohl die Rolle des Klägers als auch des Beklagten (*eius iudex alterum alteri condemnato*);[99] die Klage konnte von lediglich einem, von mehreren, aber auch von allen Erben erhoben werden, da es nicht notwendig ein streitiges Verfahren war. Ferner konnte neben dem Beklagten auch der Kläger verurteilt werden. Daher wurden die Teilungsklagen auch als *iudicia duplicia* bezeichnet.[100]
Mit einer Teilungsklage begehrte der Miterbe die Aufhebung des Miteigentums und Zuweisung des vollen Eigentums an der Sache durch den Richter. Für diesen Zweck war die *condemnatio*, die stets auf die Verurteilung in Geld abzielte,[101] nicht geeignet. Die Zuteilung des Eigentums erfolgte daher mittels der Adjudika-

[93] *Kaser/Hackl* (1996) S. 320.
[94] Eine Ausnahme bilden die *bona fidei iudicia*. S. *Kunkel/Schermaier* (2001) S. 113.
[95] Paul. D. 10,2,44pr. (Wortlaut u. C.II.2.b). (Einschränkend) *Honsell/Mayer-Maly/Selb* (1987) S. 356. Dies verneint *MacCormack* (1994) S. 159 für die *actio communi dividundo*.
[96] Diocl. u. Maximian. C. 3,37,5.
[97] *Kaser* (1971) S. 728 Fn. 5. Zur außergerichtlichen Teilung s. *Gaudemet* (1934) S. 385-391.
[98] *Koeppen* (1886) S. 223.
[99] *Meffert* (1974) S. 94f.
[100] Gai. D. 10,3,2,1.
[101] *Bürge* (1999) S. 35.

tion, einer Besonderheit der Teilungsklagen.[102] Setzte der Prätor einen *iudex* ein, so nahm er in die Formel der Klage eine *adiudicatio* auf, welche den Richter ermächtigte, den Parteien Alleineigentum an einer gemeinschaftlichen Sache zu verschaffen:

> Gai. Inst. 4.42
> *Adiudicatio est ea pars formulae, qua permittitur iudici rem alicui ex litigatoribus adiudicare, velut si inter coheredes familiae erciscundae agatur aut inter socios communi dividundo aut inter vicinos finium regundorum. nam illic ita est: quantum adiudicari oportet, iudex Titio adiudicato.*
>
> Die Teilungsermächtigung ist derjenige Teil der Prozeßformel, in welcher dem Richter erlaubt wird, die Sache einer der Parteien zuzusprechen, zum Beispiel wenn unter Miterben aus der *actio familiae erciscundae* geklagt wird oder unter Gesellschaftern aus der *actio communi dividundo* oder unter Nachbarn aus der *actio finium regundorum*. Denn so lautet sie: Richter, dem Titius muß soviel zugesprochen werden, wie ihm zusteht.

Der Begriff der *adiudicatio* hat darüber hinaus eine zweite Bedeutung. Er drückt zugleich den dinglichen Erwerb selbst durch Richterspruch aus.[103] Die *adiudicatio* stellt damit eine Form des Eigentumserwerbs oder Erwerbs beschränkter dinglicher Rechte aufgrund richterlichen Gestaltungsurteils dar.[104] Die Teilung insgesamt galt als Unterfall einer Veräußerung, auf welchen die Regelungen über den Kauf entsprechend angewandt wurden.[105] Teilten die Parteien einen Gegenstand außergerichtlich selbst, so handelte es sich mithin um eine Rechtsübertragung durch Rechtsgeschäft.

Mit der Zuteilung von Nachlaßgegenständen im Wege der *adiudicatio* konnte der Richter die Begründung von beschränkten dinglichen Rechten, z.B. einer Dienstbarkeit, daran verbinden. Die *adiudicatio* wirkte sich allerdings nicht auf bereits bestehende beschränkte dingliche Rechte aus:[106] Hatte beispielsweise ein Mitei-

[102] Eine weitere Form der Teilungsklage war die *actio finium regundorum*, für welche die folgenden allgemeinen Charakteristika ebenfalls galten. Sie kann hier allerdings außer Betracht bleiben, da sie die Grenzstreitigkeiten unter Nachbarn regeln sollte, *Kaser/Hackl* (1996) S. 345. S. auch *Kaser* (1968) S. 86-100; *Behrends* (1992) S. 192-280, insb. ab S. 244; *Hinrichs* (1994) S. 242-279, insb. S. 262-267 und allgemein zum Begriff *adiudicare Liebs* (1968) S. 232f.

[103] *Kaser/Hackl* (1996) S. 319f.

[104] *Kaser* (1978a) S. 119. Anders als im vorklassischen Recht werden die beschränkten dinglichen Rechte in klassischer Zeit als *iura in re aliena* betrachtet, d.h. wie heute als Eigentumssplitter. Im frühen römischen Recht werden diese dagegen als reale Eigentumsteile angesehen. *Kaser* (1971) S. 440.

[105] *Wacke* (1990), S. 607.

[106] *Ankum* (1980/81) S. 88f.

gentümer seinen Anteil an einem Grundstück verpfändet, so erlosch das Pfand ohne Zustimmung des Pfandgläubigers oder dessen Mitwirkung im Prozeß durch die Adjudikation nicht.[107] Stattdessen belastete es nunmehr das Volleigentum dessen, der die Sache zugeteilt erhielt.[108] Und in dem Fall, daß der Richter eine Sache materiell teilte und jedem Eigentümer einen konkreten Teil zuwies, bezog sich das Pfandrecht nicht lediglich auf den Teil seines Bestellers, sondern anteilig auf jeden Teil der ehemals ungeteilten Sache.[109] Das Teilungsurteil entfaltete mithin keine Drittwirkung.[110] Denn die Inhaber eines beschränkt dinglichen Rechts waren nicht notwendig Prozeßbeteiligte, so daß ihnen auch kein rechtliches Gehör geschenkt werden konnte.[111] Der Verpfänder-Miterbe schuldete seinen *coheredes* dafür jedoch analog zum Kaufrecht Schadensersatz aufgrund der *actio praescriptis verbis*, sofern diesen die Verpfändung nicht bekannt war. Darüber hinaus kam auch nach gerichtlicher Teilung eine Haftung wegen Eviktion in Betracht.[112]
Befand sich im Nachlaß eine Sache, die eine Forderung sicherte, deren Gläubiger der Erblasser war, so konnte der Teilungsrichter lediglich den Besitz dieser Sache einem der Miterben adjudizieren. Gleichzeitig verurteilte er diesen zu Ausgleichszahlungen an seinen Miterben, so daß dessen Forderungsanteil erlosch und damit auch seine Mitinhaberschaft am Pfand.[113] Insofern wirkte das Teilungsurteil hier auch gegen einen Dritten, den Verpfänder, allerdings lediglich materiellrechtlich.[114]

Über die Frage, ob die Formeln der Teilungsklagen bereits in klassischer Zeit den Zusatz *ex fide bona* enthielten,[115] besteht in der Literatur aufgrund widersprüchlicher Quellenlage keine Einigkeit.[116] Durch eine derartige Klausel wäre dem

[107] Entgegen *Schlichting* (1973) S. 116f. handelt es sich beim Pfand in klassischer Zeit bereits um ein dingliches Recht mit Wirkung gegenüber jedermann. Siehe *Wacke* (1973a) S. 192f.
[108] Ulp. D. 10,3,6,8: *sed ius pignoris creditori manebit, etiam si [fundus] adiudicatus fuerit.*
[109] Gai. D. 20,6,7,4: *utriusque pars pro indiviso pro parte dimidia manebit obligata.*
Näher *Wacke* (1972) S. 462f.; *Misera* (1986) S. 390. S. auch *Mentxaka* (1986).
[110] *Wacke* (1990) S. 611f. Auf Paulus D. 20,4,16 geht das Rechtssprichwort *res iudicata ius facit inter partes* zurück.
[111] *Wacke* (1990) S. 615f.
[112] *A. Esser* (1951) S. 15; *Wacke* (1990) S. 607f.
[113] *Wacke* (1976) S. 510.
[114] *Wacke* (1976) S. 514f.
[115] Zum *bona fides*-Prinzip *Behrends* (1978) S. 187-231.
[116] Gord. C. 3,36,9 und Inst. 4,6,28 im Gegensatz zu Gai. Inst. 4,62, der die Teilungsklagen nicht zu den *bonae fidei iudicia* zählt. Gegen diesen Formelzusatz *Lenel* (1927/56) S. 208f.; *Kaser* (1966) S. 24f.; *Mantovani* (1999) S. 61 Fn. 193. Dafür *Rudorff* (1869) S.

Richter Entscheidungsfreiheit insofern eingeräumt worden, als er das Verhältnis der Miterben nach seinem Ermessen hätte regeln können. Diese stand dem Richter bei den Teilungsklagen aufgrund der *adiudicatio* allerdings ohnehin zu, da das Klagebegehren unbestimmt gefaßt war (*intentio incerta*).[117] Der Prätor gab dem *iudex* in der Formel also nicht vor, wie er (bei Verwirklichung des Tatbestandes) zu entscheiden habe, sondern bloß, worüber er sein Urteil treffen müsse.

Das Ziel der Teilungsklage erschöpfte sich nicht in der Änderung der sachenrechtlichen Zuordnung. Darüber hinaus war eine Verurteilung in Geld mittels *condemnatio* möglich, um hierdurch einen Ausgleich für die Zuteilung unteilbarer Sachen sowie wegen anderer Forderungen aus dem Gemeinschaftsverhältnis zu erlangen.[118] Dabei wurden diese gegenseitig saldiert, so daß mit der Regelung der sachenrechtlichen Verhältnisse auch die schuldrechtlichen beendet wurden.[119] Denn während des Bestehens der Gemeinschaft konnten die Erben nicht gegeneinander klagen.[120] Sie hatten stattdessen nur die Möglichkeit, jederzeit die Aufhebung der Gemeinschaft zu verlangen.[121]

Zusammenfassend ist festzuhalten, daß die Teilungsklagen, die den *actiones in personam* zugerechnet werden,[122] zusätzlich durch die *adiudicatio* mit dinglicher Wirkung ausgestattet sind:

> Inst. 4,6,20
> *Quaedam actiones mixtam*[123] *causam optinere videntur tam in rem quam in personam. qualis est familiae erciscundae actio, quae competit coheredibus de dividenda hereditate: item communi dividundo, quae inter eos redditur, inter quos aliquid commune est, ut id dividatur: item finium regundorum, quae inter eos agitur, qui confines agros habent. in quibus tribus iudiciis permittitur iudici rem alicui ex litigatoribus ex bono et aequo adiudicare et, si unius pars praegravari videbitur, eum invicem certa pecunia alteri condemnare.*
>
> Manche Klagen haben offenbar eine Mischnatur, sowohl eine dingliche als auch eine persönliche. Solch eine Klage ist die Erbteilungsklage, die den Miterben für die Erbschaftsteilung

85f.; *Liebs* (1969) S. 182f. Fn. 50; *Berger* (1912) S. 144f.

117 *Krenz* (1994) S. 115.

118 Ausgleichszahlungen: Inst. 4,17,5; Ulp. D. 10,2,55. Abrechnung gegenseitiger Forderungen: Ulp. D. 10,3,4,3; Ulp. D. 10,3,3pr. Vgl. näher *Drosdowski* (1998) S. 32-45.

119 Zur Abgrenzung von der *actio pro socio* s. *Drosdowski* (1998) S. 48-57.

120 *Kaser* (1971) S. 727.

121 *Misera* (1994) S. 395f.

122 *Kaser/Hackl* (1996) S. 327, 346.

123 Nach *D'Ors* (1997) S. 249 Fn. 3 handelt es sich bei *mixtam* um eine Interpolation. Klar für den klassischen Usprung der Quelle jedoch *Berger* (1912) S. 3 Fn. 2, 100.

zusteht. Ebenso die Teilungsklage, die denjenigen gegeben wird, zwischen denen Miteigentum besteht, damit dies geteilt wird. Ferner die Grenzregelungsklage, mit der unter denen geklagt wird, die angrenzende Äcker haben. Bei diesen drei Klagen ist es dem Richter gestattet, einem der Streitenden eine Sache nach Recht und Billigkeit zuzusprechen und, wenn sich zeigt, daß der zugesprochene Anteil des einen seine Berechtigung überwiegt, ihn zum Ausgleich auf eine bestimmte Geldsumme zugunsten des anderen zu verurteilen.[124]

Entscheidungsmaßstab für den Richter sind nach dieser Quelle also Recht und Billigkeit (*ex aequo et bono*). Außerdem hat er die Interessen der Parteien (*quod omnium utilissimum est*) zu beachten.[125] Davon abgesehen entscheidet der Teilungsrichter frei über die Art und Weise der Teilung.[126]

2. Die Teilungsklagen im Erbrecht

Für die Miterben stehen zwei Teilungsklagen zur Verfügung: die *actio familiae erciscundae* sowie die *actio communi dividundo*. Darüber hinaus behandeln römische nichtjuristische Quellen auch eine Form der einvernehmlichen außergerichtlichen Teilung, für welche wohl der Grundsatz *maior dividat, minor eligat* galt.[127]

a) Die *actio familiae erciscundae*

Von der *actio familiae erciscundae*[128] berichten bereits die Zwölftafeln.[129] Später wurde sie auch in das prätorische Edikt aufgenommen.[130] Als Teilungsklage besteht sie sowohl aus dinglichen als auch aus schuldrechtlichen Elementen:[131]

Inst. 4,17,4
Si familiae erciscundae iudicio actum sit, singulas res singulis heredibus adiudicare debet et, si in alterius persona praegravare videatur adiudicatio, debet hunc invicem coheredi certa pecunia, sicut iam dictum est, condemnare. eo quoque nomine coheredi quisque suo condem-

[124] Übersetzung aus *Behrends/Knütel/Kupisch/Seiler* (1999a) S. 234.
[125] Ulp. D. 10,3,21.
[126] S. *Gaudemet* (1934) S. 391ff.
[127] Seneca controversiae 6,3. S. *Krenz* (1994) S. 107-110 m.w.N. und *Wacke* (1981) S. 176.
[128] Zur Etymologie *Nelson* (1967) S 41-61.
[129] S.o. B.I.
[130] Gai. D. 10,2,1pr.; Antonin. C. 3,36,3.
[131] Ulp. D. 10,2,22,4: *Familiae erciscundae iudicium ex duobus constat, id est rebus atque praestationibus, quae sunt personales actiones.*

nandus est, quod solus fructus hereditarii fundi percepit aut rem hereditariam corrupit aut consumpsit. quae quidem similiter inter plures quoque quam duos coheredes subsequuntur.

Wenn mit der Erbteilungsklage geklagt wird, muß er [der Richter] den einzelnen Erben das Eigentum an den einzelnen Sachen zuweisen, und wenn sich zeigt, daß die Eigentumszuweisung in der Person des einen Miterben die Erbquote überwiegt, muß er diesen, wie schon gesagt, zum Ausgleich zugunsten des anderen Miterben auf eine bestimmte Geldsumme verurteilen. Auch muß jemand zugunsten seines Miterben dann verurteilt werden, wenn er die Früchte eines Erbschaftsgrundstücks allein für sich gezogen oder eine Erbschaftssache beschädigt oder verbraucht hat. Das alles aber wird auf entsprechende Weise auch bei mehr als zwei Miterben befolgt.[132]

Jeder Miterbe konnte mittels der *actio familiae erciscundae* jederzeit die Aufhebung der Gemeinschaft verlangen. Allerdings mußten vor Klageerhebung die Zahl der Erben sowie die Höhe ihrer Anteile feststehen.[133] Erben in diesem Sinne sind alle Universalsukzessoren, unabhängig davon, ob nach *ius civile* oder *ius honorarium* berufen.[134]
Standen die Erben noch nicht fest, waren zuerst die Frage der Erbfolge in einem selbständigen Prozeß zu klären und die Erbschaft ggf. von einem Erbschaftsbesitzer herauszuverlangen.[135] Dem Erben nach *ius civile* stand für die Herausgabe die *hereditatis petitio* zur Verfügung,[136] dem *bonorum possessor* gewährte der Prätor das *interdictum quorum bonorum*. Dieses brachte den Erben nach *ius honorarium* lediglich in den Besitz des Nachlasses, um ihm so für einen späteren Prozeß mit dem zivilen Erben die günstigere Prozeßrolle des Beklagten zu sichern.[137] Gegen dessen *hereditatis petitio* machte er eine *exceptio* geltend, aufgrund derer ihm der Nachlaß belassen wurde.[138]
Vor der Teilung wurde ein Inventar über die zu teilenden Gegenstände errichtet. Daran anschließend wurde der Wert jedes Gegenstandes festgelegt.[139] Nach der Litiskontestation war es jedem Miterben verboten, über den Nachlaß zu verfügen.[140]

[132] Übersetzung aus *Behrends/Knütel/Kupisch/Seiler* (1999a) S. 266f.
[133] *Dernburg* (1892) S. 357.
[134] *Berger* (1912) S. 18f.
[135] *Schermaier* (1993) S. 124, 163ff. auch gegen *Cromme* (1971) S. 48-53, welche ein Nebeneinander von *actio familiae erciscundae* und der *vindicatio incertae partis* annimmt.
[136] *Müller-Ehlen* (1998) S. 4.
[137] Zu Prozeßrolle und Beweislast s. *Baldus* (1998) S. 505-510.
[138] *Kaser* (1971) S. 675f.
[139] Iul. D. 10,2,52,3.
[140] Pap. D. 10,2,13.

In der Art der Teilung des Nachlasses war der Richter frei: Teilung in Natur, Verteilung von Gegenständen oder lediglich ideelle Teilungen waren möglich. Damit einhergehend konnte er die Miterben zu Ausgleichszahlungen verpflichten oder zum Ausgleich beschränkte dingliche Rechte, vor allem Servituten, an Grundstücken konstituieren.[141] Ein Pfandrecht war allerdings unteilbar.[142] Auch noch nicht geltend gemachte Nachlaßforderungen konnten einem der Miterben zugewiesen werden. Der Richter konnte zudem die Versteigerung des Nachlasses anordnen, sowohl unter den Miterben als auch eine öffentliche. Allerdings banden den Richter die Anordnungen des Erblassers oder Vereinbarungen der Miterben über die Art und Weise der Teilung.[143]

Die Formel der *actio familiae erciscundae* lautete:

> *Quod Lucii Titii heredes de familia erciscunda deque eo, quod in ea hereditate ab eorum quo, postea quam heres factus sit, gestum admissumve sit, iudicem sibi dari postulaverunt: quantum adiudicari oportet, iudex Titio adiudicato: quidquid ob eam rem alterum alteri praestare oportet [ex fide bona]*[144]*, eius iudex alterum alteri condemnato, si non paret absolvito.*[145]

> Da die Erben des Lucius Titius die Einsetzung eines Richters über die Erbteilung und darüber verlangt haben, was hinsichtlich dieser Erbschaft von einem von ihnen, nachdem er Erbe geworden war, verfügt und zugelassen würde: Richter, dem Titius sollst Du soviel zusprechen, wie ihm zusteht: was auch immer der eine dem anderen [nach Treu und Glauben] zu leisten verpflichtet ist, dazu sollst du, Richter, den einen dem anderen verurteilen, wenn es sich nicht erweist, sollst Du ihn freisprechen.

Die *actio familiae erciscundae* war also nicht lediglich eine Teilungsklage, sondern vielmehr eine Auseinandersetzungsklage, da durch sie alle Rechtsverhältnisse unter den Miterben beendet wurden.

b) Die *actio communi dividundo*

Neben der *actio familiae erciscundae* stand den Miterben ein weiteres Klagerecht zur Verfügung: die *actio communi dividundo*. Ihr Anwendungsbereich

[141] Ulp. D. 10,2,16,1.
[142] S.o. B.II.2.
[143] *Krenz* (1994) S. 122f.
[144] Zum Zusatz *ex fide bona* s.o. C.II.2.
[145] *Lenel* (1927/56) S. 207f.

war allerdings ein beschränkter, da sie lediglich zur Teilung einzelner Nachlaßgegenstände geltend gemacht werden konnte:

Paul. D. 10,2,44pr.
Inter coheredes etiam communi dividundo agi potest, ut res dumtaxat quae eorum communes sint et causae ex his rebus pendentes in iudicium veniant, de ceteris vero in integro sit familiae erciscundae iudicium.
Unter Miterben kann auch mit der Teilungsklage vorgegangen werden, damit vom Teilungsprozeß lediglich die Sachen, die sie in Miteigentum haben, sowie die Rechtsverhältnisse, die zu diesen Sachen gehören, erfaßt werden; dagegen bleibt für die anderen Sachen die Erbteilungsklage unbeschadet.[146]

Diese Klage war nicht auf den Miterben beschränkt, sondern galt für alle Miteigentümer unabhängig davon, aus welchem Grunde das Miteigentum entstanden war.[147] Für andere gemeinschaftliche Gegenstände diente der Teilung die *actio communi dividundo utilis*.[148]

Die Formel der *actio communi dividundo* lautete:

Quod L. Titius C. Seius de communi (eorum?) dividundo et si quid in communi damni datum factumve sit sive quid eo aut abit eorum cui aut ad eorum quem pervenerit, iudicem sibi dari postulaverunt, quantum L. Titio C. Seio adiudicari oportet, iudex L. Titio C. Seio adiudicato; quidquid ob eam rem alterum alteri praestare oportet [*ex fide bona*][149], *eius iudex alterum alteri condemnato, si non paret, absolvito.*[150]

Da Lucius Titius und Gaius Seius die Einsetzung eines Richters über Gemeinschaftsteilung und darüber verlangten, ob das Gemeinsame beschädigt oder damit etwas geschehen sei oder ob davon dem einen oder dem anderen etwas verloren gegangen oder zugeflossen sei, sollst du, Richter, dem Lucius Titius und dem Gaius Seius zusprechen, was dem Lucius Titius und dem Gaius Seius zuzusprechen ist; was deshalb der eine dem [nach Treu und Glauben] anderen zu geben schuldet, dazu sollst du, Richter, den einen dem anderen verurteilen; wenn es sich nicht erweist, sollst du ihn freisprechen.

[146] Übersetzung aus *Behrends/Knütel/Kupisch/Seiler* (1995) S. 827.
[147] Dazu *Drosdowski* (1998) S. 17.
[148] Zu den *actiones utiles* s. *Gröschler* (2002) S. 30-33.
[149] Zum Zusatz *ex fide bona* s.o. C.II.2.
[150] *Lenel* (1927/56) S. 211. Vgl. auch Ulp. D. 10,3,3pr.

III. Steuerrechtliche Einflüsse?

Die Besteuerung des Nachlasses führte *Augustus* im Jahre 6 n.Chr. durch die *lex Iulia de vicesima hereditatium* ein,[151] welche für die gesamte Zeit der Klassik in Kraft bleiben sollte.[152] Durch diese sog. *lex vicesimaria* wurde der Nachlaß mit fünf Prozent besteuert.[153] Die Steuerpflicht oblag nicht nur den Erben, sondern ebenfalls den Empfängern von Legaten.
Auf das Zivilrecht wirkte sich das Erbschaftssteuerrecht beispielsweise durch die sog. *missio Hadriana* aus, nach welcher die Testamentserben in den Besitz des Nachlasses eingesetzt werden sollten.[154] Infolgedessen nahmen diese in erbrechtlichen Streitigkeiten grundsätzlich die günstigere Prozeßrolle des Beklagten ein.[155] Zudem dienten Vorschriften über die Testamentseröffnung auch dazu, dem Staat durch die Anwesenheit von offiziellen Steuereinziehern die Identität der Erben und damit der Steuerpflichtigen zu vermitteln.[156] Auf die Teilung der *communio* hatte das Steuerrecht aber wohl keinen Einfluß, ebensowenig wie die Teilung auf das Steuerrecht.

D. Zusammenfassung

Die *communio* der Miterben war eine Gemeinschaft an einer Vielzahl von Gegenständen. An jedem ideell teilbaren Gegenstand bestanden Untergemeinschaften, die allerdings aus der Nachlassmasse ausschieden, wenn über einen Anteil an ihnen verfügt wurde. Die Anteile wurden den Miterben jedoch nicht schon in der römischen Frühzeit zuerkannt. Wie die Herausbildung einer Tei-

[151] Zur Steuererhebung allgemein *Ausbüttel* (1998), S. 69-74.

[152] *De Laet* (1947) S. 36. Möglich, aber umstritten ist, ob bereits zusammen mit der *lex Falcidia* (s.o. A.II) eine Erbschaftssteuer eingeführt werden sollte, welche jedoch auf Widerstände traf. Die *lex Falcidia* hätte in diesem Falle dazu gedient, den Nachlaß wenigstens teilweise zusammenzuhalten, um so der Steuerpflicht eine Grundlage zu verschaffen. Dazu (bejahend) *Watson* (1971) S. 171f.

[153] Eine Schenkungsteuer existierte dagegen nicht. Mißbräuchliche Schenkungen zur Umgehung der Erbschaftssteuer verhinderte allerdings teilweise das Schenkungsverbot unter Ehegatten. Dazu *Misera* (1976) S. 420.

[154] Paul. sententiae 3,5,14-18 und Iustin. C. 6,33,3. Zu weiteren Einflüssen des Steuerrechts auf das Erbrecht siehe *Meincke* (1978) S. 354f., 356-361.

[155] Zu Prozeßrolle und Beweislast s. nochmals *Baldus* (1998) S. 505-510.

[156] *Nisoli* (1949) S. 35.

lungsmöglichkeit und der *communio* waren quotenmäßige Anteile Ausdruck einer höheren Entwicklungsstufe des Rechts.
Spezifische erbrechtliche Regelungen für das Innenverhältnis der Gemeinschafter in sachenrechtlicher wie auch schuldrechtlicher Hinsicht gab es nicht. Hier galten die allgemeinen Regelungen über Gemeinschaftsverhältnisse. Lediglich für die Beendigung der *communio* der Miterben stellten bereits die Zwölftafeln eine Erbteilungsklage zur Verfügung. Davon ausgeschlossen waren die Nachlaßforderungen und -schulden, deren Aufteilung mit dem Erbfall sofort möglich war und daher als *ipso iure* festgelegt wurde.
Daß die Teilungsklagen nicht nur rechtsübertragende Wirkung hatten, sondern auch Leistungspflichten begründeten, erscheint aus materiellrechtlicher, BGB-Perspektive zunächst ungewöhnlich.[157] Im heutigen Verfahren vor dem Nachlaßgericht werden die gegenseitigen Ansprüche der Miterben aber ebenfalls zusammengefaßt. Hier sind die Miterben als Antragsteller für eine gerechte Verteilung selbst verantwortlich. Dem Richter kommt lediglich vermittelnde und verfahrenslenkende Funktion zu. Auch im streitigen Verfahren hat der Richter keine rechtsgestaltenden Befugnisse.[158] Im römischen Teilungsverfahren dagegen spielte die entscheidende Rolle der Richter. Anders als in sonstigen, streitigen Verfahren war er nicht beschränkt auf die Beweiswürdigung und Subsumtion unter die vom Prätor vorgegebene, in der Formel vermittelte *actio*. Der *iudex* wurde selbst rechtsgestaltend tätig. Und indem die Parteien seinem Urteil unterworfen waren, war eine endgültige Abwicklung ihrer Gemeinschaft jedenfalls gesichert.

[157] Ähnlich *Windscheid* (1856) S. 231: für Laien sei es merkwürdig, daß die *actio communi dividundo* auch Ausgleichsansprüche enthalte.
[158] S.u. § 5.A.

Zweiter Teil: Deutsches Recht

Das Erbrecht bildet im System des BGB ein eigenes Rechtsgebiet, d.h. es ist ihm entsprechend dem auf *Heise* zurückgehenden Pandektensystem ein eigenes Buch „Erbrecht“ gewidmet.[159] Bereits hierdurch unterscheidet sich das BGB von anderen Gesetzbüchern, insbesondere manchen des romanischen Rechtskreises.[160] Inhaltlich weicht das Erbrecht des BGB ebenfalls von seinen Nachbarkodifikationen ab: Daß die Erben gesamthänderisch gebunden sind, ist eine nicht weit verbreitete Konstruktion. Da hier die Erbengemeinschaft des BGB einen Vergleichsgegenstand bieten soll, sind einige Besonderheiten des deutschen Rechts aufzuzeigen. Dazu gehört ebenfalls ein Ausschnitt aus der Entstehungsgeschichte der Erbengemeinschaft, um die gesetzgeberischen Weichenstellungen nachvollziehbar zu machen.

§ 3. Kurzer Rückblick: Die Erbengemeinschaft in den Beratungen zum BGB

Der Gesetzgeber des BGB hat die Erbengemeinschaft als Gesamthandsgemeinschaft ausgestaltet. Im ersten Entwurf war die Erbengemeinschaft allerdings noch als Bruchteilsgemeinschaft konstruiert. Erst durch die zweite Kommission erfolgte der Umschwung zur Gesamthandsgemeinschaft.[161] Hierbei orientierte sich die zweite Kommission an der Rechtsprechung des preußischen *Obertribunals* zum Allgemeinen Landrecht, mit welcher auch die erste Kommission sich ausführlich auseinandergesetzt hatte. Die erste Kommission entschied sich allerdings für ein am römischen Recht angelehntes Lösungsmodell.

Da die Erbengemeinschaft nach dem ALR bereits für die erste Kommission als Gegenmodell zu dem von ihr vorgeschlagenen diente, soll diese in einem Exkurs umrissen werden. Anschließend soll der Weg der Erbengemeinschaft durch die erste und zweite Kommission betrachtet werden.

[159] *A. Schwarz* (1921) S. 581f.

[160] Für den französischen Code civil s.u. § 7 vor A. Der Code civil wurde, teils modifiziert, vielfach rezepiert und gilt noch heute beispielsweise in Belgien und Luxemburg. *Zweigert/Kötz* (1996), S. 99.

[161] Zur Arbeit der Kommissionen s. *Schubert* (1966) S. 13-25, 30-35, 45-56.

A. Exkurs: Die Erbengemeinschaft nach Allgemeinem Landrecht[162]

Nach dem Wortlaut des ALR sind eine Mehrzahl von Erben Miteigentümer der Erbschaft,[163] so daß für die Miterben die Regeln über das Miteigentum im Sinne einer römischrechtlichen *communio*[164] gelten.[165] Verfügungen über einen Nachlaßgegenstand im ganzen können die Miterben nur gemeinschaftlich vornehmen,[166] Verwaltungsmaßnahmen führen sie dagegen aufgrund eines Mehrheitsbeschlusses durch.[167]

Das Miteigentum der Erben wird allerdings nicht im Sinne einer römischrechtlichen *communio* verstanden, sondern als das Miteigentum am Nachlaß als *universitas iuris*.[168] Zu dieser Sichtweise gelangte erst die Rechtsprechung, ausgehend von den Vorschriften des ALR über Nachlaßverbindlichkeiten.

I. Nachlaßverbindlichkeiten

Bis zur Teilung verpflichten die Nachlaßverbindlichkeiten die Miterben gemäß I 17 § 127 ALR gemeinschaftlich, im Anschluß daran solidarisch, I 17 § 131 ALR. Gemeinschaftlich im Sinne von I 17 § 127 ALR bedeutet, daß die Miterben die Nachlaßverbindlichkeiten nur gemeinsam erfüllen können und daher gemeinschaftlich auf Leistung verklagt werden müssen.[169] Die gemeinschaftliche Verpflichtung ist also weder eine anteilige noch eine gesamtschuldnerische. Eine gesamtschuldnerische Verpflichtung tritt erst nach der Teilung ein, sie ist die vom ALR als solidarisch bezeichnete. Der gesamtschuldnerischen Verpflichtung können die Erben entgehen, indem sie gemäß I 17 § 137 -146 ALR

[162] Zum ALR *Wieacker* (1967) S. 322-335; *Barzen* (1999) S. 184-215 zum Sachenrecht, welches das Erbrecht teilweise enthält; *dies.* (1999a) S. 87-99; *Baldus/Mühleisen* (1994) S. 103-130.

[163] I 9 § 382 ALR: „Mehrere zugleich zu einer Erbschaft berufne Personen werden Miteigentümer derselben. (Tit. XVII Sect. II.)". Text (ebenso im folgenden) nach *Hattenhauer* (1970) S. 247.

[164] *Göppert* (1864) S. 35f.

[165] I 17 § 115 ALR: „Die gemeinschaftlichen Rechte der Miterben sind nach den allgmeinen Grundsätzen vom Miteigenthume zu beurteilen."

[166] I 17 § 10 ALR.

[167] I 17 § 36 ALR.

[168] *Förster/Eccius* (1893) S. 571.

[169] *Preußisches Obertribunal*, 1.5.1837, Entscheidungen Bd. 4, S. 302, 317. Der Beschluß folgt der Ansicht von *Piners* (1834) S. 539ff.

die Teilung den Nachlaßgläubigern ordnungsgemäß bekanntgeben. Nach der Bekanntgabe schuldet jeder Erbe nur noch anteilig in Höhe seiner Erbquote.[170]
Die Haftung für Nachlaßverbindlichkeiten hängt vor der Teilung von der Errichtung eines Inventars ab, I 9 § 413, 443ff. ALR.[171] Durch die Rechtswohltat des Inventars, die das ALR als Regelfall ausgestaltet, haftet der Benefizialerbe nicht persönlich. Die Nachlaßgläubiger können lediglich in den ungeteilten Nachlaß vollstrecken.[172] Wurde ein Inventar nicht errichtet, so haften die Miterben zum einen mit dem Nachlaß. Zum anderen ist auch ihr Eigenvermögen bis zur Höhe ihrer Erbquote dem Zugriff der Nachlaßgläubiger unterworfen.
Nach der Teilung richtet sich die Reichweite der Haftung danach, ob die Benefizialerben die Teilung den Gläubigern ordnungsgemäß bekanntgegeben haben. Ist dies der Fall, beschränkt sich ihre Haftung auf die ihnen zugeteilten Nachlaßgegenstände.[173] Anderenfalls haften sie mit ihrem Eigenvermögen gesamtschuldnerisch, jedoch nicht über den Wert der ihnen zugeteilten Gegenstände hinaus.[174]
Diejenigen Erben, denen ein Inventar nicht zugute kommt, haften bei ordnungsgemäßer Bekanntgabe der Teilung anteilig, aber persönlich, anderenfalls gesamtschuldnerisch.[175]

II. Nachlaß und Nachlaßgegenstände. Verfügungsbefugnis

Die Regelungen der Nachlaßverbindlichkeiten durch das ALR stehen im Gegensatz zu dem römisch- und gemeinrechtlichen Grundsatz *nomina sunt ipse iura divisa*, demgemäß sich Forderungen und Schulden mit dem Erbfall auf die Miterben nach der Höhe ihrer Quote aufteilen.[176] Denn das ALR betrachtet Verbindlichkeiten und auch Forderungen (I 17 § 151) als ein einheitliches, ungeteiltes Objekt. Diese Sichtweise wurde von der preußischen Rechtsprechung auf sämtliche Nachlaßgegenstände übertragen:
Maßgeblich bestimmte das preußische *Obertribunal* die Art und Weise der Beteiligung der Miterben am Nachlaß und den Nachlaßgegenständen. Sein Plenar-

[170] *Preußisches Obertribunal*, 1.5.1837, Entscheidungen Bd. 4, S. 302, 320f.
[171] *Förster/Eccius* (1893) S. 546-569; *Muscheler* (1997) S. 741-749.
[172] *Dernburg* (1881) S. 667f.
[173] *Eidenmüller* (1953) S. 64f.; *Muscheler* (1997) S. 759.
[174] *Dernburg* (1881) S. 668f.
[175] *Dernburg* (1881) S. 669.
[176] S.o. § 2.B.II.2.

beschluß vom 16. März 1857 beendete eine Diskussion in Praxis und Wissenschaft über die Rechtsnatur der Erbengemeinschaft,[177] indem das *Obertribunal* einerseits einen Anteil an der Erbschaft als Gesamtheit bejahte, andererseits einen Anteil am einzelnen Gegenstand verneinte.[178] Damit stellte das Gericht fest, daß es sich bei der Erbengemeinschaft des ALR nicht um eine römischrechtlich *communio*, sondern eine am deutschen Gesamteigentum angelehnte Konstruktion handele.[179] Ausgangspunkt des Beschlusses war I 9 § 350 ALR, welcher den Nachlaß als Inbegriff von Sachen, Rechten und Pflichten bezeichnet. Das *Obertribunal* folgerte daraus, daß der Nachlaß eine sachenrechtliche Einheit darstelle. Deshalb könne über die Erbschaft ebenso wie über ihre einzelnen Bestandteile nur gemeinschaftlich verfügt werden.[180] Des weiteren lasse sich aus den Regelungen über Nachlaßforderungen und -schulden schließen, die nämlich keine sofortige Aufteilung derselben vorsähen, daß das ALR die Erbengemeinschaft nicht als *communio* ausgestaltet habe.[181]

Eine Entscheidung war notwendig geworden, um die Verfügungsbefugnis vor allem über Grundstücksanteile, sofern sie überhaupt existierten, zu klären. Mit der Verneinung einer solchen Verfügungsbefugnis stärkte das preußische *Obertribunal* die Stellung der Nachlaßgläubiger. Denn mit der Verfügung über einen Anteil an einem einzelnen Nachlaßgegenstand wäre dieser entsprechend der römischrechtlichen Regelung[182] aus dem Nachlaß ausgeschieden und hätte somit

[177] Anlaß dieses Plenarbeschlusses war die abweichende Meinung des *4. Senats* von vorhergehenden Entscheidungen des *2.* und *3. Senats* (s. sogleich), so daß der *4. Senat* seinen Fall dem Plenum des *Obertribunals* vorlegte. Der daraufhin ergangene Plenarbeschluß des *Obertribunals* findet seine Vorläufer in zwei Reskripten des *Justizministers* vom 13.4.1833 und 13.5.1838 (Kamptz's Jahrbücher Bd. 41, S. 555, 557ff.; Bd. 51, S. 364f.) sowie darauf Bezug nehmende Entscheidungen des *Obertribunals*: Präjudiz Nr. 1084a des *2. Senats* v. 17.12.1841, Entscheidungen Bd. 7, S. 270, 277f.; Präjudiz Nr. 1101 des *3. Senats* v. 14.1.1842, Präjudizien 1832-1848, S. 97; *3. Senat*, 20.2.1849, Entscheidundgen Bd. 18, S. 242, 245; *3. Senat*, 19.12.1851, Striethorst's Archiv Bd. 4, S. 201, 204; *3. Senat*, 26.9.1856, Entscheidungen Bd. 33, S. 375, 379.

[178] Plenarbeschluß des *Preußischen Obertribunals* v. 16.3.1857, Entscheidungen Bd. 35, S. 352, 364, 367.

[179] Zu den Vorläufern der deutschrechtlichen Erbengemeinschaft *Buchda* (1936) S. 52-94. Zum Begriff des Gesamteigentums *Ascheuer* (1992) S. 122-128.

[180] Plenarbeschluß des *Preußischen Obertribunals* v. 16.3.1857, Entscheidungen Bd. 35, S. 352, 364).

[181] Plenarbeschluß des *Preußischen Obertribunals* v. 16.3.1857, Entscheidungen Bd. 35, S. 352, 364.

[182] S.o. § 2.B.II.1.

die Haftungsmasse verringert. Dies galt insbesondere für die Fälle der Haftungsbeschränkung durch Inventarerrichtung.[183]
Das *Obertribunal* beschränkte die Reichweite seines Beschlusses allerdings auf das Innenverhältnis der Miterben.[184] In der Praxis bedeutete dies, daß eine Belastung oder Übertragung des Anteils am Nachlaß grundsätzlich möglich war. Die Wirksamkeit einer solchen Verfügung stand allerdings unter der aufschiebenden Bedingung, daß der Anteil des Miterben sich in der Teilung auf einen Nachlaßgegenstand konkretisierte.[185] Der Plenarbeschluß fand überwiegend Zustimmung,[186] wurde jedoch vereinzelt als dogmatisch widersprüchlich, auch als Rechtsfortbildung *contra legem* kritisiert.[187]

Die Erbengemeinschaft des ALR war nach ihrer ursprünglichen Konzeption keine Gesamthandsgemeinschaft. Auch ihre Fortbildung durch die Rechtsprechung führte nicht zu einer solchen,[188] da die Erben im Außenverhältnis praktisch weiterhin Anteile an den Nachlaßgegenständen innehatten und über sie verfügen konnten. Aus rechtspolitischen Erwägungen, nämlich dem Schutz der Nachlaßgläubiger sowie der Miterben vor sie beeinträchtigenden Verfügungen durch einen ihrer Miterben, gab das preußische *Obertribunal* die römischrechtliche Konzeption der Erbengemeinschaft zugunsten einer neuen auf, die sie auch auf deutschrechtliche Elemente stützte.

[183] *Eidenmüller* (1953) S. 92f.
[184] Plenarbeschluß des *Preußischen Obertribunals* v. 16.3.1857, Entscheidungen Bd. 35, S. 352, 367.
[185] Vgl. das Erkenntnis des *preußischen Obertribunals* v. 31.3.1862, Entscheidungen Bd. 47, S. 146, 150f. Auch das *Reichsgericht* hat für das ALR diese Ansicht übernommen: Erk. v. 27.11.1879, Gruchot 24 (1880), S. 454f.; Urt. v. 21.5.1883, RGZ 9, S. 272, 274; Urt. v. 23.10.1886, RGZ 16, S. 251, 254f. Zu weiteren erbrechtlichen Anwendungsfällen durch das Reichsgericht *O. Fischer* (1929) S. 126f.
[186] *Dernburg* (1881) S. 664; *Bornemann* (1845) S. 330-334, insb. S. 333 zur Entscheidung des *Obertribunals* vom 17.12.1851 (Fn. 177).
[187] *Gruchot* (1858), S. 383, 392f.; *Göppert* (1864) zusammenfassend S. 160f.; *Förster* (1873) S. 300-305; *Förster/Eccius* (1893) S. 577.
[188] So aber *Eck* (1890/1974) S. 47.

B. Die BGB-Kommissionen

I. Der erste Entwurf

Der erste Entwurf zum Erbrecht des BGB, fertiggestellt 1887, unterscheidet sich in Aufbau und Systematik erheblich vom heutigen Fünften Buch.[189] Insbesondere die Erbengemeinschaft erfuhr in ihrer rechtlichen Ausgestaltung später tiefgreifende Änderungen. Für die §§ 2033-2042, 2045-2047 I, 2049 BGB finden sich im ersten Entwurf daher keine Vorläufer.
Der erste Entwurf des Erbrechts geht zurück auf den Vorentwurf zum Erbrecht. Mit diesem Entwurf eines fünften Buches wurde 1874 der bayerische Ministerialrat *Gottfried von Schmitt*[190] betraut. Er legte bis 1879 seinen Teilentwurf (TE) der Kommission vor. In ihrer Begründung des ersten Entwurfs greift die Kommission auf die Motive *Schmitts* zurück und gibt diese in komprimierter Form wieder.[191]

1. Der Vorentwurf zum Erbrecht

Die Erbenmehrheit wird im Vorentwurf nicht als Gesamthandsgemeinschaft konstruiert. Vielmehr sollen für die Miterben in schuldrechtlicher Hinsicht die Vorschriften über die (Bruchteils-) Gemeinschaft gelten. Eine einheitliche sachenrechtliche Ausgestaltung sieht der Vorentwurf dagegen nicht vor, da er den Nachlaß nicht als dingliche Einheit begreift. Die Teilung der Nachlaßgegenstände liegt in den Händen der Miterben, subsidiär ist sie dem Nachlaßgericht übertragen.

189 Vgl. zur Entstehungsgeschichte des BGB *Schlosser* (2001) S. 183-194.

190 Zu *Gottfried von Schmitt* s. *Mertens* (1970) S. 7ff. und *Schröder* (1981) S. 7-12; *Schubert* (1984) S. XV-XVIII. In Bayern galt zum damaligen Zeitpunkt das *Bayerische Landrecht*. *Schlosser* (2001) S. 113f.

191 Die Motive zum Erbrecht verfaßte *Wilhelm Neubauer*, königlich preußischer Kreisgerichtsrat aus Berlin, der *Schmitt* zur Ausarbeitung des ersten Entwurfs zur Seite gestellt worden war. *Neubauer* wurde 1889 Oberlandesgerichtsrat in Hamm, später Senatspräsident am Berliner Kammergericht. 1875 erbaten *Schmitt* und *Neubauer* weitere Unterstützung. Diese erhielten sie durch den großherzoglich Kanzleirat *Martini* aus Mecklenburg, wo gemeines Recht galt. Vgl. m.w.N. *Mertens* (1970) S. 10.

a) Mehrheit von Erben und Erbteil

§ 302 TE
Mit dem Anfalle geht der Nachlaß als ein Ganzes oder Bruchteilsganzes (Erbschaft, Erbtheil) kraft Gesetzes, jedoch vorbehaltlich des Rechtes der Entschlagung, auf den oder die Berufenen über. Erwerbung der Erbschaft.[192]

§ 321 TE
Miterben treten mit der Erwerbung der Erbschaft [...] in die einzelnen Rechtsverhältnisse des Erblassers ein. Die Anteile der einzelnen Miterben bestimmen sich nach dem Verhältnisse ihrer Erbtheile. Forderungen und Schulden der Erbschaft sind nach diesem Verhältnisse unter den Miterben mit der Erbschaftserwerbung getheilt. Gegenstände, welche ihrer nothwendigen Bestimmung nach der Theilung entzogen sind, bleiben gemeinschaftlich. [...] Auf die rechtlichen Beziehungen der in die einzelnen Rechtsverhältnisse des Erblassers eingetretenen Miterben zu Dritten finden, soweit in diesem Buche nichts Besonderes bestimmt ist, die Vorschriften Anwendung, welche bei anderen Gemeinschaften für das Verhältnis der Theilhaber zu Dritten gelten.[193]

Nach *Schmitt* bilden die Erben hinsichtlich der ungeteilten Nachlaßgegenstände grundsätzlich eine Bruchteilsgemeinschaft, d.h. eine schlichte *communio* römischen Rechts.[194]

In den Erläuterungen zu § 302 TE finden sich keine Hinweise auf seine Motive. Dort erwähnt *Schmitt* auch die Gesamthandsgemeinschaft nicht als alternative Gestaltungsmöglichkeit der Erbenmehrheit. Stattdessen diskutiert er die Vor- und Nachteile des Nachlaßanfalls der Erbschaft im Gegensatz zum Erwerb der Erbschaft aufgrund von Annahme oder Antretung.[195]

§ 321 S.3 TE ordnet die sofortige Aufteilung der Forderungen und Schulden mit dem Erbschaftserwerb an. In der Begründung dieser Vorschrift wird die Zweckmäßigkeit des Grundsatzes *nomina sunt ipso iure divisa* insbesondere mit der anderslautenden Regelung des ALR verglichen.[196] An dieser Stelle setzt sich der Teilentwurf auch mit einer möglichen Konstruktion der Erbengemeinschaft als Gesamthand auseinander. Er lehnt jedoch ein eigenes Vermögen Nachlaß, wie das ALR es kennt, ab und sieht die sofortige Aufteilung der Nachlaßschulden und

[192] *Schmitt* (1886/1984) S. 63.
[193] *Schmitt* (1886/1984) S. 67.
[194] § 394 TE: „soweit besondere Bestimmungen nicht getroffen sind". S. sogleich unter b den vollständigen Text.
[195] *Schmitt* (1886/1984a) S. 58-69.
[196] S.o. A.I.

-forderungen als notwendige Folge dieser Entscheidung an.[197] Hier wie auch anderenorts wird das ALR als inkonsequent und unsystematisch bezeichnet,[198] da die Miterben mangels Anteils am einzelnen Nachlaßgegenstand nicht Subjekt dieses Gegenstandes sein könnten.[199] Als solches komme nur der Nachlaß selbst als *universitas iuris* in Betracht, der einerseits einer *hereditas iacens* vergleichbar, andererseits Objekt der Miterben sei.[200] Eine andere Möglichkeit bestehe in der Annahme eines „Miteigenthum zur gesammten Hand".[201] Diese gesamthänderische Form des Miteigentums schließe Anteile an den einzelnen Gegenständen aus.[202] Eine solche Lösung hält *Schmitt* jedoch mit dem Grundsatz einer auf Teilung ausgerichteten Gemeinschaft der Miterben für nicht vereinbar („sonderbarer Gegensatz").[203]

Für das Prinzip *nomina sunt ipso iure divisa* führt *Schmitt* des weiteren an, daß auf diese Weise eine schnelle Aufteilung des Nachlasses möglich sei.[204] Auch bedürfe es aufgrund der automatischen Aufteilung der Schulden und Forderungen keines amtlichen Verfahrens zur Nachlaßabwicklung.[205] Zudem könne sich aus Gerechtigkeitsgründen die Verpflichtung des Miterben hinsichtlich der Nachlaßschulden nur auf die Höhe der ihm zugedachten Erbschaftsquote beziehen.[206] Weiterhin seien die Nachlaßgläubiger durch das Vorhandensein mehrerer Erben nicht schlechter gestellt, sondern zum Teil sogar besser. Denn ihnen hafte nun mehr als ein Vermögen.[207] Daß ein Gläubiger mehrere Schuldner verklagen müsse, sei zwar unbequem, jedoch durch die Möglichkeit der Klagehäufung erträglich.[208]

197 *Schmitt* (1886/1984a) S. 157 für die Nachlaßforderungen.
198 Ähnliche Kritik bei *Schmitt* (1886/1984a) S. 149, 151.
199 *Schmitt* (1886/1984a) S. 150.
200 *Schmitt* (1886/1984a) S. 150, 158.
201 *Schmitt* (1886/1984a) S. 158.
202 *Schmitt* (1886/1984a) S. 158.
203 *Schmitt* (1886/1984a) S. 158.
204 *Schmitt* (1886/1984a) S. 148, 150.
205 *Schmitt* (1886/1984a) S. 149.
206 *Schmitt* (1886/1984a) S. 154. Der Abwägung zwischen den Interessen der Miterben und der Nachlaßgläubiger werden die beiden konträren Rechtsprinzipien „die Erben dürfen erst aus der Erbschaft gewinnen, wenn die darauf haftenden Lasten und Schulden abgeführt sind, nur der Rest wird geteilt." und „der Miterbe trägt die Lasten in dem Verhältnisse, wie er von der Erbschaft Vortheil zieht." vorangestellt. *Schmitt* (1886/1984a) S. 154.
207 *Schmitt* (1886/1984a) S. 155.
208 *Schmitt* (1886/1984a) S. 156.

Gegen die Schuldenregelung des ALR führt *Schmitt* außerdem aus, daß sie weder eine dogmatisch konsequente noch eine praxistaugliche Lösung biete, da ihre unklaren und unvollständigen Vorschriften zu zahlreichen Rechtsstreitigkeiten geführt hätten.[209] Daher wählt er auch für die Haftung die dem ALR entgegengesetzte Lösung, nämlich die anteilige.[210]

Da für *Schmitt* feststeht, daß die Erben Anteile an den einzelnen Nachlaßgegenständen haben werden, soll sich die Verfügungsberechtigung über den Anteil nach den allgemeinen sachenrechtlichen Vorschriften, d.h. über das Miteigentum, richten.[211]
Für die Rechtsnatur des Anteils an den ungeteilten Nachlaßgegenständen wird in der Erläuterung des § 321 TE auf die Begriffsbestimmung bei *Windscheid* verwiesen.[212] Nach diesem bezieht sich der Anteil auf das Recht Eigentum an der Sache, hingegen nicht auf die Sache selbst.[213] Der Anteil ist nach *Windscheid* ein real nicht existierender Bruchteil. Durch diesen drücke sich das Recht des Miteigentümers an der Sache, zum Beispiel seine Nutzungsberechtigung, aber auch seine Pflichten hinsichtlich der Sache oder den übrigen Miteigentümern aus.[214]

b) Die Aufteilung der Nachlaßgegenstände

§ 394 TE
Auf das Verhältnis der Miterben zu einander während der Dauer, bei und nach Auflösung der unter ihnen bestehenden Gemeinschaft finden, soweit besondere Bestimmungen nicht getroffen sind, die Vorschriften entsprechende Anwendung, welche hinsichtlich anderer Gemeinschaften gelten.[215]

§ 397 TE
In Ermangelung eines verwaltenden Testamentsvollstreckers kann jeder Miterbe die Vornahme der Theilung durch das Nachlaßgericht verlangen. Die Entscheidung von Streitigkeiten steht dem Nachlaßgerichte nicht zu.[216]

[209] *Schmitt* (1886/1984a) S. 151f.
[210] *Schmitt* (1886/1984a) S. 156, 161f.
[211] *Schmitt* (1886/1984a) S. 158, 163.
[212] *Schmitt* (1886/1984a) S. 163.
[213] *Windscheid* (1891), § 142, 4 Fn. 10a, 11, § 169a Fn. 5.
[214] *Windscheid* (1891), § 142, 4.
[215] *Schmitt* (1886/1984a) S. 87.
[216] *Schmitt* (1886/1984a) S. 86.

Jedem Miterben steht nach § 395 TE das Recht zu, jederzeit die Teilung zu verlangen. Auf die Durchführung der Auseinandersetzung bzw. Teilung der Erbschaft geht *Schmitt* in der Begründung des § 394 TE ein. Dort betont er, daß Gegenstand der Auseinandersetzung wie bei der *actio familiae erciscundae* die Gesamtheit der Nachlaßgegenstände sei im Gegensatz zur Auseinandersetzung von schlichtem Miteigentum (durch die *actio communi dividundo*), bei der stets nur der eine, im Miteigentum stehende Gegenstand auseinandergesetzt werde.[217] Neben den sachenrechtlichen sollen in der Teilung auch die schuldrechtlichen Rechtsverhältnisse zwischen den Miterben abschließend geregelt werden.[218] Daher werden wie im römischen Recht trotz der Regel *nomina sunt ipse iura divisa* unter Umständen die Nachlaßforderungen und -schulden nach § 400 I TE in die Auseinandersetzung miteinbezogen.[219]

Auf eine Regelung der Teilungsmodalitäten verzichtet der Teilentwurf. Für die Erbenmehrheit sollen nämlich die Teilungsvorschriften der Bruchteilsgemeinschaft gelten, welche sich an der *actio communi dividundo* orientieren.[220] Dadurch hat die Teilung der Gegenstände ebenso wie im römischen Recht rechtsübertragende Wirkung.[221] Die deklaratorische Teilungswirkung des Code civil lehnt *Schmitt* für das BGB ausdrücklich ab.[222]

Die Begründung des § 397 TE unterscheidet die gerichtliche Einigung über die Art und Weise der Teilung von ihrer sodann einvernehmlichen Durchführung. Für die Einigung soll entsprechend den Regelungen der CPO das Prozeßgericht, für die Durchführung der Teilung das Nachlaßgericht zuständig sein. Denn das Nachlaßgericht als Organ der freiwilligen Gerichtsbarkeit entscheide unstreitige Sachverhalte.[223]

Die Miterben könnten die Teilung auch ohne Anrufung eines Gerichtes durchführen, sofern kein Testamentsvollstrecker eingesetzt sei.[224]

[217] *Schmitt* (1886/1984a) S. 325f.
[218] *Schmitt* (1886/1984a) S. 334f.
[219] *Schmitt* (1886/1984a) S. 337f. Zum römischen Recht s.o. § 2.C.II.2.a.
[220] *Schmitt* (1886/1984a) S. 325f. Das römische Adjudikationsverfahren übernimmt der Vorentwurf allerdings nicht. S.u. 2.b näher zum ersten Entwurf.
[221] S.o. § 2.C.II.1.
[222] *Schmitt* (1886/1984a) S. 344: „Die Bestimmung des franz. C. c. aber enthält ohne alle Noth eine Anomalie, welcher der gegenwärtige Entwurf sich nicht anschließen kann." Dagegen *Baron* (1889), S. 262, welcher in der Regelung des Code civil einen gerechten Ausgleich zwischen den Interessen der Erben und der Gläubiger erblickt. Zur französischen Teilung und ihrer Wirkung als *acte déclaratif* s.u. § 10.
[223] *Schmitt* (1886/1984a) S. 333.
[224] *Schmitt* (1886/1984a) S. 332.

c) Ergebnis

Der Vorentwurf übernimmt für das Verhältnis der Miterben untereinander und der Miterben zu den Nachlaßgegenständen die Vorgaben des römischen Rechts.[225] Jedes Rechtsverhältnis bestimmt sich daher nach dem konkreten Nachlaßobjekt, ein einheitliches Gesamthandsverhältnis unter den Miterben existiert nicht. Über seinen Erbteil kann jeder Miterbe im ganzen verfügen.[226] Eine ähnliche Regelung kannte bereits das römische Recht.[227]
Der Vorentwurf setzt sich insbesondere mit den Vorschriften des ALR auseinander. Dessen Begünstigung der Nachlaßgläubiger wird abgelehnt. Stattdessen entscheidet sich der Vorentwurf für die durch *Windscheid*[228] vermittelte römischrechtliche Lösung, da diese die Rechtslage klar und eindeutig regele. Hierbei setzt *Schmitt* auch die Vorentscheidungen der ersten Kommission um, die sich insgesamt für eine systematisierende Kodifizierung des römischen Rechts entschieden hatte.[229]
Hinzu kommt, daß die individualistische Regelungsform des römischen Rechts wohl eher dem liberalen Zeitgeist entsprach. Auf prozessuale Normen verzichtet der Entwurf ausdrücklich und verweist auf die bereits entstandene CPO. Damit nimmt der Entwurf für die Erbteilung auch die Unterscheidung von streitiger und freiwilliger Gerichtsbarkeit auf.

2. Redaktion und Begründung des ersten Entwurfs

Die erste Kommission, welche die Vorentwürfe der einzelnen Redaktoren zusammenführte, übernahm im wesentlichen den Vorschlag *Schmitts*. Sie behielt namentlich die grundsätzliche Geltung der Regeln über die Bruchteilsgemeinschaft für die Miterben bei. 1888 wurde der erste Entwurf (E I) der Öffentlichkeit vorgelegt. Darin wurden die §§ 302, 321 TE in § 2051 E I zusammengefaßt; aus § 394 TE wurde § 2151 E I, aus § 397 TE wurde § 2156 E I.

225 Zum römischen Recht der Erbengemeinschaft o. § 2.B.
226 *Schmitt* (1886/1984a) S. 328.
227 S.o. § 2.B.II.1.
228 *Schmitt* führt als Nachweis für eine römisch- oder gemeinrechtliche Regelung vor allem *Windscheids* Lehrbuch des Pandektenrechts an. S. exemplarisch *Schmitt* (1886/1984a) S. 228f., 331, 332, 335, 336.
229 Vgl. beispielsweise *Schmitt* (1886/1984a) S. 159, 161.

a) Mehrheit von Erben und Erbteil

§ 1750 E I
Auf mehrere Erben geht die Erbschaft nach Bruchteilen über (Erbtheile).[230]

§ 2051 E I
Die zum Vermögen des Erblassers gehörenden Rechte und die vermögensrechtlichen Verbindlichkeiten des Erblassers gehen, soweit sie nicht mit dem Tode des letzteren erlöschen, kraft Gesetzes auf den Erben über. Sind mehrere Erben vorhanden, so gehen die einzelnen Rechte und Verbindlichkeiten kraft des Gesetzes auf die Erben nach Verhältnis der Erbteile über.[231]

§ 2151 E I
Auf das Rechtsverhältnis der Miterben finden, soweit nicht aus dem Gesetze ein Anderes sich ergiebt, die Vorschriften über Gemeinschaft Anwendung.[232]

Anlaß für die redaktionellen Abweichungen des § 2051 E I von der Vorläufervorschrift des § 302 TE[233] war u.a., daß das Prinzip der Universalsukzession und des Anfallserwerbs deutlicher herausgearbeitet werden sollte.[234] Auch sollte der sofortige bruchteilsmäßige Übergang des Erblasservermögens im Falle mehrerer Erben durch einen eigenen Satz neben § 1750 E I hervorgehoben werden.[235] Dafür wurde allerdings § 321 S.3 TE[236] überflüssig, weil dieser nunmehr zusammen mit § 302 TE in § 2051 E I integriert wurde.

Die Verfügungsberechtigung über den Anteil ergibt sich aus § 2151 i.V.m. § 763 S.1 E I[237]. Über den ganzen Gegenstand können die Miterben dagegen nach §§ 2151, 763 S.2 E I[238] nur gemeinsam verfügen.[239]

[230] *Mugdan* (1899a) S. I.
[231] *Mugdan* (1899a) S. LXVII.
[232] *Mugdan* (1899a) S. LXXXVIII.
[233] Für den Wortlaut des § 302 TE s.o. 1.a.
[234] *Jakobs/Schubert* (2002) S. 55f., 289f.
[235] *Jakobs/Schubert* (2002) S. 55f.
[236] Für den Wortlaut des § 321 TE s.o. 1.a.
[237] § 763 S.1 E I: „Jeder Gemeinschafter kann über seinen Antheil an den gemeinschaftlichen Gegenständen verfügen.“ *Mugdan* (1899) S. CXXXVIII.
[238] § 763 S.2 E I: „Über den gemeinschaftlichen Gegenstand im ganzen kann nur von allen Theilhabern gemeinschaftlich verfügt werden.“ *Mugdan* (1899) S. CXXXVIII.
[239] Vgl. heute § 747 BGB und für die Erbengemeinschaft abweichend § 2033 BGB.

aa) Nachlaßverbindlichkeiten

Bei den Beratungen über § 321 TE wurde die Verpflichtung der Miterben für Nachlaßschulden als Regelungsproblem diskutiert. Als Lösung stand die gesamtschuldnerische der anteiligen Verpflichtung gegenüber. Die Kommission kam jedoch entsprechend dem Vorentwurf zu dem Ergebnis einer nur anteiligen Verpflichtung.[240]

Die Diskussion über diese Frage findet sich in den Motiven zu § 2051 E I wieder.[241] Ausgangspunkt sind einerseits wiederum das ALR, andererseits das römische bzw. das gemeine Recht. Gegen das im gemeinen Recht fortlebende römische Recht wird angeführt, daß es grundsätzlich der Privatautonomie der Gläubiger widerspreche, von Gesetzes wegen plötzlich einer Vielzahl von Schuldnern gegenüber zu stehen. Auch erhalte jeder Erbe bereits selbständige, frei verfügbare Anteile an den Nachlaßgegenständen, bevor die Nachlaßverbindlichkeiten getilgt seien. Eine Verfügung über den Anteil am Nachlaßgegenstand schmälere den Nachlaß und damit die Haftungsmasse der Gläubiger, aber auch der Miterben untereinander.
Diese Nachteile vermeide zwar grundsätzlich das ALR. Allerdings fehle es für die Durchsetzbarkeit des Gläubigerschutzes, sollte man den Nachlaß als dingliche Einheit konstruieren, an einer amtlichen Nachlaßabwicklung. Diese erscheine aus praktischen Erwägungen, d.h. Kostengründen und Verfahrensdauer, auch nicht als erstrebenswert. Zudem bewirke die Möglichkeit der Inventarerrichtung mit daraus folgender Haftungsbeschränkung unterschiedliche Positionen der Miterben als Schuldner. Gegen das ALR spreche auch, daß mangels Verfügungsmöglichkeit über einen Anteil am einzelnen Gegenstand der Erbe bis zur Auseinandersetzung keine Mittel aus dem Nachlaß abschöpfen könne. Weiterhin könnten die Miterben nur einvernehmlich Rechte aus dem Nachlaß geltend machen. Außerdem ließe sich der Zeitpunkt nicht festlegen, ab welchem die Einheit Nachlaß nicht mehr bestehe.[242] Zudem wird die differenzierte Haftung der Miterben, die auch der Entwurf in § 2133 E I vorsieht, als unpraktisch für eine Nachlaßeinheit angesehen.[243]

240 *Jakobs/Schubert* (2002) S. 292.
241 Motive (1888b) S. 525-530.
242 Motive (1888b) S. 529. Zu dieser Frage für das BGB u. § 5.C.I.2.
243 Motive (1888b) S. 529.

Letztlich wird die Entscheidung für die Ausrichtung am gemeinen bzw. römischen Recht damit begründet, daß es die Rechtsverhältnisse unter den Miterben vereinfache und eine eindeutige Rechtslage schaffe. Im Gegensatz dazu stehe eine als Gesamthand konstruierte Erbengemeinschaft, über deren Konstruktion keine Klarheit herrsche.[244]

bb) Sonstige Nachlaßgegenstände

In dem § 394 TE ersetzenden § 2151 E I fehlt gegenüber der Vorgängernorm lediglich das Wort „entsprechende". Die direkte Anwendung der Gemeinschaftsregeln sollte verdeutlichen, daß die Erbenmehrheit eine Gemeinschaft nach Bruchteilen darstellt.[245] Von weiteren Änderungen gegenüber dem Vorentwurf sah die Kommission bei § 2151 E I ab.

Die dingliche Zuordnung der einzelnen Nachlaßgegenstände regelt § 2051 S.2 E I. Danach gehen alle Gegenstände bereits mit dem Erbfall anteilig auf die Erben über. Forderungen und Schulden teilen sich nach dem Entwurf mit dem Erbfall grundsätzlich *ipso iure* und scheiden dadurch automatisch aus dem Nachlaß aus. Die Ausgestaltung der sonstigen Rechte und Pflichten untereinander bis zur realen Teilung findet sich in den Vorschriften über die Bruchteilsgemeinschaft nach §§ 762-773 E I. Auch die Motive zur Gemeinschaft stellen nochmals klar, daß eine Bruchteilsgemeinschaft durch Erbenmehrheit entstehen kann.[246]

Die Erbenmehrheit bezieht sich zwar auf den gesamten Nachlaß,[247] jedoch sollte die Gemeinschaft an einem Nachlaßgegenstand jeweils gesondert betrachtet werden. Einen diesbezüglichen Hinweis im Gesetz hielt die Kommission für überflüssig.[248] Entscheidend seien die Regelungen über die Mehrheit von Berechtigten und Verpflichteten hinsichtlich des konkreten Gegenstandes.
Die Vorstellung der Kommission veranschaulicht die Begründung des § 2051 E I: Es könnten Gemeinschaften nach Bruchteilen entstehen, zum Beispiel hinsichtlich

[244] Motive (1888b) S. 528f.
[245] *Jakobs/Schubert* (2002) S. 750.
[246] Motive (1888) S. 873.
[247] *Jakobs/Schubert* (2002) S. 750 (Begründung zu § 394 TE): „sei in Ansehung aller zum Nachlasse gehörenden Gegenstände für die Miterben das Rechtsverhältniß der Gemeinschaft gegeben".
[248] *Jakobs/Schubert* (2002) S. 293f.

einzelner Sachen, aber auch Gemeinschaften ohne Bruchteile an unteilbaren Gegenständen. Bei Forderungen und Verbindlichkeiten hänge die Rechtsstellung der Miterben vom Gegenstand derselben ab.[249] Es sollten insbesondere die Regelungen über die Teilung von Forderungen bei einer Mehrheit von Schuldnern und Gläubigern gelten. Auch seien die allgemeinen Vorschriften über die Folgen der Unteilbarkeit der Leistung, der Gemeinschaft, des Miteigentums sowie eines gemeinschaftlichen Rechtes ohne Bruchteile anwendbar. Die Motive beschreiben die Rechtslage nach dem Erbfall so, als „wenn den Miterben eine gleiche Anzahl von Erblassern, wie Erbschaftsgegenstände vorhanden, gegenübersteht, für deren gegenseitiges Verhältnis in Ansehung der einzelnen Gegenstände des Nachlasses das den Erbteilen entsprechende Bruchteilverhältnis, soweit es überhaupt auf Bruchteile ankommt, maßgebend ist. Jeder Erbschaftsgegenstand erscheint gleichsam als besondere Erbschaft, welche gesondert liquidiert und verteilt wird [...].“[250]

cc) Zwischenergebnis

Die Erbschaft als gemeinschaftlichen Gegenstand Nachlaß sieht der erste Entwurf nicht vor. Die Bezeichnung Gemeinschaft der Miterben verweist allenfalls im schuldrechtlichen Sinne auf ein einheitliches Verhältnis. Dinglich handelt es sich dagegen lediglich um eine Sammelbezeichnung. Zudem verstehen die Redaktoren jeden Erbteil als eine eigene Erbschaft[251] und verneinen konsequent das Bestehen einer Erbengemeinschaft überhaupt.[252]

b) Die Aufteilung der Nachlaßgegenstände

§ 2156 E I
Auf Antrag eines Miterben hat das Nachlassgericht durch Verhandlung mit dem Erben die Auseinandersetzung der letzteren in Ansehung des Nachlasses zu vermitteln, sofern nicht ein zur Bewirkung der Auseinandersetzung berechtigter Testamentsvollstrecker vorhanden ist.[253]

[249] Motive (1888b) S. 526.
[250] Motive (1888b) S. 526f.
[251] *Jakobs/Schubert* (2002) S. 292.
[252] Motive (1888b) S. 694f.
[253] *Mugdan* (1899a) S. XC.

§ 2151 E I[254] verweist wie bereits § 394 TE[255] auf die Vorschriften der Bruchteilsgemeinschaft, §§ 762-773 E I. Diese Normen finden sich im wesentlichen heute in den §§ 741-758 BGB wieder. Auch die Teilung einer Gemeinschaft regelt das BGB ebenso wie in §§ 767-772 E I.

Die Teilung (heute Auseinandersetzung im weiteren Sinnne)[256] vollzieht sich nach dem Entwurf in zwei Schritten. Zunächst schließen die Erben einen schuldrechtlichen Vertrag, den Teilungsvertrag, den sie sodann durch Verfügungen vollziehen.[257] Gelangen die Erben nicht zu einer einvernehmlichen Lösung, so sieht der Entwurf – ebenso heute § 752 BGB – eine Teilung in Natur der Gegenstände vor, die sich ohne Wertverlust in gleichartige Teile zerlegen lassen, § 769 I 1 E I. Auf eine Regelung der Verteilung solcher Art gebildeter Teile verzichtet der Entwurf. Weiterhin sollen die unteilbaren Nachlaßgegenstände verkauft und der Erlös unter den Erben aufgeteilt werden, § 769 II 1 E I (vgl. § 753 BGB). Des weiteren wird wie in § 753 BGB auf die Vorschriften über die Zwangsversteigerung und den Zwangsverkauf verwiesen.
Durch den Verkauf der gemeinschaftlichen Gegenstände sehen die Redaktoren den Grundsatz der Gleichbehandlung der Miterben gewahrt. Daß ein Gegenstand unter seinem Wert verkauft werden könnte, übersehen die Redaktoren hier – anders bei der Teilung in Natur.[258] Es wird lediglich die Frage aufgeworfen, ob die Teilungsversteigerung eines Grundstücks volkswirtschaftlich sinnvoll sei. Diese Frage sei allerdings nicht im BGB zu regeln, sondern – wenn überhaupt – in einem eigenen Gesetz, welches die Teilung des Grundstückes mittels rechtlicher Unmöglichkeit verhindern könne.[259]

Im Teilungsprozeß soll der Richter lediglich über den konkreten Antrag eines Miterben auf Teilung entscheiden. Dabei steht ihm kein richterliches Ermessen zu. Die Teilung führen die Miterben selbst durch, nicht ein Richter mittels konstitutiven Teilungsurteils.[260] In diesem Punkt weicht der Entwurf vom Vorbild der Adjudikation nach römischen und gemeinen Recht ab.[261] Als Grund dafür wird

[254] Für den Wortlaut des § 2151 E I s.o. a.
[255] Für den Wortlaut des § 394 TE s.o. 1.b.
[256] S.u. § 5 vor A.
[257] Motive (1888) S. 881f.
[258] S.u. § 5.C.II/E für das BGB.
[259] Motive (1888) S. 884; *Jakobs/Schubert* (1983) S. 396.
[260] Motive (1888) S. 883.
[261] Zur Adjudikation s.o. § 2.C.II.1.

angegeben, daß eine Ermessens- oder Billigkeitsentscheidung oft einen der Miterben benachteilige. Es müsse jedoch nach dem Prinzip der Gleichbehandlung aller Teilhaber geteilt werden.[262] Denn weil jeder Teilhaber nach § 767 I E I berechtigt sei, die Teilung stets zu verlangen, werde bereits auf die Rechte der anderen Teilhaber ohne oder gegen ihren Willen eingewirkt. Die Teilhaber dürften nicht zusätzlich durch eine richterliche Ermessensentscheidung benachteiligt werden. Zudem gebiete es die Rechtssicherheit und das Gebot des rechtlichen Gehörs, daß ein Richter über einen konkreten Antrag zu entscheiden habe.[263] Denn nur wenn die Prozeßteilnehmer den konkreten Gegenstand der Entscheidung kennen würden, könnten sie während des Verfahrens entsprechend vortragen.
Neben dem streitigen Teilungsverfahren haben die Miterben nach § 2156 E I (insofern § 397 TE entsprechend)[264] die Möglichkeit, zu einer einvernehmlichen Auseinandersetzung durch Vermittlung des Nachlaßgerichts zu gelangen.

c) Ergebnis

Die erste Kommission folgt im wesentlichen dem Vorschlag des Vorentwurfs. Einige redaktionelle und inhaltliche Änderungen werden vorgenommen. Mit dieser Ausgestaltung sehen sich (und sind)[265] die Verfasser des ersten Entwurfs grundsätzlich im Einklang mit dem (materiellen) römischen Recht.[266] Nur mit der Teilungklage wenden sie sich von diesem Vorbild ab. Stattdessen orientiert sich der Entwurf an der neuen CPO von 1877 und der in ihr verankerten Dispositionsmaxime.

262 *Jakobs/Schubert* (1983) S. 395.
263 *Jakobs/Schubert* (1983) S. 395.
264 Für den Wortlaut des § 397 TE s.o. 1.b.
265 S.o. § 2.B.
266 *Jakobs/Schubert* (2002) S. 293; Motive (1888b) S. 527.

II. Der zweite Entwurf

Nachdem *Gottfried von Schmitt* eine weitere Mitarbeit in der Kommission ablehnte,[267] war der königlich sächsische Geheime Rat *Wilhelm Rüger* für die Redaktion des Fünften Buches zuständig.[268] Als *Rüger* 1895 zum Generalstaatsanwalt ernannt wurde, übernahm *Heinrich Börner* aus dem sächsischen Justizministerium seinen Platz.[269]

1. Die Kritik am ersten Entwurf

Der zweite Entwurf führte im Erbrecht zu einer Kursänderung, da gegen den ersten Entwurf laute Kritik erhoben worden war.[270] Einflußreich war die Stimme *Otto von Gierkes*,[271] der den Entwurf zur Erbenmehrheit für „romanistischer als das römische Recht" hielt.[272] Er setzte sich für die Erbengemeinschaft als Gesamthandsgemeinschaft ein. Ebenso wie *von Gierke* plädierten auch andere Autoren gegen die gemeinrechtliche *communio* und für die gesamte Hand oder eine Ausgestaltung ähnlich des preußischen ALR.[273]

Im einzelnen wurde dem Entwurf hinsichtlich der Ausgestaltung des Verhältnisses der Miterben vorgeworfen, daß die freie Verfügungsmöglichkeit über den Anteil am einzelnen Gegenstand die Interessen der anderen Miterben gefährde.

[267] *Mertens* (1970) S. 9: zu diesem Zeitpunkt (1890) war *Schmitt* Präsident des Oberlandesgerichts Nürnberg, 1891 wurde er zum Präsidenten des Bayerischen Obersten Landesgerichts ernannt.

[268] *Mertens* (1970) S. 18f. Zum seit 1865 geltenden Bürgerlichem Gesetzbuch für das Königreich Sachsen *Schlosser* (2001) S. 180.

[269] *Börner* gehörte bereits der ersten Kommission an und schrieb die Motive zum Allgemeinen Teil sowie zum Einführungsgesetz. *Mertens* (1970) S. 19.

[270] *Mugdan* (1899a) S. 495. *Schwab* (2000) S. 328-334 auch zur späteren Kritik.

[271] *Gierke* (1889/1974) S. 59, 85. In seinem Vortrag „Die soziale Aufgabe des Privatrechts" von 1889 geht er auf die Frage der Erbenmehrheit nicht ein, vgl. S. 38f. zum Erbrecht. Zu *Gierkes* Kritik am Erbrechtsentwurf *Pfennig* (1997) S. 176f.

[272] *Gierke* (1889/1974) S. 87, da dem Richter anders als nach römischem Recht bei der Teilung kein Ermessen zukomme.

[273] *Strützli* (1889) S. 180ff.; *Eck* (1890/1974) S. 47ff.; *ders.* (1889) S. 306. Gegen *Von Gierke* s. *Planck* (1889) S. 383f. Gegen die Gesamthandsgemeinschaft auch *Cosack* (1889) S. 215; Wortmeldungen von *Leißheimer* (1889) S. 309f. und *Enneccerus* (1889) S. 313; *Baron* (1889) S. 258; *Bähr* (1890) S. 155; *ders.* (1892) S. 397.
Ein Überblick über die Kritik am ersten Entwurf zur Konzeption der Erbengemeinschaft als *communio* einschließlich der Gegenentwürfe von *Bähr* und *Strützli* findet sich in *Reichs-Justizamt* (1890/1967) S. 209-224. Dazu auch *Wächter* (2002) S. 227-232.

Außerdem wurde der Erbrechtsentwurf wegen seiner Gläubigerbenachteiligung kritisiert: „Die Motive fließen über von Fürsorge für den Erben, damit dieser nur keinen Schaden erleide. Ob und wie aber die Gläubiger zur Befriedigung gelangen, das ist in ihnen viel zu wenig berücksichtigt.“[274]
Gestützt auf die Argumente, die bereits die Motive selbst gegen das Grundkonzept der Bruchteilsgemeinschaft angeführt hatten, folgte die zweite Kommission dem germanistischen Schrifttum.[275]

2. Die Änderungen gegenüber dem ersten Entwurf

§ 1843 E II
Der Erbe haftet für Nachlaßverbindlichkeiten. Zu den Nachlaßverbindlichkeiten gehören außer den vom Erblasser herrührenden Schulden die den Erben als solchen treffende Verbindlichkeiten, insbes. die Verbindlichkeiten aus Pflichtheilsrechten, Vermächtnissen und Auflagen.[276]

§ 1906 E II
Hinterläßt der Erblasser mehrere Erben, so wird der Nachlaß gemeinschaftliches Vermögen der Erben. Bis zur Auseinandersetzung gelten die Vorschriften der §§ 1907-1915.[277]

§ 1932 E II
Die Erben haften für die gemeinschaftlichen Nachlaßverbindlichkeiten als Gesammtschuldner.[278]

§ 1931 E II
Auf Antrag eines Miterben hat das Nachlassgericht durch Verhandlung mit den Erben die Auseinandersetzung zu vermitteln.[279]

Die zweite Kommission fügte in das Erbrecht einen eigenen Titel „Mehrheit von Erben“ mit den Untertiteln „Rechtsverhältnis der Erben untereinander“ und „Rechtsverhältnis zwischen den Erben und den Nachlaßgläubigern“ ein, an dessen Spitze § 1906 E II stand. Die Position der Erbengemeinschaft wurde dadurch in doppelter Hinsicht geändert: Existierte im ersten Entwurf nur die Regelung der „Auseinandersetzung der Miterben“ mit insgesamt 14 Paragraphen,[280] so wurde

[274] *Bähr* (1890) S. 179.
[275] *Reichs-Justizamt* (1899) S. 835f.
[276] *Mugdan* (1899a) S. LXVII.
[277] *Mugdan* (1899a) S. LXXXVIII.
[278] *Mugdan* (1899a) S. XCII.
[279] *Mugdan* (1899a) S. XC.
[280] §§ 2151-2164 E I.

nun ein eigener Untertitel für die Zeit des Bestehens der Gemeinschaft geschaffen. Darüber hinaus bilden die Regelungen der Erbengemeinschaft nicht mehr das Schlußkapitel des Entwurfs, sondern sind im vorderen Bereich des Erbrechts angesiedelt (§§ 1906-1935 E II).
Das Verhältnis der Miterben bezeichnet der zweite Entwurf als Erbengemeinschaft in Abgrenzung zur *communio*.[281] Gemeint ist eine Erbengemeinschaft nach dem Vorbild des ALR.[282] Daß damit eine Ausgestaltung als Gesamthandsgemeinschaft verbunden ist, geht nicht unmittelbar aus dem Gesetz hervor: § 1906 E II spricht lediglich vom gemeinschaftlichen Vermögen der Miterben. Allerdings wird in der Begründung des Entwurfs der Begriff der Erbengemeinschaft mit dem der Gesamthand verbunden: „In der Berathung wurde über die grundsätzliche Frage, ob das Rechtsverhältnis der Miterben im Sinne der Erbengemeinschaft zur gesamten Hand zu ordnen sei, Folgendes bemerkt [...].“[283] Aus den Protokollen ergibt sich daher, daß der Begriff der Erbengemeinschaft den der Gesamthand enthält, weil eine Mehrzahl von Erben bis *dato* im Gesetzgebungsverfahren nicht als Erbengemeinschaft bezeichnet wurde.
Infolge der gesamthänderischen Bindung ist es dem Miterben genommen, über seine Beteiligung am einzelnen Nachlaßgegenstand zu verfügen.[284] Ob am einzelnen Nachlaßgegenstand ein solcher Anteil überhaupt besteht, wird nicht erörtert. Dies hatte die zweite Kommission allerdings bereits in den Beratungen über die Gesellschaft offengelassen, da sie diese „wissenschaftliche Streitfrage“ nicht entscheiden wollte.[285] Jedenfalls können die Miterben über einen Nachlaßgegenstand nur gemeinsam verfügen.
Die Erschwerung von Verfügungen hat zur Folge, daß der Nachlaß und damit die Haftungsmasse der Nachlaßgläubiger und auch der Miterben stärker zusammengehalten wird. Vor allem wirkt sich die Gesamthandsgemeinschaft für die Gläubiger insofern günstig aus, als die Miterben für Schulden gesamtschuldnerisch haften und Forderungen sich mit dem Erbfall nicht nach Anzahl der Erben aufteilen, vgl. § 1932 E II.[286]
Verfügungen über den Erbteil im Ganzen sind gestattet, um dem einzelnen Erben bereits vor der Auseinandersetzung eine Liquidation seines Erbes zu ermöglichen.

[281] *Reichs-Justizamt* (1899) S. 835f.
[282] *Reichs-Justizamt* (1899) S. 835.
[283] Vgl. *Reichs-Justizamt* (1899) S. 835.
[284] *Reichs-Justizamt* (1989) S. 835.
[285] *Reichs-Justizamt* (1898) S. 430, 433.
[286] *Reichs-Justizamt* (1899) S. 836.

Den Erbteil sieht die Kommission sowohl als das Mitgliedschaftsrecht in der Gemeinschaft als auch als einheitliches, dingliches Recht am Nachlaß an.[287]

Die hier besprochenen materiellrechtlichen Normen wurden von der dritten Kommission nicht mehr verändert. Lediglich die Numerierung der Vorschriften verschob sich, da die dritte Kommission auf anderen Gebieten Neuerungen schuf. So wurden die §§ 1843, 1906, 1932 E II als §§ 1967, 2032, 2058 BGB am 24. August 1896 verkündet.
Allerdings wurde § 1931 E II als prozeßrechtliche Regelung in das gleichzeitig mit dem BGB in Kraft tretende FGG als § 86 integriert.[288] Das Adjudikationsverfahren blieb ausgeschlossen.

C. Zusammenfassung

Die Erbengemeinschaft des BGB hat drei historische Vorläufer: das römische Recht, das preußische ALR und das damals neue Zivilprozeßrecht der CPO.
Von ihrer ersten Konzeption als römischrechtlicher *communio* finden sich noch Fragmente vor allem in den Verweisung der §§ 2038 II, 2042 II, 2044 I 2 BGB auf die Vorschriften über die Bruchteilsgemeinschaft, welche an die *commuio* angelehnt ist. Anders als im römischen Recht war für die Erbteilung allerdings bereits im ersten Entwurf kein Adjudikationsverfahren im Sinne der *actio familiae erciscundae* oder der *actio communi dividundo* vorgesehen. Verweisen die erbrechtlichen Regelungen daher auf das Teilungsmodell der Bruchteilsgemeinschaft, so haben dessen Teilungsvorschriften keinen direkten römischrechtlichen Ursprung. Stattdessen orientierte sich der Gesetzgeber für das Teilungsverfahren an der damals neu geschaffenen CPO, welche grundsätzlich keine richterlichen Ermessensentscheidungen vorsah.
Da das römischrechtliche Modell für eine Mehrheit von Erben mit der für die Nachlaßgläubiger ungünstigen Regelung *nomina sunt ipse iura divisa* verbunden war und die Miterben überdies über ihre Anteile an den Nachlaßgegenständen ohne Zustimmung ihrer Miterben hätten verfügen können, führte die zweite Kommission insofern eine Änderung herbei: Zunächst wurde das römischrechtliche Konzept der *communio* zugunsten einer Erbengemeinschaft aufgegeben, wie bereits das preußische ALR sie in seiner Auslegung durch das preußische *Ober-*

[287] *Reichs-Justizamt* (1899) S. 838.
[288] *Reichs-Justizamt* (1899) S. 508.

tribunal kannte. Verfügungen über Anteile an Nachlaßgegenständen wurden – anders noch das ALR – ausdrücklich für nichtig erklärt, und zwar für das Innen- wie Außenverhältnis der Miterben. Weiterhin sollte die Erbengemeinschaft eine Gesamthandsgemeinschaft bilden. Auch in dieser Hinsicht gingen die Redaktoren des zweiten Entwurfs über das Vorbild des ALR hinaus, welches die Erbengemeinschaft zwar als eine Form des „Gesamteigentums", nicht jedoch als Gesamt*hands*eigentum verstand. Das Gesamthandseigentum war erst durch die Forschungen *Otto von Gierkes* in die öffentliche Diskussion gelangt. In seiner Kritik am ersten Entwurf propagierte er vehement für die Aufnahme dieses deutschrechtlichen Prinzips ins BGB – und hatte damit Erfolg. Da aber die zweite Kommission sich nicht auf den Inhalt des Gesamthandprinzips festlegen wollte, überließ sie die Frage Wissenschaft und Praxis.

§ 4. Die Erbengemeinschaft des BGB

Die Regeln über die Erbengemeinschaft finden sich im BGB in den §§ 2032-2063 BGB unter dem Titel „Mehrheit von Erben" im zweiten Abschnitt des Fünften Buches. Zunächst soll die Zusammensetzung der Erbengemeinschaft in personeller und gegenständlicher Hinsicht dargestellt werden. Da die Erben eine Gesamthandsgemeinschaft bilden, wird diese von der Bruchteilsgemeinschaft abgegrenzt, bevor die Gesamthand Erbengemeinschaft näher betrachtet wird.

A. Die Zusammensetzung der Erbengemeinschaft

I. Die Miterben

Sind beim Tode einer Person mehrere Erben vorhanden, so bilden sie kraft Gesetzes eine Gemeinschaft, die Erbengemeinschaft. Der Erbe wird entweder durch das Gesetz oder aufgrund einer Verfügung von Todes wegen berufen.[289] Trifft der Erblasser in einer Verfügung Anordnungen über sein gesamtes Vermögen, so verdrängen die rechtsgeschäftlich Berufenen die gesetzlichen Erben. Lediglich einige von ihnen erhalten als Pflichtteilsberechtigte Ansprüche gegen alle Miterben, ohne selbst dinglich am Nachlaß beteiligt zu sein, § 2303 BGB. Verfügt der Erblasser bloß über einen Teil seines Vermögens, so bilden die Testamentserben nach § 2088 BGB zusammen mit den gesetzlichen Erben die Erbengemeinschaft. Scheidet ein Miterbe aus der Gemeinschaft aus, wächst den übrigen sein Anteil an, § 2094 I 1 BGB.

Ebenfalls nicht dinglich am Nachlaß berechtigt sind die Vermächtnisnehmer, § 2174 BGB. Da das BGB das Vermächtnis als Damnationslegat ausgestaltet, bleibt den Legataren nur der schuldrechtliche Anspruch auf den vermachten Gegenstand. Sie sind also ebenfalls keine Beteiligten der Erbengemeinschaft.

[289] §§ 1924-1931 BGB; §§ 1937, 1941 BGB.

II. Der Nachlaß

Nach § 2032 I BGB wird der Nachlaß gemeinschaftliches Vermögen der Miterben.[290] Das Vermögen im allgemeinen wird definiert als die Summe aller geldwerten Rechte einer Person oder hinsichtlich eines einheitlichen Zwecks.[291] Es setzt sich aus einzelnen Gegenständen, Rechtsobjekten, zusammen, ist selbst jedoch kein Rechtsobjekt.[292] Aufgrund des sachenrechtlichen Spezialitätsprinzips ist eine Verfügung über das Vermögen an sich (Universalsukzession) grundsätzlich nicht möglich.[293] Von diesem Grundsatz läßt das Gesetz im Erbrecht eine Ausnahme zu, nämlich den Übergang des Erblasservermögens *uno actu* auf den oder die Erben nach § 1922 I BGB.[294] Infolgedessen gelten für den erbrechtlichen Erwerb nicht die Vorschriften über die Singularsukzession. So ist beispielsweise eine Grundbucheintragung für den Erwerb eines Nachlaßgrundstücks vom Erblasser nicht erforderlich. Vielmehr wird das Grundbuch durch den Erbfall unrichtig.[295] Das Prinzip der Gesamtrechtsnachfolge durchbricht das Erbrecht zum Teil aber auch, namentlich im Mietrecht (§ 563f. BGB) oder im Höferecht (§§ 4 S.1, 5ff. HöfeO)[296].

Nach überwiegender Ansicht bilden die Aktiva und Passiva des Erblassers den Nachlaß.[297] Vom allgemeinen Vermögensbegriff des BGB wird durch die Einbeziehung der Nachlaßverbindlichkeiten demnach abgewichen. Die dem Nachlaß zugeordneten einzelnen Gegenstände werden mit dem Erbfall weder tatsächlich noch ideell geteilt. Die Zusammensetzung des Nachlasses ist veränderbar, beispielsweise im Wege der dinglichen Surrogation nach §§ 2019, 2041, 2111, 2374 BGB.[298] Besitzformen des Erblassers, die, da kein Recht, nicht Vermögensbestandteile sind, wirken gemäß § 857 BGB zugunsten der Erben fort.

[290] Das Gesetz verwendet die Begriffe Nachlaß und Erbschaft entgegen der Absicht des Gesetzgebers als Synonyme, *Lange/Kuchinke* (2001) S. 84f.

[291] *Hübner* (1996) Rn. 295. A.A. *Windel* (1998) S. 207f.; *Bork* (2001) Rn. 231, die auch die Verbindlichkeiten dem Vermögen zurechnen.

[292] *Brox* (2002) Rn. 740. Dies gilt auch für das Sondervermögen Nachlaß. *Muscheler* (2002) S. 50. Vgl. aber die Nachweise zu abweichenden Ansichten bei *Dörner* (1988) S. 57ff.

[293] Vgl. *Bork* (2001) Rn. 231, 236.

[294] *Muscheler* (2002) S. 29f.

[295] *Muscheler* (2002) S. 31.

[296] Dazu u § 5.C.III.

[297] *Windel* (1998) S. 207ff.

[298] Die Zusammensetzung des noch ungeteilten Nachlasses, auf den die §§ 2032 ff. BGB Anwendung finden, ist zu unterscheiden vom Nachlaß im Falle der amtlichen Nachlaßverwaltung oder der Nachlaßinsolvenz. Im ersten Fall ist der Begriff des Nachlaß ein engerer, da auch Gegenstände, die im Wege der Teilauseinandersetzung aus dem Gesamthandsver-

Ist eine Mehrzahl von Erben berufen, so verschmilzt das Erblasservermögen beim Erbfall nicht mit dem Eigenvermögen der Erben, sondern wird zu ihrem gemeinschaftlichen Sondervermögen und stellt die Haftungsmasse für die Nachlaßgläubiger dar. Dies äußert sich auch darin, daß ein Miterbe alleine nicht über Nachlaßgegenstände verfügen kann, § 2040 I BGB.[299]
Die Erben werden (jedenfalls) nach §§ 1922 II, 1967 BGB Inhaber der Nachlaßverbindlichkeiten. Für diese haften die Erben gesamtschuldnerisch, bis zur Teilung jedoch nicht mit dem Eigenvermögen, sondern nach § 2059 I 1 BGB nur mit dem Nachlaß.[300] § 2059 BGB bewirkt hinsichtlich der Nachlaßverbindlichkeiten eine Haftungssonderung. Diese ist eine doppelseitige,[301] weil einerseits die Nachlaßgläubiger nicht auf das Eigenvermögen der Erben zugreifen können, andererseits die Eigengläubiger der Erben nicht auf den Nachlaß. Die Eigengläubiger eines Miterben können aber seinen Anteil am Nachlaß pfänden, § 859 II ZPO. Dabei ist es ihnen nicht gestattet, vor der Auseinandersetzung auf die Nachlaßgegenstände, durch welche sich der Anteil nach der Teilung konkretisiert, zuzugreifen. Der Inhaber eines gepfändeten Anteils ist jedoch befugt, die Auseinandersetzung zu verlangen.[302]

B. Zur Abgrenzung: Die Bruchteilsgemeinschaft

Eine Gemeinschaft nach Bruchteilen entsteht nach § 741 BGB dann, wenn mehreren Personen ein Recht gemeinschaftlich zusteht und sich aus dem Gesetz nichts anderes ergibt. Dies bedeutet, daß bei der Innehabung eines Rechtes durch mehrere Personen die Bruchteilsgemeinschaft der Regelfall ist. Ausnahmsweise kann sich aus dem Gesetz etwas anderes ergeben, nämlich die Gemeinschaft zur gesamten Hand.

mögen ausgeschieden sind, der Nachlaßverwaltung unterliegen. Im zweiten Fall wird der Begriff dagegen weiter gezogen, weil ein gemeinschaftliches Vermögen gar nicht mehr vorhanden sein muß (§ 316 II InsO). Vgl. *Dauner-Lieb* (1998) S. 64.

[299] Die übrigen Miterben können die Verfügung jedoch nach § 185 II BGB genehmigen. MünchKomm-*Dütz* (1997a) § 2040 Rn. 14. Auch der gutgläubige Erwerb einer Nachlaßsache vom nicht alleinberechtigten Miterben ist möglich. *Kipp/Coing* (1990) S. 619.

[300] Dies gilt vorbehaltlich des § 2059 I 2 BGB.

[301] Vgl. zur einseitigen und doppelseitigen Haftungssonderung *Dauner-Lieb* (1998) S. 47-50.

[302] *Lange/Kuchinke* (2001) S. 1144.

Den Begriff der Bruchteilsgemeinschaft, auch schlichte Rechtsgemeinschaft genannt,[303] erklärt das Gesetz nicht, sondern setzt ihn stillschweigend voraus: Der historische Gesetzgeber hatte die römischrechtliche *communio* vor Augen.[304]
Die §§ 741-758 BGB regeln nur die schuldrechtliche Seite der Gemeinschaft, d.h. das gesetzliche Schuldverhältnis der Gemeinschafter untereinander. Die Entstehungsgründe einer Bruchteilsgemeinschaft finden sich vor allem im Sachenrecht, beispielsweise in den §§ 1008 ff. BGB für das Miteigentum.

Die Bruchteilsgemeinschaft besteht stets an einem einzigen Recht, nicht an einem Inbegriff von Rechten oder Sachen wie die Gesamthandsgemeinschaft. Sie ist auch keine Zweckgemeinschaft und stellt gerade kein selbständiges Rechtssubjekt dar. An dem gemeinschaftlichen Gegenstand hat jeder Gemeinschafter einen ideellen Anteil, der sich nicht auf einen konkreten Teil des Gegenstandes bezieht. Der ideelle Anteil hat eine quantitative Größe, so daß die Höhe des Anteils die wertmäßige Beteiligung am gemeinschaftlichen Gegenstand ausdrückt.[305]

Die Anteile stellen ein subjektives Recht dar,[306] welches dem Vermögen jedes Gemeinschafters zugeordnet wird. Weiterhin wird der Anteil heute überwiegend als vergleichbar mit dem Gegenstand, auf den er sich bezieht, angesehen.[307] Gegenüber dem Gegenstand, zum Beispiel dem Eigentum, stellt der Anteil lediglich ein Minus dar.[308] Diese Betrachtungsweise wird mit dem Satz zum Ausdruck gebracht, nicht das Recht, sondern die Rechtszuständigkeit sei geteilt (sog.

[303] *Larenz* (1981) S. 414.
[304] S.o. § 2.B.II und § 3.B.I.1.a.
[305] Staudinger-*Huber* (1986) § 741 Rn. 161.
[306] MünchKomm-*Schmidt* (2004) § 741 Rn. 2.
[307] Nach anderer Ansicht handelt es sich beim Anteil im Verhältnis zum Vollrecht um ein *aliud*. Erst die einzelnen Anteile zusammen ergäben das volle Recht Eigentum. Auch die Rechtszuständigkeit sei nicht geteilt, sondern ungeteilt, da die wesentliche Befugnis aus einem Recht, nämlich die Verfügungsbefugnis, nach § 747 S.2 BGB nur gemeinsam ausgeübt werden könne. *Tuhr* (1910/1957) S. 82; *Saenger* (1913) S. 109f.; *Flume* (1977) S. 113; Staudinger-*Huber* (1986) § 741 Rn. 159f. Dagegen bereits *Windscheid/Kipp* (1906) § 169a.
[308] *Fabricius* (1963) S. 144; MünchKomm-*Schmidt* (2004) § 741 Rn. 2; Erman-*Aderhold* (2000) § 741 Rn. 1; Staudinger-*Langheim* (2002) Vor § 741ff. Rn. 12.

Einheitstheorie).[309] Dies bedeutet, daß jeder Gemeinschafter ein dem Vollrecht wesensgleiches Recht innehat, beschränkt durch die Rechte der anderen.[310]
Jeder Gemeinschafter kann über seinen Anteil nach § 747 S.1 BGB frei verfügen. In dieser Regelung liegt ein wesentlicher Unterschied zur Gesamthandsgemeinschaft. Ein Gesamthänder kann niemals über einen (auch gar nicht existierenden)[311] Anteil am einzelnen Gegenstand verfügen, vgl. §§ 719 I Alt.2, 1419 I Alt.2, 2033 II BGB. Ebenso wie bei den Gesamthandsgemeinschaften[312] ist eine Verfügung über den Gegenstand selbst grundsätzlich nur gemeinschaftlich möglich, § 747 S.2 BGB.[313]

C. Die Erbengemeinschaft als Gesamthandsgemeinschaft

Bei der Erbengemeinschaft (§ 2032 BGG) handelt es sich ebenso wie bei der Gesellschaft bürgerlichen Rechts (§ 705 BGB) und der Gütergemeinschaft (§ 1415 BGB) um eine der drei Gesamthandsgemeinschaften des BGB. Obwohl das Gesetz dies bis vor kurzem nicht ausdrücklich anordnete,[314] wird die Entscheidung des Gesetzgebers[315] für die Gesamthandsgemeinschaft allgemein anerkannt.[316]

309 *Engländer* (1914) S. 103. Ausgehend von der Einheitstheorie wird neuerdings vertreten, daß der Anteil lediglich ein gedachter sei, der gar nicht existiere und durch den ausschließlich die wertmäßige Beteiligung zum Ausdruck gebracht werde: *Hilbrandt* (2003) S. 639; ähnlich *Dietz* (2002), S. 83f., welche allerdings das ungeteilte Recht in dem Anteil vertreten sieht. Mit anderen Worten beschränkt sich die Bedeutung des Anteils nach dieser Meinung auf den Ausdruck einer bloßen Quote (vgl. u. § 7.C.II die ähnliche Auffassung zum *droit indivis*). Deshalb könne der Anteil auch nicht Verfügungsobjekt sein (*Hilbrandt* (2003) S. 649). Verfügt werde vielmehr stets über das gesamte Recht an dem Gegenstand, bei einer Sache also über das volle Eigentum (*Hilbrandt* (2003) S. 639f.). Gegen diese Ansicht spricht allerdings bereits, daß der Anteil allein aufgrund der gesetzlichen Anordnung in §§ 741-758 BGB existiert.

310 *Engländer* (1914) S. 105; *Larenz* (1933) S. 113-134, insb. S. 131; *ders.* (1981) S. 416; Soergel-*Hadding* (1985) vor § 741 Rn. 4; MünchKomm-*Schmidt* (2004) § 741 Rn. 2.

311 S.o. Fn. 299 und u. D.I.2.

312 §§ 719 I, 1419 I, 2040 I BGB.

313 Ein gutgläubiger Erwerb des gemeinschaftlichen Gegenstandes vom nichtberechtigten Teilhaber ist möglich, vgl. MünchKomm-*Schmidt* (2004) § 747 Rn. 30.

314 Abgesehen von der durch die Schuldrechtsreform vom 1.1.2002 eingefügten offiziellen Überschrift des § 1419 BGB verwendet das Gesetz den Begriff der Gesamthandsgemeinschaft nicht. S.a. *Rüfner* (2001) S. 12ff.

315 S.o. § 3.B.II.2.

316 Statt aller *Bork* (2001) Rn. 194f.

Was ist unter dem Gesamthandsprinzip zu verstehen? Gibt es überhaupt *das* einheitliche Prinzip und welche Rückschlüsse lassen sich daraus für die Erbengemeinschaft ziehen? Diese Fragen beschäftigen Wissenschaft[317] und Praxis[318], und eine allgemein konsentierte Auffassung konnte sich bislang nicht durchsetzen.

Die Diskussion verläuft entlang der Systemgrenzen des Privatrechts. Der Gesamthand als Prinzip der Vermögenszuordnung und damit als Phänomen der Rechtsgegenstände steht ihre Einordnung als Rechtssubjekt gegenüber. Innerhalb dieser Kategorie wird die Gesamthandsgemeinschaft (mittlerweile) zwischen den natürlichen und juristischen Personen angesiedelt.[319]

I. Die Gesamthand als Zuordnungsproblem

1. Die traditionelle Sichtweise: Gesamthand als Sondervermögen

Die Gesamthandsgemeinschaft wurde und wird (noch) in der Weise beschrieben, daß sie ein Sondervermögen innehabe, dessen Rechtsträger die Gesamthänder in ihrer gesamthänderischen Verbundenheit seien. An dem Gesamthandsvermögen sei jeder Gesamthänder voll berechtigt, beschränkt allerdings durch die ebenfalls volle Berechtigung der anderen Gesamthänder.[320]
Da nach herkömmlicher Systematik die Rechtssubjekte entweder natürliche oder juristische Person sind, kann die Gesamthandsgemeinschaft danach kein Rechtssubjekt und nicht rechtsfähig sein. Sie ist bloßes Prinzip der Vermögenszuordnung und schafft als solches Sondervermögen für bestimmte Zwecke.[321] Über die Vermögenseinheit (auf der Objektseite) hinaus gibt es keine Einheit, die Gemeinschafter bilden keine eigene Rechtsperson „Gesellschaft".[322] Das Recht jedes Gesamthänders am Gesamthandsvermögen ist ein Voll- und kein Teilrecht. Daraus wird die Konsequenz gezogen, daß auch die Berechtigung an jedem ein-

[317] Vgl. nur den in diesem Zusammenhang viel zitierten Aufsatztitel von *Weber-Grellet* (1982) S. 316: „Die Gesamthand – ein Mysterienspiel?"
[318] *BGH*, Urt. v. 29.1.2001, BGHZ 146, S. 341, 343 zur GbR; *BGH*, Urt. v. 11.9.2002, NJW 2002, S. 3389f. zur Erbengemeinschaft.
[319] Zum Begriff der Person *Damm* (2002) S. 846-849.
[320] Diese Formulierung geht zurück auf *RG*, Urt. v. 23.02.1907, RGZ 65, S. 227, 235: „Man kann mit Recht sagen, daß grundsätzlich jeder Gemeinschafter auf das Ganze berechtigt sei und nur durch die Berechtigung seiner Mitteilhaber eingeschränkt werde."
[321] *Bork* (2001) Rn. 194.
[322] So *Flume* (1972) S. 187 den seinerzeitigen Meinungsstand resümierend.

zelnen Bestandteil des Gesamthandvermögens die volle sei, ein Teilrecht oder Bruchteil am einzelnen Gegenstand hingegen nicht existiere. Die Quote, zum Beispiel die Erbquote, findet während des Bestandes der Gemeinschaft daher keine gegenständliche Entsprechung. Sie wird erst realisiert und materialisiert im Zeitpunkt der Teilung. Auch ideelle Bruchteile an der Gemeinschaft, deren Gesamtheit das Vollrecht ausmachen könnte, existieren nicht. Die Berechtigung am einzelnen Gegenstand sei ungeteilt, ein – wenn auch ideeller – Anteil daran sei mit der Natur der Gesamthand nicht vereinbar.[323]
Die Einordnung der Gesamthand als Sondervermögen findet auch in den älteren juristischen Lehrbüchern, soweit als allgemeines Prinzip behandelt, ihre Entsprechung: Bei *von Tuhr* und *Enneccerus/Nipperdey* wird sie bei den Rechtsobjekten und nicht den Rechtssubjekten erörtert.[324]

2. Die neue Sichtweise: Gesamthandsgemeinschaft als Rechtssubjekt

Die traditionelle Auffassung der Gesamthand wird im Handels- und Gesellschaftsrecht seit langem bestritten. Gegenstand des Streites ist die Zuordnung der Gesamthandsgemeinschaft auf die Rechtsobjekts- oder Rechtssubjektsseite. Vertreten werden in diesem Zusammenhang die unterschiedlichsten Auffassungen: So wird die Gesamthand als juristische Person angesehen,[325] als Unterfall einer sog. schlichten Rechtsgemeinschaft neben der Bruchteilsgemeinschaft,[326] als Rechtssubjekt, aber nicht juristische Person[327] oder als Phänomen, dem sowohl mit Hilfe des Prinzips der Vermögenszuordnung als auch mit der Zuordnung zu den Rechtssubjekten zu begegnen sei.[328]
Innerhalb dieser Debatte hat sich gegen die traditionelle Sichtweise die Linie durchgesetzt, welche die Möglichkeit der Rechtsfähigkeit der Gesamthandsgemeinschaft vertritt, es jedoch ablehnt, in ihr eine juristische Person zu sehen. Diese Ansicht ist mittlerweile in § 14 II BGB vom Gesetzgeber übernommen und vom *BGH* für die Außen-GbR bestätigt worden.[329]

[323] Eine mittlerweile überwundene Ansicht gestand den Gesamthändern Anteile an den einzelnen Gegenständen zu. Vgl. *J. Blomeyer* (1971) S. 398. Zum Erbteil u. D.
[324] *Tuhr* (1910/1957) S. 80ff.; *Enneccerus/Nipperdey* (1959) S. 846.
[325] *Raiser* (1994) S. 504f., 510f.
[326] *Larenz* (1933) S. 154f.
[327] *Gierke* (Fn. 342).
[328] *J. Blomeyer* (1971) S. 401.
[329] *BGH*, Urt. v. 29.1.2001, BGHZ 146, S. 341, 343. Dazu aus dem zahlreichen Schrifttum exemplarisch *Dauner-Lieb* (2001) S. 358ff.; (kritisch) *Prütting* (2001) S. 341f.; *Schmidt*

II. Die Erbengemeinschaft als Rechtssubjekt?

In das Erbrecht verstärkt vorgedrungen ist die Gesamthandsdiskussion erst seit einigen Jahren.[330] Aus dem Gesellschaftsrecht übernommen wurde von einigen Autoren die Ansicht, die Gesamthand Erbengemeinschaft sei Rechtssubjekt und als solches rechtsfähig, aber nicht juristische Person.[331] Dies führt mit der Anerkennung der Rechtsfähigkeit der Außen-GbR zu einer neuen Systematik der Rechtssubjekte über das Handels- und Gesellschaftsrecht hinaus in das Zivilrecht und damit in das gesamte Privatrecht.
Die Rechtsfähigkeit der Erbengemeinschaft wird von der höchstrichterlichen Rechtsprechung[332] sowie den Verfassern und Bearbeitern der aktuellen Erbrechtslehrbücher[333] und BGB-Kommentare[334] durchweg abgelehnt. Eine Minderheit drängt allerdings hin zur Anerkennung der Erbengemeinschaft als Rechtssubjekt.[335] Der Diskussionsstand ist hier kurz nachzuzeichnen, um eine Momentaufnahme der deutschen Wissenschaft und Praxis zu erhalten, die erst dann einen tauglichen Vergleichsgegenstand darstellt.
Da die Argumente für die Rechtsfähigkeit der Gesamthand Erbengemeinschaft dem Gesellschaftsrecht entlehnt sind, ist der dortige Meinungsstand hier zunächst zu skizzieren. Die Frage nach der unternehmenstragenden Erbengemeinschaft soll im folgenden nur gestreift werden.[336]

(2001) S. 996-1003; *Ulmer* (2001) S. 586-589; *Wiedemann* (2001) S. 661-664. Auch das *BVerfG* sieht die GbR inzwischen als rechtsfähig an: Beschl. v. 2.9.2002, NJW 2002, S. 3533.

330 *Grunewald* (1997) S. 305f. Die Rechtsfähigkeit der Erbengemeinschaft bejahen des weiteren *Eberl-Borges* (2000) S. 47; *dies.* (2003) S. 5ff.; *Seif* (2001) S. 320. Zuvor bereits für die unternehmenstragende Erbengemeinschaft vertreten von *Hohensee* (1994) S. 196-200; MünchKomm-*Lieb* (1996) § 27 Rn. 83. S. schon *Fabricius* (1963) S. 145ff. für eine Rechtsfähigkeit der Erbengemeinschaft.

331 Vgl. nur *Grunewald* (1997) S. 306. Nach *Bork* (1999) S. 181 „... war [es] also nur eine Frage der Zeit, bis auch die Lehre von der fehlenden Rechtsfähigkeit der Erbengemeinschaft als einer weiteren Erscheinungsform der Gesamthandsgemeinschaft in Frage gestellt würde." Gegen *Grunewald* auch *Ulmer* (1998) S. 124-133.

332 *BGH*, Urt. v. 11.9.2002, NJW 2002, S. 3390.

333 *Lübtow* (1971) S. 795; *Ebenroth* (1992) Rn. 719ff.; *Schlüter* (2000) Rn. 643; *Brox* (2001) Rn. 469ff.; *Lange/ Kuchinke* (2001) S. 1083 Fn. 39; *Michalski* (2001) Rn. 739; *Olzen* (2001) Rn. 952; *Leipold* (2002) Rn. 722; *Frank* (2003) S. 254.

334 Erman-*Schlüter* (2000a) § 2032, Rn. 1; MünchKomm-*Dütz* (1997a) § 2032 Rn. 7; Staudinger-*Werner* (2002a) § 2032 Rn. 5; Palandt-*Edenhofer* (2004) Einf. vor § 2032 Rn.1. A.a. Soergel-*Wolf* (2001) § 2032 Rn. 1.

335 S.o. die Nachweise in Fn. 330.

336 Zur unternehmenstragenden Erbengemeinschaft s. *Dauner-Lieb* (1998).

1. Der gesellschaftsrechtliche Meinungsstand zur Gesamthand als Anlaß

Bereits bei der Redaktion des BGB herrschte über die Rechtsnatur der Gesamthand keine Einigkeit:[337] Schon vor 1896 lauteten die konträren Positionen Personeneinheit oder Personenmehrheit.[338]

a) Der Begründer: *Otto von Gierke*

Otto von Gierke, zurückgreifend auf die Arbeiten von *Georg Beseler*,[339] hatte das Gesamthandsprinzip entwickelt:[340] Bei der Gesamthandsgemeinschaft handele es sich um eine personenrechtliche Gemeinschaft, bei der die Gemeinschafter eine Personeneinheit bilden würden und nicht für sich, sondern in ihrer Verbundenheit berechtigt und verpflichtet seien.[341] Die Gemeinschaft wiederum sei seiner Meinung nach rechtsfähig, allerdings keine Rechtsperson.[342] Darüber hinaus kennzeichne die Gesamthand, daß Anteile an einzelnen Vermögensbestandteilen nicht existieren würden und Verfügungen grundsätzlich nur gemeinschaftlich möglich seien.[343] Überdies sei die Gesamthand prozeßfähig.[344] Weiterhin gelte das Prinzip der Anwachsung,[345] und die Gesamthänder würden im Innenverhältnis mittels Beschlüssen zu einer einheitlichen Willensbildung gelangen.[346]
Die Verfasser des BGB legten sich aber auf *von Gierkes* Sichtweise nicht fest und überließen die Frage nach dem Wesen der Gesamthand Wissenschaft und

[337] S.o. § 3.B.II.2.
[338] Vgl. *Gierke* (1895) S. 682.
[339] *Beseler* (1885) S. 274-283.
[340] Die konkrete Form der Gesamthand sei abhängig von dem durch sie ausgestalteten Rechtsinstitut. *Gierke* (1895) S. 675. Daher stelle die Gesamthand auch ein Prinzip und kein Rechtsinstitut dar. *Gierke* (1887/1963) S. 342.
[341] *Gierke* (1895), S. 664, S. 676.
[342] *Gierke* (1895) S. 660 bezeichnet die Gesamthand als Unterfall der personenrechtlichen Gemeinschaft. Die personenrechtliche Gemeinschaft wiederum sei keine Verbandsperson, also keine juristische Person. Daher sei die Gemeinschaft auch kein Rechtssubjekt. An anderer Stelle wiederum spricht *Von Gierke* (1895) S. 682 der Gesamthand Rechtsfähigkeit zu. Dies bedeutet nach heutiger Terminologie, daß *Von Gierke* die Gesamthand als Rechtssubjekt, nicht aber als juristische Person ansah.
[343] *Gierke* (1895) S. 678, S. 685.
[344] *Gierke* (1895) S. 684.
[345] *Gierke* (1895) S. 679.
[346] *Gierke* (1895) S. 687f.

Praxis.[347] Dort herrschte lange Zeit die Ansicht vor, daß die gesamte Hand eine Personenmehrheit und damit ein Mittel der Vermögenszuordnung sei.[348]

b) Die Fortführer: Die Gruppenlehre

Erst durch *Werner Flume* trat die Diskussion erneut in den Mittelpunkt der juristischen Debatte. *Flume* ist im Anschluß an *von Gierke* der Wieder-Begründer einer Lehre, die die Gesamthandsgemeinschaft der Rechtssubjektivität für fähig erachtet. *Flumes* Ansicht nach bilden die Gesamthänder eine Gruppe, die, ohne juristische Person zu sein, selbständiges Rechtssubjekt sei (sog. Gruppenlehre).[349] Bezogen auf die GbR bedeute dies, daß durch den Gesellschaftsvertrag nach § 705 BGB zum einen die schuldrechtlichen Beziehungen der Gesamthänder zueinander geregelt würden, zum anderen das neue Rechtssubjekt Gesamthandsgemeinschaft entstehe.[350] Die einzelnen Gesamthänder seien lediglich Mitglieder der Gruppe, darüber hinausgehende Rechtsbeziehungen, insbesondere zum Gesamthandsvermögen, bestünden grundsätzlich nicht.[351] Da nur bei den Passiva der Gesellschaft auch die Gesellschafter selbst Bezugspunkt der rechtlichen Beziehung seien und *Flume* der Gruppe der Gesellschafter ansonsten Rechtsfähigkeit zuspricht,[352] hält er den von *Fabricius* geprägten Begriff der Teilrechtsfähigkeit für die GbR grundsätzlich für zutreffend.[353]
Weil sich die Beziehung des einzelnen Gesamthänders zur Gesamthand in seiner (als verkehrsfähiges Recht ausgestalteten) Mitgliedschaft erschöpfe, könne er auch keinen Anteil am Gesamthandsvermögen innehaben. Der sog. Anteil sei stattdessen die Mitgliedschaft, die den Zugriff auf das Gesamthandsvermögen nur durch Kündigung der Mitgliedschaft ermögliche.[354]

[347] S.o. § 3.B.II.2.
[348] S.o. I.1.
[349] *Flume* (1972) S. 188-191; *ders.* (1977) S. 110f., 119f.; fortgeführt von MünchKomm-*Ulmer* (1997) § 705 Rn. 129ff.; *Wiedemann* (1994) S. 6ff.; *Schmidt* (2002) § 8.III.
[350] *Flume* (1972) S. 190.
[351] *Flume* (1972) S. 190.
[352] Die konstruktive Frage der persönlichen Haftung der Gesellschafter war lange Zeit umstritten und führte im Wege der sog. Doppelverpflichtungstheorie zu einer „GbR mbH". Vgl. *Dauner-Lieb* (1999a) S. 1992f.; *dies.* (1999) S. 107-116. In seinem Urteil zur Rechtsfähigkeit der GbR stellte der *BGH* (Fn. 329) klar, daß die Gesellschafterhaftung der Haftung der Gesellschaft entspreche (sog. Akzessorietätstheorie).
[353] *Flume* (1972) S. 192.
[354] *Flume* (1972) S. 197f.

Ausgehend von der Gruppenlehre werden die handelsrechtlichen Gesamthandsgesellschaften sowie die GbR heute überwiegend als rechtsfähig angesehen, wobei dies nicht automatisch für jede GbR gelten soll: Durch das Urteil des *BGH* zur Partei-, Prozeß- und Wechselfähigkeit der BGB-Gesellschaft ist die Gesamthandsgemeinschaft als Rechtssubjekt Rechtswirklichkeit geworden, da der *BGH* jedenfalls die Teilrechtsfähigkeit der Außen-GbR bejaht.[355]
Wissenschaft und Praxis verweisen vor allem auf den Wortlaut von § 124 I HGB, da eine GbR zur OHG werden könne. Des weiteren wird mit Gesetzen jüngeren Datums argumentiert: § 7 II PartGG, § 191 II Nr.1 UmwG und § 11 II Nr.1 InsO würden die Rechtsfähigkeit der dort geregelten Gesamthandsgesellschaften voraussetzen.[356]
Richtig wird dabei betont, daß das Ergebnis der grammatischen wie historischen Auslegung negativ ist: Der Wortlaut der §§ 714f., 718f. BGB ist mehrdeutig und einer eindeutigen Auslegung daher nicht fähig.[357] Und der BGB-Gesetzgeber hat die Frage der Rechtsnatur der Gesamthand gerade nicht lösen wollen.[358] Auch die systematische Auslegung scheidet hinsichtlich der GbR aus, da die Stellung der GbR im Schuldrecht auf die erste Kommission zurückgeht, welche die dingliche Seite der Gesellschaft als Bruchteilsgemeinschaft(en) regelte.[359]
Nach der herrschenden Meinung verlangen Zweckmäßigkeitserwägungen eine Rechtsfortbildung in der Weise, daß der Rechtsverkehr bei der GbR lediglich *einem* Rechtssubjekt gegenüber steht: Ein Mitgliederwechsel habe auf diese Weise keinen Einfluß auf die bereits bestehenden Rechtsverhältnisse der Gesellschaft. Dadurch bereite die Haftung eines neuen Gesellschafters für bereits bestehende Verbindlichkeiten keine Schwierigkeiten.[360] Auch könnten nur Rechtssubjekte Verbindlichkeiten eingehen, so daß eine Schuld der Gesellschaft selbst neben der Gesellschafterschuld anders nicht konstruierbar sei.[361]

Die Gesamthand wird mithin als fähig angesehen, Rechtssubjekt zu sein. Dies betrifft zum einen die handelsrechtlichen Gesamthandsgesellschaften und zum anderen die Außen-GbR. Die schlichte GbR soll dagegen nicht rechtsfähig sein.

[355] Fn. 329. A.A. beispielsweise *Hueck* (1998) S. 278; *Zöllner* (1998) S. 704; *Prütting* (2002) zusammenfassend S. 1196f., da Rechtsfortbildung *contra legem*.
[356] Vgl. *Eberl-Borges* (2000) S. 23-26, 29.
[357] So auch *Eberl-Borges* (2000) S. 20ff.
[358] Vgl. nochmals B.II.2.b.
[359] Motive (1888) S. 591f.
[360] *Ulmer* (1998) S. 142. So jetzt auch *BGH*, Versäumnisurt. v. 7.4.2003, NJW 2003, S. 1803f. Dazu *Schmidt* (2003) S. 1901f.
[361] *Aderhold* (1981) zusammenfassend S. 110f.; *Dauner-Lieb* (1999) S. 101.

Auch die Gesamthand der ehelichen Gütergemeinschaft stellt neben den Ehegatten kein eigenes Rechtssubjekt dar.[362] Damit ist hier zunächst festzuhalten, daß die Gesamthandsgemeinschaft sowohl ausschließlich der Vermögenszuordnung dienen als auch selbst zum Rechtssubjekt aufsteigen kann. Ein einheitliches Prinzip der Gesamthand ist somit auch vom Zivilrecht endgültig aufgegeben.[363]

2. Die gesetzliche Ausgangslage im Erbrecht

Der Standort der Erbengemeinschaft im Zivilrechtssystem, d.h. in den Kategorien Rechtsobjekt und Rechtssubjekt, ist nunmehr (neu) zu bestimmen.

a) Grammatische und historische Auslegung

Betrachtet man die erbrechtlichen Normen, so fällt zunächst das Schweigen des Gesetzes auf, da es zur Rechtsfähigkeit der Erbengemeinschaft keine Aussage trifft. Vor allem verwendet es den Begriff der Erbengemeinschaft im Gesetzestext nicht.[364] Stattdessen spricht es in den §§ 2032-2063 BGB, dessen Titel „Mehrheit von Erben" lautet,[365] von den oder dem (Mit-)Erben. Das Gesetz regelt also nicht die Rechtsverhältnisse der Gemeinschaft, sondern die Rechtsstellung eines Erben zu seinen Miterben (§§ 2032-2057a BGB) und den Nachlaßgläubigern (§§ 2058-2063 BGB). Ein neben den einzelnen Erben bestehendes Rechtssubjekt kennt das BGB seinem Wortlaut nach nicht.
Ein solches Rechtssubjekt setzten seine Verfasser auch nicht voraus. Wie oben dargelegt, wurde das Gesamthandsprinzip für die Erbengemeinschaft hauptsächlich zum Schutz der Nachlaßgläubiger eingeführt.[366] Eine Aussage über die Rechtsnatur der Gesamthand trafen die BGB-Verfasser jedoch absichtlich nicht. Kann daher auf den historischen Gesetzgeber nicht zurückgegriffen werden, so verbietet es sich erst recht, Erklärungsversuche der Gesamthand, die vor der Re-

[362] Statt aller *Rauscher* (2001) Rn. 444-475. Neuerdings vertritt aber *Seif* (2001) S. 320 die Rechtsfähigkeit der Gütergemeinschaft.

[363] Vgl. dazu *Schmidt* (2002) § 8.III.3.a. A.A. *Bork* (1999) S. 186. Nach *Bartholomeyczik* (1965) S. 172 liegt es im Wesen des *Prinzips* Gesamthand, daß es nicht einheitlich ist.

[364] Erst durch das Schuldrechtsmodernisierungsgesetz vom 1.1.2002 wurde der Begriff Erbengemeinschaft ins BGB aufgenommen; so lautet nun die Überschrift des § 2032.

[365] S.o. § 2.B.II.2 zu den Begriffen Erbenmehrheit und Erbengemeinschaft.

[366] B.II.2.a/b.

daktion des BGB liegen, als verbindlich oder *per se* richtungsweisend anzusehen.[367]

b) Systematische und teleologische Auslegung

Die Rechtssubjekte haben im BGB ihren Standort innerhalb des ersten Abschnitts des Allgemeinen Teils. Dort findet sich die Erbengemeinschaft nicht. Soweit außerhalb des BGB gesetzliche Regelungen für die Erbengemeinschaft existieren, läßt sich daraus nicht auf ihre Rechtsfähigkeit schließen: § 27 HGB, §§ 747, 859 II ZPO, §§ 315-331 InsO sprechen nur von den Erben und § 47 GBO von einer Gemeinschaft, bei der ein Recht mehreren gemeinschaftlich zusteht. Zudem wurde die Erbengemeinschaft nicht als Rechtsträgerin[368] ins UmwG aufgenommen.[369] Davon abgesehen ist es fraglich, ob der Schluß vom Besonderen auf das Allgemeine überhaupt zulässig ist. Denn das BGB als allgemeiner Teil des Privatrechts hat den Anspruch, ein *in sich* geschlossenes System zu sein. Neben seinem äußeren System, dem Normenbestand des Gesetzes, ist auch sein inneres System zu betrachten, um daraus seinen objektiven Zweck zu gewinnen.[370] Dies gilt ebenfalls für das Rechtsinstitut der Erbengemeinschaft.

Die Erbengemeinschaft zielt auf die Abwicklung des Erblasservermögens, d.h. die geordnete Verteilung des Nachlasses auf die Erben, möglichst bei vorhergehender Befriedigung der Nachlaßgläubiger. Fraglich ist, welche Interessen die Beteiligten dabei haben, wie das Gesetz diese bewertet und inwiefern die Erbengemeinschaft als Rechtssubjekt den Wertungen des Gesetzes entspräche.

aa) Die Interessen der Miterben

(1) Liquidation *versus* Unternehmensfortführung

Die Erben vereint in der Regel kein gemeinsamer, über die Auseinandersetzung hinausgehender Zweck, der sie „zusammenschweißt". Jeder verfolgt seine ei-

[367] So aber *Seif* (2001) S. 320.
[368] Zum Begriff des Rechtsträgers im UmwG *Dauner-Lieb* (1999) S. 102ff.
[369] Dies wurde allerdings im Vorfeld des Gesetzgebungsvorhabens von *Schmidt* (1990) S. 592 gefordert.
[370] *Larenz/Canaris* (1995) S. 157.

genen Ziele, und diese können einem möglichen Gemeinschaftszweck übergeordnet werden.[371] Auf diese Ausgangslage hin sind die Vorschriften im BGB über die Verwaltung der Erbengemeinschaft (§§ 2038-2040) angelegt. Die „schwerfällige"[372] Verwaltung, d.h. das Ineinandergreifen von Einstimmigkeits- und Mehrstimmigkeitsprinzip, stärkt die Position des einzelnen Miterben und seines individuellen Interesses. Sie sichert ihm ein beschränktes Mitspracherecht zu, so daß die Gemeinschaft zwar schwerfällig, aber nicht unbeweglich ist. Daß es jedenfalls zunächst kein gemeinsames Ziel der Erben gibt, zeigt auch das Fehlen eines Gründungsvertrags im Unterschied zur GbR: Die Erbengemeinschaft ist eine Zufallsgemeinschaft. Überdies kennzeichnet es jedes Rechtssubjekt des Privatrechts, welches nicht natürliche Person ist, daß zu seiner Entstehung zumindest die Willenserklärung einer natürlichen Person erforderlich ist.[373] Die Erbengemeinschaft entsteht aber kraft Gesetzes.[374]

Dem Argument, die Erbengemeinschaft sei eine sterbende, keine werbende Gemeinschaft, wird oft die unternehmenstragende[375] Erbengemeinschaft entgegen gehalten. Die Miterben dieser Gemeinschaft haben das gemeinsame Interesse der Unternehmensfortführung und Gewinnerzielung. Die Gemeinschaft selbst verfolgt dadurch einen nach außen gerichteten Zweck, der für ihre Rechtsfähigkeit sprechen soll.
Wesentlich für den Rechtsverkehr ist jedoch vor allem die persönliche Haftung der Miterben für Unternehmensverbindlichkeiten. Einer solchen Haftung widerspricht auf den ersten Blick § 2059 I 1 BGB, nach welchem die Miterben bis zur Teilung grundsätzlich nur mit dem Nachlaß haften. Damit stände den Unternehmensgläubigern zwar dasselbe Vermögen wie vor dem Erbfall als Haftungsmasse zur Verfügung. Allerdings geht der Rechtsverkehr bei einem Unternehmen, das nicht juristische Person ist, von einer unbeschränkten Haftung der es tragenden Personen aus. Die Miterben haften aber persönlich und ge-

[371] Hierin liegt auch ein Unterschied zur aufgelösten Gesellschaft, bei der neben der Auseinandersetzung ein weiterer Zweck jedenfalls existierte. Damit ist die Erbengemeinschaft nicht, wie von *Eberl-Borges* (2000) S. 36ff. vertreten, mit einer Gesellschaft in Abwicklung vergleichbar.

[372] So *Eberl-Borges* (2000) S. 31f.

[373] Mit der Annahme der Erbengemeinschaft erklärt der Erbe nicht seine Mitgliedschaft in der Erbengemeinschaft, sondern lediglich die anteilige Übernahme des Erblasservermögens.

[374] So auch *BGH* (Fn. 332) S. 3390.

[375] Die Erbengemeinschaft als Unternehmensträgerin wird inzwischen weitgehend anerkannt: *BGH*, Urt. v. 8.10.1984, BGHZ 92, S. 259, 262; *Schmidt* (1999) § 5.I.3.b; näher *Dauner-Lieb* (1998) S. 464-477; *Hartmann* (2002) S. 100.

samtschuldnerisch nach § 427 BGB, wenn die Schulden aus der Unternehmensfortführung als Nachlaßerbenschulden angesehen werden. Denn auch bei der schlichten Erbengemeinschaft trifft die Miterben die persönliche Haftung für diejenigen Schulden als sog. Nachlaßerbenschulden, die aus der Verwaltung des Nachlasses entstehen.[376] Dies gilt solange, wie sie die Haftung gegenüber ihren Gläubigern nicht ausdrücklich ausgeschlossen haben.[377] Dem Bedürfnis des Rechtsverkehrs ist damit auch für die unternehmenstragende Erbengemeinschaft Rechnung getragen. Für Altverbindlichkeiten des Unternehmens gilt die auf das Unternehmensvermögen beschränkbare Haftung nach §§ 27, 25 HGB.[378] Deren Rechtsfolge bliebe bei einer Rechtsfähigkeit der Erbengemeinschaft die gleiche. Hinsichtlich der Parteifähigkeit ist die unternehmenstragende sogar gegenüber der schlichten Erbengemeinschaft privilegiert, da sie gemäß § 17 II HGB wie ein Kaufmann unter seiner Firma klagen und verklagt werden kann.[379]
Des weiteren ist nicht zu vergessen, daß den Erben nach herrschender Meinung stets die Möglichkeit bleibt, im Wege der (Teil-) Auseinandersetzung eine OHG zu gründen.[380] Die Gemeinschaft würde dadurch Rechtsfähigkeit erlangen. Ergreifen die Erben diese Möglichkeit nicht, so verbleiben sie eben im „Status" der Erbengemeinschaft. Gerade deshalb ist ein Bedürfnis für die Rechtsfähigkeit im Hinblick auf die unternehmenstragende Erbengemeinschaft und die Interessen der Miterben nicht ersichtlich, da die Erben ihre Rechtsverhältnisse privatautonom gestalten können.

(2) Innenverhältnis der Miterben

Das Interesse der Miterben ist bis zur Teilung auf die Erhaltung und Vermehrung des Nachlasses durch eine effiziente Verwaltung gerichtet. Diesem Interesse steht aber dasjenige des einzelnen Miterben an der Berücksichtigung seiner individuellen Interessen entgegen, welches vor allem in Hinblick auf den Zufallscharakter

[376] *Wolf* (1981) S. 503f.; *Lange/Kuchinke* (2001), S. 1203ff. Kritisch *Dauner-Lieb* (1998) S. 142-145, 163-168, 489-494, welche hierin eine Benachteiligung der Nachlaßaltgläubiger sieht. Nach *Schmidt* (1993) S. 603ff. gelten die §§ 27, 25 HGB auch für Neuverbindlichkeiten.
[377] *Heil* (2002) S. 299.
[378] *Schmidt* (1985) S. 2790.
[379] *Grunewald* (1997) S. 313.
[380] Die Fortführung des Unternehmens allein genügt nach h.M. nicht zur – konkludenten – Konstituierung einer OHG. *Schmidt* (1999) § 5.I.3.b.

der Erbengemeinschaft nicht unbeachtet bleiben kann. Dieses Spannungsverhältnis bliebe bei einer rechtsfähigen Erbengemeinschaft bestehen.
Eine mehrheitliche Beschlußfassung der Miterben nach §§ 2038 II, 745 I BGB begründet gleichzeitig die Vollmacht zur Vertretung der Erben für den Abschluß von Verpflichtungsgeschäften.[381] Dadurch wird das gleiche Ergebnis wie bei einer GbR nach §§ 710, 709 BGB i.V.m. dem Gesellschaftsvertrag erzielt. Allein aufgrund einer Rechtsfähigkeit ergäben sich selbst bei analoger Anwendung der §§ 710, 709 BGB für die Nachlaßverwaltung also keine anderen Rechtsfolgen: Auch bei der GbR müssen die Gesellschafter ihre Rechtsverhältnisse selbständig regeln, wenn sie vom Einstimmigkeitsprinzip des § 709 I BGB abweichen wollen. Der Durchführung von Verfügungsgeschäften aufgrund von Mehrheitsbeschlüssen stände auch dem Rechtssubjekt Erbengemeinschaft die Vorschrift des § 2040 I BGB entgegen.[382]

bb) Die Interessen der Nachlaßgläubiger

Die Interessen der Nachlaßgläubiger sind auf die Befriedigung ihrer Forderungen gerichtet. Da die Miterben bis zur Teilung grundsätzlich beschränkt haften,[383] haben die Nachlaßgläubiger ein Interesse an der einfachen Durchsetzung ihrer Forderungen sowie einem einfachen Zugriff auf den Nachlaß vor allem im Falle eines Rechtsstreits.
Für die passive Partei- und Prozeßfähigkeit gilt, daß die Miterben dann notwendige Streitgenossen sind, wenn die begehrte Leistung eine Gesamthandsschuld ist.[384] Eine Bezeichnung der einzelnen Miterben ist überdies für die Vollstreckung in den Nachlaß nach § 747 ZPO notwendig. Da es kein Register für Erbengemeinschaften gibt, aus denen sich die einzelnen Miterben ergeben könnten, fehlt der Erbengemeinschaft die Identitätsausstattung,[385] welche es juristischen Personen und Personengesellschaften mittels ihres Namens und der Eintragung ermöglicht, am Geschäftsverkehr teilzunehmen. Die Identität der einzel-

[381] Dies entspricht der herrschenden Meinung. A.A. *Jülicher* (1975) S. 153ff.
[382] § 2040 I geht der Vorschrift des § 2038 I 1/2 HS 1 BGB nach zutreffender und überwiegender Ansicht vor; *Lange/Kuchinke* (2001), S. 1131. Für eine „Neuinterpretation" dagegen *Ann* (2001) S. 412.
[383] Eine Ausnahme gilt für die Nachlaßerbenschulden, s.o. bb.
[384] Thomas/*Putzo* (2003) § 62 Rn. 14.
[385] So *Ulmer* (1998) S. 126, 128, der die Kategorien von *John* (1977) S. 72-94 verwendet: Handlungsorganisation, Haftungsverband und Identitätsausstattung.

nen Erben kann sich zwar aus dem Erbschein ergeben, allerdings gibt dieser keine Auskunft über mögliche Erbteilserwerber.[386] Um die namentliche Nennung jedes Miterben für die Gesamthandsklage nach § 2059 II BGB entbehrlich zu machen, könnte in § 50 II ZPO angeordnet werden, daß die Erbengemeinschaft als solche verklagt werden kann.[387] Des weiteren könnte § 747 ZPO in Anlehnung an § 735 ZPO dahingehend geändert werden, daß bis zur Teilung für die Zwangsvollstreckung in den Nachlaß ein gegen die Erbengemeinschaft als solche ergangenes Urteil genügt. Ob solche Vereinfachungen überhaupt erstrebenswert sind, kann für die Frage der Rechtsfähigkeit dahingestellt bleiben. Jedenfalls zeigen die Vorschriften der §§ 735, 747 ZPO, daß die passive Parteifähigkeit nicht ausschließlich an die Rechtsfähigkeit anknüpfen muß. Das Interesse der Nachlaßgläubiger an einem einfachen Zugriff auf den Nachlaß könnte auf diesem Wege seine Berücksichtigung finden.

cc) Die Interessen des Rechtsverkehrs

Für den Rechtsverkehr ist die richtige Zuordnung von Grundstücken wesentlich. Diese gewährleistet § 47 GBO für die Erbengemeinschaft, da im Grundbuch die Namen der Miterben oder Erbteilserwerber mit dem Zusatz „in Erbengemeinschaft" eingetragen werden.[388] Aus dem Grundbuch selbst ergibt sich dann beispielsweise, wer eine Auflassungsbewilligung vornehmen müßte.[389] Ein Registernachweis vergleichbar § 32 GBO für juristische Personen des Privatrechts und Personenhandelsgesellschaften scheidet mangels Registers für Erbengemeinschaften aus. Auch der Erbschein könnte einen solchen Nachweis nicht vollständig ersetzen, da er keine Erbteilserwerber umfaßt.

[386] *Strohal* (1911) S. 931f.
[387] Ähnlich *Wächter* (2002) S. 323 für die GbR.
[388] § 47 GBO sollte nicht in der Weise geändert werden, daß es genügen würde, „Erbengemeinschaft des Erblassers X" einzutragen. Die Publizitätswirkung des Grundbuches ist höher als eine entsprechende Arbeitsentlastung der Grundbuchämter zu bewerten. So auch *Heil* (2002) S. 297f. A.A. *Demuth* (2002) S. 1558 für die GbR.
[389] Vgl. *BayObLG*, Beschl. v. 31.10.2002, NJW 2003, S. 70f. zur Grundbuchfähigkeit der GbR.

c) Zwischenergebnis

Der Wortlaut der §§ 2032-2063, insbesondere § 2032 BGB, die Entstehungsgeschichte sowie die systematische Stellung der Vorschriften sprechen gegen die Rechtsfähigkeit der Erbengemeinschaft. Auch der Zweck der §§ 2032-2063 BGB ist auf eine Personenmehrheit und nicht auf ein Rechtssubjekt Erbengemeinschaft ausgerichtet: Das Gesetz versucht, durch die Verwaltungsregeln der §§ 2038-2040 BGB einen Ausgleich zwischen den individuellen Interessen der Miterben und einer Erhaltung oder Förderung des Nachlasses zu finden. Die Verfügungsbefugnis der Miterben ergibt sich aus dem Erbschein, durch welchen das Vertrauen des Rechtsverkehrs in den Bestand von Verfügungen geschützt wird. Die Lücken, die durch eine Erbteilsveräußerung in diesem Schutz entstehen können, werden durch § 47 GBO jedenfalls für Grundstücke geschlossen. Die Interessen der Nachlaßgläubiger werden grundsätzlich zu Lasten der Miterben berücksichtigt, da diese für Nachlaßverbindlichkeiten persönlich haften. Allerdings ist ihre Haftung vorübergehend gegenständlich beschränkbar, wobei davon die Verbindlichkeiten aus der Verwaltung des Nachlasses ausgeschlossen sind. Dies gilt ebenfalls für neue Verbindlichkeiten einer unternehmenstragenden Erbengemeinschaft.

Eine für die Nachlaßgläubiger günstige passive Parteifähigkeit der Erbengemeinschaft ließe sich durch eine Änderung der §§ 50 II, 747 ZPO entsprechend den Regelungen über den nicht eingetragenen Verein erreichen.

3. Rechtsfortbildung?

Die Rechtsfähigkeit der Erbengemeinschaft läßt sich nur im Wege der Rechtsfortbildung erreichen.[390] Eine solche ist dann zulässig, wenn und soweit sie erforderlich ist.[391]

Für die Erforderlichkeit einer solchen Rechtsfortbildung wird auf die Nähe der unternehmenstragenden Erbengemeinschaft zu den Personengesellschaften verwiesen.[392] Aber auch bei einer solchen – unterstellten[393] – Nähe und in Abgrenzung zur Bruchteilsgesellschaft läßt sich nicht auf die Rechtsfähigkeit der Erbenge-

[390] So auch *Dauner-Lieb* (1998) S. 396, 517.
[391] Vgl. *Larenz/Canaris* (1995) S. 247.
[392] *Eberl-Borges* (2000) S. 48f.; *dies.* (2002) S. 127f., 132.
[393] *Eberl-Borges* (2000) S. 35f., 43.

meinschaft schließen. Denn ist die Existenz sowohl der rechtsfähigen als auch der nicht rechtsfähigen Gesamthandsgemeinschaft anerkannt,[394] führt eine Ähnlichkeit mit der Gesellschaft bürgerlichen Rechts nicht automatisch zur Rechtssubjektivität der Erbengemeinschaft. Zudem handelt es sich bei der Gesamthand nicht um ein festumrissenes Rechtsinstitut, sondern um ein Rechtsprinzip mit verschiedenen Ausformungsmöglichkeiten.

Auch die Fragen der Nachlaßverwaltung, der Haftung für Nachlaßverbindlichkeiten oder der Partei- und Prozeßfähigkeit lösen sich nicht von selbst, wenn die Erbengemeinschaft zum Rechtssubjekt erklärt würde. Vielmehr sind zunächst die Einzelfragen zu klären, welche sodann in ein stimmiges Gesamtsystem zu bringen sind. Der Rückgriff auf das Gesellschaftsrecht könnte dies erleichtern. Allerdings existiert auch der „Normalfall" der Erbengemeinschaft, der kein Unternehmen, sondern vor allem Grundstücke, Kapitalvermögen oder Wertpapiere umfaßt. In diesen Fällen treten die individuellen Interessen des einzelnen Erben stärker hervor, der seinen Erbanteil realisieren möchte.

Aus Gründen der Rechtssicherheit sind Änderungen der bestehenden Normen durch den Gesetzgeber vorzuziehen. Da diese allerdings zur Zeit nicht zu erwarten sind, sollten „Neuinterpretationen" behutsam vorgenommen werden. Die Rechtsfähigkeit der Erbengemeinschaft ist dazu nicht erforderlich.

D. Der Anteil am Nachlaß

Die Zuordnung des Nachlasses zum einzelnen Miterben wird mittels des Anteils am Nachlaß bewirkt.

§ 1922 II BGB definiert den Erbteil als den „Anteil eines Miterben".[395] Der Anteil besteht an der Erbschaft[396], also nach § 1922 I BGB am Vermögen des Erblassers. Weitere Aussagen trifft das Gesetz über das Wesen des Anteils nicht. Charakterisiert wird der Anteil zumeist als Summe oder Inbegriff der Rechte und

[394] Die eheliche Gütergemeinschaft ist kein Rechtssubjekt, vgl. o. Fn. 362.

[395] Diese Definition wird vom Gesetz selbst nicht immer beachtet, vgl. § 2033-2037, 2059, aber §§ 2061, 2373 I BGB und die amtlichen Überschriften der §§ 2036f. BGB. *Ha. Fitting* (1901) S. 20 will inhaltliche Unterschiede zwischen Erbteil und Anteil erkennen. So auch *Lange/Kuchinke* (2001) S. 1092: der Begriff Erbteil beschreibe die erbrechtliche, Anteil die vermögens- und mitgliedschaftliche Stellung des Erben. Der *terminus* Anteil ist jedoch lediglich als Oberbegriff für die Rechtsposition einer Person bei den verschiedenen Formen gemeinschaftlicher Innehabung anzusehen. Der Erbteil ist daher – wie das Gesetz sagt – der Anteil am Nachlaß.

[396] Zur synonymen Verwendung der Begriffe Erbschaft und Nachlaß vgl. o. § 3.C.I.2.

Pflichten des Miterben.[397] Eine ausführliche Auseinandersetzung mit dem Begriff und der Rechtsnatur des Erbteils erfolgt in der aktuellen Erbrechtsliteratur zumeist nicht.[398] Negativ beschreiben läßt sich der Anteil in der Weise, daß er nicht materialisiert, nicht konkret ist. So wird er als ideelle Quotalberechtigung am Gesamthandsvermögen bezeichnet.[399] Die Höhe der Quote entspricht dabei der Höhe des Erbteils.[400]
Sonderregeln für den Erbteil finden sich in den §§ 2033-2037 BGB über die Erbteilsverfügung. Der Erbteil ist mithin verkehrsfähig, d.h. Verfügungsobjekt.[401] Durch einen Erwerb des Erbteils gehen im Wege der Universalsukzession alle mit dem Anteil verbundenen Rechte und Pflichten zum Beispiel auf den Erbteilskäufer über.[402] Dieser erwirbt allerdings nicht die Erbenstellung seines Verkäufers, welche weiterhin bei dem ursprünglichen Erben verbleibt.[403]
Nach § 1922 II BGB gelten zudem die Regelungen über die (Allein-) Erbschaft auch für den Erbteil. Damit finden insbesondere die Regelungen über den Erb*schafts*kauf (§§ 2371-2385 BGB) auf den Erb*teils*kauf Anwendung.

Drei Erklärungsversuche der Rechtsnatur des Anteils stehen sich gegenüber: Der Anteil als Recht, als Rechtsverhältnis oder als ein Gegenstand *sui generis*.

I. Der Anteil als Recht

Die rechtliche Einordnung des Anteils am Nachlaß ging aus von den Beratungen des BGB. Da die zweite Kommission die Erbengemeinschaft nicht mehr als Bruchteils-, sondern als Gesamthandsgemeinschaft konstruierte, führen die Motive und Vorentwürfe hier nicht weiter.[404]

[397] *Brox* (2001) Rn. 474.
[398] Vgl. nur *Ann* (2001) S. 174. Auf eine Definition des Anteils überhaupt verzichten *J. Meyer* (1992) S. 1f.; *Eberl-Borges* (2000) S. 38, 130; *Olzen* (2001) Rn. 956-964; *Frank* (2003) S. 254-258.
[399] MünchKomm-*Dütz* (1997a) § 2033 Rn. 7.
[400] Die Erbquote entspricht allerdings nicht automatisch dem Anteil am Auseinandersetzungsguthaben. *Meincke* (1973) S. 37.
[401] Vgl. *Larenz/Wolf* (1997) § 20 Rn. 1.
[402] *Baldus/Kaiser* (2001) S. 388.
[403] *J. Meyer* (1992) S. 3.
[404] S. dazu § 3.B.II.1.a./2.a.

Wie in den Protokollen niedergelegt, sah der historische Gesetzgeber den Erbteil als ein dingliches Recht am Nachlaß an.[405] Dieser, auf *von Gierke*[406] und das ALR zurückgehenden Einschätzung folgten zunächst die Rechtsprechung[407] und die überwiegenden Stimmen in der Literatur.[408] Auch heute noch wird der Anteil als Recht angesehen.[409]

Diese Auffassung setzt voraus, daß der Nachlaß selbst ein Gegenstand (erster Ordnung)[410] ist. Der Gegenstand Nachlaß würde dann aus verschiedenen einzelnen Rechtsobjekten bestehen, die ihre Qualität als Rechtsobjekt nicht dadurch verlieren, daß sie Teil des Rechtsobjekts Nachlaß sind. Dieses Ergebnis ist deshalb erforderlich, weil ansonsten eine Verfügung über einen einzelnen Nachlaßgegenstand nicht möglich wäre. Die einzelnen Nachlaßgegenstände können daher nicht als „wesentliche Bestandteile" im Sinne von § 93 BGB angesehen werden; vielmehr sind sie sonderrechtsfähig und damit rechtsobjektsfähig.[411]

1. Anteil am einzelnen Nachlaßgegenstand?

Konstruierbar wären neben dem Anteil am Nachlaß auch Anteile an den einzelnen Nachlaßgegenständen. Ausgangspunkt der Frage nach dem Bestehen solcher Anteile ist § 2033 II BGB, der die Verfügung über Anteile an den einzelnen Gegenständen ausschließt.[412] Würden diese Anteile anerkannt, so hätte § 2033 II BGB den Charakter einer absoluten Verfügungsbeschränkung, so daß Verfügungen nur eines Miterben über einen Nachlaßgegenstand nicht genehmigungsfähig und nach § 134 BGB nichtig wären.[413] Weiterhin wäre der Anteil am Nachlaß lediglich als die Summe der Anteile an den einzelnen Nachlaßgegenständen anzusehen.[414]

405 S.o. § 3.B.II.2.
406 *Gierke* (1895) S. 678.
407 *RG*, Urt. v. 09.02.1905, RGZ 60, S. 126, 131 „Berechtigung".
408 *Kuschel* (1964) S. 4ff.
409 *Larenz/Wolf* (1997) § 15 Rn. 113f.; MünchKomm-*Leipold* (2004b), § 1922 Rn. 109; *Lange /Kuchinke* (2001) S. 1089.
410 *Larenz/Wolf* (1997) § 20 Rn. 1.
411 Vgl. *Giesen* (2002) S. 688f.
412 Ergänzend verneint § 859 II ZPO die Pfändbarkeit solcher Anteile.
413 MünchKomm-*Dütz* (1997a) § 2032 Rn. 10. S.o. Fn. 299. Zum absoluten Verfügungsverbot MünchKomm-*Mayer-Maly/Armbrüster* (2001) § 135 Rn. 7; zum relativen Verfügungsverbot *Kohler* (1983) S. 9-15.
414 So *Binder* (1905) S. 89; *Pringsheim* (1910) S. 28. Diese Ansicht wird auch als „Theorie der geteilten Mitberechtigung" bezeichnet.

Für die Existenz der Anteile an den einzelnen Nachlaßgegenständen spricht einerseits § 2033 II BGB.[415] Denn nur wenn es diese Anteile gibt, ist es notwendig, die Verfügung über sie auszuschließen. Andererseits widerspricht es dem heutigen Prinzip der Gesamthand, gesonderte Anteile neben dem Anteil am Sondervermögen anzuerkennen. Vor allem läßt sich die Gesamthand nur in Abgrenzung zur Bruchteilsgemeinschaft erklären. Die Gesamthandsgemeinschaft soll demnach gerade keine *communio* darstellen.[416] Deshalb können an ihr keine Anteile an den einzelnen Gegenständen bestehen. § 2033 II BGB hat daher lediglich deklaratorische Funktion.[417]

2. Anteil als „Berechtigung"

Neben der ausdrücklichen Bezeichnung als Recht wird der Erbteil häufig schlicht „Berechtigung"[418] genannt.[419] Es scheint, als wollten die Autoren mit dieser Formulierung das Wort *Recht* umgehen, sich auf eine exakte Definition nicht festlegen.[420] Dieser Begriff kann allerdings auch signalisieren, daß es sich beim Gesamthandsanteil um etwas anderes als den Anteil an einer Bruchteilsgemeinschaft handelt. Dort wird der Anteil als Teilrecht bezeichnet, der Anteil am Gesamthandsvermögen dagegen als Berechtigung, um die ungeteilte Rechtszuständigkeit deutlich zu machen.[421]
Die Verfügung über den Erbanteil wird als unmittelbare Einwirkung auf ein Recht bezeichnet.[422] Überdies sollen die §§ 398-412 BGB über die Verweisung des

415 *Kreß* (1903) S. 2 Fn. 3.
416 Zur *communio* s.o. § 2.B.II.
417 *Strohal* (1901) § 64 I,1/4; Planck-*Ebbecke* (1930) vor § 2032 Rn. 3; MünchKomm-*Dütz* (1997a) § 2033 Rn. 38. A.A. *Schulze-Osterloh* (1972) S. 28. S.u. Fn. 299 u. B.
418 Der Konnotation von *Siebert* (1935) S. 201, der den Begriff (der sog. volksgenössischen) Berechtigung zur Überwindung des subjektiven Rechts verwendet, ist nicht zu folgen. Zustimmend jedoch *Larenz* (1935), S. 250ff.
419 Vgl. *Rink* (1932) S. 14 f.; MünchKomm-*Dütz* (1997a) § 2033 Rn. 7.
420 „Berechtigung" kann auch als Oberbegriff zu Teilrecht (Grundverhältnis ohne genossenschaftliche Bindung) und Anteil (mit genossenschaftlicher Bindung) verstanden werden. Dann deutet der Terminus Berechtigung lediglich auf eine mehrheitliche Rechtszuordnung hin. *Strauch* (1972) S. 201.
421 So *Larenz* (1933) S. 112. Diese Unterscheidung wird nicht fortgeführt in *Larenz* (1981) S. 414ff. und *ders./Wolf* (1997) § 15 Rn. 105-121. Von Teilrecht spricht auch *Flume* (1977) S. 113.
422 MüKo-*Dütz*, BGB (1997) § 2033 Rn. 11.

§ 413 BGB auch für den Erbanteil gelten.[423] § 413 BGB wiederum setzt ein Recht voraus. Somit ist davon auszugehen, daß mit dem Begriff Berechtigung jedenfalls ein Recht bezeichnet wird.

II. Der Anteil als Rechtsverhältnis

Der Einordnung des Anteils als Recht wurde namentlich durch *von Tuhr* Widerstand entgegengesetzt. Seiner Ansicht nach handelt es sich beim Erbteil nicht um ein Recht, sondern um ein Rechtsverhältnis.[424] Ein Recht komme nicht in Betracht, da ein solches an einem Ganzen nicht möglich sei, wenn dieses aus selbständigen Einzelgegenständen bestehe. Stattdessen sei der Anteil das Rechtsverhältnis, das sich aus der gemeinsamen Innehabung eines Vermögens durch die Miterben ergebe.[425] Die Übertragung des Anteils sei als Wechsel der Subjekte eines unveränderten Vermögens anzusehen, nicht als Übergang von Rechten aus einem Vermögen.[426]

Zu dem gleichen Ergebnis wie *von Tuhr* gelangen auch diejenigen, die im Anteil die Mitgliedschaft[427] in der Erbengemeinschaft erblicken. Durch die Mitgliedschaft werde auch die Berechtigung an den einzelnen Nachlaßgegenständen vermittelt.[428]
Eine Übertragung der Mitgliedschaft in der *Erben*gemeinschaft scheidet allerdings deshalb aus, weil der Erbteilserwerber nicht die Erbenstellung erlangt.[429] Möglich ist lediglich ein Mitgliedschaftswechsel in der *Gemeinschaft* derjenigen, die bisher die Erben waren. Denn die Erbenstellung selbst ist nicht übertragbar.[430] Abgesehen von dieser (bloß) begrifflichen Schwierigkeit müßte aber wegen § 2033 I BGB eine Verfügung über die Mitgliedschaft – verstanden als

[423] Staudinger-*Busche* (1999) § 413 Rn. 9; MünchKomm-*Roth* (2003) § 413 Rn. 7; RGRK-*Weber* (1976) § 413 Rn. 20. A.A. *Tuhr* (1910/1957) S. 360, der den Erbteil nicht als Recht begreift.
[424] *Tuhr* (1910/1957) S. 359.
[425] *Tuhr* (1910/1957) S. 359.
[426] *Tuhr* (1910/1957) S. 361.
[427] Vgl. *Sohm* (1905) S. 68-72; *Lübtow* (1971) S. 817.
[428] Statt des Begriffs der Mitgliedschaft, der z. Tl. auf den Verein und die Handelsgesellschaften beschränkt wird, wird auch der Begriff der Teilhaberschaft gewählt. Vgl. *Habersack* (1996) S. 29ff.
[429] S.o. vor § 3.A.
[430] *Lange/Kuchinke* (2001) S. 1091 Fn. 99 m.w.N.

Rechtsverhältnis – möglich sein. Ob über ein Rechtsverhältnis verfügt werden kann, wird nicht einheitlich beurteilt.[431] Diese Frage kann allerdings dahinstehen, wenn man sich derjenigen Ansicht anschließt, welche die Mitgliedschaft als subjektives Recht ansieht.[432] Jedenfalls besteht ein Rechtsverhältnis aus der Rechtsbeziehung zweier oder mehr Rechtssubjekte. Inhalt dieser Beziehung ist mindestens ein subjektives Recht.[433] Die „Verfügung" über das Rechtsverhältnis Mitgliedschaft stellt sich also auch als die Verfügung über ein Recht dar.

III. Der Anteil als Gegenstand eigener Art

Der Anteil wird des öfteren als Summe der Rechte und Pflichten des Miterben bezeichnet.[434] Damit ist über seine Rechtsnatur nicht viel gesagt. Auch führt es nicht weiter, den Anteil als ein Rechtsobjekt zu beschreiben, welches weder Sache noch Recht, sondern ein (unbestimmtes) Drittes sei.[435] Denn dadurch wird die Frage nach der Rechtsnatur lediglich auf eine höhere Ebene verlagert. Welche Vorschriften des BGB für den Erbteil gelten sollen, bleibt dadurch ungeklärt.

IV. Ergebnis

Insgesamt ist bei der dogmatischen Behandlung des Anteils am Nachlaß festzustellen, daß eine systemkonforme Präzisierung schwerfällt. Der Erbteil erscheint als etwas „virtuelles", nicht greifbares. Seine rechtliche Einordnung ist für den Rechtsanwender aber erforderlich, da der Anteil nach § 2033 I BGB verkehrsfähig ist. Die (unklare) Rechtsnatur des Anteils führt gerade dort zu Unsicherheiten,[436] wo auf seine Verfügungsfähigkeit Bezug genommen wird.

[431] Dies wird überwiegend abgelehnt: *Flume* (1965)S. 141f.; *Medicus* (2002) Rn. 208; *Hübner* (1996) Rn. 389. Bejahend allerdings *Larenz/Wolf* (1997) § 23 Rn. 36ff.; MünchKomm-*Schramm* (2001) § 185 Rn. 8.

[432] *Habersack* (1996) S. 52; *Larenz/Wolf* (1997) § 15 Rn. 105ff.

[433] *Larenz/Wolf* (1997) § 13 Rn. 1ff.

[434] *Muscheler* (2002) S. 50: „Summe der gesamthänderischen Mitberechtigung an allen einzelnen Nachlassgegenständen", obwohl er die Nachlaßverbindlichkeiten für von § 1922 I BGB mitumfaßt hält (S. 12).

[435] So *Becker* (2002) S. 57.

[436] Beispielsweise ist die Anwendung der §§ 2374, 2376 BGB auf den Erbteilskauf nicht unzweifelhaft. Vgl. dazu *Baldus/Kaiser* (2001) S. 395, 398.

Den Anteil als ein dingliches Recht am Nachlaß, also als ein Recht an einem (Sonder-)Vermögen zu betrachten, stößt auf systematische Schwierigkeiten. Ein einheitliches Recht an einer Gesamtheit von Sachen und Rechten gibt es nicht.[437] „Eigentum am Vermögen" kennt das BGB grundsätzlich nicht. In §§ 1085ff. BGB ist beispielsweise der Nießbrauch an einem Vermögen geregelt. Aber § 1085 S.1 BGB stellt sogleich klar, daß es sich um einen Nießbrauch an den einzelnen Gegenständen des Vermögens handelt. Denn im Sachenrecht gibt es kein beschränktes dingliches Recht an einem Vermögen. Daß es im Erbfall zur Übertragung eines Vermögens auf den oder die Erben kommt, erklärt sich daraus, daß zum einen vermieden werden soll, daß der Nachlaß herrenlos wird. Zum anderen gibt es den Erblasser nicht mehr, der als Rechtssubjekt für eine geordnete Übertragung der einzelnen Gegenstände seines Vermögens Sorge tragen könnte.
Problematisch erscheint neben einem „Recht" am Vermögen überdies die Herleitung des Rechts an den einzelnen Gegenständen. Denn erkennt man nur den Anteil am Vermögen ohne Anteile an den einzelnen Gegenständen an, so könnte die Berechtigung an den einzelnen Gegenständen fraglich sein. Daß diese aber aus dem Erbteil folgen muß, steht außer Frage, da auch die einzelnen Gegenstände eines Zuordnungssubjektes bedürfen. Die Zuordnung muß daher durch den Erbteil vermittelt werden.
Der Rückgriff auf den Anteil als Rechtsverhältnis führt nicht weiter, da ein Rechtsverhältnis stets ein Recht beinhaltet. Daß sich aus der Einordnung als Recht *sui generis* keine Erkenntnis gewinnen läßt, wurde bereits ausgeführt.
Auch wenn der Anteil sich nicht vollkommen widerspruchsfrei in das System des BGB einfügen läßt, so existiert er dennoch kraft gesetzlicher Anordnung. Deshalb stellt er gemäß der Systematik der Rechtsobjekte ein Recht dar.

E. Zusammenfassung

Wissenschaft und Praxis wurde es überlassen, ein Konzept der gesamten Hand für das BGB zu entwerfen. Beide haben sich dieser Aufgabe angenommen, aber eine endgültige Antwort noch nicht gefunden. Das erst von der zweiten Kommission in den BGB-Entwurf aufgenommene Gesamthandsprinzip hat sich bis heute nicht ohne dogmatische Reibungsverluste in das BGB-System einfügen können. So besteht über die Einordnung der Gesamthandsgemeinschaft als schlichte Vermögenszuordnung oder als Rechtssubjekt auch im Hinblick auf die Erbengemein-

[437] Vgl. für die daraus folgenden Probleme beim Unternehmenskauf *Becker* (2002) S. 56f.

schaft Streit. Eine Rechtsfähigkeit der Erbengemeinschaft, die sich nur im Wege der Rechtsfortbildung erreichen ließe, wird hier abgelehnt.
Einigkeit besteht aber darüber, daß am Vermögen der Gesamthänder ein Anteilsrecht besteht, nicht jedoch am einzelnen, dem Vermögen angehörenden Gegenstand. Daher kann ein Gesamthänder alleine nicht über einen solchen Gegenstand verfügen.

§ 5. Die Aufhebung der Erbengemeinschaft: Auseinandersetzung und Teilung

Die Auseinandersetzung der Erbengemeinschaft zielt auf deren Beendigung.[437] Die Nachlaßgläubiger sollen befriedigt werden, die Nachlaßgegenstände werden ggf. verwertet und sie oder ihr Erlös auf die Miterben verteilt. Das Sondervermögen Nachlaß wird aufgelöst.
Der Begriff der Auseinandersetzung umfaßt in einem weiteren Sinne diesen Vorgang einschließlich der Übertragung der Nachlaßgegenstände durch die Miterben auf einen von ihnen, also der (Auf-)Teilung des Nachlasses. In einem engeren Sinne wird die Auseinandersetzung verstanden als der Rechtsgrund für die Teilung des Nachlasses, welche aus verschiedenen Verfügungsgeschäften besteht. Die Auseinandersetzung ist demnach das Verpflichtungsgeschäft der Miterben, welches sie zur Aufteilung des Nachlasses verpflichtet.[438]

A. Die leitenden Prinzipien

Den Auseinandersetzungsregeln des BGB liegen bestimmte Prinzipien und Grundentscheidungen zugrunde. Diese gehen auf den historischen Gesetzgeber zurück, wurden aber im Laufe der Zeit durch die Rechtspraxis erweitert.

Die Auseinandersetzungsvorschriften bieten ein Regelungsmodell, das dann zum Zuge kommt, wenn vor allem der Erblasser oder die Miterben keine Regelung treffen. Die Auseinandersetzungsregeln sollen ein Modell der Aufhebung der Erbengemeinschaft darstellen, wie sie ein objektiv handelnder Erblasser veranlaßt hätte.[439] Leitlinie ist daher der mutmaßliche und im Gesetz objektivierte Erblasserwille.[440]
Die grundlegenden Prinzipien des Fünften Buches, Privaterbrecht, Familienerbrecht und Testierfreiheit, wirken sich im Bereich der Erbauseinandersetzung al-

[437] Auf die Teilauseinandersetzung wird hier nicht eingegangen. Dazu *Petzold* (1973); *Eberl-Borges* (2000) S. 192-203, 284-291; *Spanke* (2002) S. 45-49.
[438] *Lange/Kuchinke* (2001) S. 1134.
[439] Kritisch *Leipold* (1980) S. 196, der auf die tatsächliche Familiensituationen abstellt und *Ann* (2001) S. 305, der darauf verweist, daß durch die Anwendung der gesetzlichen Regeln das Lebenswerk des Erblassers zerschlagen wird.
[440] *BVerfG*, Beschl. v. 14.12.1994, FamRZ 1995, S. 405ff. mit Anmerkung *Krenz* (1995) S. 534f.

lenfalls mittelbar aus.[441] Vielmehr zeigen sich an dieser Stelle insbesondere die dem BGB als solchem innewohnenden Rechtsgrundsätze: Liberalismus und Privatautonomie.[442] Denn das Ob und Wie der Auseinandersetzung – sofern es keine Anordnungen des Erblassers gibt oder die Miterben sich über diese hinwegsetzen –[443] unterliegen allein dem Willen der Miterben.[444] Die Auseinandersetzung kann nämlich von jedem Miterben entsprechend den gesetzlichen Regelungen erzwungen werden. Dabei kommt die Auseinandersetzung auch im Wege des Prozesses nicht durch richterlichen Gestaltungsakt zustande, sondern durch fingierte Zustimmung (§ 894 ZPO) der Miterben. Der Richter übt im Rahmen der Auseinandersetzung kein Ermessen aus, er überprüft lediglich die Übereinstimmung der Auseinandersetzung mit dem Gesetz. Dem Staat wird also, repräsentiert durch den Richter, kein Einfluß auf die Teilung zugestanden, auch um zu verhindern, daß manche Erben ihn zu ihren Gunsten beeinflussen können.[445] Stattdessen ist die Auseinandersetzung Angelegenheit der Miterben, die durch strenge, dafür aber klare, Rechtssicherheit begründende Gesetzesvorschriften zur internen Einigung gedrängt werden sollen.[446] Die Privatautonomie der Miterben nach dem BGB findet somit ihre prozessuale Fortsetzung in der Dispositionsmaxime.[447]
Die Miterben setzen ihre individuellen Interessen unabhängig von Gemeinschafts- oder Familieninteressen durch: Das Sondervermögen Nachlaß sieht das Gesetz nicht als erhaltenswert an.[448] Das BGB setzt damit eine seit dem Zwölftafelgesetz belegte Rechtstradition fort.[449]
Daß alle Erben vom Gesetz gleichzubehandeln sind, wird heute meist nicht mehr hervorgehoben. Dieser Gedanke liegt den gesetzlichen Vorschriften allerdings

[441] *Wieacker* (1967) S. 479, 482; *Leipold* (1980) S. 163, 173f., 191f. Das vierte Grundprinzip des Erbrechts, die Universalsukzession, führt die Situation der gemeinschaftlichen Innehabung des Nachlasses dagegen erst herbei. Für die Art und Weise der Teilung spielt es allerdings keine unmittelbare Rolle.

[442] Vgl. *A. Esser* (1951) S. 45f.

[443] *Kegel* (1976) S. 931f.; *Keim* (2002) S. 136.

[444] So Staudinger-*Werner* (2002a) § 2042 Rn. 21.

[445] Näher zu den Gründen des historischen Gesetzgebers o. § 3.B.I.2.b.

[446] *Sarres* (1999) S. 378.

[447] *Bomsdorf* (1971) S. 243f.; *Damrau* (1975) S. 31f.

[448] Nach § 192 FGG ist es sogar möglich, landesrechtlich zu bestimmen, daß das Nachlaßgericht tätig wird, wenn nicht innerhalb einer bestimmbaren Frist der Nachlaß auseinandergesetzt ist. Entsprechende landesrechtliche Regelungen existieren allerdings nicht mehr.

[449] S.o. § 2.B.I/C.2.1.

zugrunde und soll insbesondere durch die Art und Weise der Teilung realisiert werden.[450]

B. Die Auseinandersetzung als Rechtsgrund der Teilung

„Jeder Miterbe kann jederzeit die Auseinandersetzung verlangen [...].“ Gemeint ist damit nach § 2042 I BGB zunächst die Auseinandersetzung im weiteren Sinne, also letztlich auch die Teilung selbst. § 2042 I BGB gibt jedem Erben einen konkreten Anspruch. Dieser ist allerdings gerichtet auf den Abschluß eines Verpflichtungsgeschäfts, also der Auseinandersetzung im engeren Sinne.[451] Die große Bedeutung des Rechts auf Auseinandersetzung wird aus §§ 2042 II, 758 BGB ersichtlich, nach denen der Anspruch unverjährbar ist. Gleichzeitig ist § 2042 I BGB Ausgangspunkt der rechtlichen Einordnung der Erbengemeinschaft als Liquidationsgemeinschaft.

I. Der Auseinandersetzungsvertrag

Das Verpflichtungsgeschäft Auseinandersetzung regelt die Art und Weise der noch vorzunehmenden Teilung.[452] Insbesondere ist die Ausgleichung lebzeitiger Zuwendungen durch den Erblasser nach §§ 2050-2057a BGB vorzunehmen.[453] Die Höhe dessen, was der einzelne Erbe durch die Teilung erhält, richtet sich nach seiner Erbquote, die sich erst jetzt, in der Auseinandersetzung, konkretisiert.

[450] S.u. C.II. Zu den Vorstellungen des historischen Gesetzgebers s.o. § 3.B.I.2.b. Auch in der Miterbenausgleichung nach § 2055 BGB kommt der Gedanke der Gleichbehandlung zum Ausdruck.

[451] *Schmidt* (1979) S. 319 sieht im Auseinandersetzungsanspruch (der Bruchteilsgemeinschaft) einen Anspruch auf die Teilung selbst, da er ein zweistufiges Verfahren ablehnt. Ihm folgend *Gramentz* (1989), S. 61. Zum Begriff der Auseinandersetzung auch *Schönknecht* (1987), S. 18-36.

[452] Nach *Eberl-Borges* (2000) S. 187f., ist eine Auseinandersetzungsvereinbarung der Miterben als Kausalgeschäft nicht erforderlich, wenn von den gesetzlichen Teilungsregeln nicht abgewichen wird. Dagegen spricht jedoch, daß ein solcher stets als stillschweigend geschlossen gelten muß, um eine Rückabwicklung der Auseinandersetzung auszuschließen.

[453] Vgl. dazu *Meincke* (1978a) S. 50ff. und *Ann* (2001) S. 284-293.

Gemeinhin wird die Auseinandersetzung als mehrseitiger Vertrag qualifiziert.[454] Daher findet sich häufig der Begriff des Auseinandersetzungsvertrags.[455] Die weitergehende vertragstypische Einordnung der Auseinandersetzung gelangt jedoch nicht zu einheitlichen Ergebnissen. Zum einen wird sie als Kauf oder jedenfalls kaufähnlich angesehen, zum anderen als Vergleich oder vergleichsähnlich.[456] Verschiedene Rechtsfolgen werden daran nicht geknüpft, da nach §§ 2042 II, 757 BGB das kaufrechtliche Leistungsstörungsrecht anzuwenden ist.[457]
Gegenstand des Auseinandersetzungsvertrags ist der Auseinandersetzungsplan. In ihm wird die Durchführung der Auseinandersetzung festgelegt. Eine besondere Form ist für den Auseinandersetzungsvertrag grundsätzlich nicht vorgesehen. Betrifft er aber Gegenstände, über die Verträge nur bei Beachtung einer bestimmten Form wirksam geschlossen werden können, so ist diese Form auch für den Auseinandersetzungsvertrag zu beachten.[458]

Der Auseinandersetzungsanspruch setzt positiv das Bestehen einer Erbengemeinschaft voraus. Außerdem müssen die Nachlaßgegenstände und -verbindlichkeiten feststehen, d.h. der Nachlaß muß teilungsreif sein.[459] Negative Voraussetzungen sind, daß die §§ 2043-2045 BGB über den Auseinandersetzungsaufschub und

[454] Statt aller *Lange/Kuchinke* (2001) S. 1148. Diese Einschätzung wird neuerdings in Frage gestellt von *Eberl-Borges* (2000) S. 77-94, welche erwägt, in der Auseinandersetzung einen Beschluß zu sehen. Allerdings hält sie die Frage letztlich für unerheblich, da sich keine anderen Rechtsfolgen als nach der h.M. ergäben (S. 94).

[455] Das Gesetz selbst spricht z.B. in § 1822 Nr.2 a.E. BGB vom Erbteilungsvertrag, in § 86 FGG schlicht von Auseinandersetzung, § 27 ZPO dagegen von der Teilung. Präzise ist jedoch der Begriff Auseinandersetzungsvertrag, da die Auseinandersetzung im engeren Sinne keine verfügende Wirkung hat.

[456] Vgl. m.w.N. *Eberl-Borges* (2000) S. 70-77.

[457] Zur Einschränkung der gesetzlichen Vorschriften *Lask* (1988) S. 8-15. S.a. *Wacke* (1986) S. 435f. Durch das Schuldrechtsmodernisierungsgesetz vom 26.11.2001 hat sich keine Änderung der Verweisung ins Kaufrecht ergeben. Insbesondere ist der Wortlaut von § 757 BGB gleich geblieben.
Fraglich ist, ob es sich beim Auseinandersetzungsvertrag um ein synallagmatisches Rechtsgeschäft handelt. Dafür entschied der *BGH* einmal, Urt. v. 31.10.1962, NJW 1963, S. 345f. Da der Vergleich ebenso wie der Kauf ein vollkommen gegenseitiger Vertrag ist (MünchKomm-*Pecher* (1997) § 779 Rn. 36f.; a.A. *Bork* (1988) S. 180), sieht auch die h.L. den Auseinandersetzungsvertrag als synallagmatisch an. Relevant wird die Frage insbesondere für die Anwendbarkeit der §§ 320ff. BGB auf die Auseinandersetzung.

[458] Vgl. m.w.N. *Eberl-Borges* (2000) S. 159-170.

[459] Ob Teilungsreife bereits für die Zulässigkeit oder erst für die Begründetheit einer Auseinandersetzungsklage gegeben sein muß, ist streitig, s. *Steiner* (1997) S. 89f.

-ausschluß nicht eingreifen.[460] Des weiteren ist die Auseinandersetzung durch die Miterben bei Testamentsvollstreckung, Nachlaßverwaltung und Nachlaßinsolvenz ausgeschlossen. Einstimmig können auch die Miterben den Ausschluß der Auseinandersetzung beschließen, § 2042 II, 749 II BGB.
Der Auseinandersetzungsanspruch ist gehemmt, wenn ein Miterbe die Einrede aus § 2046 I BGB erhebt.[461] Nach dieser Vorschrift kann jeder Miterbe die Berichtigung der Nachlaßverbindlichkeiten vor der Auseinandersetzung verlangen. Denn solange die Auseinandersetzung nicht durchgeführt ist, haften die Miterben noch nicht mit ihrem Eigenvermögen, § 2059 I BGB. Die Einrede des § 2046 I BGB weicht von der Regel der §§ 2042 II, 755 I BGB ab, nach welcher die Begleichung der Nachlaßschulden erst bei der Auseinandersetzung gefordert werden kann.

II. Die gerichtlichen Verfahren

Gelangen die Miterben nicht zu einer einvernehmlichen Lösung über die Auseinandersetzung, so greift das gesetzliche Regelungsmodell der §§ 2042 ff., 749-758 BGB. Jeder Miterbe kann überdies die Hilfe des Nachlaßgerichts nach §§ 86-98 FGG in Anspruch nehmen,[462] also das Vermittlungsverfahren einleiten.[463] Dieses Verfahren wird nur dann durchgeführt, wenn ihm kein Miterbe widerspricht. Der Widerspruch ist allerdings nach §§ 93 II, 91 III FGG dadurch erschwert, daß er nur persönlich vor Gericht ausgesprochen werden kann. Ziel des Vermittlungsverfahrens ist es, die Zustimmung aller Erben zu einem vom Gericht aufgestellten Auseinandersetzungsplan zu erhalten. Die Zustimmung wird bei Säumnis eines Miterben nach §§ 93 II, 91 III 2 FGG fingiert. Hierdurch sowie durch kurze Fristen[464] soll die Auseinandersetzung beschleunigt werden.

[460] Der Pfandgläubiger eines Erbteils ist an den Ausschluß der Auseinandersetzung nicht gebunden, sei es auf Vereinbarung der Miterben (§§ 2044 I 2, 751 S.2 BGB) oder auf Anordnung des Erblassers, vgl. *BayObLG*, Beschl. v. 27.12.1982, Rechtspfleger 1983, S. 112f. Zur Anteilspfändung bei Testamentsvollstreckung *Lange/Kuchinke* (2001) S. 714.

[461] Abweichend von *Ebenroth* (1992) Rn. 777, MünchKomm-*Dütz* (1997a) § 2046 Rn. 3 und *Eberl-Borges* (2000) S. 206 sieht Soergel-*Wolf* (2001) § 2046 Rn. 2 § 2046 I BGB als Einwendung an.

[462] Nach § 193 FGG, § 20 V BNotO können landesrechtliche Vorschriften die Zuständigkeit für das Vermittlungsverfahren abweichend regeln und sie den Notaren zuweisen, vgl. z.B. Art. 38 BayAGGVG, Art. 24ff. HessFGG.

[463] S. auch *Wacke* (1989) S. 204ff. über die Entstehung der Freiwilligen Gerichtsbarkeit.

[464] §§ 90 II, 91 III 2, 92 S.1, 96 i.V.m. 22 FGG.

Unabhängig von der Möglichkeit des Vermittlungsverfahrens oder der Anrufung eines Schiedsgerichts kann ein Miterbe seinen Anspruch aus § 2042 I BGB auch klageweise (Leistungsklage) geltend machen. Der Streitwert dieser Auseinandersetzungsklage[465] richtet sich nach dem Wert des Erbteils des klagenden Miterben.[466] Der Klageantrag lautet nicht lediglich auf Mitwirkung an der Auseinandersetzung, sondern konkret auf Zustimmung zum Auseinandersetzungsplan bzw. Annahme des Angebots auf den vom Kläger vorgelegten Auseinandersetzungsvertrag.[467] Der Auseinandersetzungsplan enthält insonderheit die Art und Weise der Berichtigung der Nachlaßverbindlichkeiten sowie der Verteilung der Nachlaßgegenstände. Gemäß der Dispositionsmaxime (§ 308 ZPO) sind die Richter an den vom Kläger vorgelegten Auseinandersetzungsplan gebunden. Sie können lediglich überprüfen, ob er mit den §§ 2042ff., 749-758 BGB übereinstimmt. Das Urteil ersetzt nach § 894 I ZPO die Willenserklärung der Beklagten. Der Auseinandersetzungsvertrag ist damit hinsichtlich des vom Kläger vorgelegten Teilungsplanes zustande gekommen. Auf diese Weise kann § 2042 I BGB zu einem Kontrahierungszwang hinsichtlich des Ob und Wie des Auseinandersetzungsvertrags führen.

Das Auseinandersetzungsurteil hat nicht die Wirkung einer Rechtsgestaltungsklage, d.h. die Nachlaßgegenstände werden nicht durch das Urteil entsprechend dem Auseinandersetzungsvertrag auf die Miterben verteilt.[468] Gleichwohl kommt durch das Urteil ein Verpflichtungsvertrag zwischen den Miterben zustande, welcher die Rechtslage „gestaltet“, wenn auch nur *inter partes*.

465 Z.Tl. auch ungenau *Erbteilungs*klage genannt, vgl. nur *Speckmann* (1970) S. 1259f.

466 *BGH*, Urt. v. 24.04.75, NJW 1975, S. 1415. S. auch *Speckmann* (1970) S. 1262. Insofern änderte sich die Rechtsprechung, die zunächst auf den Wert des Nachlasses insgesamt abstellte: *BGH*, Beschl. v. 16.2.1962, NJW 1962, S. 913f.

467 Ausnahmsweise kann ein Miterbe lediglich auf Feststellung einzelner streitiger Rechtsverhältnisse klagen. *Lange/Kuchinke* (2001) S. 1159f. Abweichend von der h.M. handelt es sich nach *Eberl-Borges* (2000) S. 188 bei der Auseinandersetzungsklage stets um eine Feststellungsklage.

468 Eine solche zweistufige Konstruktion, d.h. zunächst die Klage auf Zustimmung zum Vertrag, sodann Klage auf seine Durchführung, fand sich beispielsweise im BGB in §§ 462, 465 a.F. und findet sich nunmehr in § 313 n.F. für das Rechtsinstitut der Störung der Geschäftsgrundlage. Dazu *Schmidt-Kessel/Baldus* (2002) S. 2076f. und *Dauner-Lieb/Dötsch* (2003) S. 922ff., 926, welche eine Stufenklage analog § 254 ZPO vorschlagen.

C. Die Teilung als Vollzug der Auseinandersetzung

Die Teilung der Erbengemeinschaft stellt keinen einheitlichen Akt dar. Vielmehr sind gemäß dem Spezialitätsprinzip verfügende Einzelakte erforderlich. Das Gesetz selbst verwendet den Begriff der Teilung lediglich in § 2059 BGB.[469]

I. Der Begriff der Teilung

Die Teilung der Erbengemeinschaft ist spätesten dann abgeschlossen, wenn die Nachlaßgegenstände nicht mehr der gesamthänderischen Bindung unterliegen, die Gesamthandsgemeinschaft also aufgehoben ist.[470] Nach § 2047 II BGB können die Miterben allerdings verlangen, daß Familienschriftstücke gemeinschaftlich bleiben. In diesem Falle besteht an ihnen die Gesamthandsgemeinschaft fort.[471] § 2047 II BGB schränkt insofern auch den Anspruch auf Auseinandersetzung ein.

Der Abschluß der Teilung und damit das Ende der Erbengemeinschaft sind erheblich für die Haftung der Miterben, denen nach der Teilung nicht mehr die Einrede des § 2059 I BGB zusteht.[472] Sie haften nach der Teilung für Nachlaßverbindlichkeiten gesamtschuldnerisch und unbeschränkt mit ihrem Eigenvermögen. Daher stellt sich jedenfalls im Rahmen des § 2059 BGB die Frage,[473] wann die Teilung vollzogen ist.
Der Zeitpunkt der Teilung läßt sich objektiv oder subjektiv bestimmen.[474] Subjektiv erklärt sich die vollzogene Teilung vom Standpunkt der Miterben aus: Dann würde sich der Zeitpunkt der vollzogenen Teilung allein nach ihrem Willen richten. Da jedoch die Teilung gerade wegen § 2059 I BGB auch für Dritte, näm-

[469] Mit dem Begriff der Teilung bezeichnet § 2059 BGB hier zwar die Verfügungsgeschäfte zur Erfüllung des Auseinandersetzungsvertrages. Jedoch kommt es für die Rechtsfolge des § 2059 BGB gerade nicht darauf an, daß bereits *alle* Verfügungen vorgenommen wurden. S.u. I.2.

[470] Staudinger-*Marotzke* (2002a) § 2059 Rn. 31.

[471] Der Wortlaut *bleiben* in § 2047 II BGB spricht für eine weitere Existenz der Gesamthand und gegen eine Umwandlung in eine Bruchteilsgemeinschaft, *Lübtow* (1971) S. 833f.

[472] Ist ein Miterbe Nachlaßschuldner oder -gläubiger, so ergeben sich kaum Besonderheiten, da Nachlaß und Eigenvermögen zwei von einander unabhängige Vermögen darstellen. Dazu *Ann* (2001) S. 300.

[473] Zu § 2059 II BGB *Bayer* (1993) S. 103-116.

[474] Vgl. *Bräcklein* (1967) S. 431f.

lich die Nachlaßgläubiger, von Bedeutung ist, kann der Zeitpunkt der Beendigung der Erbengemeinschaft nicht allein durch die Miterben definiert werden.
Objektiv kann hingegen darauf abgestellt werden, ob alle oder die wirtschaftlich wesentlichen Nachlaßgegenstände geteilt sind. Auf die Verteilung des gesamten Nachlasses, ggf. mit Ausnahme der Familienschriftstücke, abzuzielen, überließe wiederum den Erben die Herrschaft über den Eintritt ihrer unbeschränkten Haftung. Denn sie könnten den letzten Nachlaßgegenstand nicht teilen und so die Befriedigung der Gläubiger vereiteln. Besser erscheint es, die Teilung wirtschaftlich zu betrachten. Sie ist danach vollzogen, wenn der Nachlaß im wesentlichen geteilt ist.[475] Konkretisieren läßt sich dieser Zeitpunkt dahin, die Teilung i.S.v. § 2059 I BGB zu bejahen, wenn der noch nicht vollständig geteilte Nachlaß nicht mehr zur Deckung der Nachlaßverbindlichkeiten ausreicht.[476] Bei dieser Sichtweise werden die Interessen sowohl der Miterben als auch der Nachlaßgläubiger berücksichtigt. Denn jeder Miterbe kann gemäß § 2046 I BGB die Berichtigung der Nachlaßverbindlichkeiten vor der Auseinandersetzung verlangen.[477] Und den Nachlaßgläubigern haftet dann das Eigenvermögen der Miterben, wenn aufgrund von Teilungsakten das Sondervermögen Nachlaß ihre Verbindlichkeiten nicht mehr befriedigen kann. Zwar hängt danach der Teilungsbegriff vom Umfang der Nachlaßverbindlichkeiten ab. Dies ist jedoch nicht unbillig, da die Miterben bei Überschuldung des Nachlasses das Nachlaßinsolvenzverfahren eröffnen oder die Erbschaft ausschlagen können.

II. Die Teilungsmodalitäten

Das Erbrecht regelt die Durchführung der Teilungsakte nicht. Vielmehr verweist § 2042 II BGB auf die Vorschriften über die Bruchteilsgemeinschaft. Das Gesetz sieht dort zwei Teilungsarten vor: Teilung in Natur (§ 752 BGB) und Teilung durch Verkauf (§ 753 BGB). Beide Regelungen sind dispositiv. Auf sie wird zurückgegriffen, wenn die Miterben die Teilung nicht einvernehmlich vornehmen und es keine abweichenden Vereinbarungen der Miterben oder Anordnungen des

475 MünchKomm-*Dütz* (1997a) § 2059 Rn. 4; Erman-*Schlüter* (2000a) § 2059 Rn. 8; *Lange/Kuchinke* (2001) S. 1284f.; Staudinger-*Marotzke* (2002a) § 2059 Rn. 33.

476 Planck-*Ebbecke* (1930) § 2059 Rn. 4; *Ehrenkönig* (1991) S. 60 Fn. 99; *Dauner-Lieb* (1998) S. 430; *Eberl-Borges* (2000) S. 300f.; Soergel-*Wolf* (2001) § 2059 Rn. 2; Palandt-*Edenhofer* (2004) § 2059 Rn. 3.

477 Näher *W. Kreuzer* (1935) S. 30-34.

Erblassers gibt. Nach § 137 S.1 BGB haben solche Rechtsgeschäfte freilich keine dingliche, sondern lediglich schuldrechtliche Wirkung.[478]

Die Teilung in Natur erfolgt nach § 752 S.1 BGB dann, wenn sie ohne Wertverlust zu gleichen Teil-Gegenständen führt. Auch hier wird eine wirtschaftliche Beurteilung vorgenommen, die sich nach der Verkehrsauffassung richtet.[479] Teilbar sind Geld und vertretbare Sachen, Geldforderungen und solche Forderungen, die auf eine teilbare Leistung gerichtet sind. Die nun gebildeten Teile werden nach §§ 2042 II, 752 S.2 BGB unter den Miterben verlost.
Ist ein Nachlaßgegenstand nicht teilbar, so wird er nach §§ 2042 II, 753 BGB verkauft. Der Verkauf richtet sich nach den Regelungen des Pfandverkaufs für bewegliche Sachen und Rechte und der Zwangsversteigerung für Grundstücke.[480] Der daraus erzielte Erlös steht nach dem Zuschlag (§ 90 ZVG) oder der Veräußerung (§§ 1242, 1247 S.2, 1258 III, 1277 BGB) kraft dinglicher Surrogation den Miterben gemeinschaftlich zu.[481] Nicht anwendbar ist § 2041 BGB, der nach § 2032 II BGB nur für die Zeit *bis* zur Auseinandersetzung gilt.[482] Der Erlös wird sodann auf die Miterben verteilt. Die teilende Verfügung liegt folglich erst im Schritt der Erlösverteilung.
Für die verschiedenen Teilungsakte ist die Mitwirkung aller Miterben erforderlich. Verweigert ein Miterbe diese, so ist sie nach § 887 ZPO durchzusetzen.

Eine Besonderheit gilt für land- und forstwirtschaftliche Betriebe, welche den allgemeinen Regelungen des BGB entzogen sind. Nach Art. 64 EGBGB gilt für diese das landesgesetzliche Anerbenrecht. Sofern ein solches nicht existiert, regeln die bundesrechtliche HöfeO sowie das GrdstVG die Nachfolge in land- und forstwirtschaftliche Güter. Diese sind von der Universalsukzession ausgenommen und werden stattdessen aus agrarpolititschen Gründen dem vom Erblasser oder von der HöfeO bestimmten Hoferben gegen Abfindung der übrigen Erben zugewiesen.[483]

[478] Der Testamentsvollstrecker kann allerdings nach § 2203f. BGB die Auseinandersetzung auch mit dinglicher Wirkung durchführen.
[479] *Brox*, Erbrecht (2001), Rn. 527.
[480] §§ 753 I 1, 1233ff., 1277, 1279ff. BGB; §§ 753 I 1 BGB, 180ff. ZVG. Dazu *Schiffhauer* (1982).
[481] Vgl. auch BGH, Urt. v. 12.5.1969, NJW 1969, S. 1347f.
[482] Auf § 2041 BGB stellt jedoch Staudinger-*Werner* (2002a) § 2042 Rn. 60 ab.
[483] *R. Schwarz*, Das Verhältnis zwischen dem Landwirtschaftserbrecht und dem allgemeinen Erbrecht des BGB (1988), S. 32ff.; *K. Kreuzer* (1990) S. 15ff.; Zur historischen Entwicklung *Kroeschell* (1978) S. 147-155 und *Otte* (1997) S. 915-932.

III. Die Wirkungsweise der Teilung

Der Begriff der Teilung als ein einheitlicher Akt ist irreführend. Die Miterben als gemeinschaftliche bzw. gesamthänderische Rechtsinhaber der Nachlaßgegenstände übertragen diese in mehreren Teilungsakten auf die einzelnen Miterben. Nach der Übertragung hat wieder nur eine Person die Gegenstände inne. Damit entspricht die Rechtslage hinsichtlich der alleinigen Inhaberschaft derjenigen vor dem Erbfall. Die einzelnen Teilungsakte stellen stets Verfügungsgeschäfte dar.

Besondere erbrechtliche Normen existieren für die Teilungsgeschäfte nicht. Jeder Nachlaßgegenstand wird nach den für ihn geltenden allgemeinen Regeln übertragen. Damit richtet sich auch die Wirkung dieser Verfügungsgeschäfte nach den allgemeinen Vorschriften einschließlich ihrer Formerfordernisse. Dies hat Konsequenzen für die Frage einer möglichen Rückwirkung der Teilung. Denn Verfügungsgeschäfte wirken stets *ex nunc*. Daher bewirken auch die Teilung bzw. die einzelnen Teilungsakte eine Rechtsübertragung *ex nunc*. Die Zeit der Erbengemeinschaft als Inhaberin des Nachlasses wird nicht durch eine Fiktion der Rückwirkung beseitigt. Rechtsinhaber des einzelnen Nachlaßgegenstandes waren nacheinander der Erblasser, die Erbengemeinschaft und der einzelne Miterbe. Die Zuteilung eines Nachlaßgegenstandes wirkt nicht auf den Erbfall zurück: Während der Zeit der Erbengemeinschaft wirksam vorgenommene Verfügungen über Nachlaßgegenstände bleiben nach der Teilung wirksam.
Forderungen, die zum Nachlaß gehören, werden in Vollzug der Auseinandersetzung anteilig auf die Miterben übertragen (vgl. § 752 S.1 BGB), sofern eine Einziehung nach § 754 BGB nicht erforderlich war. Für noch existierende Schulden haften die Erben weiterhin gesamtschuldnerisch, nunmehr ohne die Einrede der auf die Nachlaßgegenstände beschränkten Haftung, §§ 2058 I 1 BGB. Damit kommt es im Außenverhältnis zu den Gläubigern nicht zu einer Aufteilung der Schulden.[484] Im Innenverhältnis kann jedoch der Erbe, der die Schuld beglichen hat, bei seinen Miterben nach § 426 BGB Ausgleichung verlangen.

D. Erbteilung und Erbschaftssteuer

Die nach § 10 I ErbStG als Erbanfallsteuer konzipierte Erbschaftssteuer stellt auf die unentgeltliche Bereicherung des einzelnen Miterben oder Erwerbers ab

[484] Vgl. dazu *Grundig* (1902) S. 28-38.

(Bereicherungsprinzip) und ist daher nicht als die letzte Vermögenssteuer des Erblassers in Form einer Nachlaßsteuer anzusehen.[485] Ob eine solche Bereicherung eingetreten ist, bestimmt sich gemäß § 3 ErbStG nach den zivilrechtlichen Vorschriften.[486] Danach erlangen die Miterben gemäß § 1922 BGB eine unentgeltliche Bereicherung mit dem Erbfall. Mit der Verwirklichung des Tatbestandes, an den das Gesetz die Leistungspflicht knüpft, entsteht laut § 38 AO, § 9 ErbStG auch die Steuerschuld.[487]

Der Anspruch gegen den einzelnen Miterben richtet sich nach seiner Erbquote. Dabei hat der Miterbe nicht den Wert der Nachlaßgegenstände zu versteuern, die er tatsächlich durch die Teilung erhält.[488] Vielmehr wird zur Ermittlung der Steuerschuld zunächst auf den Wert der ideellen Erbquote abgestellt,[489] allerdings nicht auf die Quote am Sondervermögen Nachlaß, sondern an den einzelnen Nachlaßgegenständen, § 3 I Nr.1 ErbStG i.V.m. der persönlichen Zurechnungsnorm des § 39 II Nr.2 AO[490].
Das Steuerrecht erkennt damit Anteile an den einzelnen Nachlaßgegenständen an und sieht im Nachlaß kein Gesamthandsvermögen.[491] Stattdessen bildet der Nachlaß hier das „Sondervermögen Bruchteilsgemeinschaft",[492] um auf diese Weise eine wirtschaftliche Betrachtung einer zivilrechtlichen Konstruktion vorzunehmen.[493]
Aufgrund von Ausgleichspflichten, Nachlaßschulden und Steuerbefreiungen kann die Steuerpflicht höher oder niedriger als der Wert der Erbquote sein.[494]

[485] Dazu *Crezelius* (1979) S. 24ff.
[486] Der zivilrechtliche und der steuerrechtliche Erbschaftsbegriff decken sich nicht immer. So gelten z.B. die Pflichtteilsberechtigten und Vermächtnisnehmer erbschaftssteuerrechtlich als Erben. *Meincke* (2002) § 1 Rn. 8. Grundsätzlich knüpft aber gerade das Erbschaftssteuerrecht an zivilrechtliche Begriffe an. *Klein* (2000) Rn. 63f.
[487] Von der Entstehung der Steuerschuld ist allerdings seine Fälligkeit zu unterscheiden, die frühestens mit Bekanntgabe des Steuerbescheids eintritt. *Meincke* (2002) § 9 Rn. 1f.
[488] *Meincke* (2002) § 3 Rn. 20.
[489] Vgl. für die Wertermittlung im einzelnen *Schulze zur Wiesche* (1997) S. 116-145.
[490] Dazu *Tipke/Kruse* (1996) § 39 Rn. 80-99.
[491] *Tipke/Kruse* (1996) § 39 Rn. 83.
[492] *Kapp* (1963) S. 17, 24 zu § 11 Nr.5 StAnpG, der § 39 II Nr.2 AO entspricht; *Crezelius* (1979) S. 40.
[493] Zur wirtschaftlichen Betrachtungsweise im Steuerrecht *Huber-Krebs* (1967) Sp. 474-492.
[494] Erhält ein Miterbe durch die Teilung mehr, als es seiner Erbquote entspricht, so kann dies schenkungsteuerrechtlich bedeutsam sein. Dies ist der Fall bei Gegenständen, die gemäß § 752 BGB in Natur teilbar sind, z.B. Geld oder Wertpapieren. Hier wird ein Schenkungswille der Beteiligten angenommen. Bei anderen Gegenständen wird darin steuerrechtlich ein Vergleich gesehen, der nicht der Schenkungsteuer unterliegt, da er durch gegenseitiges

Das Erbschaftssteuerrecht sieht anders als das Bürgerliche Recht den Nachlaß nicht als einheitliches Objekt an. Abweichend vom Erbrecht nimmt das Steuerrecht Anteile an den einzelnen Nachlaßgegenständen an. Im steuerrechtlichen Sinne handelt es sich bei der Erbengemeinschaft also um eine Bruchteilsgemeinschaft. Doch auch diese Betrachtungsweise geht für das Erbschaftssteuerrecht zu weit, da es steuerrechtlich gesehen keine Gemeinschaft gibt. Das gemeinschaftliche Moment der Miterben in steuerlicher Hinsicht liegt ausschließlich darin, daß sie jeweils von derselben Person zu demselben Zeitpunkt etwas erworben haben. Damit fingiert das Steuerrecht mittels des Stichtagprinzips die Teilung der Erbengemeinschaft im Zeitpunkt des Erbfalles. Zwei zeitlich und auch zivilrechtlich getrennte Vorgänge faßt das Erbschaftssteuerrecht rechtstechnisch durch eine Fiktion zusammen.[495]

E. Ergebnis

Die systematische Stellung der §§ 752f. BGB innerhalb des 17. Titels des Zweiten Buchs spiegelt die Absicht des Gesetzgebers wider, die Realteilung nach § 752 BGB zum Regelfall der Teilung werden zu lassen. Entgegen dieser Absicht und der systematischen Stellung ist nicht die Teilung in Natur, sondern die Teilung durch Verkauf nach § 753 BGB zur Praxis der Erbteilung geworden.[496] Dies ist auf die strenge Regelung des § 752 BGB zurückzuführen, der seinem Wortlaut nach auf gleichwertigen und gleichartigen Teilen besteht.[497] Außerdem ist der Begriff der Teilbarkeit i.S.v. § 752 BGB lediglich eingeschränkt ausdehnbar.[498] Nur in eng umgrenzten Ausnahmefällen wird von den Regeln der §§ 752f. BGB, gestützt auf § 242 BGB (i.V.m. § 315 III 2 BGB), abgewichen.[499]

Nachgeben sowohl Vor- als auch Nachteile bringt und die Bereicherung daher entgeltlich ist. *Kapp* (1963) S. 18.
Dabei unterliegt die Auseinandersetzung als kaufähnliches Rechtsverhältnis grundsätzlich nicht der Erbschafts- oder Schenkungsteuer. *Spiegelberger* (1994) Rn. 622.

495 *Moench* (1985) S. 551f. Vgl. u. zum französischen Rechts § 10.E.III.

496 Bereits in den Motiven (1888) S. 884 wird darauf hingewiesen, daß die Voraussetzungen für die Teilung in Natur meistens nicht vorliegen würden.

497 Zu den praktischen Schwierigkeiten *Krenz* (1995a) S. 363ff.

498 Beispiele bei *Ann* (2001) S. 301.

499 *BGH*, Urt. v. 31.1.1972, BGHZ 58, S. 146ff.; *BGH*, Urt. v. 27.4.1977, BGHZ 68, S. 299, 304f. Ebenfalls für die Anwendung von § 242 BGB auf die die Gemeinschaftsteilung *Heinrichs* (1948) S. 306.

Eine reale Aufteilung mit Ausgleichszahlungen für Ungleichheiten ist *de lege lata* nicht möglich. Ist dagegen die Teilung nach § 752 BGB durchführbar, so hat sie ohne Rücksicht auf die entstehenden Teilungskosten zu erfolgen. Aufgrund der starren Regelung des § 753 BGB führt die Teilung durch Verkauf („Versilberung") oftmals zur Zerschlagung ideller Werte, Sachgesamtheiten, eines Familienvermögens oder Handelsgeschäftes. Aus diesen Gründen ist das Teilungsmodell des BGB zu kritisieren.[500]
Da die Teilung selbst nur die Miterben betrifft, wäre zugunsten der materiellen Gerechtigkeit des Einzelfalles zu erwägen, auf die Rechtssicherheit der geltenden Vorschriften ausschnittsweise zu verzichten:[501] Das Teilungsverfahren könnte einem Teilungsrichter überantwortet werden, welcher die Auseinandersetzung nach seinem Ermessen durchführen würde. Insbesondere käme ihm die Aufstellung des Teilungsplanes zu, ggf. unter Hinzuziehung eines Notars. Da das Antragsprinzip der streitigen Gerichtsbarkeit einem offenen Prozeßergebnis widerspricht, würde das Auseinandersetzungsverfahren der Freiwilligen Gerichtsbarkeit zugeordnet. Die Möglichkeit, die das Gesetz dem Erblassers nach §§ 2048 S.2 i.V.m. 317 BGB eröffnet, also die Auseinandersetzung nach dem billigen Ermessen eines Dritten, würde zum Regelfall erhoben werden, wobei der Dritte der Richter wäre.[502]

Über die rechtspolitischen Erwägungen hinaus sind gesetzestechnische anzustellen: Das BGB kennt vier Arten der Gemeinschaft, die (grundsätzlich) nicht zur juristischen Person subjektiviert werden:[503] Bruchteilsgemeinschaft, Gesellschaft bürgerlichen Rechts, eheliche Gütergemeinschaft und Erbengemeinschaft. Außer der Bruchteilsgemeinschaft sind sie Gesamthandsgemeinschaften, die jeweils über kein eigenes abgeschlossenes Aufhebungsmodell verfügen. Stattdessen gelten für sie kraft Verweisung (§§ 731 S.2, 1477 I, 2032 II BGB) die Regelungen

[500] Ebenso *A. Esser* (1951) S. 92f., 97f.; *Wüst* (1956) insb. S. 24-28; *Bödicker* (1988) S. 162-167; *Wacke* (1990) S. 621; *Krenz* (1994) S. 3-8, *ders.* (1995a) S. 366ff.; *Sarres* (1999) S. 380; *Ann* (2001) S. 304ff.; differenzierend *Lange/Kuchinke* (2001) S. 1137.

[501] So ist beispielsweise das Gesetz für die Verteilung des Hausrates bei Ehescheidungen zum Adjudikationsverfahren (auf Antrag) zurückgekehrt, vgl. §§ 1ff., 8 III HausratsVO.

[502] Ebenfalls für eine richterliche Teilung *A. Esser* (1951) S. 109, 112f.; *Wüst* (1956) S. 48ff., 59, 65f.; *Bödicker* (1988) S. 210ff.; *Sarres* (1999) S. 380; Staudinger-*Werner* (2002a) § 2042 Rn. 21.

[503] Die Gesellschaft bürgerlichen Rechts kann zwar (inzwischen) rechtsfähig sein, nicht jedoch zur juristischen Person werden (s.o. § 4.C.I.2). Für den nichtrechtsfähigen Verein gelten kraft Verweisung des § 54 BGB die Vorschriften über die GbR.

der Bruchteilsgemeinschaft. Dies ist insofern konsequent, als es sich bei der Bruchteilsgemeinschaft um das Grundmodell einer Gemeinschaft handelt. Gesamthandsgemeinschaften hingegen entstehen lediglich bei ausdrücklicher Zulassung durch das Gesetz. Da nach § 741 BGB die Vorschriften über die Gemeinschaft nach Bruchteilen stets dann gelten, wenn es keine spezielleren Regeln gibt, fragt es sich, ob die Verweisungen der §§ 731 S.2, 1477 I, 2032 II BGB bloß deklaratorische Funktion haben (und somit überflüssig sind). Für diese Annahme spricht, daß §§ 731 S.2, 1477 I BGB pauschal auf „die Vorschriften über die Gemeinschaft“ verweisen. § 2042 II gibt zwar konkrete Normen an (§§749-758),[504] jedoch umfassen diese alle Regelungen der Gemeinschaftsaufhebung.

Im Recht der Bruchteilsgemeinschaft befindet sich also ein Regelungsmodell, welches für die GbR sowie im Familien- und Erbrecht Anwendung findet. Die ausdrücklichen Verweisungen könnten deshalb erforderlich sein, weil das Rechtsinstitut der Bruchteilsgemeinschaft im Zweiten Buch des BGB seinen Standort hat. Die Systematik des BGB läßt eine automatische Geltung schuldrechtlicher Normen innerhalb der anderen Bücher nicht zu.[505] Allerdings enthalten sowohl das Vierte als auch das Fünfte Buch Vorschriften schuld- und sachenrechtlicher Natur, für welche auch die Regelungen des Zweiten und Dritten Buchs unmittelbar gelten.[506] Gerade die Regeln über das Wie der Gemeinschaftsaufhebung sind weder familien- noch erbrechtlicher Natur. Dies zeigen bereits die Verweisungen auf das im Schuldrecht angesiedelte Teilungsmodell des BGB. Davon abgesehen sind die Teilungsregeln technische Vorschriften, für die der Entstehungsgrund einer Gemeinschaft unerheblich ist.

De lege ferenda wäre zu erwägen, ein einheitliches Aufhebungsmodell des bürgerlichen Rechts zu entwickeln und dieses im Siebten Abschnitt (Mehrheit von Schuldnern und Gläubigern) des Allgemeinen Teils des Schuldrechts anzusiedeln. Gleichwohl hat das BGB das Ziel einer einheitlichen Regelung in Ansätzen über die jeweiligen Verweisungen bereits erreicht.

[504] Auf § 749 I BGB verweist § 2042 II BGB nicht. Dieser Vorschrift entspricht jedoch § 2042 I BGB.

[505] Dies gilt vor allem für den Besonderen Teil des Schuldrechts, vgl. *Bork* (2001) Rn. 79.

[506] S. nur *Baldus* (2003) S. 308f.

§ 6. Zusammenfassung des zweiten Teils

Die Verfasser des BGB konzipierten die Erbengemeinschaft in Anlehnung an das preußische Allgemeine Landrecht und seine Fortentwicklung durch die Rechtsprechung. Deshalb haben die Mitglieder der zweiten BGB-Kommission die Inhaberschaft der Miterben an den Nachlaßgegenständen als eine gesamthänderische ausgestaltet, so daß der Nachlaß eine Einheit darstellt. Der Nachlaß ist also ein Sondervermögen der Miterben, welches ihnen in gesamthänderischer Verbundenheit angehört. Die einzelnen Miterben stellen daher die Zuordnungssubjekte des Nachlasses dar. Dies bedeutet, daß die Erbengemeinschaft kein von den Miterben verschiedenes Rechtssubjekt ist. Die Gesamthandsgemeinschaft Erbengemeinschaft kennzeichnet insbesondere, daß keiner der Miterben einen Anteil an den einzelnen Nachlaßgegenständen hat. Ein Anteilsrecht am Nachlaß steht ihnen hingegen zu.

Bereits im ersten Entwurf des BGB hatten sich die Redaktoren gegen das römischrechtliche Adjudikationsverfahren der Erbteilung entschieden. Insofern „romanistischer als das römische Recht", hat das BGB ein strenges Teilungsverfahren erhalten, welches die Realteilung als Regelfall begreift. Da diese in der Praxis oft nicht möglich ist, führt ein streitiges Teilungsverfahren notgedrungen zum Verkauf der Nachlaßgegenstände (oft mit Wertverlust) und damit zur Zerschlagung eines Vermögens.

Aus diesem Grunde sollte *de lege ferenda* erwogen werden, zu einer Form des römischrechtlichen Adjudikationsverfahrens zurückzukehren, um so eine Aufteilung mit Ausgleichszahlungen anstelle eines Zwangsverkaufs zuzulassen. Darüber hinaus sollte der Richter die Möglichkeit haben, konstitutiv Eigentum zuzuteilen, um Zwangsvollstreckungen zur Durchführung eines Auseinandersetzungsplans zu vermeiden. Das Verfahren sollte im Rahmen der Freiwilligen Gerichtsbarkeit erfolgen, ggf. unter Hinzuziehung eines Notars.

Des weiteren sollte das BGB ein einheitliches Teilungsmodell für alle Gemeinschaften entwickeln. Grundsätzlich existiert ein solches bereits in den Regelungen über die Bruchteilsgemeinschaft, auf welche die Vorschriften der übrigen (Gesamthands-)Gemeinschaften verweisen. Diese Verweisungen könnten entfallen, wenn die Teilungsregelungen im Allgemeinen Teil des Schuldrechts angesiedelt würden. Dies würde überdies seinen allgemeinverbindlichen Charakter verdeutlichen.

Dritter Teil: Französisches Recht[507]

Der französische Code civil regelt das Erbrecht in seinem dritten und letzten Buch als Teil der verschiedenen Erwerbsarten des Eigentums gleich zu Beginn in den Artikeln 718-1100. Von diesen Vorschriften sind die Art. 815-892 CC der Auseinandersetzung des Nachlasses gewidmet.
Das Erbrecht wird im französischen Zivilrecht als Teil des Vermögensrechts der Familie begriffen. Kennzeichen dieses Familienrechts sei ein zeitliches, nämlich die lange Dauer, über welche hinweg Rechtsverhältnisse beständen.[508] Die französische Bezeichnung des engeren Rechtsgebietes Erbrecht als *droit des successions* beschreibt konkreter als der deutsche Begriff, daß es sich hier um eine Zusammenfassung von Regeln des Vermögensübergangs (im Todesfalle) handelt.[509]

Die leitenden Prinzipien des Erbrechts nach dem Code civil gleichen denjenigen des BGB:[510] Universalsukzession (Art 732 CC),[511] Testierfreiheit einerseits und Familienerbrecht (in Form eines Noterbrechts) andererseits,[512] die Beteiligung des Staates am Nachlaß mittels der Erbschaftssteuer sowie die Haftung der Erben für Nachlaßschulden, die in Frankreich allerdings durch schlichte Inventarerrichtung beschränkt werden kann. Dem ist für das französische Erbrecht ein (auch) revolutionäres Erbe des Code civil hinzuzufügen: das dem Erbrecht und insbesondere der Erbteilung innewohnende Prinzip der Gleichheit.[513]

507 Zur Entstehung des Code civil *Wilhelm* (1967) S. 257-270; *Wieacker* (1967) S. 339-344; *Halpérin* (1992); *Zweigert/Kötz* (1996) S. 73-96. Allgemein zum französischen Zivilrecht *Crome* (1892); *Hubrecht* (1974); *Ferid/Sonnenberger* (1994); *U. Hübner/Constantinesco* (2002); *Sonnenberger/Autexier* (2000); *Starck/Roland/Boyer* (2000).

508 *Malaurie/Aynès* (1998) Nr. 4.

509 Zum Begriff *succession* s. *Terré/Lequette* (1997) Nr. 1f.

510 Näher *Linker* (1999) S. 52-75.

511 Art. 732 CC: *„La loi considère ni la nature ni l'origine des biens pour en régler la succession."* Die Universalsukzession war im Gesetzgebungsverfahren des Code civil umstritten, da in vielen Gewohnheitsrechten nicht diese, sondern die Regel *paterna paternis, materna maternis* galt, nach welcher bestimmte Nachlaßgegenstände sich entsprechend ihrer Herkunft auf die Erben verteilten. *Plesser* (1997) S. 157-161.

512 *Terré/Lequette* (1997) Nr. 6 bis 8-1.

513 *Colin* (1904) S. 299-302; *Wilhelm* (1967) S. 260, 263, 266; *Coing* (1985) S. 631.

§ 7. Die Erbengemeinschaft des Code civil: *indivision successorale*

A. Vorbemerkungen

Anders als im BGB findet sich im Code civil nicht ein eigener Abschnitt, der ausschließlich das Recht der Erbengemeinschaft regelt. Vorschriften zur Erbengemeinschaft kannte der Code civil bis 1976 nur in einigen wenigen Artikeln: Unter der Prämisse, daß eine Erbengemeinschaft bloß ein zeitlich kurz bemessenes Übergangsstadium sei, hatten die Verfasser des Code civil diese rechtlich nicht ausgestaltet. Lediglich für die Teilung der Erbengemeinschaft als ihr alleiniges Ziel waren die noch heute im wesentlichen geltenden Vorschriften der Art. 815-892 CC vorgesehen. Gerade dies gilt es bei der Erörterung der französischen Erbengemeinschaft stets zu vergegenwärtigen: Die Erbengemeinschaft ist konzipiert im Hinblick auf ihre Teilung; sie beeinflußt die rechtliche Ausgestaltung der Erbengemeinschaft und damit die Rechtsstellung der einzelnen Miterben.[514] Auch sei bereits hier auf eine weitere, dem französischen Erbrecht innewohnende Eigentümlichkeit hingewiesen: Die Erbteilung wirkt gemäß Art. 883 I CC auf den Erbfall zurück, entfaltet ihre Rechtsfolgen also nicht *ex nunc*, sondern *ex tunc*.[515]

Zunächst war es also der Rechtsprechung überlassen, in das Verhältnis der Miterben steuernd einzugreifen. Die Praxis hatte gezeigt, daß – anders als 1804 noch angenommen – Erbengemeinschaften oft über längere Zeiträume hinweg aufrecht erhalten werden.[516] Zudem fehlten gesetzliche Regelungen über die Verwaltung, so daß diese nach dem Prinzip der Einstimmigkeit zu erfolgen hatte.[517] Dies führte zu einer schwerfälligen Organisation und dazu, daß Werte vernichtet werden konnten, wenn notwendige Erhaltungsmaßnahmen mangels Einigkeit unter den Erben nicht durchgeführt wurden. Des weiteren brachte das Recht, nach Art. 815 CC a.F. jederzeit die Teilung zu verlangen, wirtschaftlich ungünstige, d.h. mit einem Wertverlust verbundene Teilungen hervor.

[514] So beginnt beispielsweise *Testu* (1998) Nr.1820-1830 seine Darstellung mit dem Recht auf Teilung.

[515] Art. 883 I CC: „*Chaque cohéritier est censé avoir succédé seul et immédiatement à tous les effets compris dans son lot, ou à lui échus sur licitation, et n'avoir jamais eu la propriété des autres effets de la succession.*" Näher u. § 10 mit Übersetzung in A.

[516] Dies war insbesondere der Fall, so lange ein Elternteil noch lebte. *Capitant* (1915-1924) S. 19f.

[517] So bereits das Rechtssprichwort *Qui a compagnon a maistre, & principalement quand c'est le roy. Loisel* (1665) Nr. 3,3,2.

Aufgrund dieses Befundes entschloß sich der Gesetzgeber nach verschiedenen Anläufen,[518] das Rechtsinstitut der Erbengemeinschaft im Code civil zu regeln. Neben Vorschriften über die Verwaltung der Erbengemeinschaft stellte der Gesetzgeber im Gesetz Nr. 76-1286 vom 31.12.1976,[519] noch einmal modifiziert durch das Gesetz Nr. 78-627 vom 10.06.1978,[520] dem Rechtsanwender auch ein System zur längerfristigen Aufrechterhaltung der Erbengemeinschaft zur Verfügung, die *indivision conventionnelle*.
Dazu fügte der Reformgesetzgeber mit den Art. 815-1[521] bis 815-18 CC sowie den Art. 1873-2 bis 1873-18 einen eigenen Abschnitt über die Erbengemeinschaft in den Code civil ein. Die Art. 815ff. CC befinden sich im Kapitel VI „Über die Teilung und Ausgleichungen" (*Du partage et des rapports*). Sodann widmet sich der erste Unterabschnitt dieses Kapitels unmittelbar der Erbengemeinschaft: „*De l'indivision et de l'action en partage*". Mit den Art. 1873-1 bis 1873-18 CC schaffte der Gesetzgeber Regeln für den Fall, daß die Erbengemeinschaft kraft Übereinstimmung unter den Erben zunächst fortgeführt wird, also ungeteilt bleibt. Bereits 1988 konstituierte sich eine neue Reformkommission, deren Ziel nicht speziell die Erbengemeinschaft, sondern u.a. die Neuregelung der gesetzlichen Erbfolge war.[522] Mit dem Gesetz Nr. 2001-1138 vom 3.12.2001, in Kraft getreten am 1.7.2002, wurde auch dieser Teil des Erbrechts reformiert.[523]

Die Bezeichnung der französischen Erbengemeinschaft als *indivision* drückt ihren gemeinschaftlichen Charakter in einer negativen Weise aus:[524] die *in-division* ist das Un-Geteilte, also Objekt gemeinschaftlicher Innehabung. Damit ist zugleich ihr wesentliches Kennzeichen und Spannungsfeld in ihre Bezeichnung mit aufgenommen: die Ausrichtung auf die Teilung. Die Zeit des Bestehens der Gemeinschaft wird auch aufgrund von Art. 883 I CC aufgefaßt als der Zeitraum vor der Teilung, das Warten darauf. Dies drückt sich im Abschnittstitel aus, der nicht nur

[518] *Donnier* (1998) Nr. 15-18. Eine Reform forderten auch die Notare, s. *Bouchot-Plainchant* (1967) S. 19f.
[519] Dazu *Dagot* (1977); *ders.* (1978); *Martin* (1977) und *Catala* (1979-1981a).
[520] Dazu *Dagot* (1978a).
[521] Um die bestehende Artikel-Zählung eines Gesetzes nicht zu ändern, fügt der französische Gesetzgeber neuen Artikeln eine weitere Numerierung mit arabischen Ziffern an (-1), vergleichbar den Paragraphenzahlen im BGB mit Kleinbuchstaben (z.B. § 2057a).
[522] Diese Kommission wurde 1991 mit einer weiteren Erbrechtskommission vereinigt, deren gemeinsames Ergebnis 1995 vorgelegt wurde. *Terré/Lequette* (1997) Nr. 16-1 Fn. 1.
[523] Zu diesem Gesetz und insbesondere seiner Entstehung *Beaubrun* (2003).
[524] Im Gegensatz zur positiven Bezeichnung der ehelichen Gemeinschaft als *communauté*.

die Zeit der Gemeinschaft regelt, sondern ebenfalls ihre Teilung („... *de l'action en partage*").
Die gesetzliche Positivierung hat die ursprüngliche Konzeption der Erbengemeinschaft jedoch nicht verändert, sondern lediglich einige Nuancen verschoben.

Im folgenden soll zunächst dem Begriff der *indivision* näher gekommen werden, bevor ihre Rechtsnatur im Zusammenspiel mit den Instituten des Vermögens und des Eigentums näher beleuchtet wird. Zum Schluß soll gefragt werden, wer und was die *indivision* konkret ausmacht.

B. Begriffliches

Der Begriff *indivision* ist nicht auf die Erbengemeinschaft beschränkt. Vielmehr drückt sich in ihm allgemein die Inhaberschaft an einem Gegenstand oder einer Sach- und Rechtsgesamtheit durch mehrere Personen aus; er kann daher schlicht mit „Rechtsgemeinschaft" übersetzt werden.[525]
Im Gegensatz zum deutschen Recht behandelt der Code civil die Fälle der gemeinsamen Rechtsinnehabung gleich und stellt nicht wie das BGB zwei Institute, Bruchteils- und Gesamthandsgemeinschaft, zur Verfügung.[526] Die *indivision* übernimmt daher die Funktionen beider Gemeinschaften.

Das allgemeine Modell der *indivision* regelt der Code civil innerhalb der erbrechtlichen Vorschriften. Diese sind jedoch (zum Teil kraft Verweisung)[527] auch auf Sachverhalte außerhalb des Erbrechts anwendbar:
Gemeinschaftlich kann ein einzelnes Recht wie das Eigentum, der Nießbrauch oder eine Forderung sein.[528] Gemeinschaftlich kann aber auch eine Gesamtheit von Sachen und Rechten sein, wie z.B. in der fortgesetzten Gütergemeinschaft einer geschiedenen Ehe bei gesetzlichem Güterstand (*indivision post-com-*

[525] So auch *Doucet/Fleck* (1997) s.v. *indivision*. *Süß/Haas* (2004) Rn. 141 sprechen von der *indivision* als Gemeinschaft eigener Art.
[526] Eine Ausnahme von diesem Grundsatz stellt allerdings die eheliche Gütergemeinschaft (*communauté des biens entre époux*) dar, sofern man diese nicht als eine besondere Form der indivision begreift. Dann wäre sie ein Fall des Gesamteigentums. Näher *Terré/Simler* (2001) Nr. 268.
[527] S. z.B. die Verweisungen in Art. 1476, 1844-9 IV CC.
[528] Eine *indivision* kann allerdings nicht an Dienstbarkeiten (*servitudes*) und Sicherungsrechten (Pfand, Hypothek, *privilège*) entstehen. Zum Begriff des *privilège* s.u. Fn. 561.

munautaire), in der Gemeinschaft nach Auflösung einer Gesellschaft (*indivision post-sociétaire*) sowie in einem Verein oder eben in der Erbengemeinschaft.
Für alle diese Gemeinschaftsformen gelten als *lex generalis* die erbrechtlichen Vorschriften über die *indivision*. In Abgrenzung zu den anderen Gemeinschaftsformen wird die Erbengemeinschaft *indivision successorale* oder *indivision héréditaire* genannt.

Der Begriff *indivision* wird aufgrund seines sachenrechtlichen Bezugs auch als Synonym für Miteigentum (*copropriété*) verwandt, da dieses eine mögliche Form der *indivision* darstellt.[529] Diese Begrifflichkeit ist bezeichnend für die wissenschaftliche Erfassung der *indivision*. Die Auseinandersetzung mit ihr und ihrer Rechtsnatur erfolgt in den französischen Lehrbüchern trotz ihrer Stellung im Gesetz nicht innerhalb erbrechtlicher Darstellungen, sondern im Sachenrecht (*droit des biens*). Zudem erörtert die Lehre das Rechtsinstitut der *indivision* stets am Beispiel des Eigentums, so daß es aus ihrer Sicht nahe liegt, begrifflich nicht zwischen *indivision* und *copropriété* zu unterscheiden. Die Ursache dieser Begriffsüberschneidung liegt u.a. darin, daß bei Inkrafttreten des Code civil die Gegenstände, die möglicher Bestandteil einer *indivision* waren, nur körperlich, also Sachen sein konnten.[530] Denn die Volkswirtschaft war um 1800 noch eine agrarisch geprägte, deren größte Werte ihre Grundstücke darstellten. Zudem sind Schulden und Forderungen der *indivision successorale* grundsätzlich nicht zugänglich, da sie sich auf ihre verschiedenen Inhaber im Moment ihrer Entstehung *ipso iure* aufteilen.[531]
Auch wenn sich im Laufe des 19. Jahrhunderts die Anzahl der möglichen unkörperlichen Gegenstände (*biens incorporels*) vermehrte, wird in der Wissenschaft das Wesen der *indivision* noch immer anhand des Eigentums untersucht.

Abschließend ist die *indivision* von der Gesellschaft bürgerlichen Rechts (*société civile*) abzugrenzen. Diese Notwendigkeit ergibt sich, da beide Gemeinschaften auf dem gleichen Prinzip und der gleichen Konstruktion beruhen, nach der mehrere Personen hinsichtlich des gleichen Objektes berechtigt sind. Die *société* stellt nach vordringender Auffassung also ebenfalls im Grunde einen Fall der *indivision*

[529] *Terré/Simler* (2002) Nr. 558; dort auch zu weiteren Abgrenzungen und Kategorisierungen, an die sich jedoch keine für dieses Thema relevanten Rechtsfolgen knüpfen.
[530] *Capitant* (1915-1924) S. 21f.
[531] Siehe näher unten § 8.B. Diese Regelung beruht auf dem römischen Teilungsmodell, vgl. dazu o. § 2.B.II.2.

dar.[532] Sie unterscheiden sich jedoch im Entstehungstatbestand voneinander, da die *indivision* zufällig und aufgrund rein tatsächlichen Geschehens entsteht (*communio incidens*), die *société* dagegen rechtsgeschäftlich.[533] Die *société* ist auf Dauer angelegt, die *indivision* besteht nur vorübergehend. Bei der Gesellschaft ist ein objektives Gesellschaftsinteresse (*affectio societatis*) feststellbar, welche ihre Geschäfte nach dem Mehrheitsprinzip führt. In der *indivision* dagegen herrscht grundsätzlich das Prinzip der Einstimmigkeit, ein objektives Interesse gibt es nach traditioneller Ansicht nicht.[534]
Entscheidendes Abgrenzungsmerkmal ist jedoch, daß die *société civile* rechtsfähig und daher selbst Rechtssubjekt ist, vgl. Art. 1842 CC.[535] Die *indivision* dagegen hat keine eigene Rechtspersönlichkeit.[536]

C. Die Rechtsnatur der *indivision*

I. Das Wesen der *indivision*

Nach dem Vorbild der französischen Lehrbücher soll das Wesen der *indivision* zunächst am Beispiel des Eigentums dargestellt werden.[537] Sodann ist auf erbrechtliche Besonderheiten einzugehen.

[532] Diese Sichtweise entspricht nicht der traditionellen Lehre, wonach *indivision* und *société* sich gegenseitig ausschließen. Vgl. *Delhay* (1968) Nr. 35-42; *Caporale* (1979) S. 265; *Saint-Alary-Houin* (1979) S. 646ff. Zur neueren Ansicht *Deboissy* (2000) S. 227, 230f.; *Cozian/Viandier/dies.*, (2002) Nr. 1559 und *Nitschke* (2001) S. 81. Die Verwandschaft zwischen *indivision* und *société* ist eine sehr alte, sie geht zurück auf das vorklassische römische Recht. Vgl. die Literatur bei § 2.B.I.
[533] *Thaller/Perceron* (1925) Nr. 239.
[534] S. aber unten C.I.2.
[535] Art. 1842 CC wurde durch das Gesetz v. 4.1.1978 eingefügt. Die Rechtsprechung hatte die Rechtsfähigkeit der *société civile* bereits 1891 anerkannt, vgl. Req., 23.2.1891, in: *Capitant/Terré/Lequette* (2000) Nr. 15-16. Im Bereich des Handelsrechts war diese für die *société commerciale* bereits früher anerkannt. Vgl. *Callewaert* (1988) S. 24-27.
[536] S. aber u. C.II.3.
[537] Statt aller *Bergel/Bruschi/Cimamonti* (2000) Nr. 471.

1. Die *indivision* im allgemeinen

Mit *indivision* wird die Situation bezeichnet, bei der mehrere Personen (*indivisaires*) über einen Gegenstand (oder über eine Gesamtheit von Gegenständen) gemeinsam Rechte ausüben.[538] Dabei ist die *indivision* kein Rechtssubjekt.

Das Recht jedes Gemeinschafters ist wesensgleich mit dem der anderen Gemeinschafter. Eine *indivision* kann deshalb nur hinsichtlich eines (oder mehrerer) identischer Objekte bestehen, d.h. ausschließlich hinsichtlich des Eigentums an einer Sache oder ausschließlich hinsichtlich eines Nießbrauchrechts. Eine Verbindung verschiedener Arten von Rechten ist nicht möglich.

Das Recht (*droit indivis*) des *indivisaire* ist ein ideelles, das sich nicht auf einen konkreten Teil der Sache, sondern auf einen abstrakten, ideellen Anteil (*quote-part*) an ihr bezieht.[539] Es existiert also – bildlich gesprochen – zwischen der konkreten Sache und dem Recht an ihr noch ein weiteres Objekt, nämlich die Sache *in abstracto*. Diese gliedert sich in abstrakte Anteile auf. Auf solch einen idellen Teil bezieht sich nun das Eigentumsrecht des *indivisaire*.[540]
Auch wenn sich das Recht nur auf einen (ideellen) Teil der Sache bezieht, wird jeder *indivisaire* als ein Eigentümer der gesamten Sache angesehen. Eigentümer der gesamten Sache ist er jedoch wiederum nur *pour sa part et portion*,[541] d.h. mit seinem Anteil, da er Eigentümer nur gleichzeitig und gemeinsam mit seinen *coïndivisaires* ist.[542]
Dem *indivisaire* steht also lediglich ein Eigentumsbruchteil an der Sache, aber der gesamten konkreten Sache, zu. Der Teilung des Eigentumsrechts entspricht die ideelle Teilung der Sache.[543] Darüber hinaus wird das Eigentum als vollständiges Recht in seiner Grundform hinsichtlich eines ungeteilten Gegenstandes erst

[538] *Planiol/Ripert* (1925) Nr. 2497.
[539] *Bergel/Bruschi/Cimamonti* (2000) Nr. 471.
[540] Diese Konstruktion geht zurück auf *Planiol/Ripert* (1925) Nr. 2497. Ausführlich *Ionasco* (1930) Nr. 115. Den Aspekt der dreifachen Betrachtung verkennt *Barth* (1967) S. 8, der überdies das *droit indivis* für ein lediglich schuldrechtliches Mitgliedschaftsrecht hält. Auch *Trockels* (1987) S. 1-8, 110-125 und *Exner* (1994) S. 5f. übersehen den Aspekt der Verdreifachung.
[541] So die vielzitierte Definition von *Ferriere* (1769a) s.v. *indivis*: „*Ainsi, jouir par indivis, n'est autre chose que jouir d'une même chose non séparée entre les copropriétaires, qui la possedent en commun, chacun pour leur part & portion.*"
[542] *Durand* (1935) S. 18, 20.
[543] *Zénati/Revet* (1997) Nr. 268.

durch das Zusammenspiel der Eigentumsbruchteile, also der *droits indivis*, erreicht. Auch aus diesem Grunde herrscht hinsichtlich der Verwaltung der *indivision* das Prinzip der Einstimmigkeit.[544]

In dem Anteil drückt sich zudem die wert- oder bruchteilsmäßige Berechtigung des *indivisaire* an der Sache aus, welche nicht dem Gesamtwert der Sache entspricht. Der Anteil oder die *quote-part* ist also auch eine rechnerische Quote. Unabhängig vom Wert des Anteils üben die *indivisaires* ihre Rechte über die Sache gleichberechtigt aus: *chacun en a sa part et tous l'ont tous entier* oder *(heres habet) totum in toto et totum in qualibet parte.*[545]

Die Bezeichnung des Rechts am Anteil als *droit indivis* betont ebenso wie der Begriff der *indivision*, daß das Recht bzw. der Gegenstand, auf den sich das Recht bezieht, ungeteilt ist. Diese Bezeichnung hat sich allerdings erst nach Inkrafttreten des Code civil in der zweiten Hälfte des 19. Jahrhunderts eingebürgert. Zuvor wurde das *droit indivis* schlicht *droit commun* genannt.

2. Die *indivision successorale* im besonderen

Im Gegensatz zum schlichten Miteigentum, welches nur einen gemeinschaftlichen Gegenstand umfaßt, stellt die *indivision successorale* eine Gesamtheit (*universalité*) von Sachen und Rechten dar, den Nachlaß.[546] Da das französische Zivilrecht nach seiner klassischen Vermögenslehre keine Sondervermögen kennt,[547] wird auch der Nachlaß traditionell nicht als solches angesehen. Ihm wird allerdings eine gewisse Selbständigkeit gegenüber dem Eigenvermögen der Erben eingeräumt, so daß hier von der *autonomie de la masse indivise* gesprochen wird.[548]

Mit der Frage nach der Vermögenseinheit wird jedoch nicht die nach der sachenrechtlichen Einheit des Nachlasses verknüpft. Dies zeigt sich auch darin, daß in Sachenrechtslehrbüchern bei der Darstellung der *indivision* nicht zwischen der *indivision* am einzelnen Gegenstand und an einer Gesamtheit getrennt wird.

[544] *Atias* (2002) Nr. 105-a.

[545] *Atias* (2002) Nr. 112. Dieser Satz wird *Baldus de Ubaldis* (1327-1400) zugeschrieben, vgl. *Delhay* (1968) Nr. 31 Fn. 86.

[546] Vgl. *Starck/Roland/Boyer* (1996) Nr. 1390.

[547] S.u. 3.

[548] *Bergel/Bruschi/Cimamonti* (2000) Nr. 471.

Vielmehr wird das Institut der *indivision* dort stets am Einzelgegenstand dargestellt, verbunden mit dem Hinweis, daß es keinen Unterschied mache, ob sich die *indivision* auf einen Gegenstand oder auf eine Gesamtheit beziehe.[549] Auch zwischen dem Anteil am einzelnen Gegenstand und an der Gesamtheit wird nicht differenziert.[550]
Ursprünglich jedenfalls war die *indivision successorale* nur eine Sammelbezeichnung für die Nachlaßgegenstände, jedoch nicht dinglich zu verstehen. Die Kategorie des Rechtsobjekts, dessen Bedeutung in Frankreich ohnehin hinter dem des *bien* zurücktritt,[551] wird auch auf den Nachlaß nicht angewandt. Die Quotenhöhe am Nachlaß bestimmt sich nach der Erbquote.

3. Die *indivision successorale* als Sondervermögen?

Alles deutet aus der Sicht des deutschen Zivilisten darauf hin, den Nachlaß als Sondervermögen seiner Inhaber einzuordnen. Dieser Eindruck verstärkt sich, wenn man erfährt, daß der Anteil eines *indivisaire* gemäß Art. 815-17 II CC nicht pfändbar ist. Jedoch wurde bereits angedeutet, daß die französische Lehre grundsätzlich keine Sondervermögen kennt.
Daher vermeiden französische Autoren eine Festlegung hinsichtlich des Nachlasses bzw. sie lassen es bei der (inhaltsleeren) Formel der *autonomie de la masse indivise* bewenden. Gegen die Anerkennung als Sondervermögen wird neben der Vermögenstheorie eingewandt, daß die Anteile zum Eigenvermögen der Erben gehörten. Als in gewisser Weise autonom wird der Nachlaß dagegen betrachtet, da die *indivision* an sich – seit der Reform von 1976 – gesetzlich anerkannt ist und es doch ein gemeinschaftliches Interesse der *indivisaires* gibt, nämlich dasjenige an den Gewinnen und Verlusten der *indivision*, vgl. Art. 815-5 und 815-10 CC.[552]

Die Ablehnung eines Sondervermögens „Nachlaß" läßt sich mit der Vermögenskonzeption des Code civil erklären. Ursprünglich kannte dieser den Begriff des Vermögens (*patrimoine*)[553] in seiner heutigen Bedeutung nicht, er war höchstens implizit von den Verfassern des Gesetzbuches mitgedacht worden. „Aufgedeckt"

549 *Terré/Simler* (2002) Nr. 558.
550 Vgl. *Donnier* (1998) Nr. 74-80.
551 *Fiorini* (2002) S. 87-90.
552 *Bergel/Bruschi/Cimamonti* (2000) Nr. 471.
553 Dazu *Sériaux* (1994) S. 804ff.

wurde er erst von den Straßburger Professoren *Aubry* und *Rau* in der zweiten Hälfte des 19. Jahrhunderts.[554] Allerdings folgen sie hier dem Autor des von ihnen übersetzten Werkes, dem Heidelberger Rechtslehrer *Carl Salomo Zachariä von Lingenthal*.[555]

Nach der noch heute geltenden Definition von *Aubry* und *Rau* stellt das Vermögen eine *universalité juridique* dar, d.h. die Gesamtheit der geldwerten Aktiva und Passiva einer Person, soweit sie nicht dem Rechtsverkehr entzogen sind.[556] Darüber hinausgehend entwickelten *Aubry* und *Rau* eine eigene Vermögenslehre, deren Kern vier Prinzipien ausmachen:[557] Nur Personen haben ein Vermögen (1), jede Person hat ein Vermögen (2) und kann sich dessen nicht entäußern (3). Außerdem kann eine Person nur ein Vermögen haben (4).

Das Vermögen wird nach *Aubry* und *Rau* als unteilbare Einheit (*patrimoine unique et indivisible*) aufgefaßt, welches zudem Ausfluß der unteilbaren Persönlichkeit eines Menschen sei, der fähig ist, Rechte zu haben und Verbindlichkeiten einzugehen.[558] Diese Fähigkeit versinnbildliche das Vermögen: *la personnalité même, projetée sur le plan économique*.[559] Das Vermögen wird demnach als Eigenschaft einer Person begriffen.[560]

Konsequenz dieser Lehre ist, daß Sondervermögen nicht anerkannt werden, da ja jede Person lediglich ein Vermögen innehaben kann.

Als praxisrelevant wird die Theorie von *Aubry* und *Rau* dargestellt für die Zwangsvollstreckung und die Insolvenz,[561] die dingliche Surrogation und vor allem für die Vermögensübertragung im Erbfall.

[554] *Bergel/Bruschi/Cimamonti* (2000) Nr. 2.

[555] *Bürge* (1991a) S. 235; *Halpérin* (1996) S. 105f. Zum Handbuch *Zachariä von Lingenthals* s. *Gläser* (1996) S. 56ff.

[556] *Aubry/Rau* (1873) § 573. Für das heutige Verständnis statt aller *Starck/Roland/Boyer* (1996) Nr. 1369. S. außerdem *Sève* (1979) S. 250.

[557] *Aubry/Rau* (1873) § 573: „*Que les personnes physiques ou morales peuvent seules avoir un patrimoine ; Que toute personne a nécessairement un patrimoine , alors même qu'elle ne posséderait actuellement aucun bien ; Que la même personne ne peut avoir qu'un seul patrimoine, dans le sens propre du mot.*"

[558] Vgl. *Terré/Simler* (2002) Nr. 16, 19.

[559] *Starck/Roland/Boyer* (1996) Nr. 1376.

[560] *Callewaert* (1988) S. 8.

[561] In beiden Fällen bildet das Vermögen die Haftungsmasse des Schuldners: Art. 2092f. CC bestimmen, daß die Gegenstände einer Person das „gemeinschaftliche Pfand" (*gage commun*) seiner Gläubiger darstellen. Im Falle der Insolvenz werden die Gläubiger zunächst befriedigt, deren Forderungen mit einem *droit de préférence* gesichert sind. Als solches kommen Hypotheken und Privilegien (*privilège*, Art. 2095 CC) in Betracht. Privilegien geben ein Recht auf bevorzugte Befriedigung an einem bestimmten Gegenstand oder Vermögen, vgl. näher *Kohls* (1999) S. 17-22.

Um den erbrechtlichen Vermögensübergang zu erklären, wurde die Vermögenslehre entwickelt.[562] Gerade hier zeigen sich allerdings ihre Schwachstellen:
Das dritte Prinzip, nach dem einer Person stets ein Vermögen zugeordnet ist und sie sich seiner nicht entledigen kann, wird für den Erbfall mittels Rückgriff auf die Fiktion gelöst, indem der Erbe als Fortführer der Person des Erblassers angesehen wird.[563] Und daß nach dem vierten Prinzip jede Person lediglich ein Vermögen hat, wird wiederum im Erbrecht nicht durchgehalten. Nimmt ein Erbe die Erbschaft unter der Wohltat des Inventars (*sous bénéfice d'inventaire*) an, oder verlangen die Nachlaßgläubiger eine Trennung der Nachlaßgegenstände von denen des Erben (*séparation des patrimoines*), so hat eine Person zwei Vermögensmassen inne. Gleichfalls mittels Fiktion wird die Vermögenseigenschaft des Nachlasses überwunden: durch die Rückwirkung der Teilung, aufgrund welcher der Zeitraum der *indivision* im Nachhinein als nicht vorhanden angesehen wird. Auch aus diesem Grunde wird die Theorie vom *patrimoine* mittlerweile in der Literatur heftig kritisiert:[564] Sie wird überlagert von einer neuen, am BGB angelehnten Theorie des Zweckvermögens (*patrimoine d'affectation*).[565]

II. Die Faßlichkeit der gemeinschaftlichen Innehabung

Die französische Lehre hat sich lange Zeit schwergetan mit der dogmatischen Erfassung der *indivision*. Ihre Schwierigkeiten haben vielfältige Ursachen, von denen einige hier angesprochen werden sollen.

[562] *Starck/Roland/Boyer* (1996) Nr. 1370, 1382; *Cohet-Cordey* (1996) S. 831, 837f.

[563] *Terré/Simler* (2002) Nr. 19 Fn. 2. Zu den Auswirkungen dieses Prinzips unten § 8.B. Die französische Lehre stützt sich für ihre Auffassung auf das römische Recht, dem dies jedoch nicht vorbehaltlos unterstellt werden kann. S.o. § 2.A.II.

[564] *Terré/Simler* (2002) Nr. 22; *Starck/Roland/Boyer* (1996) Nr. 1376, 1379-1388; *Malaurie/Aynès* (1998) Nr. 18f. Ein Hauptkritikpunkt ist, daß ein Kaufmann, um sein Eigenvermögen vor Geschäftsgläubigern zu schützen, gezwungen ist, eine Einmann-GmbH (*entreprise unipersonnel à responsabilité limitée – EURL*) zu gründen. Dies gilt als künstlich, als juristischer Trick und wird deshalb abgelehnt. *Starck/Roland/Boyer* (1996) Nr. 1383f.; *Terré/Simler* (2002) Nr. 21. Doch erst mit dem Gesetz vom 24.07.1966 wurde diese Möglichkeit überhaupt geschaffen. Denn die *société civile* ist zwar nach Art. 1832, 1842 CC eine juristische Person, allerdings schließt dies nach französischem Recht eine persönliche Haftung der Gesellschafter nicht aus. Zudem sind für die Gründung einer Gesellschaft grundsätzlich mindestens zwei Personen erforderlich. *Sonnenberger* (1983) S. 234f.

[565] *Terré/Simler* (2002) Nr. 22. Für eine Aufrechterhaltung der Theorie von *Aubry* und *Rau* dagegen *Cohet-Cordey* (1996) S. 822; zur Kritik daran dagegen *Guinchard* (1976) S. 333-344 und *Callewaert* (1988) S. 16-23.

1. Sache, Anteil, Recht

Die dreifache Betrachtung des Objekts der *indivision* als Sache, Anteil und Recht läßt sich nur begreifen im Hinblick darauf, daß die französische Lehre vom Rechtsobjekt (bzw. von den *biens*) grundsätzlich nicht zwischen der Sache und dem Eigentum unterscheidet: das Eigentum ist die Sache.[566] Haben mehrere Personen das Eigentum an der Sache inne, so stellt sich aus französischer Sicht das Problem, daß es zwar mehrere Rechte, aber nur eine Sache gibt.[567] Dies wird als Störung empfunden, da Recht und Wirklichkeit nicht mehr übereinstimmen.[568]
Indem sich abweichend vom Normalfall das Recht eines jeden *indivisaire* auf einen ideellen Anteil an der Sache bezieht, läßt sich das Eigentum an der Sache besser erklären, da es sich mittels des Anteils auf die gesamte Sache verteilen kann.[569] Durch den Anteil hat der *indivisaire* also ein Recht hinsichtlich der gesamten Sache und kommt somit der Identität von Sache und Eigentum wieder näher. Dabei ist zu beachten, daß Sache und Anteil nicht zwei verschiedene Gegenstände sind.[570]
Eine weitere Schwierigkeit ergibt sich aus dem Umstand, daß die *indivisaires* über ihren Anteil an der Sache verfügen können. Nach französischem Verständnis wird damit aber über die Sache verfügt, da diese ja mit dem Recht identisch ist.[571] Die Sache selbst kann jedoch erst nach der Teilung ausschließlich dem Verfügenden gehören. Bis zu diesem Zeitpunkt wird sie daher durch den ideellen Anteil repräsentiert, so daß eine Verfügung über die Sache mittels des Anteils möglich ist.[572]

[566] *Batiffol* (1979) S. 15; *Ghestin/Goubeaux* (1994) Nr. 211; *Zénati/Revet* (1997) Nr. 268; *Terré/Simler* (1998) Nr. 12; *Fiorini* (2002) S. 94.

[567] Daß das Eigentumsrecht insofern ein geteiltes ist, wurde erst gegen Ende des 19. Jahrhunderts anerkannt, *Colin/Capitant* (1923) S. 770.

[568] Vgl. nur *Donnier* (1998) Nr. 1: „*L'indivision opère en effet une dissociation entra la chose, matériellement indivise, et le droit, représenté par une quote-part abstraite, revenant à chaque propriétaire indivis.*"

[569] Plastisch drücken *Planiol/Ripert* (1925) Nr. 2497 dies so aus: „*On doit se représenter le droit de chaque copropriétaire comme frappant chaque molécule de la chose et y rencontrant le droit de ses copropriétaires pour la quotité qui appartient à ceux-ci.*"

[570] *Zénati/Revet* (1997) Nr. 252.

[571] *Zénati/Revet* (1997) Nr. 252: „*[...] une contraction temporelle s'est faite au plan du langage entre la part matérielle contemporaine du partage et la part intellectuelle qui n'en est que la préfiguration abstraite durant l'indivision.*"

[572] Zur Verfügung über eine gemeinschaftliche Sache näher unten § 8.A.II.1.

2. Das *droit indivis*

Traditionell sieht die französische Lehre das *droit indivis* als dingliches Recht an.[573] Diese Sichtweise war – wie das Institut der *indivision* insgesamt – vor allem im ausgehenden 19. Jahrhundert sowie in der ersten Hälfte des 20. Jahrhunderts sehr umstritten. Die in Bezug auf das *droit indivis* in dieser Zeit vorgeschlagenen Lösungsmodelle haben sich nur zum Teil durchgesetzt. So wird das *droit indivis* noch immer ganz überwiegend als dingliches Recht verstanden.[574] Auch werden die Rechte der *indivisaires* weiterhin als konkurrierend, d.h. parallel auf ihr Objekt gerichtet, begriffen.[575] In dieser Kennzeichnung, die aus deutscher Sicht vielleicht als sprachliche Spielerei abgetan werden könnte, drückt sich die Schwierigkeit aus, die *indivision* als eine Form des Eigentums anzuerkennen: Die Parallelität der Eigentumsbruchteile bringt dessen alleinige Inhaberschaft durch den jeweiligen *indivisaire* neben den anderen zum Ausdruck, die Konkurrenz der Rechte ihre (gezwungenermaßen) gemeinsame Ausübung.
Abweichend von der traditionellen Ansicht wurde gelehrt, daß es sich beim *droit indivis* um ein dingliches Recht eigener Art handele (*droit réel sui generis*).[576] Nach anderer Ansicht wird es verstanden als ein Recht, welches lediglich die Gesamtheit der Vorrechte des *indivisaire* in sich vereinige (*droit d'un ensemble de prérogatives*).[577]
Beide Ansichten überzeugen nicht: Mit dem Rückgriff auf ein Recht *sui generis* verlagern sich bestehende Probleme lediglich auf eine andere Ebene, eine Lösung ist dadurch nicht ersichtlich. Auch läßt sich aus der Einordnung des *droit indivis* als Zusammenfassung der aus der *indivision* entspringenden Rechte kein weiterer Erkenntnisgewinn erzielen. Mit der überwiegenden französischen Lehre wird deshalb angenommen, daß das *droit indivis* ein dingliches Recht ist.

[573] *Aubry/Rau* (1869) § 221, 1 Nr. 1; *Colin/Capitant* (1923) S. 770; *Planiol/Ripert* (1925a) Nr. 2497; *Merle* (1948) Nr. 170f.

[574] *Mazeaud/Chabas* (1994a) Nr. 1308; *Jourdain* (1995) Nr. 60-2; *Zénati/Revet* (1997) Nr. 268; *Terré/Simler* (2002) Nr. 570; *Atias* (2002) Nr. 105.

[575] *L. Boyer* (1947) S. 409; *Deprez* (1953) Nr. 99; *Delhay* (1968) Nr. 47.

[576] *Capitant* (1915-1924) S. 22; *Siesse* (1922) S. 461f., 464f., 472 der die Berechtigung hinsichtlich des gemeinschaftlichen Objekts als *droit indeterminé* oder *droit éventuel* bezeichnet (s.u. § 10.B.II.2.b.cc); *Ionasco* (1930) Nr. 9.

[577] *Jourdain* (1995) Nr. 59: Diese Vorrechte seien namentlich drei: das Recht, am Wert der *indivision* teilzuhaben, welcher sich bei der Teilung konkretisiere. Des weiteren habe jeder *indivisaire* das Recht, in der Teilung ein *droit privatif* zugeteilt zu bekommen. Zu diesen Rechten träten diejenigen hinzu, die mit der Person des *indivisaire* verbunden seien, wie z.B. das Recht, die Teilung zu verlangen. *Jourdain* (1987) S. 501 stellt überdies auf den vorläufigen Charakter des *droit indivis* als *droit éventuel* ab.

Von der Prämisse des dinglichen Rechts ausgehend hat sich eine dualistische Konzeption des *droit indivis* entwickelt, deren endgültiges Ergebnis noch abzuwarten bleibt. Dabei wird das eigentliche *droit indivis* von einem *droit sur la chose* unterschieden, d.h. von einem Recht an der konkreten Sache.[578] Dieses Recht beinhaltet z.B. die Befugnis, die Sache zu benutzen. Im Gegensatz dazu bestehe das *droit indivis* als Quote an der Gesamtheit der Gegenstände (*droit sur une quote-part de la masse divise*).[579] Das *droit sur la chose* ist also kein Inhaber- oder Eigentumsrecht. Die konkreten Gegenständen selbst sind nicht Objekt eines Inhaberrechts.[580] Nur das Recht an der Gesamtheit kann daher als Anteil bezeichnet werden.

3. Individualismus *versus* Kollektivismus

Innerhalb des Streits um die Rechtsnatur der *indivision* wurde auch der Versuch unternommen, in ihr eine Ausprägung der deutschrechtlichen Gesamthandsgemeinschaft zu sehen.[581] Dieser Vorstoß konnte sich aber nicht durchsetzen, da die Gesamthandsgemeinschaft dem Code civil, seiner Eigentumskonzeption[582] und auch dem Wesen der *indivision* fremd ist.[583]
Denn die *indivision* ist auf Teilung ausgerichtet. Sie selbst dient nur der Überbrückung bis zum Zeitpunkt der Teilung. Während dieses Zeitraums ist der *indivisaire* gezwungen, sein Recht in Gemeinschaft mit seinen *coïndivisaires* auszuüben. Das Objekt des Rechts ist in der Rechtswirklichkeit nicht ausschließlich sein eigenes. Trotzdem kann er über das Recht wie ein Alleininhaber verfügen. Hat er durch die Teilung (nach französischem Verständnis: endlich) das Alleineigentum an seinem Teil erlangt, so ist der gestörte Zustand der gemeinschaftlichen Innehabung aufgehoben und der Normal- und damit Idealzustand der Alleininhaberschaft erreicht. In der Ablehnung einer Gemeinschaft an sich und der Zurück-

[578] *Jourdain* (1995) Nr. 59.
[579] Vgl. *Jourdain* (1987) S. 501; *Testu* (1997) Nr. 466, 468.
[580] *Testu* (1997) Nr. 54.
[581] *Josserand* (1904) S. 377ff.; *Siesse* (1922) S. 490; *Supervielle* (1948) S. 1037; *Delhay* (1968) Nr. 289f. (*propriété collective*). Für eine Übernahme des Gesamthandprinzips ins französische Recht *Saleilles* (1897) S. 45ff. Nach *Catala* (1979) Nr. 23 stellte die Wissenschaft die *indivision successorale* um 1900 grundsätzlich in Frage. Anlaß dazu war das Erscheinen des BGB.
[582] Dazu u. IV.1.
[583] *Ionasco* (1930) Nr. 127; *L. Boyer* (1947) S. 407 betont, die Gesamthand sei vor allem nicht mit Art. 883 CC vereinbar; *Névot* (1979) Nr. 83.

weisung kollektivistischer Tendenzen ist erkennbar, daß bei der *indivision* nicht die gemeinschaftliche Innehabung, sondern die Rechte des einzelnen im Vordergrund stehen.[584] Stets wird versucht, das individuelle Recht des einzelnen und die aus ihm entspringenden Befugnisse zu betrachten. Die *indivision* hat also eine individualistische Konzeption (*condominium pro diviso*)[585].

Dieser herrschenden Auffassung, auch *analyse structuraliste* genannt, wird heute wieder ein kollektivistisches Konzept (*analyse institutionaliste*) gegenübergestellt, welches sich an den gemeinschaftlichen Aspekten der *indivison* orientiert. Begründet wird dies damit, daß die theoretische Ausrichtung der *indivision* auf die Teilung wirklichkeitsfern sei.[586] Daher müsse die *indivision* als Institut eigener Art begriffen werden, das sich nicht in der Konkurrenz individueller Rechte hinsichtlich desselben Objekts erschöpfe.[587]
Allerdings überwindet diese Ansicht wiederum sich selbst, indem sie die *indivision* nicht nur als Institut begreift, sondern sie darüber hinaus als *personnification* erachtet.[588] Die Mehrzahl der Inhaber der *masse indivise* wird erneut zur Einzahl, die Gemeinschaft selbst zum Rechtsträger. Jedoch wird die *indivision* von dieser Meinung nicht als Rechtspersönlichkeit (*personne juridique*) begriffen: Vergleichbar der Rechtsfähigkeit der Gesamthandsgemeinschaften[589] nach dem BGB und HGB wird hier eine Kategorie unterhalb der Person gewählt, damit eine *collectivité* Rechtsinhaber sein kann.[590]

Aber noch heute gilt und wird zitiert die bekannte Definition von *Aubry* und *Rau*: „*La copropriété est le droit de propriété compétant à plusieurs personnes sur*

[584] Ähnlich *Patarin* (1990) S. 343.

[585] Den Begriff des *condominium pro diviso* hat die französische Literatur aus Deutschland übernommen. Er wird eigentlich zur Abgrenzung der Bruchteilsgemeinschaft von der Gesamthandsgemeinschaft (*condominium pro indiviso*) verwandt. *Aubry/Rau* (1869) § 221 Fn. 2.

[586] *Testu* (1990) S. 176 verweist darauf, daß die *indivision* wie eine Rechtsgesamtheit betrachtet werde. Gegen die traditionelle Ansicht spreche vor allem, daß mittels Vertrages die Teilung aufgeschoben werden könne sowie die Tatsache, daß der Code civil ihr einen eigenen Abschnitt widme. *Testu* (1996) S. 3 und *ders.* (1997) Nr. 94f. vor allem unter Hinweis auf die *autonomie de la masse indivise*. A.A. *Bergel/Bruschi/Cimamoni* (2000) Rn. 471.

[587] *Testu* (1990) S. 176. *Terré/Simler* (2002) Rn. 561 sprechen von einer *dimension institutionnelle*, *Zénati/Revet* (1997) Nr. 269 von *une véritable institution*.

[588] *Testu* (1997) Nr. 59f.

[589] S.o. § 4.C.I.2.

[590] *Testu* (1997) Nr. 60.

une seule et même chose, qui n'appartient ainsi à chacune d'elles que pour une quote-part idéale ou abstraite."[591]

III. Kennzeichen der *indivision*

Die konstitutiven Tatbestandsmerkmale der *indivision* wurden vorgestellt. Außerdem werden ihr verschiedene Kennzeichen zugesprochen, die jedoch lediglich beschreibenden Charakter haben.

1. Die klassische Konzeption

Die *indivision*, Mittel zur gemeinschaftlichen Ausübung selbständiger Rechte, wird traditionell durch drei Merkmale gekennzeichnet: Individualität (*caractère individuel*), fehlende Organisation (*caractère inorganisé*) und zeitliche Ungewißheit (*caractère précaire*).[592]

Das Merkmal der Individualität bedeutet, daß jeder *indivisaire* ausschließlicher, d.h. alleiniger Inhaber seines Rechtes an der gemeinschaftlichen Sache ist. Ausfluß dieser Rechtsinhaberschaft ist die Möglichkeit, frei über seinen Anteil am einzelnen Gegenstand oder der Gesamtheit verfügen zu können.

Da verschiedene Rechtsinhaber ein Recht am gemeinschaftlichen Gegenstand haben, können diese nur gemeinschaftlich und vor allem einstimmig auf den Gegenstand des Rechts einwirken. Denn anderenfalls würde das Recht eines *coïndivisaire* gegen seinen Willen beeinträchtigt werden.

Das hierin zum Ausdruck kommende Prinzip der Einstimmigkeit führt dazu, daß eine körperschaftliche Struktur der Erbengemeinschaft ausgeschlossen ist. Bis zur Reform der *indivision successorale* von 1976 war sogar eine Organisation der Erbengemeinschaft ausgeschlossen, d.h. das Innenverhältnis der *indivisaires* war im Code civil nicht geregelt. Daher galt die indivision als *inorganisé*.

Das dritte Merkmal der Ungewißheit rührt heute aus Art. 815 I CC her, nach dem die *indivision* auf Verlangen eines *indivisaire* jederzeit und ohne besonderen Grund (*acte discrétionnaire*) aufgehoben werden kann. Wie auch nach §§ 2042, 758 BGB ist dieses Recht unverjährbar, Art. 816 CC.

591 *Aubry/Rau* (1869) Nr. 221.
592 *Donnier* (1998) Nr. 33.

Die Bedeutung des Rechts auf Teilung der *indivision* ergibt sich aus der Verbindung mit dem Recht des Eigentümers auf volle, alleinige und ausschließliche Herrschaft über die Sache. Dieses Recht ist während des Bestehens der *indivision* in seiner Ausübung beschränkt. Jedoch kann der *indivisaire* es durch sein Recht auf Teilung jederzeit wieder „aktivieren". Daher ist das Recht auf Teilung Bestandteil des französischen *ordre public.*[593]

2. Die Auswirkungen der Erbrechtsreform von 1976

Durch die Reform von 1976 wurde die klassische Konzeption der Erbengemeinschaft nicht aufgegeben, sondern lediglich modifiziert mit der Intention, die *indivision* an die tatsächlichen Bedürfnisse des Rechtsverkehrs anzupassen.
Das neue Gesetz schuf Regeln für die Verwaltung des Nachlasses und schränkte das Prinzip der Einstimmigkeit ein. Auch drängte es das Merkmal der *inorganisation* zurück. Dem *caractère précaire* wurde ein Teil seiner Ungewißheit genommen, indem nun ein Teilungsaufschub gerichtlich angeordnet oder vertraglich vereinbart werden kann (Art. 815 I a.E. CC).
Trotz dieser Erweiterung berücksichtigt das Gesetz weiterhin die individuellen Interessen des einzelnen *indivisaire* (*caractère individuel*), da grundsätzlich jeder die Teilung verlangen kann und Verwaltungsmaßnahmen sowie Verfügungen nur einstimmig durchführbar sind. Allerdings verbindet die Reform die Interessen des einzelnen mit dem gemeinschaftlichen Interesse, beispielsweise durch die Möglichkeit, einen Verwalter (*gérant*) für die *indivision* zu bestellen, Art. 1873-5 CC.

IV. *Indivision* und *propriété*

Besonders betont wird im Zusammenhang mit der *indivision*, daß es sich bei dem *droit indivis*, bezogen auf das Eigentum, um ein vollständiges Eigentumsrecht handele, nämlich um *propriété individuelle.*[594] Dies ist zum einen darauf zurückzuführen, daß die Rechtsnatur des *droit indivis* sich nicht aus sich selbst heraus erklärt. Zum anderen kollidiert das Bedürfnis der gemeinschaftlichen Innehabung eines Objektes oder einer Gesamtheit von Objekten mit der Eigentumskonzeption

[593] *Zénati/Revet* (1997) Nr. 248. S.u. § 9.D zu Ausnahmen vom Teilungsanspruch.
[594] *Zénati/Revet* (1997) Nr. 247f. (S. 281); *Donnier* (1998) Nr. 2; *Atias* (2002) Rn. 105; s.o. II.

des Code civil und steht in einem Spannungsverhältnis zu diesem.[595] Aus diesem Grunde ist hier ein kurzer Blick auf die Konzeption des französischen Eigentumsbegriffs zu werfen.[596]

1. Die Eigentumskonzeption des Code civil[597]

Die französische Herangehensweise an das *droit de propriété* ist eine philosophische. Das Eigentum, verstanden als *plena in re potestas*, wird von der herrschenden Meinung als subjektives Recht begriffen.[598] Den in den Code civil aufgenommenen Eigentumsbegriff konzipierte *Rousseau*;[599] im Anschluß an die Lehre von *Kant*[600] wurde er im 19. Jahrhundert noch einmal modifiziert.[601]

[595] Dieses Spannungsverhältnis soll Art. 815 I CC auflösen, indem die Vorschrift anordnet, daß die Teilung der *indivision* stets und sofort verlangt werden kann, sofern sie nicht gerichtlich oder vertraglich ausgeschlossen wurde: „*Nul ne peut être contraint à demeurer dans l'indivision et le partage peut être toujours provoqué* [...]." Der Zusatz „*à moins qu'il n'y ait été sursis par jugement ou convention*" wurde erst durch das Gesetz vom 31.12.1976 eingefügt. Die ursprüngliche Fassung des Artikels geht auf das den römischen Quellen entstammende Rechtssprichwort *nemo invitus compellitur ad communionem* aus D. 12,6,26,4 zurück, vgl. *Liebs* (1998) N 54. S. auch oben § 2.C.II.1.

[596] Vgl. dazu *Terrat* (1904) S. 329-353.

[597] Wenn hier der französische Eigentumsbegriff skizziert wird, beschränkt sich dies auf das Eigentum an Sachen. *Propriété* ist nach französischem Verständnis auch die Inhaberschaft an immateriellen Gegenständen, wie z.B. der *propriété littéraire*. S. *Cornu* (1999) Nr. 1680. Die dem Eigentum im Zivilrecht zugesprochene Bedeutung findet seine Entsprechung im öffentlichen Recht. Das Eigentum stellt in Frankreich seit dem Ende des *Ancien Régime* ein Grundrecht von Verfassungsrang dar (Conseil constitutionnel, 16.1.1982, D 1983, S. 169-174, 170 mit Anmerkung *Hamon*, *passim*, S. 174ff.): Erstmalig in die Erklärung der Menschen- und Bürgerrechte (Art. 17) vom 14. August 1789 aufgenommen, findet sich das Eigentum auch in den Verfassungen von 1946 und 1958 durch Verweisung in ihren Präambeln auf die Erklärung der Menschenrechte von 1789 verankert.

[598] Statt aller *Terré/Simler* (2002) Nr. 107.

[599] *Rousseau* (1762/1964) S. 365ff. verlangt kumulativ die drei Elemente der Besitzergreifung, Verarbeitung und des Gesellschaftsvertrags als Voraussetzung des Privateigentums.

[600] *Kant* (1797 / 1907/14) S. 258-261 fordert für die Aneignung einen entsprechenden Willen, welcher zwischen Sache und Eigentümer eine rechtliche Verbindung schaffe. Dieser Wille habe im Einklang mit der Rechtsordnung zu stehen, da das Eigentum für Dritte beachtlich sei. S. dazu auch *Kühl* (1984) S. 178-196; *ders.* (1999) S. 118-123. Zum unterschiedlichen Eigentumsverständnis von *Rousseau* und *Kant* s. *Brand* (2001) S. 111ff.

[601] Nach *Bürge* (2000) S. 5-9 wird das Gedankengut *Kants* erst seit Mitte des 19. Jahrhunderts mit dem Eigentumsbegriff in Verbindung gebracht. Vermittelt worden seien die Positionen *Kants* durch die Auseinandersetzung der französischen Wissenschaft mit der Historischen Schule. Vgl. *Bürge* (1991) S. 60. Allerdings verbreitete die Lehren Kants unter französischen Juristen bereits das von *Aubry* und *Rau* übersetzte Handbuch des französischen Zivil-

Der Begriff des Eigentums verbindet zwei Ideen: Individualismus und Liberalismus.[602] Der dem Code civil zugesprochene Liberalismus entstand erst im Laufe des 19. Jahrhunderts, vor allem in der Auseinandersetzung mit der Historischen Rechtsschule. *Savigny* war Anhänger Kants und des deutschen Idealismus.[603] Über ihn gelangte das Gedankengut Kants nach Frankreich und beeinflußte die dortige Rechtswissenschaft.[604] So erklärt sich das heutige Verständnis des Eigentums als absolutes Recht hinsichtlich einer Sache, welches in der Willensmacht einer Person gründet.[605]
Für die Absolutheit des Eigentums ist kennzeichend, daß der Code civil die alte Eigentumsordnung des in Ober- und Untereigentum geteilten Eigentums verwirft und einen einheitlichen Eigentumsbegriff vertritt.[606] Mit dem Code civil kehrte das französische Zivilrecht also zum klassischen römischrechtlichen Eigentumskonzept zurück.[607] Die Bedeutung, die dem Eigentum durch den Code civil zugesprochen wird, lassen auch die Namen seines zweiten und dritten Buches erkennen: *„Des biens et des différentes modifications de la propriété"* sowie *„Des différentes manières dont on acquiert la propriété"*.[608]

Das Privateigentum des einzelnen als Ausfluß seiner persönlichen Freiheit gibt der Person eine Vielzahl von Befugnissen, nämlich das Vollrecht über die Sache: *„La propriété est le droit de jouir et disposer des choses de la manière la plus absolue, pourvu qu'on n'en fasse pas un usage prohibé par les lois ou par les règlements"*, Art. 544 CC.[609]

rechts von *Zachariä von Lingenthal. Gardie* (1979) S. 147. Zum Handbuch *Zachariä von Lingenthals* s. nochmals *Gläser* (1996) S. 56ff.

602 *Botsch* (1992) S. 10f. m.w.N. Zur Abschaffung des Feudalsystems *Garaud* (1958) ab S. 167.

603 *Kiefner* (1969) S. 12f. für das Zivilrecht; *Rückert* (1984) zusammenfassend S. 287-291; *ders.* (1993) S. 76ff.; *ders.* (2001) S. 174ff. Kritisch zu *Savigny* als Idealisten *Kiefner* (1995) S. 454ff.

604 *Bürge* (2000) S. 5.

605 *Bürge* (2000) S. 6-9.

606 *Strauch* (1984) S. 276ff. Zum sozialen Hintergrund *Botsch* (1992) S. 18-25. Allgemein zu den Eigentumsbegriffen der Naturrechtskodifikationen *Kroeschell* (1977) S. 36-41. Über den Eigentumsbegriff des BGB *Hübner* (1997) S. 167-188.

607 Dazu *Kaser/Knütel* (2003) S. 137ff. und o. § 2.B.II. S.a. *Mayer-Maly* (1984) S. 153, welcher den Akzent für das Verständnis des heutigen Eigentumsbegriffs eher auf das rationalistische Naturrecht legt.

608 Vgl. auch *Larroumet* (1997) Nr. 157-172.

609 Die Formulierung des Art. 544 CC geht zurück auf *Bartolus* (zu D. 41,2,17): *ius de re corporali perfecte disponendi nisi lege prohibeatur*. S. *Coing* (1985) S. 291f.

Die Ausschließlichkeit, nach der Dritte von jeglichem Einfluß über die Sache ausgeschlossen werden können, räumt dem Eigentümer eine Monopolstellung ein.[610] Diese Monopolstellung gilt hinsichtlich der Befugnisse *usus*, *fructus* und *abusus*, die das Eigentumsrecht konkretisieren.[611] Die Rechte zur Fruchtziehung sowie zur Verfügung[612] über die Sache (*jouissance, disposition*) erwähnt auch die Eigentumsdefinition des Art. 544 CC.[613]
Das Eigentumsrecht wird neben dem Attribut der Ausschließlichkeit (*exclusivisme*) mit dem der Beständigkeit (*perpétuité*) versehen.[614] Die Beständigkeit oder Dauerhaftigkeit äußert sich zum einen in der Möglichkeit, das Eigentum kraft Verfügung von Todes wegen zu übertragen. Zum anderen erlischt das Eigentumsrecht nicht bei Nichtgebrauch und ist überdies unverjährbar.[615]

Von einer Mindermeinung wird in Abkehr von der individualistischen, traditionellen Auffassung die soziale Funktion des Eigentums hervorgehoben.[616] Diese Sichtweise ähnelt derjenigen von *Larenz*,[617] welcher das Eigentum auch als Rechtsverhältnis begreift und so dessen gesellschaftliche Einbettung betont. In Frankreich wird diese Ansicht seit Ende des 19. Jahrhunderts vertreten und hier lediglich der Vollständigkeit halber erwähnt. In der Auseinandersetzung mit dem BGB gab es auch Stimmen,[618] die eine Übernahme des Gesamthandprinzips in

[610] *Jourdain* (1995) Nr. 41-1.
[611] *Terré/Simler* (2002) Nr. 107.
[612] Die Verfügungsfähigkeit kann einer Sache privatautonom mit Wirkung gegen Dritte aufgrund einer *clause d'inaliénabilité* (Art. 900-1 CC) entzogen werden, vgl. *Terré/Simler* (2002) Nr. 116-126. Eine § 137 BGB vergleichbare Vorschrift kennt der Code civil nicht. Darüber hinaus ist das Prinzip des *numerus clausus* der dinglichen Rechte, nach dem der Inhalt eines Sachenrechtes nicht den Dispositionen der Parteien unterliegt, weniger stark als im BGB ausgeprägt. *Ferid/Sonnenberger* (1986) 3 A 16-19.
[613] *Terré/Simler* (2002) Nr. 120.
[614] *Jourdain* (1995) Nr. 40ff., 48ff.
[615] Art. 2262 CC, der eine generelle Verjährung von 30 Jahren vorsieht, ist daher auch nicht auf die *action en revendication* anwendbar (anders insofern § 197 Nr.1 für § 985 BGB: Verjährung nach 30 Jahren). Ständige Rechtsprechung seit 1905, vgl. *Capitant/Terré/Lequette* (2000) Nr. 61. Dies gilt jedoch nicht für abhanden gekommene Sachen: Gemäß Art. 2279 II CC können diese nur innerhalb von drei Jahren zurückgefordert werden.
[616] Zum Eigentum als sozialer Funktion *Duguit* (1912) S. 147-178; *ders.* (1922) programmatisch S. 20f.; S. auch *Savy* (1983) S. 108. *Zénati* (1993) S. 317ff. sieht im Eigentum einen schuldrechtlichen Charakter.
[617] *Larenz* (1962) S. 36-41; *Larenz/Wolf* (1997), § 13 Rn. 4.
[618] *Saleilles* (1897) S. 45ff. Zur Auseinandersetzung mit der Kodifikation des BGB *Schubert*, Das Bürgerliche Gesetzbuch im Urteil französischer Juristen bis zum Ersten Weltkrieg, SZ germ. Abtl. 127 (1997), S. 128-181.

den Code civil forderten, verbunden mit Kritik an der *indivision* als zu römisch und individualistisch ausgestaltet.[619] Ein konkreter Kritikpunkt lag vor allem in der Verfügungsmöglichkeit über den Anteil.

2. Die *indivision* als Form des Eigentums

In dem Merkmal der Ausschließlichkeit, welches einer Person allein die Herrschaft über die Sache gewährt, drückt sich die individualistische Konzeption des Eigentums aus. Aber diese Grundsatzentscheidung widerspricht der Möglichkeit, daß mehrere Personen das gleiche Recht an einem Objekt ausüben. So verweisen die Lehrbücher auch auf die römischrechtliche Definition des Miteigentums von *Celsus*,[620] nach welcher zwei Personen nicht das Eigentum an einer Sache innehaben können.[621] Die Anerkennung einer *indivision* durch den Code civil in Art. 815 ff. wird daher als dauerndes Spannungsverhältnis zu seinem Eigentumsverständnis begriffen,[622] durch ihre Anerkennung aber ertragen.
Auch das Merkmal der Beständigkeit läßt sich mit der *indivision*, die lediglich ein vorübergehender Zustand sein soll, nicht vereinbaren. Zudem kann ein *indivisaire* zwar über sein Recht an der Sache verfügen, den Gebrauch der Sache sowie ihre Früchte jedoch nur in Übereinstimmung mit seinen *coïndivisaires* genießen.

D. Die Zusammensetzung der *indivision successorale*

I. Die personale Zusammensetzung

Die *indivision successorale* setzt sich aus den Erben, den Noterben sowie bestimmten Vermächtnisnehmern zusammen.

Wie nach BGB gilt bei der gesetzlichen Erbfolge (*dévolution légale*) das Repräsentationsprinzip, nach welchem der Repräsentant eines Stammes seine Ab-

[619] *Josserand* (1904) S. 375.
[620] Vgl. *Zénati/Revet* (1997) Nr. 267; *Bergel/Bruschi/Cimamonti* (2000) Nr. 469.
[621] D. 13,6,5,15: „*Celsus [...] ait duorum quidem in solidum dominum vel possessionem esse non posse: nec quemquam partis corporis dominium esse, sed totius corporis pro indiviso pro parte dominum habere.*" Näher o. § 2.B.II.
[622] *Guiho/Robert*, Les biens (1994), Nr. 128; *Mazeaud/Chabas* (1994a) Nr. 1309; *Jourdain* (1995) Nr. 47; *Larroumet* (1997) Nr. 177; *Terré/Simler* (2002) Nr. 131.

kömmlinge von der Erbfolge ausschließt. Anders als nach deutschem Recht werden die Erben nach Art. 734 CC in vier Klassen eingeteilt werden, deren Zusammensetzung nicht mit den Ordnungen der §§ 1924-1929 BGB übereinstimmt. Bei der Verwandschaft in aufsteigender Linie (*ascendants*) sowie den Seitenverwandten (*collatéraux*) mit Ausnahme der Geschwister wird die Erbfolge in der Linie der Erblassermutter und des -vaters (*fente maternelle/paternelle*) unabhängig voneinander betrachtet (Linearteilung, Art. 746-750 CC).[623]
Nach dem französischem Erbklassensystem erben zunächst die Abkömmlinge (*descendants*) und danach die Eltern mit ihren übrigen Abkömmlinge als erste und zweite Klasse, Art. 735, 736ff. CC. Nun erst kommen – in der jeweiligen *fente* – die Verwandten in aufsteigender Linie zum Zuge (dritte Klasse), bevor auf die Seitenverwandten zurückgegriffen wird (vierte Klasse), Art. 739, 740 CC.

Die durch Gesetz oder Testament am Nachlaß Berechtigten erwerben diesen von selbst (Art. 711 CC), d.h. auch das französische Erbrecht kennt das Anfallprinzip, und zwar wie nach BGB verbunden mit einem Eintrittsrecht.[624] In der Schwebezeit bis zur Annahme (*acceptation*) oder Ausschlagung (*renonciation*) der Erbschaft werden die zur Erbschaft Berufenen dogmatisch als *successibles* bezeichnet, mit der Annahme heißen sie sodann *successeurs* als endgültige Rechtsnachfolger des Erblassers. Der Code civil differenziert zwischen den Begriffen *successible* und *successeur* allerdings nicht, sondern verwendet sie als Synonyme.[625] Den *successibles* räumt Art. 789 CC eine Entscheidungsfrist von 30 Jahren über ihr *droit d'option* ein. Wird innerhalb dieser Frist das Wahlrecht nicht ausgeübt, so gilt die Erbschaft als nicht angenommen.[626] In dieser Regelung wird eine Ausnahme von dem Grundsatz gesehen, daß das Eigentum durch Nichtgebrauch nicht erlischt.[627] Denn die *successibles* haben ja bereits mit dem Erbfall das Eigentum am Nachlaß erworben. Die Erben können allerdings nach drei Monaten und vierzig Tagen zu einer Entscheidung über die Annahme dadurch gezwungen werden, daß die Nachlaßgläubiger sie ab diesem Zeitpunkt in Anspruch nehmen können, Art. 795, 797 CC.[628]

[623] Näher *Ferrand* (2001) S. 89-96, rezensiert von *Dauner-Lieb* (2002) S. 303.
[624] Dazu *Wacke* (1982) S. 242f.
[625] *Terré/Lequette* (1997) Nr. 643.
[626] Nach Ablauf der 30-Jahres-Frist wird überdies widerleglich vermutet, daß das Erbrecht des *successible* erloschen ist, da dieser, wenn ihm die Verjährung des Annahmerechts entgegengehalten wird, beweisen muß, daß er fristgerecht angenommen hat. Vgl. Cass. 1re civ., 18.1.1989, Bull. civ. I, Nr. 34 und die Anmerkung von *Patarin* (1989) S. 606f.
[627] Vgl. dazu oben C.IV.2.
[628] *Terré/Lequette* (1997) Nr. 649.

Sowohl die Annahme als auch die Ausschlagung der Erbschaft wirken auf den Erbfall zurück, Art. 785 CC. Die Ausschlagung der Erbschaft durch die gesetzlichen Erben ist vor den Gerichtsschreibern (*greffiers*) des *Tribunal de Grande Instance* am Ort der Erbschaftseröffnung zu erklären, Art. 784 CC. Sie wird dort in ein spezielles Register eingetragen. Testamentserben können dagegen formlos ausschlagen, weil der Wortlaut des Art. 785 CC sie nicht mit umfasst.[629]
Ein Erbverzicht ist nach französischem Recht nicht zulässig, ein Erbvertrag nur unter bestimmten Voraussetzungen zwischen Ehegatten möglich.[630]

1. Erben und Noterben

Den Erben fällt die Erbschaft kraft Gesetzes an, sie erwerben sie automatisch. Vom Erwerb der Erbschaft ist die Möglichkeit zu unterscheiden, aufgrund der Erbschaft Rechte gegenüber Dritten geltendzumachen. Dies ist nur möglich, wenn der Erbe auch *possesseur* des Nachlasses ist. Die *possession*[631] ist (anders als nach § 854 I BGB) nicht die tatsächliche Sachherrschaft, sondern grundsätzlich der unmittelbare oder mittelbare Eigenbesitz, Art. 2228 CC.[632] Entscheidend dafür ist der Wille, die Sache für sich zu besitzen (*animus domini*).
Der Erwerb der *possession* im Erbfall vermittelt zwar auch den mit § 857 BGB vergleichbaren Erbenbesitz,[633] er geht in seinen Wirkungen aber darüber hinaus: Ohne die *possession* ist der Erbe nur im Innenverhältnis vollberechtigt.[634] Um auch im Außenverhältnis als Rechtsinhaber anerkannt zu werden und wirksam Rechtshandlungen vornehmen zu können, bedarf er eines besonderen Rechtstitels, durch welchen er erst Inhaber der *possession* wird.[635] Die tatsächliche Ergreifung des Nachlasses genügt dafür nicht. Stattdessen bedarf der Erbe entweder der *saisine* oder einer gerichtlichen Besitzeinweisung (*envoi en possession*).
Der Rechtstitel der *saisine* ist ein mittelalterliches Relikt der französischen Gewohnheitsrechte, welcher ursprünglich zur Nutzung von Grundstücken berech-

[629] *Terré/Lequette* (1997) Nr. 662.
[630] *Terré/Lequette* (1997) Rn. 614-618; *Heuschmid* (1971) S. 42-52.
[631] Vgl. zu den Voraussetzungen der *possession Ortscheidt* (1977) S. 94-102, 114-118; *Wiget* (1983) S. 6; *H. Peter* (1984) S. 178-185.
[632] *Dedek* (1997) S. 358.
[633] *Vialleton* (1961) S. 285f.
[634] *R. Fischer* (1972) S. 8, 90.
[635] Erst als Inhaber der *saisine* werden seine Rechtshandlungen *opposable*, d.h. drittwirksam. Zur *opposabilité* u. § 8.II.2.

tigte.[636] Heute findet die *saisine* nur noch im Erbrecht Anwendung.[637] Durch sie wird der Erbe *possesseur*, d.h. die *saisine* übernimmt die Funktion des Nachweises der Erbenstellung, da das französische Recht kein Institut wie den Erbschein ausgestaltet hat. Deshalb erhalten mit dem Erbfall nur diejenigen Erben *ipso iure* die *saisine*, die „normalerweise" Erben werden: die gesetzlichen Erben, Art. 724 I CC. Unter ihnen sind diejenigen, die bei Vorliegen eines Testaments als Not- oder Reservatserben (*réservataires*) dinglich am Nachlaß beteiligt sind.[638] Die *réservataires* sind funktional vergleichbar mit den Pflichtteilsberechtigten des BGB, allerdings führt ihre dingliche Berechtigung am Nachlaß dazu, daß sie Mitglieder der *indivision successorale* sind. Sie sind also nicht auf einen schuldrechtlichen Anspruch gegen die Testamentserben beschränkt.

Die gesetzlichen Erben, die die *saisine* automatisch erlangen, werden auch *héritiers réguliers* genannt. Die *héritiers irréguliers* bedürfen dagegen des *envoi en possession*. Heute ist unter den gesetzlichen Erben nur noch der Staat als Ersatzerbe *héritier irrégulier*, Art. 724 III CC.

Dadurch, daß die *saisine* nur diejenigen automatisch erhalten, die – abgesehen von Erbausschlagung und Enterbung – auf jeden Fall Erben sind, soll der gutgläubige Erwerb von Nachlaßsachen weitgehend ausgeschlossen werden, da die Erben ohne *saisine* gezwungen sind, ihre Berechtigung am Nachlaß nachzuweisen. Mangels *saisine* sind auf den *envoi en possession* die Testamentserben bzw. Vermächtnisnehmer angewiesen.

2. Vermächtnisnehmer

Die aufgrund eines Testaments Eingesetzten,[639] die nicht mit den gesetzlichen Erben identisch sind, sind keine Erben (iSv § 1922 I BGB), sondern nur Vermächtnisnehmer (*légataires*).[640] Da der Code civil das Vermächtnis als Vindikationsle-

[636] Näher (auch zum Begriff der *Gewere*, der deutschen Entsprechung der *saisine*) *Patault* (1989) Nr. 6-16, 96-101. S.a. *H. Mitteis* (1943) S. 188f.; *Ogris* (1971) Sp. 1663; *R. Fischer* (1972) S. 8-35; *Wacke* (1982) S. 242f.

[637] Der Begriff der *saisine* ist zu unterscheiden von dem der *saisie*: Die *saisie* gehört dem Zwangsvollstreckungsrecht an und bedeutet Pfändung.

[638] *Vialleton* (1961) S. 288.

[639] Zur Errichtung eines Testaments nach französischem Recht *Pütz-Kücking* (1981) S. 277f.

[640] Hier gilt der deutschrechtliche Satz *deus solus heredes facit*. Danach können Intestat- und Testamentserben nicht nebeneinander bestehen. Die römischrechtliche Parömie *nemo pro parte testatus, pro parte intestatus moritur* verbietet dies auch, allerdings für den Fall, daß testamentarisch nicht über die gesamte Erbschaft verfügt wurde. *Kaser* (1975) S. 464.

gat ausgestaltet, sind auch die Vermächtnisnehmer mittels Universalsukzession dinglich am Nachlaß berechtigt.
Der Code civil unterscheidet nach Art. 1002 drei Arten des Vermächtnisses: Universalvermächtnis, Erbteilsvermächtnis und Stückvermächtnis – *legs universel, legs à titre universel, legs particulier*. Von den drei möglichen Vermächtnisnehmern erhält ausnahmsweise der *légataire universel* die *saisine*, wenn es keine Pflichtteilsberechtigten gibt und er aufgrund eines notariellen Testaments (*testament public*) eingesetzt wurde, Art. 1006 CC. Ansonsten hat er lediglich einen Anspruch auf Aushändigung der Erbschaft (*délivrance*), wodurch er zum *héritier saisi* wird. Bei privatschriftlicher testamentarischer Einsetzung muß er sich gerichtlich in den Nachlaß einweisen lassen.[641] Die *légataires à titre universel* und *particuliers* sind stets auf die Nachlaßaushändigung angewiesen. Mit dieser werden die Vermächtnisnehmer berechtigte Eigenbesitzer (*possesseur*) hinsichtlich der ihnen vermachten Gegenstände.
Funktional sind der Universalvermächtnisnehmer sowie der Erbteilsvermächtnisnehmer, der mit einer Quote am Nachlaß berechtigt ist, mit einem Testamentserben nach BGB gleichzusetzen. Sie haften im Gegensatz zum Stückvermächtnisnehmer auch für die Nachlaßverbindlichkeiten, Art. 1009, 1012, 1024 CC.[642] Benachteiligt gegenüber Intestatserben (und insofern nicht mit den Testamentserben des BGB vergleichbar) ist der Universal- und Erbteilsvermächtnisnehmer mangels *saisine* in seiner Rechtsstellung nach außen. Hierin zeigt sich, daß für den Code civil die Familienerbfolge größere Bedeutung als die Testierfreiheit hat. Die *héritiers non saisis* könnten daher in Abgrenzung zu denen mit *saisine* auch als bloße Erbanwärter bezeichnet werden.[643]

3. Insbesondere: Ehegatten, außereheliche Kinder, nichteheliche Lebensgemeinschaft, Lebenspartner

Keine volle Berechtigung am Nachlaß hatte bis zum 30.6.2002 der überlebende Ehegatte (*conjoint survivant*), wenn der Erblasser Kinder hinterließ.[644] In diesem Fall erhielt er, sofern er nicht testamentarisch bedacht war, lediglich einen Nießbrauch (*usufruit*) am Vermögen des Erblassers, Art. 767 CC a.F. Da sein Recht

[641] Vgl. näher *Grimaldi* (2001) Nr. 417, 420 zum Universalvermächtnisnehmer.
[642] Zur Haftung für Nachlaßverbindlichkeiten u. § 8.B.II.
[643] So *R. Fischer* (1972) S. 97f.
[644] *M. Peter* (1972) S. 32-35; *Fröschle* (1996) S. 63-68, 75-87; *Mazeron-Gabriel* (2003) S. 434f.

somit nicht dem der (Not-) Erben oder *légataires* entsprach, bildete er auch nicht mit ihnen zusammen eine *indivision.*[645] Wenn nämlich mehrere Personen am Nachlaß ein Nießbrauchsrecht innehaben, so entsteht zwischen ihnen eine weitere, eigene *indivision*. Zwischen Eigentümern und Nießbrauchern ist eine solche nicht möglich.

Mit der Reform der gesetzlichen Erbfolge durch das Gesetz Nr. 2001-1138 vom 3.12.2001, in Kraft getreten am 1.7.2002, wird der überlebende Ehegatte nunmehr nach Art. 757 CC auch Erbe und damit am Nachlaß quotal berechtigt.[646] Alternativ steht ihm nach seiner Wahl weiterhin ein Nießbrauch am gesamten Nachlaß zu,[647] welcher vom überlebenden Ehegatten oder einem anderen Erben in eine lebenslange Rentenzahlung umgewandelt werden kann, Art. 757, 759 CC.

Der eheliche Güterstand hat auf das Erbrecht des überlebenden Ehegatten keinen Einfluß. Allerdings findet bei gesetzlichem Güterstand (*communauté légale*, Art. 1400-1491 CC) eine güterrechtliche Auseinandersetzung statt. Dafür gelten nach Art. 1476 I CC die erbrechtlichen Vorschriften.[648]

Eheliche und nichteheliche Kinder sind seit 1972 grundsätzlich gleichgestellt, Art. 757 CC.[649] Eine Ausnahme dieses Grundsatzes galt bis zum Reformgesetz von 2001 für Kinder, die zu einem Zeitpunkt gezeugt wurden, in denen ein Elternteil mit einer dritten Person verheiratet war. Traten diese sog. Ehebruchskinder hinsichtlich ihres Erbrechts in Konkurrenz mit dem überlebenden Ehepartner, der nicht ihr Elternteil war, und mit Kindern des Erblassers aus dieser Ehe, so erbten sie nur die Hälfte dessen, was die ehelichen Kinder erhielten, Art. 760 CC a.F. Sie bildeten aber gemeinsam mit den ehelichen Kindern eine *indivision*.

Diese Vorschriften, welche sog. Ehebruchskinder benachteiligten, erklärte der Europäische Gerichtshof für Menschenrechte im Jahre 2000 für ungültig.[650] Nunmehr sind alle Abkömmlinge des Erblassers einander gleichgestellt.

[645] *Terré/Lequette* (1997) Nr. 707.

[646] Vgl. ausführlich zur alten Rechtslage *Vialleton* (1960) S. 584-593; *Prévault* (1979) S. 194-198; *Baumann* (1996) S. 9-36, 39-57; *Gresser* (1997) S. 492ff.; *Döbereiner* (2001) S. 48-55. Zum Reformgesetz *Rombach* (2002) S. 272f.; *Beaubrun* (2003).

[647] Dies war eine der Hauptforderungen der Erbrechtsreformkommission. *Dagot* (1995).

[648] Näher *Döbereiner* (2001) S. 89ff.

[649] Gesetz Nr. 72-3 vom 3.1.1972.

[650] EuGHMR, Urt. v. 1.2.2000, Az 34406/97 (Mazurek/Französische Republik), FamRZ 2000, S. 1077f. mit Anmerkung *Vanwinckelen*.

Für hetero- wie für homosexuelle Paare ist die Möglichkeit, vertraglich eine Partnerschaft zu begründen (*pacte civil de solidarité – PACS*), besonders geregelt.[651] Ein gesetzliches Erbrecht steht dem überlebenden Partner jedoch nicht zu.[652]

4. Außerdem: Der Nachweis der Erbenstellung

Wie oben bereits angedeutet, existiert in Frankreich kein staatliches Verfahren zum Nachweis der Erbenstellung, d.h. es gibt keinen Erbschein.[653] In der Praxis hat es sich eingebürgert, daß Notare einen sog. *acte de notarité* ausstellen.[654] Dieses Institut ist seit neuestem gesetzlich geregelt,[655] so daß Art. 730ff. CC seine Voraussetzungen und Rechtsfolgen regeln.
Indem nunmehr der Gesetzgeber die notarielle Praxis der Erbenfeststellung kodifiziert, entfällt die Funktion und damit die Notwendigkeit der *saisine*,[656] da ein *acte de notarité* größere Rechtssicherheit gewährleistet als der gute Glaube an den erbrechtlichen Normalfall. Zudem würde es die Abwicklung des Nachlasses beschleunigen, wenn Testamentserben für die Geltendmachung ihrer Rechte nicht mehr auf die Aushändigung der Erbschaft angewiesen wären.

651 Gesetz Nr. 99-944 vom 15.11.1999: Art. 515-1 - 515-7 CC. Dazu *Ferrand* (2000) S. 521-524.

652 *Grimaldi* (2001) Nr. 97; anders § 10 LPartG.

653 In den drei Departments *Haut Rhin, Bas Rhin* und *Moselle*, wo seit dem 1.1.1900 das BGB galt, wurde durch das Gesetz vom 1.6.1924 (*Loi mettant en vigeur la législation civile française dans les départements du Bas-Rhin, du Haut-Rhin et de la Moselle*) mit Wirkung zum 1.1.1925 grundsätzlich der Code civil wieder eingeführt. Einige Vorschriften des BGB blieben allerdings in Kraft, zusätzlich wurden neue sowie Übergangsregelungen geschaffen. Die Gesamtheit dieser außerhalb des Code civil liegenden Normen bildet das sog. *droit local*. S. *Lotz* (1964) Nr. 1; *Rohlfing* (2000) S. 620. Beibehalten wurden nach Art. 74-77 des Gesetzes vom 1.6.1924 die §§ 2353-2368 BGB über den Erbschein. Ferner wurden die Bestimmungen über das Teilungsverfahren in das *droit local* übernommen. *Préa* (1971) S. 20f.

654 Zu seinen Voraussetzungen *Henry* (1994) S. 20-28. Zur Rolle des Notars *Heinz* (2002) S. 630 sowie zur Zuständigkeit für Beurkundungen *Litzka* (1999) S. 120-136. Als Nachweis der Erbenstellung fungieren in der Praxis des weiteren folgende Institute: *intitulé d'inventaire, certificat de propriété, attestation notariée immobilière*. S. *Terré/Lequette* (1997) Nr. 685ff. Die Nachweise der Erbenstellung begründen einen Rechtsschein für den gutgläubigen Erwerb, *Dallafior* (1990) S. 88. Der gute Glaube des Erwerbers wird widerlegbar vermutet. Die Beweislast für die Richtigkeit eines *acte de notoriété* traf nach altem Recht seinen Inhaber. *Dagot* (1974) Nr. 41f.

655 Gesetz Nr. 2001-1135 v. 3.12.2001, in Kraft getreten am 1.7.2002.

656 Für die Abschaffung der *saisine* auch *R. Fischer* (1972) S. 114f.

II. Die gegenständliche Zusammensetzung

Neben den Gegenständen, die bereits dem Erblasser und damit der *indivision* seit dem Erbfall gehören, kann sich die *masse indivise* aus weiteren Gegenständen zusammensetzen. Ihr Kreis erweitert sich bzw. bleibt konstant im Wege der Surrogation gemäß dem Rechtssprichwort *subrogatum capit naturam subrogati*.[657] Körperliche wie unkörperliche Gegenstände können grundsätzlich Bestandteil der *indivision* sein. Allerdings teilen sich teilbare Forderungen gemäß Art. 1220 S.2 CC mit dem Erbfall *ipso iure* auf die *indivisaires* auf, so daß sie (jedenfalls im Außenverhältnis) nicht gemeinschaftlicher Gegenstand der *indivisaires* werden.[658]

Der *masse indivise* wachsen ihre Früchte und Erträge nach Art. 815-10 I CC grundsätzlich zu, sofern die *indivisaires* nicht anderes vereinbart haben.[659] Jeder *indivisaire* kann seinen Anteil an den Früchten des einzelnen Gegenstandes sowie jährlich am Ertrag des gesamten Nachlasses verlangen, Art. 815-10 III, Art. 815-11 I CC.

E. Zusammenfassung und Ergebnis

Zunächst fallen die Unterschiede zum BGB auf: Es gibt in Frankreich weder eine Bruchteils- noch Gesamthandsgemeinschaft, stattdessen ein einheitliches Modell der gemeinschaftlichen Innehabung für das gesamte Zivilrecht. Dieses gilt für Einzelgegenstände wie für Gesamtheiten und stellt damit ein Institut für eine Vielzahl von Fällen dar. Allerdings setzt sich die französische Lehre mit diesem Institut nicht abstrakt auseinander, sondern stets sehr konkret am Beispiel des Eigentums. Auch das Eigentum selbst wird in einer konkreten Weise behandelt, indem es nicht von der Sache, auf die es sich bezieht, unterschieden wird.

Die *indivision* wird als Fremdkörper im Zivilrechtssystem begriffen, da sie dem Eigentumsbegriff des Code civil widerspricht. So muß stets betont werden, daß

[657] Erforderlich ist dazu der Wille des handelnden *indivisaire*, für die *indivision* zu erwerben sowie der Wille der übrigen *indivisaires*, den Erwerb zu aktzeptieren, vgl. Cass. 1re civ., 20.2.1996, Bull. civ. I, Nr. 95. Zu diesem Fall der dinglichen Surrogation *Ranouil* (1985) S. 51f.

[658] Zu Nachlaßforderungen und -schulden unten § 8.B.

[659] Dies entspricht dem Prinzip *fructus augent hereditatem*: *Roland/Boyer* (1999) Nr. 149.

der *indivisaire* „richtiger“ Eigentümer ist, obwohl das Miteigentum als Paradebeispiel einer *indivision* gilt.
Dieses Spannungsverhältnis wird besonders deutlich, wenn das Bezugsobjekt des Rechts, der Anteil, konstruiert wird. Die konkrete Vorstellung eines Rechtes trifft hier auf ihre Grenzen, so daß auf die Mittel der juristischen Technik zurückgegriffen werden muß. Anstelle eines Anteilsrechts wie nach BGB wird ein (dreistufiges) Recht am Anteil an einer Sache gebildet. Die ursprünglich konkrete, da der – angeblichen – Wirklichkeit entsprechende Eigentumsvorstellung hat sich als zu schlicht erwiesen und wird nun von einer Theorie überlagert, um alle Fälle der Rechtswirklichkeit erfassen zu können. Das Ziel der Vermeidung juristischer Konstruktionen ist verfehlt und hat sich in ihr Gegenteil verkehrt.

Wie ist das möglich? Eine Antwort darauf könnte sein, daß die französische Wissenschaft das Institut des Eigentums im Laufe des 19. Jahrhunderts umgedeutet hat. Seine ursprünglich naturrechtliche Konzeption wurde verdrängt von der idealistischen der Historischen Rechtsschule. Erst nach einiger Zeit stellte sich heraus, daß diese Umdeutung Auswirkungen auf andere Institute des Zivilrechts hatte. Ein solches Institut ist die *indivision*, mit welcher die französische Wissenschaft sich erst gegen Ende des 19. Jahrhunderts beschäftigt, also um einige Jahrzehnte später als mit dem Eigentum.[660] Hinzu kommt, daß die *indivision* nun auch in Zusammenhang mit der ebenfalls „neuen“ Theorie des *patrimoine* gesehen wird. Auch in diesem Fall wird in den Code civil eine weitere Konstruktion hineininterpretiert, die in sein bisheriges System eingreift.

Die verstärkte wissenschaftliche Behandlung der *indivision* fiel mit einem weiteren Ereignis zusammen: das BGB war im Entstehen begriffen. Im Nachbarland wurden Lösungsmodelle diskutiert und kodifiziert, die auch für das französische Zivilrecht hätten in Betracht kommen können. Die Forderungen nach der Einführung des Gesamthandprinzips zeigen dies.

[660] Zum Zeitpunkt der Neudefinition des Eigentums *Bürge* (1991b) S. 132ff.

§ 8. Die Organisation der *indivision successorale*

Bei der *indivision* von Organisation zu sprechen, kommt auf den ersten Blick einem Verstoß gegen eines ihrer drei Grundprinzipien, der *inorganisation*, gleich. Doch dieser scheinbare Gegensatz von Organisation und *indivision* ist spätestens seit der Erbrechtsreform von 1976 aufgehoben. Die Reform gab der Organisation der *indivision* vor allem in den Art. 815-1 bis 815-18 ihr äußeres System.
Zudem erscheint uns der – aus BGB-Sicht – unpräzise Begriff der Organisation geeignet, verschiedene Aspekte der Erbenmehrheit zu behandeln, die sowohl das Innen- als auch das Außenverhältnis der Erben betreffen: Verwaltungs- und Verfügungsmaßnahmen sowie Nachlaßforderungen und -verbindlichkeiten.[661] Im folgenden Abschnitt werden allerdings lediglich die Grundlinien der Organisation nachgezeichnet, um sie als Systemelement der *indivision* und ihrer Teilung erkennbar zu machen.

A. Geschäftsführung

Die Dichotomie von Verpflichtungs- und Verfügungsgeschäft als ein Einteilungskriterium der Rechtsgeschäfte nach ihrer Wirkung kennt das französische Recht nicht. Insofern teilen sich stattdessen die französischen Rechtsgeschäfte (*actes juridiques*)[662] des Privatrechts in rechtsbegründende (*acte constitutif*)[663], -übertragende (*translatif*), -auslöschende (*extinctif*) und deklaratorische (*acte déclaratif*) ein.[664] Allerdings gibt es zu diesen vier Arten des Rechtsgeschäfts keinen sie abstrahierenden Oberbegriff. Insbesondere werden sie nicht den BGB-Kategorien des Verpflichtungs- oder Verfügungsgeschäfts zugewiesen. Dies ist darauf zurückzuführen, daß aufgrund des französischen Konsensualprinzips schuldrechtliche Verträge wie z.B. der Kauf verfügende Wirkung haben können.[665] Der Kauf

661 Diesen Themenkomplex behandelt auch *Jestaz* (1977) unter dem Begriff der *Organisation*.
662 Der Begriff des *acte juridique* ist weiter als der des Rechtsgeschäfts. Er wird beispielsweise auch auf Hoheitsakte des Öffentlichen Rechts bezogen, vgl. *Starck/Roland/Boyer* (1996) Nr. 1415, 1422.
663 Auch *acte réel* genannt, *Aubert* (1998) Nr. 212.
664 *Starck/Roland/Boyer* (1996) Nr. 1419.
665 *Wacke* (2000) S. 257f. und in Erwiderung *Wieling* (2001) S. 306f. S. auch *Stadler* (1996) S. 29-35. Konkret bedeutet das Konsensualprinzip für den Fall des Kaufs, daß das Eigentum bereits durch den Kaufvertragsschluß vom Käufer auf den Verkäufer übertragen wird (Art. 1583 CC), eine ihn vollziehende Übereignung oder bloße Besitzübergabe als zusätzlicher Akt ist nicht mehr erforderlich. Näher *Michaels* (2002) S. 148-159 (vgl. dazu die

wird daher als *acte translatif* begriffen. Infolgedessen entfällt die Einteilung in Verpflichtungs- und Verfügungsgeschäfte, da der Code civil sich mit dem Konsensualprinzip gegen das Trennungs- und Abstraktionsprinzip entschieden hat.
Vor diesem Hintergrund wird ersichtlich, warum die „Verwaltungs- und Verfügungsmaßnahmen" in der *indivision* nicht mit den sprachlich gleichlautenden Begriffen des BGB in §§ 2038, 2040 übereinstimmen. *Acte d'administration* und *acte de disposition* sind zudem lediglich zwei von drei Kategorien, nach denen die Rechtsgeschäfte hinsichtlich der Intensität ihrer Auswirkung auf die Vermögenszusammensetzung im Privatrecht betrachtet werden.[666] Hinzu kommt nämlich der *acte conservatoire*, welcher nach französischem Verständnis am wenigsten bewirkt, da er lediglich den Ist-Zustand eines Vermögens bewahrt.[667]
Verwaltungs-, Verfügungs- und Erhaltungsmaßnahmen sind die drei Arten von Rechtsgeschäften, welche die *indivisaires* hinsichtlich der gemeinsamen Gegenstände vornehmen können.

I. Verwaltungsmaßnahmen[668]

Die – nunmehr festgeschriebene – Grundregel der *indivision* lautet auch nach der Reform von 1976, daß Verwaltungsmaßnahmen (*actes d'administration*) nur einstimmig (*unanimément*) erfolgen können, Art. 815-3 I 1 Alt.1 CC (vgl. §§ 2038 I 1/II, 745 BGB: mehrheitlich).[669] Unter Verwaltungsmaßnahmen werden solche verstanden, die zur Gewinnerzielung durch den Gegenstand beitragen, ohne seinen Wert und dadurch den Wert des Vermögens, dem er angehört, zu gefährden.[670] Beispiel einer Verwaltungsmaßnahme ist die Fruchtziehung an einer Sache oder die Geltendmachung einer Nachlaßforderung.

Rezension von *Dubischar* (2003) S. 229ff.). Die dingliche Wirkung des Kaufvertrags kann durch Vertragsgestaltung allerdings aufgeschoben werden. *Dettmeier* (1999) S. 106.

666 *Starck/Roland/Boyer* (1996) Nr. 1427.

667 Dazu sogleich unten III. Zu den Kriterien der Zugehörigkeit eines Gegenstandes zum Vermögen *Cohet-Cordey* (1996) S. 819-839.

668 Dazu *Ferid/Sonnenberger* (1987) 5 D 129-141.

669 Zuvor wurde das Einstimmigkeitsprinzip aus dem Wesen der *indivision* abgeleitet. Dabei berief man sich auch auf den Ausspruch *Papinians* (nach D. 10,3,28): *in pari causa melior est causa prohibentis. Capitant* (1915-24) S. 34. Die heutigen Regeln über die Verwaltung der *indivision* sind dem ehelichen Güterrecht sowie den Vorschriften über die Gesellschaft entlehnt.

670 *Starck/Roland/Boyer* (1996) Nr. 1430.

Um die Verwaltung der *indivision* zu vereinfachen, sieht das Gesetz seit der Reform die Möglichkeit vor, daß ein *indivisaire* kraft Auftrags und Vollmacht (*mandat*)[671] die Geschäfte der *indivision* mit Wirkung für und gegen die übrigen *indivisaires* führt, Art. 815-3 I 2 CC.[672] Wird ihm dieser Auftrag nicht im Wege der einstimmigen Erteilung ausdrücklich übertragen, so kann er ihn konkludent erhalten, indem er mit Duldung der übrigen *indivisaires* faktisch die Verwaltung der *indivision* übernimmt (*mandat tacite*), Art. 815-3 II CC. Handelt ein *indivisaire* ohne Wissen seiner *coïndivisaires*, so richtet sich die Wirksamkeit seines Handelns nach den Regeln über die Geschäftsführung ohne Auftrag (*gestion d'affaires*), Art. 815-4 II CC i.V.m. Art. 1372-1375 CC. Des weiteren besteht nach Art. 815-4 II CC die Möglichkeit, sich gerichtlich zur Vertretung eines verhinderten *indivisaire* ermächtigen zu lassen (*habilitation judiciaire*).

Mangels allgemeiner Regeln über die Stellvertretung und besonderer im Recht der *indivision* mußte die Rechtsprechung Vorschriften über die Rechtsfolgen eines Verstoßes gegen den Einstimmigkeitsgrundsatz entwickeln. Sie regelt einen solchen Verstoß unter Rückgriff auf das Institut der *inopposabilité*.[673] Danach entfaltet das Rechtsgeschäft gegenüber den nicht beteiligten *indivisaires* (bis zur Teilung) keine Wirkung[674], wohl aber gegenüber demjenigen, der es vorgenommen hat.[675] Man kann die *inopposabilité* somit als eine relative Wirksamkeit bezeichnen.

[671] Das französische Recht kennt die Unterscheidung von Auftrag und Vollmacht, also das Trennungs- und Abstraktionsprinzip der Stellvertretung, nicht. Der Begriff *mandat* (Art. 1984ff. CC) ließe sich in unserem Zusammenhang daher auch mit „Vollmacht" übersetzen.

[672] Grundsätzlich fällt die Vermietung eines Grundstücks unter den Begriff der Verwaltungsmaßnahme. Für die Verwaltung einer *indivision* gilt allerdings gemäß Art. 815-3 I 2 CC, daß die Berechtigung zur Vermietung nicht von einem allgemeinen Auftrag zur Verwaltung der *indivision* gedeckt ist, sondern einen besonderen Auftrag (*mandat spécial*) erfordert.

[673] Nach *Doucet/Fleck* (1997) läßt sich *inopposabilité* mit „Nichteinwendbarkeit" übersetzen; *opposabilité* mit „Drittwirksamkeit".

[674] Dazu näher unten II. 2.

[675] Civ. 1re, 4.7.1984, D 1985.214f. Die frühere Lösung der Rechtsprechung erachtete solche Handlungen nur bezüglich des Anteils des handelnden *indivisaire* für wirksam, bezüglich der Anteile der anderen *indivisaires* dagegen als nichtig, Cass. civ., 18.11.1879, D 1880, I, S. 55f.

II. Verfügungen

Ebenso wie Verwaltungsmaßnahmen können die *indivisaires* Verfügungen (*dispositions*) nur gemeinschaftlich, d.h. einstimmig vornehmen, Art. 815-3 I 1 Alt.2 CC.

1. Begriff des *acte de disposititon*

Unter dem Begriff der *disposition* versteht der Code civil nicht wie das BGB unter der Verfügung generell die unmittelbare Einwirkung auf ein Recht.[676] Vielmehr werden darunter Rechtsgeschäfte verstanden, durch welche der Wert eines Gegenstandes betroffen bzw. einem Vermögen der Wert eines Gegenstandes entzogen wird.[677] Zu dem Kreis dieser Geschäfte gehören somit zwar Übertragungen (*actes translatifs*) oder Belastungen[678] eines Rechts, jedoch können diese auch als Verwaltungsmaßnahmen betrachtet werden. Die Übertragung einer Sache stellt sich nämlich dann als Verwaltungsmaßnahme dar, wenn sie in der Absicht vorgenommen wird, die Gegenleistung der Übertragung in das Vermögen zurückzuführen. Soll die Gegenleistung stattdessen dem Vermögen, aus welchem die Sache stammt, nicht wieder zugeführt werden, so handelt es sich um einen *acte de disposition*.[679] Die Abgrenzung nach dem mit der Maßnahme verfolgten Zweck führt zu einer gewissen Intransparenz der Kategorisierung. Ein Problem ergibt sich daraus dann, wenn die Maßnahme nicht einstimmig vorgenommen wird, da die Möglichkeit des *mandat tacite* sowie der *gestion d'affaires* nicht für die *actes de disposition* besteht.

Mit Blick auf das BGB läßt sich feststellen, daß dort von dem Begriff der Verwaltung (§ 2038 I 1) derjenige der Verfügung (§ 2040 I) mitumfaßt wird, sofern die Verfügung der Verwaltung des Nachlasses dient.[680] Nach dem Code civil dagegen schließen sich Verwaltungs- und Verfügungsmaßnahmen gegenseitig aus.

[676] Zum Verfügungsbegriff des BGB *Wilhelm* (1977) S. 220ff.

[677] *Starck/Roland/Boyer* (1996) Nr. 1432. S.a. *Verdot* (1968) S. 451, 467, der zur Abgrenzung der Rechtsgeschäfte auch darauf abstellt, ob Mobilien oder Immobilien betroffen sind.

[678] Nach französischer Terminologie wird die Belastung eines Rechts, beispielsweise die Bestellung einer Hypothek, als Begründung eines dinglichen Rechts (*acte constitutif*) aufgefaßt. *Stark/Roland/Boyer*, Introduction au droit (1996), Nr. 1419 (s.o. vor A.I).

[679] *Stark/Roland/Boyer* (1996) Nr. 1431.

[680] *Lange/Kuchinke* (2001) S. 1108.

2. Verfügungen über Nachlaßgegenstände

Verfügt werden kann während des Bestehens der *indivision* in verschiedener Weise. In Betracht kommen insbesondere Eigentumsübertragungen mittels Verkauf oder Schenkung sowie die Bestellung einer Hypothek.[681] Für diese Verfügungen sind die Art. 815-3f. CC die Voraussetzungen. Jedoch gibt es keine einheitlichen Regelungen über die Rechtsfolgen für deren Nichtbeachtung. Daher wird ein Verstoß gegen die Verfügungsvorschriften zumeist konkret für einen bestimmten Vertragstyp, z.B. den Kauf, diskutiert.[682] Von den einzelnen Vertragstypen lassen sich allgemeine Rechtsfolgen für die verschiedenen Verfügungsarten abstrahieren, die im folgenden dargestellt werden.

a) Anteilsverfügungen

Ein *indivisaire* kann grundsätzlich über seinen Anteil am Nachlaß, im Gegensatz zu § 2033 II BGB sogar über seinen Anteil an einem Gegenstand verfügen.[683]
Die Verfügung über den Anteil an einem Nachlaßgegenstand entfaltet zunächst eine eingeschränkte Wirksamkeit, d.h. lediglich *inter partes*. Der *indivisaire* als alleiniger Inhaber des Anteils ist zwar nicht auf die Zustimmung seiner *coïndivisaires* angewiesen. Aufgrund seines eigenen Rechts an dem Gegenstand handelt es sich auch nicht um eine Verfügung über die Sache eines Dritten i.S.v. Art. 1599 CC. Jedoch kommt dem Rechtsgeschäft nicht sofort Drittwirksamkeit zu, denn diese hängt vom Ausgang der Teilung ab: Erhält der Veräußerer den Gegenstand zugeteilt, so wirkt auch seine Verfügung *erga omnes*; erhält hingegen ein anderer *indivisaire* den Gegenstand durch die Teilung, so ist die vorherige Verfügung damit endgültig nichtig.[684]

[681] Auch der Abschluß eines Mietvertrags über ein Grundstück wird zu den *actes de disposition* gezählt.

[682] Vgl. nur *Jourdain* (1987) S. 506ff.

[683] S.o. § 7.C.II.

[684] *Bergel/Bruschi/Cimanonti* (2000) Nr. 491. Näher zu diesem Ergebnis für die Bestellung einer Hypothek am Anteil eines Nachlaßgrundstücks *Dagot* (1980) ab Nr. 8. Ein Hypothekengläubiger kann nach Art. 815-17 II CC nicht in einen ungeteilten Gegenstand vollstrecken, allerdings wie jeder Eigengläubiger die Teilung herbeiführen; s.u. B.II.2.a. Die gemeinschaftliche Bestellung einer Hypothek regelt Art. 2125 II CC.

Die Wirksamkeit einer Verfügung über den Anteil am Nachlaß ist indessen lediglich den Regeln über das Vorkaufsrecht (*droit de préemption*)[685] der übrigen *indivisaires* nach Art. 815-14 bis 815-16 CC unterworfen. Diese Normen gelten für entgeltliche Übertragungen des Anteils am Nachlaß ebenso wie für solche am einzelnen Gegenstand. Danach ist zwar nicht die Zustimmung, wohl aber die rechtzeitige Benachrichtigung der *coïndivisaires* über die beabsichtigte Übertragung erforderlich. Hält der übertragende *indivisaire* die Formvorschriften nicht ein, so ist die Abtretung nichtig. Werden sie jedoch beachtet, ohne daß ein *coïndivisaire* sein Vorkaufsrecht ausübt, so ist die Übertragung wirksam. Der Erwerber eines Anteils am Nachlaß erhält zugleich alle Rechte des *indivisaire* hinsichtlich der *indivision*. Die Erbenstellung selbst wird nicht übertragen.[686]

b) Verfügungen über noch ungeteilte Gegenstände

Auf die Mitwirkung aller *coïndivisaires* kommt es bei der Übertragung und Belastung eines gemeinschaftlichen Gegenstandes an.[687] Denn jedem *indivisaire* gehört ein ideeller Anteil an diesem Gegenstand, so daß dessen Übertragung durch nur einen *indivisaire* in die Rechte der anderen eingreifen würde. Ein solcher Verstoß gegen die Regel der Einstimmigkeit wird wiederum unter Rückgriff auf das Instrument der *inopposabilité*[688] sowie der Teilungswirkung gelöst. Gegenüber denjenigen, die dem Geschäft nicht zugestimmt haben, entfaltet die Übertragung zunächst keine Wirkung, es ist insofern *inopposable*.[689] Unter den Vertragspartnern ist es jedoch wirksam, d.h. insgesamt zeichnet es sich durch eine relative Wirksamkeit aus.[690] Erst am Tag der Teilung entscheidet sich, ob das

[685] Bis zur Erbrechtsreform von 1976 gewährte der Code civil in Art. 841 den Erben den *retrait successoral*, der den Miterben das Recht gab, sich an die Stelle des Erwerbers zu setzen. Seine Wirkung war dinglich, *Tallon* (1951) S. 218. Das *droit de préemption* dagegen gibt lediglich die Möglichkeit, sich vor Vertragsabschluß in die Rechte des zukünftigen Erwerbers zu setzen. Erst daraufhin findet die Übertragung statt; vgl. *Cornu* (1987) s.v. *Préemption (droit de)* S. 659.

[686] *Bergel/Bruschi/Cimanonti* (2000) Nr. 491.

[687] Urteil *Milleret*, Req., 13.6.1909, D 1911, I, S. 435f.

[688] S.o. I.

[689] Auf die *inopposabilité* müssen die *coïndivisaires* sich berufen. Des weiteren hat der Erwerber die Möglichkeit, Art. 1599 CC geltend zu machen. Nach dieser Vorschrift ist der Verkauf der Sache eines Dritten nichtig. Näher *Jourdain* (1987) S. 526.

[690] Nach Art. 1165 CC haben Verträge grundsätzlich keine Drittwirkung. Bei Verträgen mit Verfügungswirkung kann die Wirksamkeit zwischen den Parteien jedoch Dritten entgegengehalten werden, das Rechtsgeschäft ist insofern *opposable*. *Starck/Roland/Boyer*

Rechtsgeschäft als endgültig wirksam oder unwirksam anzusehen ist: Erhält derjenige *indivisaire*, der den Gegenstand übertragen wollte, diesen durch die Teilung zugesprochen, so wird dadurch das von ihm vorgenommene Rechtsgeschäft *ex tunc* gültig.[691] Aufgrund der Rückwirkung der Teilung wird er nämlich gemäß Art. 883 I CC so angesehen, als wäre er schon seit dem Erbfall Inhaber des Gegenstandes gewesen. Wird die Sache dagegen einem anderen *indivisaire* zugeteilt, so wird das Rechtsgeschäft damit unwirksam, da es sich aufgrund von Art. 883 I CC als das Geschäft eines Nichtberechtigten darstellt. Die Wirksamkeit der Verfügung ist also bedingt durch das Ergebnis der Teilung. Daher wird dieses Ergebnis auch teilweise damit erklärt, daß die Vertragspartner stillschweigend eine solche Bedingung vereinbart hätten.[692] Die Rechtsprechung hingegen vermeidet den Begriff der Bedingung.[693] Anderer Ansicht nach solle es sich aus der Rechtsnatur des Anteilsrechts als noch unbestimmtes und ungesichertes Recht *ipso iure* ergeben.[694] Häufig wird allerdings der Hinweis auf die *inopposabilité* für ausreichend erachtet.[695]

Der Erwerber eines ungeteilten Gegenstandes erlangt also lediglich ein aufschiebend bedingtes Recht, auch wenn dieses von der französischen Wissenschaft und Praxis nicht als solches bezeichnet wird. Ein unbedingtes Recht erwirbt er allerdings im Falle des gutgläubigen Erwerbs eines Nachlaßgegenstandes, für welchen die allgemeinen sachenrechtlichen Vorschriften gelten.[696]

(1996) Nr. 1451.

691 *Jourdain* (1987) S. 506ff.

692 *Jourdain* (1988) letzte Spalte.

693 Vgl. nur Civ. 1re, 7.7.1987, JCP 1988, II, 20999: „*Vu l'article 883 du Code civil;– Attendu qu'il résulte de ce texte que la cession d'un bien indivis par un seul des indivisaires n'est pas nulle ; qu'elle est seulement inopposable aux autres indivisaires et que son efficacité est* subordonnée *au résultat du partage [...].*"

694 *Jourdain* (1987) S. 510f.

695 Vgl. *Terré/Lequette* (1997) Nr. 722.

696 *Béhar-Touchais* (1996a) Nr. 47. Der Code civil sieht Regelungen über den (sofortigen) gutgläubigen Erwerb nur für Mobilien vor. Er folgt für Immobilien damit dem römischrechtlichen Grundsatz *nemo plus iuris ad alium transferre potest quam ipse habet* oder *nemo dat quod non habet*. Dazu *Domingo/Rodríguez-Antolín/Ortega* (2003) Nr. 446, 458. Für bewegliche Sachen gilt jedoch der bekannte Art. 2279 I CC: „*En fait de meubles, la possession vaut titre.*" Danach führt der gutgläubige Besitzerwerb (i.S.d. *possession*) gleichzeitig zum Eigentumserwerb vom Nichtberechtigten. S. dazu *Ortscheidt* (1977) S. 427-432 und zu den näheren Voraussetzungen *Cornu* (1999) Nr. 1628-1650. Der Code civil erzielt hier zum einen ein ähnliches Ergebnis wie §§ 929, 932 BGB, zum anderen übernimmt Art. 2279 CC die Funktion von § 1006 BGB im Zusammenspiel mit § 985 BGB. Dazu *Baldus* (2002) S. 512-533. Für unbewegliche Sachen dagegen fehlt eine

Der durch die oben beschriebenen Grundsätze bedingte Schwebezustand führt dazu, daß in der Praxis Verfügungen nur eines *indivisaire* über einen ungeteilten Gegenstand kaum vorkommen.[697] Damit wird das Ziel des Schutzes der *coïndivisaires* vor sie beeinträchtigenden Verfügungen erreicht. Der Vertragspartner eines *indivisaire* hat allerdings nach Art. 882 CC das Recht, bei der Teilung des Nachlasses anwesend zu sein und grundsätzlich zu verlangen, daß der betroffene Gegenstand dem *indivisaire* zugewiesen wird, gegen den er seinen Übereignungsanspruch hat. Nach Art. 815-17 III CC kann er überdies selbst die Teilung betreiben.[698]

Trotzdem führt die *inopposabilité* im Zusammenspiel mit Art. 883 I CC nicht zu der Rechtssicherheit, welche stattdessen eine Vorschrift über die sofortige Nichtigkeit des Rechtsgeschäfts bewirkte.[699] Jedoch nähert sich die französische Regelung diesem Ergebnis an, da die übrigen *coïndivisaires* sich bereits vor der Teilung auf die *inopposabilité* des Rechtsgeschäfts berufen und die Herausgabe des betroffenen Nachlaßgegenstandes verlangen können.[700]

Das französische Recht versucht also, einen Kompromiß zwischen den Interessen des Erwerbers und denen der *indivisaires* zu finden. Die *indivisaires* sollen zwar einerseits vor Verfügungen geschützt werden, andererseits aber auch die Möglichkeit haben, bereits vor der Teilung von ihren Anteilen zu profitieren.

Regelung über den direkten gutgläubigen Erwerb. Ein rechtsgeschäftlicher Eigentumserwerb vom Nichtberechtigten ist bei Immobilien nicht möglich. Der Erwerber ist auf die Ersitzung (*usucapion*) angewiesen, deren Frist je nach Fall 10, 20 oder 30 Jahren beträgt, Art. 2262, 2265 CC (*prescription acquisitive*). Ohne näher auf Details einzugehen sei hier darauf verwiesen, daß die Ersitzung mit verkürzter Frist anders als nach § 937 II BGB (der sich auf Mobilien bezieht) eine Gutgläubigkeit hinsichtlich der Eigentümerstellung des Veräußerers lediglich im Zeitpunkt der Vornahme des Rechtsgeschäfts erfordert, Art. 2269 CC. Eine Ersitzung ist auch bei Bösgläubigkeit möglich, dann jedoch erst nach 30 Jahren (ebenso § 900 I 1 BGB, dazu MünchKomm-*Wacke* (2004) § 900 Rn. 2-5). Vgl. zum Erwerb vom Nichtberechtigten nach französischem Recht *Kaiser* (2005) im Druck.

[697] *Zénati/Revet* (1997) Nr. 251; *Ferid/Sonnenberger* (1987) 5 D 139 (S. 618); *Terré/Léquette* (1997) Nr. 729. – Die Gefahr von Schwebezuständen für die Rechtssicherheit verkennt *Stamm* (2003) S. 24f.

[698] S.u. B.II.2.a.

[699] Vgl. o. § 4 Fn. 135 zum Eigentumserwerb vom alleine nicht berechtigten Erben, welche nach der herrschenden Auslegung des § 2033 II BGB möglich ist.

[700] *Dagot* (1979) letzte Spalte; *Terré/Lequette* (1997) Nr. 722.

III. Erhaltungsmaßnahmen

Der Grundsatz der Einstimmigkeit gilt für Erhaltungsmaßnahmen (*mesures* oder *actes conservatoires*) nicht. Diese kann jeder *indivisaire* gemäß Art. 815-2 I CC alleine vornehmen, da durch sie der Verlust einer Sache oder eines Rechts verhindert wird.[701] *Actes conservatoires* zielen also darauf ab, den *status quo* einer Sache oder eines Rechtes zu bewahren.[702]

IV. Gerichtliche Ermächtigungen

Stimmt ein *indivisaire* einer Maßnahme nicht zu, die dem gemeinsamen Interesse der *indivisaires* entspricht, so können sich seine *coïndivisaires* gerichtlich zu dessen Vornahme ermächtigen lassen (*autorisation judiciaire*), Art. 815-5 I CC.[703] Weitergehend kann gerichtlich auf Antrag eines *indivisaire* vorgeschrieben werden, welche dringenden Maßnahmen (*mesures urgentes*) im gemeinschaftlichen Interesse durchzuführen sind, Art. 815-6 I CC. Der Richter kann außerdem einen *indivisaire* oder Dritten zum Verwalter der *indivision* bestimmen, Art. 815-6- III 1 CC.[704]

V. Optional: Die *indivision conventionnelle*

Nach Art. 815 I CC können die *indivisaires* jederzeit die Teilung verlangen, falls diese nicht vertraglich oder gerichtlich ausgeschlossen ist. Ein vertraglicher Ausschluß führt dazu, daß die *indivsion successorale* in eine *indivision conventionnelle* umgewandelt wird (Art. 1873 bis Art. 1873-18 CC).[705]

Abweichend von den Vorschriften über die *indivision successorale* können die *indivisaires* hier vom Einstimmigkeitsprinzip zugunsten des Mehrheitsprinzips abweichen. Wird ein Verwalter (*gérant*) bestellt, so ist dieser ermächigt, Erhal-

[701] *Catala* (1979b) Nr. 49.

[702] *Starck/Roland/Boyer* (1996) Nr. 1428.

[703] *Watine-Drouin* (1988) S. 301.

[704] Die Reichweite der Verwalterbefugnisse wird entweder vom Richter festgesetzt oder nach den Vorschriften über den Verwalter einer *indivision conventionnelle* bestimmt, Art. 815-6 III 2 CC. Ein Dritter kommt als Verwalter der *indivision* entgegen dem Wortlaut des Art. 815-6 III 1 CC auch in Frage. CA Reims, 4.1.1978, D 1979, IR S. 44.

[705] Erforderlich ist ein einstimmiger Vertragsschluß, welcher der Schriftform bedarf, Art. 1873-2 CC.

tungs- und Verwaltungsmaßnahmen selbständig durchzuführen, Art. 1873-5 bis Art. 1873-8 CC. Für Verfügungsmaßnahmen gilt dies lediglich eingeschränkt, sofern ihm keine Spezialvollmacht erteilt wurde.[706]

B. Nachlaßforderungen und -verbindlichkeiten

Das französische Recht sieht im Erbfall nicht lediglich einen Übergang des Erblasservermögens, sondern die Erben führen die Persönlichkeit des Erblassers durch sich selbst fort.[707] Dazu übernehmen sie seine Rechtsbeziehungen, d.h. seine Forderungen und Schulden, die sofort in ihren eigenen aufgehen. Ein selbständiges Vermögen Nachlaß soll daher grundsätzlich auch bei einer Mehrzahl von Erben nicht entstehen können.

I. Nachlaßforderungen

1. Nachlaßforderungen gegen Dritte

Nachlaßforderungen, die auf die Leistung von Geld gerichtet sind, werden grundsätzlich nicht Bestandteil des gemeinschaftlichen Nachlasses. Gemäß Art. 1220 S.2 CC[708] teilen sie sich mit dem Erbfall *ipso iure* unter den *indivisaires* gemäß ihrer Erbquote auf.

Nach Art. 1220 S.2 CC kann jeder *indivisaire* seine anteilige Forderung selbständig geltendmachen.[709] Leistet dementsprechend ein Nachlaßschuldner anteilig an einen *indivisaire*, so erfüllt er in dieser Höhe seine Verbindlichkeit. Leistet der Schuldner mehr, als dem *indivisaire* zusteht, so haben die übrigen *in-*

[706] Art. 1873-6 II CC verweist für die Befugnisse des Verwalters auf die Vorschriften über die Verwaltung der ehelichen Gemeinschaft, Art. 1421-1440 CC.

[707] *Breton* (1976a) Nr. 1101f; vgl. *Durnerin* (1992) Nr. 315f.; *Grimaldi* (2001) Nr. 409f., 549ff. S. oben § 2.A.II.

[708] Art. 1220 CC: „*L'obligation qui est susceptible de division doit être exécutée entre le créancier et le débiteur comme si elle était indivisible. La divisibilité n'a d'application qu'à l'égard de leurs héritiers, qui ne peuvent demander la dette ou qui ne sont tenus de la payer que pour les parts dont ils sont saisis ou dont ils sont tenus comme représentant le créancier ou le débiteur.*"

[709] Dies gilt auch für die gesamte Forderung in dem Fall, daß die anderen *indivisaires* untätig sind, vgl. dazu *Terré/Lequette* (1997) Nr. 740.

divisaires in dieser Höhe einen Ausgleichsanspruch gegen ihren *coïndivisaire*, der Nachlaßschuldner hat folglich erfüllt.
Es teilen sich allerdings nur solche Forderungen automatisch auf, deren Objekt selbst teilbar ist. Anderenfalls werden die *indivisaires* gemeinschaftliche Inhaber der Forderung, Art. 1224 CC.
Seinen Forderungsanteil kann ein *indivisaire*, obwohl er dessen alleiniger Inhaber ist, ohne Zustimmung nur dann wirksam abtreten oder aufrechnen, wenn die Forderung ihm später im ganzen bei der Teilung zugesprochen wird,[710] d.h. hier gelten die gleichen Rechtsfolgen wie bei der Übertragung einer Nachlaßsache. Der Grund liegt darin, daß die Rückwirkung der Teilung nach Art. 883 I CC trotz Art. 1220 S.2 CC auch auf Forderungen angewandt wird, da gemäß Art. 832 II CC[711] Forderungen in die Teilung mit einbezogen werden.[712] Dies bedeutet, daß vor der Teilung eine Neuverteilung der Forderungen im Innenverhältnis der *indivision* vorgenommen wird.[713] Nach der Teilung erfüllen die Nachlaßschuldner wie bisher: anteilig an die *indivisaires*, die anschließend wiederum im Innenverhältnis Ausgleichsansprüche haben.

2. Nachlaßforderungen gegen *coïndivisaires*

Art. 1220 S.2 CC, der die Aufteilung der Nachlaßforderungen *ipso iure* mit dem Erbfall bestimmt, ist nicht auf solche Nachlaßforderungen anwendbar, die sich gegen einen *indivisaire* richten. Der Grund dafür ist, daß die *indivisaires* nicht das Risiko der Zahlungsunfähigkeit eines *coïndivisaire* tragen sollen. Denn die Gleichheit untereinander soll nicht dadurch gefährdet werden, daß einer von ihnen seine Verbindlichkeit gegenüber den anderen nicht erfüllt.[714]

Schulden, die bereits gegenüber dem Erblasser bestanden, sowie solche aus der Verwaltung der *indivision*, haben die *indivisaires* gemäß Art. 829 CC auszugleichen (*rapport des dettes*). Allerdings muß der schuldende *indivisaire*

[710] Req., 13.1.1909, D 1911, I, S. 435f.
[711] Art. 832 II CC: „*Dans la mesure où le morcellement des héritages et la division des exploitations peuvent être évités, chaque lot doit, autant que possible, être composé, soit en totalité, soit en partie, de meubles ou d'immeubles, de droits ou de créances de valeur équivalente.*"
[712] *Terré/Lequette* (1997) Nr. 866. Dies war lange Zeit umstritten. Siehe dazu näher unten § 10.C.II.
[713] *Terré/Lequette* (1997) Nr. 866.
[714] *Mazeaud/Chabas* (1999) Nr. 1693.

erst am Tag der Teilung seine Verpflichtung an den Nachlaß erfüllen. Dabei wird seine Zahlung anteilig auf alle *coïndivisaires* verteilt. Er selbst wird jedoch so behandelt, als sei der Betrag seinem Anteil bzw. Los bereits angerechnet worden (*imputation*), so daß er nicht mehr an sich selbst zu leisten hat.[715]

Den Ausgleich für bereits erfolgte Zuwendungen durch den Erblasser an Intestaterben (*rapport des libéralités*) regeln detailliert die Art. 843-869 CC. Hervorzuheben ist dabei, daß der Ausgleich für Schenkungen sich zum einen durch (freiwillige)[716] Rückgabe der geschenken Sache vollziehen kann (*rapport en nature*).[717] Zum anderen kann der ausgleichungspflichtige *indivisaire* in der Teilung weniger erhalten (*rapport en valeur* oder *en moins prenant*): Entweder entnehmen die *coïndivisaires* vor der Teilung Gegenstände aus der *masse indivise* im Wert der Schenkung (*prélèvement*, Art. 830 CC). Oder der Wert des geschenkten Gegenstandes wird dem Nachlaß angerechnet (*imputation*) mit der Folge, daß der Beschenkte so angesehen wird, als sei seinem Los dieser Betrag bereits zugeteilt worden.[718] Des weiteren kann der Ausgleichspflichtigte den erhaltenen Wert in die *masse indivise* einzahlen.
Der *rapport en valeur* wird ebenso wie der Schuldenausgleich unter *coïndivisaires* als Bestandteil der Teilung angesehen.[719]

II. Nachlaßverbindlichkeiten

Nach Art. 1122 CC sind die Erben zur Erfüllung der Verbindlichkeiten des Erblassers verpflichtet.[720] Anders als nach § 2058 BGB haften die *indivisaires* nicht als Gesamtschuldner, sondern – spiegelbildlich zu ihrer Position als Nachlaßgläubiger – nur anteilig.[721]

[715] *Terré/Lequette* (1997) Nr. 878.
[716] Der *rapport en nature* kann nur verlangt werden, wenn dieser im Schenkungsvertrag vereinbart wurde, Art. 858 I 2 CC. Ansonsten kann der Beschenkte gemäß Art. 859 CC die Sache nur dann zurückgeben, wenn sie sich noch im gleichen Zustand wie zur Zeit der Schenkung befindet.
[717] Im Falle des *rapport en nature* werden Zwischenverfügungen des Beschenkten gemäß Art. 858 II CC unwirksam, soweit der Schenker diesen nicht zugestimmt hatte.
[718] *Terré/Lequette* (1997) Nr. 907.
[719] *Terré/Lequette* (1997) Nr. 907f.
[720] Diese Vorschrift ist lediglich deklaratorisch, da die Übernahme der Erblasserschulden bereits aus der Fortführung seiner Persönlichkeit folgt.
[721] Zum französischen Haftungsverständnis *Coing* (1989) S. 432.

Ein besonderes Verfahren der Gläubigerbefriedigung kennt der Code civil hier nicht – auch nach der Reform von 1976 bleibt die *indivision* insofern *inorganisée*.

1. Persönliche Verpflichtung der *indivisaires*

a) Nachlaßverbindlichkeiten gegenüber Dritten

Teilbare Nachlaßverbindlichkeiten gegen Dritte, d.h. Erblasserschulden (*dettes*) und Erbfallschulden (*charges*) sowie Vermächtnisse (*legs*), die auf die Zahlung von Geld gerichtet sind,[722] teilen sich ebenso wie die Nachlaßforderungen im Außenverhältnis mit dem Erbfall laut Art. 1220 S.2 CC unter den *indivisaires*[723] gemäß ihrer Erbquote *ipso iure* auf.[724] Nach diesem Grundsatz wäre jeder Gläubiger gezwungen, sich jeweils für einen Teil seiner Forderung an einen der *indivisaire* zu wenden. Tatsächlich können die Gläubiger jedoch gemäß Art. 815-17 CC zur Befriedigung ihrer Forderungen auf den ungeteilten Nachlaß zurückgreifen.[725]

Eine gesamtschuldnerische Verpflichtung (*obligation indivisible*) tritt bei Forderungen ein, die entweder auf ein unteilbares Objekt gerichtet sind oder vertraglich zu unteilbaren Forderungen bestimmt wurden, Art. 1222-1225 CC.[726]

[722] Stückvermächtnisse stellen keine Nachlaßverbindlichkeit dar, da diese gemäß Art. 1014 CC als Vindikationslegat ausgestaltet sind. Der Vermächtnisnehmer wird also bereits mit dem Erbfall Eigentümer des vermachten Gegenstandes. S.o. § 7.D.I.2.

[723] Besteht die *indivision* auch aus Personen, die nicht die *saisine* erhalten (s.o. § 7.D.I.1 u. 2), z.B. Erbteilsvermächtnisnehmer, so teilen sich die Schulden im Verhältnis zu den Nachlaßgläubiger bis zur Ausantwortung des Vermächtnisses nur unter den *indivisaires* mit *saisine* auf. Ein Erbschaftskäufer wird nicht Schuldner der Nachlaßverbindlichkeiten, sein Verkäufer hat diese weiterhin zu erfüllen. Im Innenverhältnis kann der Verkäufer allerdings beim Käufer Regreß nehmen, Art. 1698 CC. Zum Erbteilskauf nach BGB vgl. *Baldus/Kaiser* (2001) S. 386-400.

[724] Nach Art. 873 CC teilen sich die Schulden dagegen nach Köpfen auf. Diese Regel wird allerdings nicht angewandt, *Terré/Lequette* (1997) Nr. 813. Vgl. auch Art. 870 CC, der für die Höhe der zu tragenden Nachlaßverbindlichkeiten auf dasjenige abstellt, was ein Erbe aus dem Nachlaß erhält.

[725] S. sogleich 2.a.

[726] Die gesamtschuldnerische Verpflichtung wird außer bei unteilbaren Forderungen als *obligation solidaire* bezeichnet, bei Verpflichtungen zum Schadensersatz als *obligation in solidum*, *Bénabent* (1999) Nr. 789-794. Näher zu unteilbaren Forderungen *Delebecque* (1987).

b) Nachlaßverbindlichkeiten gegenüber *coïndivisaires*

Forderungen eines *indivisiaire* gegenüber dem Erblasser, welche auch zu den Nachlaßverbindlichkeiten gehören, sind abweichend von Art. 1220 S.2 CC nicht anteilig durch die *indivisaires* zu begleichen. Anderenfalls wäre der Gläubiger-*indivisaire* mit dem Insolvenzrisiko der übrigen Gemeinschafter belastet, so daß er im Ergebnis aus der Erbschaft weniger erhalten könnte, als ihm zustände. Dies würde ihn im Vergleich zu seinen *coïndivisaires* schlechter stellen, folglich gegen das Prinzip der Gleichheit der Erben verstoßen. Daher wird ihm vor der Teilung das Recht zugestanden, sich aus der ungeteilten Masse zu befriedigen (*prélèvement*).[727]

2. Haftung für Nachlaßverbindlichkeiten

a) Unbeschränkte Haftung

Neben dem Grundsatz der sofortigen Schuldenaufteilung wird das französische Erbrecht vom Prinzip der anteiligen *ultra vires successionis*-Haftung geleitet: Die *indivisaires* haften für Nachlaßverbindlichkeiten vor und nach der Teilung persönlich bis zur Höhe ihrer Erbquote.[728]

Die Nachlaßgläubiger können allerdings gemäß Art. 815-17 I CC vor der Teilung auf die gegenständlichen[729] ungeteilten Aktiva des Nachlasses zurückgreifen und sind auf diese Weise nicht darauf angewiesen, ihre Forderung stückweise einzutreiben.[730] Hierbei sind die Nachlaßgläubiger auch vor den Eigengläubigern der *indivisaires* geschützt, da diese nicht in den Anteil ihrer Schuldner an den Nach-

[727] *Terré/Lequette* (1997) Nr. 794.

[728] Die *ultra vires*-Haftung für Nachlaßschulden geht zurück auf das berühmte Urteil *Toussaint de Gérard*, Req. 13.8.1851, in: *Capitant/Terré/Lequette* (2000) Nr. 101.

[729] Die Forderungen teilen sich ja bereits mit dem Erbfall nach Art. 1220 S.1 CC auf (s.o. I.1).

[730] Die Gläubiger können entweder direkt auf die Barmittel des Nachlasses zugreifen (S.1), oder gemäß Art. 50-55 des Gesetzes vom 9.7.1991 und Art. 81-138 des Dekrets vom 31.7.1992 (Mobilien), Art. 672-748 CPC (Immoblien) in die körperlichen Nachlaßgegenstände vollstrecken (S.2). S. dazu *Vincent/Prévault* (1999) Nr. 241-265, 361-416. Bereits vor dem Reformgesetz von 1976, auf welches Art. 815-17 CC zurückgeht, galt diese Regelung kraft Richterrechts, begründet durch das Urteil *Frécon*, Req., 24.12.1912, Sirey 1914, I, S. 201-204. Kritisch betrachtet *Lequette* (1983) S. 371-384 die Ausdehnung des Art. 815-17 I CC auf *charge d'indivision*.

laßgegenständen vollstrecken können.[731] Stattdessen haben die Eigengläubiger aber die Möglichkeit, die Teilung zu verlangen, Art. 815-17 II/III CC, um sodann die ihrem Schuldner zugeteilten Gegenstände zu pfänden.[732] Die Nachlaßgläubiger hingegen können die Teilung nicht herbeiführen. Die Teilung ist für sie überdies insofern von Nachteil, als sie damit ihr Recht aus Art. 815-17 I CC verlieren.

Nach der Teilung werden die Gläubiger ausschließlich anteilig an die ehemaligen *indivisaires* verwiesen. Sie konkurrieren nun grundsätzlich mit den Eigengläubigern eines *indivisaire*, da die ihm zugeteilten Gegenstände mit seinem Vermögen verschmolzen sind.
Dies gilt jedoch nur eingeschränkt, da die Nachlaßgläubiger sich gemäß Art. 878 CC auf die sog. *séparation des patrimoines* berufen können: Dies führt dazu, daß den Nachlaßgläubigern vorrangig vor den Eigengläubigern die Nachlaßgegenstände haften (*droit de préférence*) und den Eigengläubigern der Zugriff darauf zunächst verwehrt wird. Die Nachlaßgläubiger können darüber hinaus auch in das Eigenvermögen ihres Schuldners vollstrecken. Des weiteren stellt die *séparation des patrimoines* für Immobilien ein *privilège* dar:[733] Dies ist das Recht, in ein Nachlaßgrundstück zu vollstrecken, auch wenn es bereits an einen Dritten übertragen wurde (*droit de suite*).[734]
Der Begriff der Vermögenstrennung (*séparation des patrimoines*) ist allerdings insofern irreführend, als nicht zwei getrennte Haftungsmassen entstehen, sondern lediglich eine Gläubigergruppe bevorzugt befriedigt und ihr eine Art Pfandrecht zugesprochen wird.

Wie zu Lebzeiten des Erblassers stellt sein Vermögen also das Pfand (*gage*) seiner Gläubiger dar, vgl. Art. 2093 CC,[735] so daß die Nachlaßgläubiger das Risiko der Insolvenz eines *indivisaire* erst dann tragen, wenn der Nachlaß aufgebraucht ist. Die *coïndiviaires* übernehmen dieses Risiko in den Fällen, in denen ein *indivisaire* aufgrund der Teilung nichts erhält, da seine Schulden der *indivision* gegenüber höher sind als sein Anteil daran.

[731] Begründet wird diese Regelung mit der Wirkung der Teilung (s.u. § 10.C.I). Die Gläubiger können allerdings eine *hypothèque judiciaire provisoire* eintragen lassen. *Jourdain* (1995) Nr. 60-2.
[732] Die durch einen Eigengläubiger veranlaßte Teilung können die *indivisaires* verhindern, indem sie den Gläubiger befriedigen und anschließend bei ihrem *coïndivisaire* Regreß durch *prélèvement* nehmen, Art. 815-17 III 2/3 CC.
[733] Zum *privilège* s.o. § 7.C.I.2.
[734] *Terré/Lequette* (1997) Nr. 780.
[735] S.o. § 7.C.I.2.

b) Beschränkte Haftung aufgrund Inventarerrichtung

Bei der Annahme[736] der Erbschaft hat ein *indivisaire* sich gemäß Art. 774 CC zu entscheiden, ob er sie vorbehaltlos (*pur et simple*) annimmt oder unter dem Vorbehalt der Inventarerrichtung (*sous bénéfice d'inventaire*), Art. 793-810 CC,[737] um dadurch seine Haftung auf den Nachlaß zu beschränken, Art. 802 CC.[738] Gleichzeitig tritt eine ähnliche Wirkung wie bei der *separation des patrimoines* ein: die Eigengläubiger können nicht in die Nachlaßgegenstände vollstrecken. Allerdings knüpft sich hier kein Vollstreckungsrecht der Nachlaßgläubiger in bereits veräußerte Nachlaßgegenstände (*droit de suite*) an.
Auch bei Annahme unter Inventarerrichtung wird der Nachlaß direkt mit dem Erbfall erworben. Dies erscheint aus BGB-Sicht selbstverständlich, mußte in Frankreich jedoch mangels ausdrücklicher Regelung im Gesetz gerichtlich bestätigt werden.[739] Denn aus dieser Rechtsfolge ergibt sich ein Problem: Die Annahme unter Inventarerrichtung kann wegen des erbrechtlichen Grundprinzips, daß der Erbe die Persönlichkeit des Erben fortführt, und der Vermögenslehre[740] von *Aubry* und *Rau* eigentlich nicht zu einem Sondervermögen des Erben führen, nach deren philosophischem Konzept des Vermögensübergangs jede Person nur Inhaber eines Vermögens sein kann. Dennoch wurde der Praxis Rechnung getragen und die Entstehung eines Sondervermögens zugelassen.

Da der unter Inventarerrichtung Annehmende Vollrechtsinhaber der Nachlaßgegenstände wird, sind seine diesbezüglichen Rechte kaum eingeschränkt. Er hat lediglich nach Art. 805f. CC gewisse Formen bei der Übertragung von Nachlaßgegenständen einzuhalten;[741] zudem ist er nicht berechtigt, solche unentgeltlich

736 S.o. § 7.D.I.1/2.

737 Die Erklärung der Annahme *sous bénéfice d'inventaire* ist laut Art. 793 CC vor den Gerichtsschreibern des *Tribunal de Grande Instance* formlos abzugeben. Außerdem ist die Inventarerrichtung notariell zu beurkunden. Vgl. *Voirin/Goubeaux* (2002) Nr. 383f.

738 Anders als im französischen Recht ist die Inventarerrichtung nach BGB nicht an die Erbschaftsannahme geknüpft. Gemäß §§ 1993 ff. BGB führt die freiwillige oder die von den Gläubigern beantragte Inventarerrichtung auch nicht automatisch zur Haftungsbeschränkung des Erben. Eine solche tritt grundsätzlich nur bei Absonderung des Nachlasses im Wege der Nachlaßverwaltung oder des Nachlaßinsolvenzverfahrens ein, § 1975 BGB (mit Ausnahme der §§ 1990, 1992 BGB). Erbschaftssteuern stellen in Frankreich persönliche Schulden des Erben dar, so daß die Inventarerrichtung für diese keine Haftungsbeschränkung bewirkt. *Terré/Lequette* (1997) Nr. 820.

739 Vgl. *Grimaldi* (2001) Nr. 567.

740 S.o. § 7.C.I.3.

741 Vgl. näher *Terré/Lequette* (1997) Nr. 824f. dazu, daß bei einem Verstoß gegen diese Vor-

vorzunehmen.[742] Dies gilt auch für den Fall, daß von mehreren *indivisaires* nur einige unter dem Vorbehalt der Inventarerrichtung die Erbschaft angenommen haben.[743] Es besteht zudem die Möglichkeit, einen Nachlaßverwalter gerichtlich zu bestellen (*administrateur judiciaire*). Außerdem kann das Gericht unter bestimmten Voraussetzung die Nachlaßabwicklung übernehmen.[744]

III. Der *compte d'indivision*

Wie gesehen, wird der aus Art. 1220 S.2 CC herrührende Grundsatz der sofortigen Aufteilung der Nachlaßforderungen und -verbindlichkeiten nicht uneingeschränkt aufrechterhalten. Aufgrund des dieser Regelung widersprechenden Art. 832 CC werden die sich im Außenverhältnis aufteilenden Forderungen und Schulden im Innenverhältnis in den Teilungsvorgang der körperlichen Nachlaßgegenstände miteinbezogen. Dazu wird aus den persönlichen Forderungen und Schulden jedes *indivisaire* hinsichtlich der *masse indivise* ein Saldo gebildet (*compte d'indivision*).[745] Die Saldierung der gegenseitigen Forderungen bewirkt, daß ein eventueller Überschuß erst bei der Teilung geltendgemacht und ein *indivisaire* damit erst nach den Nachlaßgläubigern befriedigt werden kann. Außerdem verzichtet er bis zur Teilung auf Liquidität, wobei dies durch Verzinsung ausgeglichen wird. Des weiteren können weder der Gläubiger-*indivisaire* noch die *coïndivisaires* über ihre Forderungen verfügen.[746]

Der Gläubiger-*indivisaire* kann seine Forderung durch Entnahme aus der *masse indivise* (*prélèvement*) befriedigen. Insofern entspricht seine Stellung den übrigen Gläubigern nach Art. 815-17 I CC. Dem Schuldner-*indivisaire* dagegen wird seine eigene Verpflichtung in der Weise zugewiesen, daß sein Los um diesen Be-

schriften die Wohltat der Inventarerrichtung aberkannt wird.

742 Anderenfalls wird er so angesehen, als habe er stillschweigend auf die Wohltat des Inventars verzichtet, *Terré/Lequette* (1997) Nr. 825.

743 *Terré/Lequette* (1997) Nr. 836. In diesem Fall haften auch die vorbehaltlos Annehmenden bis zur Teilung *intra vires hereditatis*, nach der Teilung jedoch *ultra vires*, *passim* Nr. 837.

744 *Terré/Lequette* (1997) Nr. 826-834.

745 Das Gesetz erwähnt den *compte d'indivision* erst seit der Reform von 1976, vgl. Art. 815-11 III CC. Durch die Aufrechnung erlöschen zunächst die ungesicherten Forderungen, *Terré/Lequette* (1997) Nr. 875. – Vgl. auch §§ 396 I 2, 366 II BGB und dazu *Avenarius*, Die Anrechnung von Teilleistungen auf mehrere Forderungen bei Fehlen einer Tilgungsbestimmung – § 366 Abs. 2 BGB im Spannungsfeld zwischen Schuldnerinteressen und Rechtssicherheit, AcP 203 (2003), S. 511f.

746 *Terré/Lequette* (1997) Nr. 873.

trag gekürzt (*en moins prenant*) bzw. damit aufgerechnet wird.[747] Ihm steht es jedoch frei, seine Schuld zu begleichen, um so beispielsweise keine Verzugszinsen zu bezahlen.[748]

Mit dem *compte d'indivision* soll die Gleichheit unter den *coïndivisaires* gewährleistet werden. Denn die Zahlungsunfähigkeit eines *indivisaire* kann auf diese Weise nicht dazu führen, daß einer von ihnen seinen vollen Anteil in der Teilung erhält, jedoch seine Schulden gegenüber den *coïndivisaires* nicht bezahlt. Das Instrument des *compte d'indivision* schreibt das Gesetz weder vor noch regelt es dieses. Dennoch wird seine obligatorische Anwendung vereinzelt vertreten.[749]
Auf die Ausgleichung der Schulden und Forderungen findet Art. 883 CC Anwendung, da ihre Ausgleichung als ein Fall der Teilung begriffen wird.[750]

C. Zusammenfassung

Die Organisation der *indivision* wird vom Einstimmigkeitsgrundsatz dominiert. Anders aber als nach dem BGB kann ein Richter in ihre Verwaltung eingreifen, sie den Erben sogar entziehen. Das individualistische Grundprinzip bleibt in diesen Fällen Theorie, da die gesetzlichen Regeln den Erben ihre Selbstverantwortlichkeit aus der Hand nehmen.
Darüber hinaus übernehmen in der Praxis meistens nicht die Erben, sondern ein Notar die Organisation und Abwicklung der Erbschaft.[751] Er verwaltet den Nachlaß, treibt die Nachlaßforderungen ein und bezahlt die Schulden. Faktisch teilen diese sich damit auch im Außenverhältnis nicht auf, sondern die notarielle Praxis führt zum gleichen Ergebnis wie eine gesamtschuldnerische Verpflichtung der

[747] Dieses Vorgehen ist nur möglich bei einer einvernehmlichen Teilung (*partage amiable*, s.u. § 9.B.I), bei welcher bei der Zusammenstellung der Lose bereits feststeht, wem das Los anschließend zugeteilt wird. Im Falle einer gerichtlichen Teilung (*partage judiciaire*) entnehmen die *coïndivisaires* vor der Teilung einen entsprechenden Betrag aus der *masse indivise* (*prélèvement*). *Terré/Lequette* (1997) Nr. 878.

[748] Civ. 1re, 23.3.1994, JCP 1994, IV, 1389 und Anmerkung *Patarin* (1994) S. 912f.

[749] So *Dagot* (1977) Nr. 344. Anders allerdings Civ. 1re, 5.6.1973, Bull. civ. I, Nr. 197 (hinsichtlich Forderungen, die aus der Verwaltung der *indivision* herrühren); *Catala* (1979b) Nr. 59; *Grimaldi* (2001) Nr. 864; *Terré/Lequette* (1997) Nr. 872.

[750] *Terré/Lequette* (1997) Nr. 879; *Mazeaud/Chabas* (1999) Nr. 1698 mit Hinweis auf andere, namentlich nicht genannte Ansichten.

[751] *Terré/Lequette* (1997) Nr. 715 Fn. 2, 798.

indivisaires. Die persönliche Haftung der *indivisaires* bleibt anteilig, allerdings für die Gläubiger gemildert durch die Möglichkeit aus Art. 815-17 I CC, die ungeteilten Nachlaßgegenstände zu pfänden.[752] Außerdem haften die *indivisaires* bereits vor der Teilung persönlich, im Gegensatz zu den Miterben nach § 2059 I 1 BGB.
Das notarielle Verfahren wird zum einen dem Bedürfnis der Erben entspringen, sich selbst nicht mit der Abwicklung des Nachlasses zu belasten und es stattdessen einem Fachmann zu überlassen. Zum anderen bedeutet es, daß die gesetzlich vorgesehene sofortige Aufteilung der Schulden und Forderungen von der Praxis nicht angenommen wird, wie das Instrument des *compte d'indivision* zeigt. Die faktische Abkehr von der sofortigen Aufteilung unkörperlicher Gegenstände im Gegensatz zu den körperlichen könnte zudem ein Hinweis auf die verstärkt zunehmende Bedeutung von unkörperlichen Gegenständen für den Rechtsverkehr sein.
Bemerkenswert ist, daß in der französischen Literatur aus dieser Tatsache, daß die Vorstellung des Gesetzes mit der Praxis nicht übereinstimmt, nicht die Konsequenz gezogen wird, die Funktionstauglichkeit des Gesetzes in Frage zu stellen. Stattdessen wird die notarielle Praxis dahingehend gewürdigt, daß sie das Gesetz ideal ergänze.[753]

Die Aufteilung der Forderungen und Schulden führt dazu, daß der ungeteilte Nachlaß sich nur auf körperliche Gegenstände bezieht. Ein Sondervermögen wird daraus nur dann, wenn die Erben die Erbschaft unter der Wohltat der Inventarerrichtung annehmen. Freilich entsteht hier tatsächlich ein Sondervermögen, da die Eigengläubiger nicht in den Nachlaß und die Nachlaßgläubiger nicht in das Eigenvermögen vollstrecken können. Lediglich eine gewisse Autonomie des Nachlasses bewirkt dagegen die *séparation des patrimoines*, da sie den Nachlaß für die Gläubigerbefriedigung zu einer Einheit zusammenfaßt.
Die Theorie von der Einheit des Vermögens, welches die Eigenschaft einer Person darstellt, dessen Persönlichkeit nach dem Tod durch seine Erben fortgeführt wird, gilt also nicht ausnahmslos.

[752] Zu Recht weist *Trockels* (1987) S. 232 darauf hin, daß dieses Recht ein unvollständiges ist, da im Außenverhältnis die Forderungen nicht Bestandteil des ungeteilten Nachlasses sind.
[753] *Terré/Lequette* (1997) Nr. 741. Grundsätzlich zur Rolle der Notare, die dort neues Recht schaffen, wo das Gesetz unzureichend ist *Malaurie/Aynès* (1998) Nr. 5.

Die Regelung der Teilungswirkung in Art. 883 I CC beeinflußt die Verwaltung der *indivision* hinsichtlich der Übertragung und Belastung von Nachlaßgegenständen. Des weiteren spaltet sie die Abwicklung der Nachlaßforderungen und -schulden in ein Außen- und Innenverhältnis der *indivision* auf.

§ 9. Auseinandersetzung und Teilung der *indivision successorale*

Partage wird definiert als der Vorgang, durch welchen das *droit indivis*, also der Erbteil jedes *indivisaire* hinsichtlich des gesamten Nachlasses,[754] durch ein ausschließliches, alleiniges Recht an einem konkreten Anteil ersetzt wird.[755] Die Teilung ist abgeschlossen, wenn die konkreten Anteile, die sich aus den Nachlaßgegenständen zusammensetzen, den *indivisaires* zugewiesen worden sind.
Die Unterscheidung von Auseinandersetzung als der schuldrechtlichen und Teilung als der sachenrechtlichen Seite der Beendigung einer Erbengemeinschaft nimmt der Code civil nicht vor, da in Frankreich auch insoweit das Konsensualprinzip und nicht das Trennungs- und Abstraktionsprinzip gilt.[756] Trotzdem werden die Vorbereitung und die sich anschließende Durchführung der Teilung auch hier als zwei von einander zu trennende Akte verstanden,[757] wobei der Begriff *partage* beide umfaßt. Gleichzeitig ist nicht zu vergessen, daß die Teilung nach Art. 883 CC auf den Erbfall zurückwirkt.[758]

A. Der Anspruch auf Teilung

Ebenso wie die deutsche Erbengemeinschaft ist die *indivision successorale* auf Teilung ausgerichtet: *Nul ne peut être contraint à demeurer dans l'indivision et le partage peut être toujours provoqué* [...]. Dieser in Art. 815 I CC verankerte Anspruch auf jederzeitige Teilung gehört zum *ordre public* des französischen Rechts und wird obendrein als einer der *grands numéros* des Code civil bezeichnet.[759] Seine Bedeutung zeigt sich darin, daß die Teilung als *acte discrétionnaire* ohne Angabe von Gründen verlangt werden kann und der Anspruch außerdem zu

[754] Zum Anteil s.o. § 7.C.II.
[755] *Terré/Lequette* (1997) Nr. 924. Hierbei wird hervorgehoben, daß mit der Teilung ein bereits bestehendes Recht konretisiert oder – häufig bildlich ausgedrückt – lokalisiert wird. Statt aller *Voirin/Goubeaux* (2002) Nr. 488.
[756] S.o. § 8.A.
[757] S.u. B.II.2/3.
[758] Dazu u. § 10.
[759] *Malaurie/Aynès* (1998) Nr. 20. Außerhalb des Erbrechts ist die Teilung eines gemeinschaftlichen Gegenstandes, für den ja die Regeln über die *indivision* gelten, allerdings in zwei Fällen gesetzlich ausgeschlossen. Zum einen ist eine Teilung bei der *mitoyenneté* nicht möglich, also bei einer Grenzmauer, die im gemeinsamen Eigentum der Grundstücksnachbarn steht. Zum anderen ist das Miteigentum an Gemeinschaftsflächen bei Wohnungseigentum (*immeubles bâtis*) unauflösbar. S. *Nerson* (1965) S. 718ff.; zur *mitoyenneté* kürzlich *Decool/Pannagas* (2002) S. 12f.

den unverjährbaren Rechten zählt.[760] Dies ist auch darauf zurückzuführen, daß durch den jederzeitigen Anspruch auf Teilung das Merkmal der Ausschließlichkeit des Eigentums an den noch gemeinsamen Gegenstände gewahrt bleibt.[761] Art. 815 CC leitet überdies die Vorschriften über die *indivision* ein, ein Signal dafür, daß die Aufhebbarkeit der *indivision* inhärent ist.
Dieser Anspruch steht nicht nur denjenigen zu, welche die *indivision successorale* bilden, also den Intestaterben, den Universal- und Erbteilsvermächtnisnehmern sowie den Erbteilserwerbern. Auch die Eigengläubiger eines *indivisaire* können mittels der *action oblique*[762] nach Art. 815-17 III CC die Teilung herbeiführen, um sich sodann aus dem Anteil ihres Schuldners zu befriedigen.

B. Die Arten der Auseinandersetzung

Die *indivisaires* haben für die Auseinandersetzung der *indivision* die Wahl zwischen einem einvernehmlichen oder gerichtlichen Teilungsverfahren (*partage amiable* oder *partage judiciaire*). Im Gegensatz zum deutschen Recht[763] haben sie nicht die Möglichkeit, zwischen freiwilliger und streitiger Gerichtsbarkeit zu wählen. Die Teilungsklage gehört stets der streitigen an.[764]
Ein Testamentsvollstrecker (*exécuteur testamentaire*) ist zur Auseinandersetzung der *indivision* grundsätzlich nicht berechtigt. Seine gesetzlichen Aufgaben sind in Art. 1031 CC abschließend aufgezählt. Diese kann der Erblasser aber testamentarisch erweitern. Insgesamt ist seine Position im Vergleich zum BGB freilich als schwach zu bezeichnen.[765]

Bevor das Teilungsverfahren erläutert wird, erachtet es die französische Literatur stets für erforderlich aufzuzeigen, was überhaupt geteilt wird. Daß dann scheinbare Selbstverständlichkeiten wie „alle zur Zeit der Teilung existierenden Nach-

[760] Ein besonderer Teilungsgrund ist allerdings bei der *indivision conventionnelle* erforderlich, Art. 1873-3 CC, s.o. § 8.A.V.
[761] *Zénati/Revet* (1997) Nr. 274. Zum Verhältnis von *indivision* und Eigentum s.o. § 7.C.IV.
[762] Mit der *action oblique* kann ein Gläubiger nach Art. 1166 CC Rechte seines Schuldners geltend zu machen. Zu den Voraussetzungen im einzelnen s. *Mazeaud/ Chabas* (1998) Nr. 966-972.
[763] S.o. § 5.B.II.
[764] *Coing* (1989) S. 644.
[765] *Wacke* (1989a) S. 579.

laßgegenstände" aufgezählt werden,[766] erklärt sich wohl vor allem aus zwei Besonderheiten: Zum einen stellt der Nachlaß kein Sondervermögen dar,[767] zum anderen widerspricht der Code civil sich selbst hinsichtlich der in die Teilung mit einzubeziehenden Gegenstände:

Denn auch wenn Art. 1220 CC die sofortige Aufteilung der Forderungen und Schulden anordnet, sollen diese nach Art. 832 II CC in die Bildung der Lose und damit in die Teilung einbezogen werden. Im Innenverhältnis der *indivisaires* gelten die Nachlaßforderungen und -schulden daher als nicht geteilt,[768] so daß auch sie der zu teilenden Nachlaßmasse angehören.[769] Somit stellt der Ausgleich aller Schulden und Forderungen einen wesentlichen Bestandteil der Auseinandersetzung dar.[770]

An die Festlegung der Nachlaßmasse knüpft sich die Nachlaßbewertung an. Da Art. 890 CC auf den Wert der Nachlaßgegenstände am Tag der Teilung abstellt, wenn es zu beurteilen gilt, ob die Teilung rechtmäßig war, wird nunmehr ihre Bewertung stets zu diesem Zeitpunkt vorgenommen.[771] Der genaue Zeitpunkt der Bewertung wird als *jour de la jouissance divise* bezeichnet, da ab diesem Tag jeder *indivisaire* ausschließlich den ihm später zugewiesenen Gegenstand nutzen kann, die Nutzungen daran von nun an also geteilt sind.[772] Zudem müssen der Tag der tatsächlichen Teilung und der Bewertungszeitpunkt nicht zwangsläufig derselbe sein, so daß beide Zeitpunkte von einander abzugrenzen sind.

[766] Civ. 1re, 9.5.1978, JCP 1979, II, 19257 mit Anmerkung *Dagot*; *Donnier* (1998) Nr. 68. Aufgeteilt wird auch dasjenige, was aufgrund dinglicher Surrogation in den Nachlaß gelangt ist, zudem die Früchte und Erträge des Nachlasses. *Grimaldi* (2001) Nr. 859, 861. Zur gegenständlichen Zusammensetzung der *indivision* s.o. § 7.D.II.

[767] S.o. § 7.C.I.2.

[768] S.o. § 8.B.I.1, II.1.a.

[769] Etwas anderes gilt hinsichtlich der Forderungen und Schulden eines *indivisaire* gegenüber dem Nachlaß. Sie werden zunächst saldiert und sodann gesondert befriedigt, damit das Prinzip der Gleichbehandlung der *coïndivisaires* nicht gestört wird. S.o. § 8.B.III.

[770] In den französischen Lehrbüchern wird der Ausgleich der Schulden und Forderungen deshalb mindestens zweimal behandelt: zum einen bei der Verwaltung des Nachlasses, zum anderen bei seiner Auseinandersetzung. Statt aller *Grimaldi* (2001) ab Nr. 537, Nr. 862-864, 876-884.

[771] Ursprünglich wurde den Nachlaßgegenständen in der Teilung ihr Wert zum Zeitpunkt des Erbfalles zugrundegelegt, da die Teilung auf den Erbfall zurückwirkt; *Radouant* (1925) S. 545ff. Den Zeitpunkt der Bewertung änderte zunächst die Rechtsprechung, deren Betrachtungswechsel später indirekt vom Gesetzgeber in Art. 890 CC übernommen wurde. *Grimaldi* (2001) Nr. 865.

[772] *Terré/Lequette* (1997) Nr. 862.

I. *Partage amiable*

Die einvernehmliche Teilung (*partage amiable*) nehmen die *indivisaires* privatautonom vor, Art. 819 CC. Bei ihr handelt es sich um einen Vertrag, der den allgemeinen Vorschriften über den Vertragsschluß unterliegt und durch schlichten Konsens der Parteien zustande kommt.[773] Die Teilung kann daher grundsätzlich formlos vereinbart werden. Sollen allerdings Grundstücke geteilt werden, so ist eine notarielle Beurkundung erforderlich. Unterbleibt diese, führt sie jedoch nicht zur Unwirksamkeit der Teilung.[774] Auch eine bloße Teilauseinandersetzung (*partage partiel*) im Gegensatz zur *partage global* ist möglich.[775]
Bei der einvernehmlichen Teilung ist es den *indivisaires* überlassen, die Teilung selbständig durchzuführen.[776] Sie können die einzelnen Anteile daher selbst zusammenstellen oder einen Dritten damit beauftragen. Häufig wickelt allerdings ein Notar den Erbfall ab, der in diesem Falle auch die Teilung der *masse successorale* übernimmt.[777]

II. *Partage judiciaire*

Zuständig für die Teilungsklage (*action en partage*) ist gemäß Art. 822 I CC, Art. 45 NCPC das *Tribunal de Grande Instance* am Ort der Eröffnung der Erbschaft.[778] Die Vorschriften dazu finden sich zum Teil noch im alten Code de

[773] *Pène* (2001) Rn. 2507.
[774] *Grimaldi* (2001) Rn. 853 Fn. 132. Dritte können allerdings Schadensersatzansprüche geltend machen.
[775] Eine Teilauseinandersetzung ist nur einvernehmlich möglich.
[776] Ist einer der *indivisaire* noch minderjährig oder geschäftsunfähig (d.h. unter *tutelle*), so sieht Art. 838 II CC grundsätzlich eine gerichtliche Teilung vor. Freilich ist eine *partage amiable* möglich, wenn sie mit Einwilligung des Familienrates durchgeführt wird, der die Auseinandersetzung auf einen Notar übertragen muß, Art. 466 II, 495 CC. Überdies ist anschließend eine gerichtliche Genehmigung (*homologation*) erforderlich. Bei einer Person, die unter einer Art Betreuung (*curatelle*, Art. 508 CC) steht, ist lediglich die Mitwirkung ihres Betreuers erforderlich. Für einen abwesenden *indivisaire* handelt ein Vertreter. Darüber hinaus ist wiederum ein Notar für die Teilung zuständig, welche gerichtlich zu genehmigen ist, Art. 116 CC. Vgl. *Bonnois* (1977) Nr. 3.
[777] *Terré/Lequette* (1997) Nr. 715 Fn. 2, Nr. 798. S. auch die Empfehlung der französischen Regierung unter www.legifrance.gouv.fr (http://vosdroits.service-public.fr/ARBO/101304-FXFAM240.html, Stand: 11.5.2003), sich im Erbfall an einen Notar zu wenden.
[778] Dieser Ort ist nach Art. 110 CC a.F. der Wohnsitz des Erblassers. Die Vorschrift wurde aber durch Art. 21 I des Gesetzes Nr. 2001-1135 vom 3.12.2001 ersatzlos gestrichen.

Procédure civile, Art. 941-1002, zum Teil bereits im neuen Gesetzbuch, Art. 1304-1327 NCPC.

Das Gericht eröffnet das Verfahren in der *chambre du conseil* als Kollegialorgan.[779] Häufig überträgt es den weiteren Teilungsprozeß jedoch auf einen Einzelrichter (*juge commissaire*), vor allem bei Streitigkeiten unter den *indivisaires*, Art. 823 CC. Weiterhin bestellt das Gericht meist zusätzlich einen Notar (*notaire-liquidateur*), der die Teilung durchführen soll.[780] Verbindliche Entscheidungen kann allerdings nur das Kollegialorgan treffen, Art. 823, 837 CC, welchem auch die eigentliche Entscheidung über die Auseinandersetzung obliegt.[781] Zu diesem Zweck überträgt der Einzelrichter oder Notar den Prozeß wieder der *chambre du conseil*.

Eingeleitet wird der Prozeß entweder, indem einer der *indivisaires* die übrigen zu Gericht lädt, oder durch gemeinsamen Antrag aller an das Gericht.[782] Davon unabhängig werden alle *indivisaires* im Teilungsverfahren gleichzeitig als Kläger und Beklagte betrachtet.[783]

Die Teilung vollzieht sich in drei Schritten:[784] Zunächst wird die Teilungsmasse bestimmt, daran anschließend ein Auseinandersetzungsplan erstellt, welcher im nächsten Schritt, der Teilung im engeren Sinne, ausgeführt wird. Die *indivisaires* können nach Art. 985 CPC bis zu dem Punkt des Verfahrens, bei welchem das Gericht über die Genehmigung des Auseinandersetzungsplanes entscheidet, das Verfahren beenden und einvernehmlich die Auseinandersetzung durchführen.[785]

1. Bestimmung der Teilungsmasse

Zunächst werden die zu teilende Masse und ihr Wert bestimmt. Die Evaluierung nimmt der Richter selbst vor oder überträgt sie nach seinem Ermessen auf einen Gutachter.[786] Der Richter kann außerdem bewegliche Nachlaßsachen frei

[779] Die *chambre du conseil* tagt nicht öffentlich, sondern nur vor den Parteien. *Starck/Roland/Boyer* (1996) Nr. 656.

[780] Können die Parteien sich nicht auf die Person des Notars einigen, so bestimmt ihn das Gericht. *Pène* (2001) Rn. 2515.

[781] Zur Rolle des Richters im Teilungsprozeß *Patarin* (1967) S. 618f.

[782] *Terré/Lequette* (1997) Nr. 932.

[783] Code civil Dalloz (2003) Art. 822, Anmerkung. Dies entspricht dem römischen Verfahren, s.o. § 2.C.II.1.

[784] Zu weiteren Verfahrensvoraussetzungen *Krenz* (1994) S. 148ff.

[785] *Grimaldi* (2001) Nr. 855 Fn. 165.

[786] Art. 824 I CC, nach welchem der Wert einer Immobilie von Gutachtern zu schätzen ist, ist

verkaufen, um vor der Teilung die Gläubiger der *indivision* zu befriedigen, Art. 826 CC. Bei Immobilien ist dies dem Richter nur dann erlaubt, wenn sie nicht in Natur teilbar sind und eine *attribution préférentielle* ausgeschlossen ist.[787] Für die Teilbarkeit in Natur ist auch der Wertverlust der Parzellen zu berücksichtigen.[788] Obendrein können Nachlaßgrundstücke nur im Wege der öffentlichen Versteigerung (*licitation*) veräußert werden, nämlich entweder durch einen der Richter oder durch einen Notar. Sind die *indivisaires* jedoch alle einverstanden, so ist auch eine Versteigerung ausschließlich unter ihnen möglich, Art. 827 CC.[789] Nachdem ferner etwa dazu berechtigte Miterben dem Nachlaß Gegenstände im voraus entnommen haben, setzt der Richter die einzelnen Anteile zusammen oder bestimmt zu diesem Zweck wiederum den Notar. Sind alle *indivisaires* mit der gleichen Erbquote am Nachlaß berechtigt, so werden gleiche Anteile gebildet. Anderenfalls variiert entweder der Wert der Anteile oder es werden mehrere Lose mit dem kleinsten gemeinsamen Nenner gebildet, so daß demjenigen mit der höheren Quote mehrere Anteile zugelost werden.

2. Festsetzung des Auseinandersetzungsplans

Der Auseinandersetzungsplan (*état liquidatif*, Art. 979 CPC) wird den *indivisaires* beim Notar vorgelesen. In ihm sind die Zusammensetzung der Lose sowie alle bisherigen Maßnahmen zur Festlegung der teilbaren Masse nieder-

dispositiv, da Art. 970 II CPC bestimmt, daß im Teilungsverfahren solche Gutachten nicht erforderlich sind. *Pène* (2001) Rn. 2519.

787 S.u. IV.

788 S.u. C.II/III.

789 *Terré/Lequette* (1997) Nr. 933. Ersteigert ein *indivisaire* einen Nachlaßgegenstand, sei es Mobilie oder Immobilie, so kann er mit seinen *coïndivisaires* vereinbaren, daß durch den Zuschlag nicht sein Alleineigentum an dem Gegenstand begründet wird, sondern er dieses erst im Zeitpunkt der Teilung erhält – sog. *clause d'attribution*, die allerdings bloß *inter partes* gilt. Zu diesem Zeitpunkt wird auch der in der Versteigerung erzielte Preis fällig. Abweichendes gilt dann, wenn der Wert des versteigerten Gegenstandes sich in der Zwischenzeit in der Weise verändert hat, daß ein *indivisaire* dadurch einen um ein Viertel geminderten Anteil in der Teilung erhält und diese dadurch gemäß Art. 887 CC nichtig wäre. In diesem Fall wird der zu zahlende Betrag entsprechend angepaßt. Der Grund der Regelung besteht darin zu verhindern, daß der Erwerb des ersteigerten Gegenstandes zweimal besteuert wird: bei der Versteigerung sowie bei der Teilung. S. *Malaurie/Aynès* (1998) Nr. 992f.

geschrieben. Geben die *indivisaires* ihr Einverständnis zu Protokoll, wird der Teilungsplan wirksam.[790]

Besteht kein Einvernehmen über den Auseinandersetzungsplan, so ist der Plan gerichtlich zu genehmigen (*homologation du partage*). Mit der Genehmigung durch die *chambre de conseil* wird der Auseinandersetzungsplan wirksam, Art. 981 I CPC.[791] Auch bei Einverständnis aller mit dem Auseinandersetzungsplan können die *indivisaires* beispielsweise zu Beweiszwecken eine gerichtliche Genehmigung verlangen. Diese hat dann jedoch lediglich deklaratorischen Charakter.[792]

3. Zuteilung der Nachlaßgegenstände

An die Festlegung des Auseinandersetzungsplanes schließt sich die eigentliche Teilung an: In Anwesenheit eines Richters oder Notars werden die Anteile verlost, Art. 982 CPC. Einvernehmlich können die *indivisaires* jedoch auch bestimmen, daß ihnen die Nachlaßgegenstände vom Richter oder Notar direkt zugeteilt werden. Mit der Ziehung der Lose oder ihrer freien Zuweisung ist die *indivision* beendet. Gemeinschaftliches Eigentum hat sich in Alleineigentum gewandelt. Darüber hinausgehende Erfüllungsgeschäfte sind nicht erforderlich.

Von der Teilung ausgenommen sind Familiengrabstätten.[793] Das gleiche gilt für Familienpapiere und -andenken, deren Besitz allerdings einem Familienmitglied zur Verwahrung zugewiesen wird.[794]

[790] *Terré/Lequette* (1997) Nr. 935.

[791] Gegen diese Entscheidung können zunächst bei der *Cour d'Appel*, sodann bei der *Cour de Cassation* Rechtsmittel eingelegt werden, es sei denn, die Entscheidung entspricht dem gemeinsamen Antrag aller *indivisaires*. *Donnier* (1998a) Nr. 35.

[792] *Grimaldi* (2001) Nr. 854.

[793] An Gräbern, welche als *biens extra commercium* dem Rechtsverkehr entzogen sind, kann lediglich ein Nutzungsrecht (*droit réel de jouissance et d'usage avec affectation spéciale*) bestehen, welches im Erbfall übertragen wird. Sofern dieses Nutzungsrecht nicht kraft Testaments übergeht, erhält die engere Familie, die nicht mit den *indivisaires* übereinstimmen muß, das Recht gemeinschaftlich. Es entsteht also eine weitere *indivision*. *Terré/Simler* (2002) Nr. 716.

[794] Die Verwahrung übernimmt nach der Rechtsprechung zunächst der überlebende Ehegatte, sodann das erstgeborene Kind oder ein anderer dazu geeigneter Erbe. An diesen Gegenständen der Familie soll eine besondere Form des familiären Miteigentums bestehen, auf welches die allgemeinen Regeln über die indivision keine Anwendung finden. Insbesondere das Recht auf Teilung der *indivision* ist hier ausgeschlossen. *Terré/Simler* (2002) Nr. 715. Auch nach § 2047 II BGB bleiben Familienschriftstücke gemeinschaftlich (s.o. § 5.C.I.1).

C. Teilungsmodalitäten

Geht es um die Teilungsmodalitäten, so handelt es sich um die Regeln, nach denen die Nachlaßmasse in konkrete Anteile aufgeteilt wird und demgemäß anschließend diese Anteile den einzelnen *indivisaires* zugeordnet werden.[795]
Dabei müssen nicht nur die *indivisaires*, sondern auch Dritte darauf vertrauen können, daß das Ergebnis der Teilung ein endgültiges ist. Die Teilung muß also Rechtssicherheit schaffen.[796] Von den gesetzlichen Teilungsregeln kann der Erblasser testamentarisch abweichen. Sie gehören nicht zum französischen *ordre public*.[797]

Die Teilungsregeln wurden zunächst von den rechtspolitischen Überzeugungen der Französischen Revolution dominiert.[798] Hatte diese die Primogenitur abgeschafft und alle Abkömmlinge als gleichberechtigte Erben[799] anerkannt, so sollte ihre Gleichheit auch in der Erbteilung gewährleistet werden.[800] Hinzu kam die weitere Forderung der Revolutionäre, Grund und Boden nicht mehr in den Händen einiger weniger zu konzentrieren, sondern alle daran partizipieren zu lassen.[801] Das Ziel der Bodenverteilung sollten die Teilungsregeln dadurch erreichen, daß im Erbfall jeder Erbe neben einem Grundstücksteil auch einen Anteil an jedem weiteren Nachlaßgegenstand erhält.[802] Der Nachlaß sollte überdies möglichst schnell geteilt werden, so daß auf eine nähere rechtliche Ausgestaltung der *indivision* verzichtet wurde.[803]
Nachdem allerdings schon bald ersichtlich wurde, daß das *principe de morcellement* den Boden zersplitterte, zu einer ineffizienten Bewirtschaftung führte und darüber hinaus wirtschaftliche Einheiten zerstörte, verlagerte sich die Rechtsanwendung langsam vom Prinzip der Teilung in Natur hin zur wertmäßigen Tei-

[795] *Brenner* (2003) Nr. 2f.
[796] *Terré/Lequette* (1997) Nr. 925.
[797] *Grimaldi* (2001) Nr. 893. S.u. V.
[798] *Carbasse* (1998) Nr. 201.
[799] Der Begriff *indivisaire* war 1804 noch nicht üblich. So findet sich beispielsweise bei *Ferriere* (1769a) nicht der Begriff *indivision*, wohl aber *indivis* erklärt. Bei *Duranton* (1828) S. 150 wird beispielsweise die Mehrzahl der Erben entsprechend Art. 815 CC als *indivision* bezeichnet, die Erben selbst allerdings als *héritiers*. S.o. § 7.I.1.
[800] *Terré/Lequette* (1997) Nr. 82. S.o. vor § 7.A.
[801] *Hedemann* (1930) S. 82f.; *Botsch* (1992) S. 18. S.o. § 7.C.IV zur Eigentumskonzeption des Code civil.
[802] Art. 826 CC: „*Chacun des cohéritiers peut demander sa part en nature des meubles et immeubles de la succession* [...].“
[803] S.o. § 7.A.

lung.[804] Dazu war eine Gesetzesreform zunächst nicht erforderlich, da der Code civil von Beginn an beide Teilungsprinzipien vorsah.[805]

I. Das Ziel: Gleichheit der Teilung

Das Grundprinzip der Teilung, gleichgültig ob einvernehmlich oder gerichtlich, ist ihre Gleichheit.[806] Dies bedeutet jedoch nicht (mehr), daß die einzelnen Anteile in ihrer Zusammensetzung gleich sein müssen. Vielmehr soll nach heutigem Verständnis jeder *indivisaire* tatsächlich soviel erhalten, wie ihm nach der Höhe seiner Erbquote zusteht.[807] Erforderlich ist also keine tatsächliche Gleichheit (*égalité en nature*), sondern bloß eine wertmäßige (*égalité en valeur*). Deshalb sind Ausgleichszahlungen (*soultes*) möglich. Das Gericht kann darüber hinaus sogar bestimmte Nachlaßgegenstände dem geeignetsten *indivisaire* mittels der *attribution préférentielle* zuweisen.[808] Ferner wird im Falle des Eintritts für einen verstorbenen *indivisaire* nur ein Anteil gebildet, um eine Nachlaßzerschlagung zu verhindern.[809] Innerhalb des Stammes wird der Anteil von den eingetretenen Erben des *indivisaire* dann geteilt, Art. 831, 836 CC.

Um die *indivisaires* bei der Zuteilung der einmal gebildeten Anteile gleich zu behandeln, werden ihnen die Anteile im gerichtlichen Verfahren zugelost.[810] Begründet wird das Losverfahren damit,[811] daß es zwar eine dem Zufallsprinzip unterworfene, dafür aber unparteiische und alle gleichbehandelnde Teilungsmethode sei.[812] Auch hier begegnet wieder das Mißtrauen vor einer möglichen Beeinflussung des Richters durch die *indivisaires*.[813] Darüber hinaus wird im Machtzu-

[804] *Halpérin* (1996) Nr. 67.
[805] S. Art. 832 CC a.F., Wortlaut unten Fn. 817.
[806] *Catala* (1962) S. 99; *Patarin* (1993) S. 336.
[807] *Grimaldi* (2001) Nr. 870.
[808] S.u. IV.
[809] *Pène* (2001) Rn. 2521.
[810] Im Falle der einvernehmlichen Teilung können die *indivisaires* Abweichendes vereinbaren.
[811] *Lot* bedeutet übersetzt sowohl Anteil als auch Los. *Doucet/Fleck* (1997) s.v. *lot*. *Lot* wird jedoch nur für die konkretisierten Anteile verwandt, die ideellen werden als *droit indivis* bezeichnet.
[812] *Grimaldi* (2001) Nr. 854 a.E.
[813] *Grimaldi* (2001) Nr. 854. Vgl. auch § 3.B.I.2.b. Der Argwohn gegenüber dem Richter stellt sich als eine Begleiterscheinung der Aufklärung dar und ist insofern ein revolutionäres Erbe des Code civil. Außerhalb des Erbrechts ist das französische Zivilrecht dem Richter gegenüber grundsätzlich positiv eingestellt, *Carbasse* (1998) Nr. 176, 200. S. auch

wachs des Richters eine Beschneidung der individuellen Rechte des einzelnen gesehen.[814] Trotzdem wird vereinzelt gefordert, die Verlosung der Anteile durch eine weiterreichende Kompetenz des Richters zu ersetzen, die Nachlaßgegenstände den *indivisaires* direkt zuzuteilen.[815]
Bestandteil des Prinzips der Gleichheit ist es auch, daß die Gegenstände, die einem *indivisaire* zugewiesen werden, nicht mit Rechten Dritter belastet sein sollen. Denn anderenfalls könnte die Teilung sich nachträglich als ungleich herausstellen, wenn die Rechte Dritter dort nicht berücksichtigt wurden. Aus diesem Grunde werden Verfügungen eines *indivisaire* über Nachlaßgegenstände nach Art. 883 CC nur dann endgültig wirksam, wenn er sie aufgrund der Teilung als Alleininhaber erhält.[816]

II. Wertmäßige Teilung

Art. 832 I CC bestimmt: *Dans la formation et la composition des lots, on doit éviter de morceler les héritages et de diviser les exploitations.* Aus dieser Norm ergibt sich, daß der Grundfall der Teilung die wertmäßige ist, um eine Nachlaßzerschlagung zu verhindern.
Die Vorschrift geht auf eine Gesetzesänderung von 1938 zurück, durch welche dem Prinzip der wertmäßigen Teilung der eindeutige Vorrang vor der Teilung in Natur eingeräumt wurde.[817] Zwar gesteht Art. 826 CC[818] auch heute noch das Recht auf Teilung in Natur zu. Jedoch sind nach Art. 833 CC andererseits Ausgleichszahlungen bei nur wertmäßiger Teilung möglich.
Auch wenn es im Hinblick auf die systematische Auslegung für einen deutschen Zivilisten ungewöhnlich erscheint, ist Ausgangspunkt der Gesetzesanwendung Art. 832 CC und nicht Art. 826, obwohl mit Art. 826 CC die Vorschriften über die Art und Weise der Teilung beginnen. Erst in seinem zweiten Absatz ordnet Art. 832 CC an, daß subsidiär eine Teilung in Natur vorzunehmen ist. Das grund-

Benhamou (2003) S. 366ff.
814 *Patarin* (1967) S. 621f., 636f.
815 *Marty/Raynaud* (1983) Nr. 771.
816 S.o. § 8.A.II.2.
817 Gesetz vom 17.6.1938. Art. 832 I CC lautete zuvor: „*Dans la formation et composition des lots, on doit éviter, autant que possible, de morceler les héritages et de diviser les exploitations; et il convient de faire entrer dans chaque lot, s'il se peut, autant de meubles, d'immeubles, de droits et de créances de même nature et valeur.*"
818 Wortlaut o. Fn. 802.

sätzliche Verhältnis von wertmäßiger Teilung und Teilung in Natur ist dadurch geklärt.
Die wertmäßige Gleichheit unter den *indivisaires* und im Hinblick auf ihre Erbquote wird also durch Ausgleichszahlungen gewährleistet. Darüber hinaus ist es (auch für das Gericht) möglich, beschränkte dingliche Rechte wie beispielsweise eine Dienstbarkeit an Nachlaßgrundstücken ausgleichsweise zu bestellen.

III. Teilung in Natur

Stellt die Teilung in Natur nur die subsidiäre Teilungsform dar, so ist sie nach der Rechtsprechung gleichzeitig die Grenze der wertmäßigen Teilung. Denn der *partage en valeur* soll nicht schrankenlos bis hin zu dem Fall möglich sein, daß ein *indivisaire* keinen Nachlaßgegenstand, sondern nur Ausgleichszahlungen erhält.[819]

Eine Teilung in Natur ist dann vorzunehmen, wenn dafür einzelne Nachlaßgegenstände körperlich nicht geteilt werden müssen oder sie wirtschaftlich nicht ungünstig ist. Ungünstig ist die Teilung in Natur beispielsweise dann, wenn durch sie ein geringerer Wert erzielt würde als durch eine Versteigerung des Nachlaßgegenstandes.[820] Grundsätzlich hat die wertmäßige Teilung der Versteigerung gegenüber also Vorrang.[821] Welche Teilungsform entsprechend diesen Regeln die günstigste ist, beurteilt der Richter nach seinem Ermessen.[822]

Ein Nachlaßgegenstand kann öffentlich oder ausschließlich unter den *indivisaires* versteigert werden.[823] Bei einer öffentlichen Versteigerung wächst dem Nachlaß der Versteigerungserlös mittels dinglicher Surrogation zu, falls ein Dritter den Zuschlag erhält. Steigern nur die *indivisaires*, so findet durch den Zuschlag eine gegenständliche Teilauseinandersetzung statt.[824] Darüber hinaus wird der Er-

[819] Civ. 1re, 18.7.1984, angezeigt von *Patarin* (1986) S. 614f. Diese Teilungsregel wird auch aus dem Eigentumsrecht selbst abgeleitet: Da alle *indivisaires* Eigentümer der *masse indivise* seien, könne nicht einem von ihnen dieses Eigentum vollständig entzogen werden. *Zénati/Revet* (1997) Nr. 275.
[820] Civ. 1re, 16.4.1991, JCP 1991, IV, 236.
[821] Civ. 1re, 22.1.1985, angezeigt von *Patarin* (1986) S. 618.
[822] *Grimaldi* (2001) Nr. 873.
[823] S.o. B.II.
[824] *Grimaldi* (2001) Nr. 874.

steigerer-*indivisaire* Schuldner eines Betrags gegenüber der *indivision* in der Höhe, in welcher der Versteigerungserlös den Wert seines Anteils übersteigt.[825]
Bei der Versteigerung einer Sache, an welcher ein Nießbrauch besteht, kann sich die Versteigerung grundsätzlich nur auf die *indivision* der Eigentümer oder die der Nießbraucher beziehen.[826] Ausnahmsweise gilt sie bei einer Teilung des Nießbrauchs für beide Rechtsgemeinschaften, wenn nur auf diese Weise die Grundlage des Nießbrauchs und die Interessen der Parteien gewahrt bleiben.[827] Hingegen kann eine Versteigerung für die Teilung des Eigentums von einem Nießbraucher nicht verlangt werden, Art. 815-5 II CC.[828]

IV. *Attribution préférentielle*

Bei bestimmten Nachlaßgegenständen können ein *indivisaire* oder auch mehrere gemeinschaftlich beantragen, daß ihnen diese in der Teilung vorzugsweise zugewiesen werden (*attribution préférentielle*).[829] Dabei handelt es sich ausschließlich um solche Gegenstände, die den Beruf oder die Wohnung eines *indivisaire* betreffen. Die dazu in Art. 832 III - 832-4 CC abschließend geregelten Vorschriften stellen Ausnahmen zu der grundsätzlich vorgesehenen Art und Weise der Teilung durch Losbildung und -ziehung dar. Wiederum wird vom ehemaligen Vorrang der Teilung in Natur abgewichen: 1938 nahm der Gesetzgeber in die Neufassung des Art. 832 CC auch Regelungen über die vorzugsweise Zuteilung auf. Der Grund hierfür war vor allem wieder ein wirtschaftlicher, da bestehende Betriebe nicht zerstört werden sollen. Zum anderen soll auf die persönliche Situation der *indivisaires* Rücksicht genommen werden.
Die Möglichkeit der *attribution préférentielle* wurde in der Folgezeit schrittweise erweitert.[830] Ihren Ausgangspunkt hatte sie nach Art. 832 III CC bei kleineren und mittleren landwirtschaftlichen Betrieben (*exploitations agricoles*).[831]

[825] Zur Versteigerung eines Gegenstandes unter den Miterben s.o. Fn. 789.
[826] *Dagot* (1987). S.a. *Nerson* (1965) S. 711-717.
[827] Civ. 1re, 19.11.1996, angezeigt von *Patarin* (1997) S. 199.
[828] Vgl. *Grimaldi* (2001) Nr. 875 a.E.
[829] Eine *attribution préférentielle* kann allerdings der Erbteilserwerber nicht verlangen. *Terré/Lequette* (1997) Nr. 941.
[830] Gesetz Nr. 61-1378 vom 19.12.1961, Gesetz Nr. 71-523 vom 3.7.1971, Gesetz Nr. 80-502 vom 4.7. 1980, Gesetz Nr. 82-596 vom 10.7.1982, Gesetz Nr. 2001-1135 vom 3.12.2001. S. dazu (kritisch) *Patarin* (1962) S. 421-454; *Dagot* (1980a) Nr. 11-27.
[831] Näher *Terré/Lequette* (1997) Nr. 944-954; *Exner* (1994) S. 82-90. S.a. Art. L. 321-24 Code rural.

Nachträglich wurde sie aber auf solche jedweder Größe sowie auf als Familienunternehmen geführte Handels-, Industrie- oder Handwerksbetriebe ausgedehnt (*entreprise commerciale, industrielle ou artisanale*, Art. 832 IV CC). Dazu werden nunmehr auch solche der freien Berufe gezählt.[832] Abgesehen von dem Grundstück, welches zu einem landwirtschaftlichen Betrieb oder sonstigen Unternehmen gehört, kann auch lediglich sein Zubehör vorzugsweise zugewiesen werden. Dies gilt insbesondere für den Fall, daß der Erblasser nicht Eigentümer des genutzten Grundstücks, sondern sein Pächter oder Mieter war, Art. 832 VI HS 3 CC.[833]
Gegenstand einer vorzugsweisen Zuweisung kann ferner die Wohnung des Erblassers sowie ihr Mobiliar für diejenigen sein, die dort zur Zeit des Erbfalles gelebt haben, Art. 832 VI HS 2 CC. Dabei ist es unerheblich, ob die Wohnung im Eigentum des Erblassers stand oder von ihm gemietet wurde. In den Mietvertrag treten die *indivisaires* allerdings bereits aufgrund mietrechtlicher Vorschriften ein.[834]

Voraussetzung einer vorzugsweisen Zuteilung ist stets, daß der Betrieb eine wirtschaftliche Einheit bildet (*unité économique*) und der Antragsteller ein besonderes Interesse an dem Betrieb hat. Er muß dazu nachweisen, daß er zur Entwicklung des Unternehmens beigetragen hat, Art. 832 III S.1 HS 1 a.E. CC. Jedoch werden an diesen Nachweis keine hohen Anforderungen gestellt.[835] Es genügt sogar, wenn der Antragsteller seine Arbeit dort erst nach dem Erbfall aufgenommen hat. Bei Geschäftsräumen ist für deren Zuweisung lediglich erforderlich, daß sie dem Beruf des Antragstellers zur Zeit der Zuweisung dienen, Art. 832 VI HS 3 CC. War der Erblasser an dem Betrieb nur anteilig beteiligt, so kann auch sein Gesellschafteranteil unter bestimmten Voraussetzungen einem *indivisaire* vorzugsweise zugewiesen werden.[836] Die *attribution préférentielle* hat also auch den Zweck, daß der Begünstigte seinen Beruf weiterhin ausüben kann.

Die Entscheidung über die vorzugsweise Zuteilung steht im Ermessen der angerufenen Richter. Sie haben aber die Interessen der Beteiligten und ihre persön-

[832] *Terré/Lequette* (1997) Nr. 940.
[833] *Savatier* (1981) S. 187f.
[834] Art. 1742 CC. Für den überlebenden Ehegatten s. auch Art. 763 und Art. 1751 CC, nach welchen dieser nach dem Erbfall ein befristetes, nicht abdingbares Wohnrecht in der bisherigen Wohnung hat. *Prieur* (2003) S. 58.
[835] *Grimaldi* (2001) Nr. 892.
[836] Dies gilt erst seit dem Gesetz v. 10.7.1982. Näher *Martin* (1982) S. 298.

liche Eignung zu beachten.[837] Das Gericht hat bei konkurrierenden Anträgen außerdem zu berücksichtigen, wie lange ein *indivisaire* sich bereits in dem Unternehmen engagiert, Art. 832 VIII S.1 CC. Dem Ehepartner steht eine vorzugsweise Zuteilung allerdings von Gesetzes wegen zu, sofern er sie beantragt, Art. 832 VIII S.2 CC.[838]
Die Entscheidung des Gerichts oder der *indivisaires* zugunsten einer *attribution préférentielle* bewirkt noch keine Änderung der dinglichen Rechtslage, weil diese erst am Tag der eigentlichen Teilung vollzogen wird.[839] Die Entscheidung bedeutet lediglich, daß der betroffene Gegenstand dem Anteil des Antragstellers zugeordnet werden muß. Im Gegenzug kann der begünstigte *indivisaire* zu Ausgleichszahlungen verpflichtet werden, Art. 832 III S.1 CC.

V. *Partage d'ascendants*

Der Erblasser kann gegenüber seinen Abkömmlingen Teilungsanordnungen im Wege der *donation-partage* oder des *testament-partage* treffen, Art. 1075 CC.[840] Diese Anordnungen bewirken, daß alle oder lediglich einige bestimmte Lose in ihren Bestandteilen schon im Erbfall feststehen. Die in den Losen enthaltenen Nachlaßgegenstände gehen aber erst im Zeitpunkt der Teilung in das Eigentum der Bedachten über.[841]

D. Teilungsausschluß

Obwohl der Anspruch auf die Teilung nach Art. 815 I CC einer der Wesensmerkmale der *indivision* darstellt, können die *indivisaires* seit der Reform von 1976 vereinbaren oder bei Gericht beantragen,[842] daß die Gemeinschaft noch nicht aufgelöst werde.[843] Anders als nach § 2044 BGB kann der Erblasser jedoch keinen Teilungsausschluß anordnen.

[837] Die *Cour de Cassation* überprüft diese Entscheidungen nicht, vgl. Civ. 1er, 17.3.1987, D 1987, S. 589f. mit Anmerkung *Breton* S. 590ff. Sehr kritisch *Patarin* (1967) S. 627f., 630.
[838] *Bellivier/Rochfeld* (2002) S. 158.
[839] *Grimaldi* (2001) Nr. 896.
[840] *Grimaldi* (1992) S. 965-968.
[841] Vgl. *Pellegrin* (1961) Nr. 168 (für den *testament-partage*).
[842] S.o. § 7.A. 1976 wurde Art. 815 I CC folgender Halbsatz angehängt: „[...] *à moins qu'il n'y ait été sursis par jugement ou convention.*“
[843] Eine solche Vereinbarung oder Anordnung wirkt auch gegenüber den Nachlaßgläubigern.

I. Aufrechterhaltung der *indivision*

Eine Aufrechterhaltung der Gemeinschaft (*maintien de l'indivision*) können die *indivisaires* einvernehmlich mittels der *indivision conventionnelle* beschließen, Art. 815 II CC.[844] Einigen sie sich darauf nicht, so besteht die Möglichkeit, einen Ausschluß der Teilung bei Gericht zu beantragen. Zuständig ist wie stets in Nachlaßsachen das *Tribunal de Grande Instance*, dessen Richter nach ihrem Ermessen unter Berücksichtigung der Interessen aller Beteiligten entscheiden.[845]

Ein gerichtlicher Teilungsausschluß dient dem Schutz der Familie. Von der Teilung können kleinere und mittlere landwirtschaftliche Betriebe, Wohnraum und beruflich genutzte Räumlichkeiten einschließlich ihres Mobiliars ausgeschlossen werden, Art. 815-1 CC. Der Teilungsausschluß kann vom überlebenden Ehegatten sowie bei Vorhandensein minderjähriger Kinder auch von sonstigen *indivisaires* beantragt werden, Art. 815-1 III/IV CC. Ein solcher Ausschluß kann jedoch nur zugunsten der Kernfamilie des Erblassers angeordnet werden.
Der Ehegatte muß dazu Miteigentümer der privat oder beruflich genutzten Räumlichkeiten sein, wobei es genügt, daß er es aufgrund des Erbfalls geworden ist, Art. 815-1 I/II CC. Den durch den Teilungsausschluß Begünstigten kann ihrerseits auferlegt werden, daß sie an die übrigen *indivisaires* Ausgleichszahlungen leisten. Der Teilungsausschluß kann für maximal fünf Jahre beschlossen werden. Allerdings besteht die Möglichkeit, ihn zu verlängern, Art. 815-1 V CC.[846]

II. Teilungsaufschub

Weiterhin besteht die Möglichkeit, das Teilungsbegehren eines *coïndivisaire* abzuwehren, indem für zwei Jahre ein Teilungsaufschub (*sursis au partage*) verlangt wird, Art. 815 II CC.
Ein solcher Aufschub kommt zum einen bei der Teilung eines landwirtschaftlichen Betriebes in Betracht. Er dient in diesem Falle dazu, es dem Antragsteller innerhalb der nächsten zwei Jahre zu ermöglichen, den Betrieb selbst zu übernehmen. Der Aufschub bereitet also eine spätere *attribution préférentielle*

Grimaldi (2001) Nr. 852.
844 S.o. § 8.A.V.
845 *Patarin* (1967) S. 624.
846 *Terré/Lequette* (1997) Nr. 854.

vor.[847] Zum anderen ist ein Teilungsaufschub möglich, wenn der Wert eines Gegenstandes durch die sofortige Teilung gemindert würde.

Auch die Teilung des gesamten Nachlasses kann verhindert werden, Art. 815 III CC. Dabei wird demjenigen, der die Teilung begehrt, sein konkreter Anteil zugeteilt. Bei dieser sog. *attribution éliminatoire* handelt es sich um eine personelle Teilauseinandersetzung.[848]

E. Zusammenfassung und Ergebnis

Der Nachlaß wird geteilt, indem er zuerst in konkrete Anteile aufgegliedert wird, die sodann den *indivisaires* zugelost werden. Das Losverfahren soll dafür Sorge tragen, daß alle *indivisaires* gleich behandelt werden. Die Zusammensetzung der einzelnen Anteile kann aber unterschiedlich sein. Denn auch eine nur wertmäßige Teilung des Nachlasses gewährleistet, daß der Wert des konkreten Anteils der Erbquote jedes *indivisaire* entspricht.
Im gerichtlichen Verfahren bestimmt der Richter oder Notar über den Inhalt der Anteile. Dabei kann die Verlosung für bestimmte Nachlaßgegenstände durch eine vorzugsweise Zuteilung, welche im Ermessen des Richters liegt, ersetzt werden.

Die Verteilung des Nachlasses ist also gekennzeichnet durch eine Verbindung aus strengen, klaren Regeln und richterlichem Ermessen. Eine größere Rolle als der Richter spielt im Teilungsverfahren jedoch ein anderes Organ der Rechtspflege: Dem Notar als *officier public* wird bei der Teilungsklage die Durchführung des Verfahrens vom Gericht übertragen. Und im Falle der außergerichtlichen Teilung überlassen die Erben meist ebenfalls dem Notar diese Aufgabe.

Die französische Regelung erscheint auf den ersten Blick vernünftig, da sie einen Kompromiß zwischen Rechtssicherheit und materieller Gerechtigkeit im Einzelfall darstellt. Zudem reagierten die Rechtsprechung und ihr nachfolgend der Gesetzgeber auf nachteilige Regelungen im Code civil: Insbesondere die bei uns noch ungelösten Probleme der Unternehmensnachfolge sind angegangen worden.
Allerdings läßt sich das Verhältnis der Teilungsregeln zueinander – abgesehen von der Grundentscheidung in Art. 832 I/II CC – nicht dem Gesetz entnehmen,

[847] *Terré/Lequette* (1997) Nr. 855.
[848] *Terré/Lequette* (1997) Nr. 856.

sondern mußte von der Rechtsprechung entwickelt und ausdifferenziert werden. Für die Rechtssicherheit und -klarheit stellt dies ein Hindernis dar. Hinzu kommt, daß die Systematik der Art. 826-833 CC keine gelungene ist. Davon abgesehen dauert das gerichtliche Nachlaßverfahren oftmals sehr lange, zehn bis zwanzig Jahre sind keine Seltenheit.[849]

Darauf könnte es zurückzuführen sein,[850] daß die Erben meist den Weg der einvernehmlichen Teilung wählen.[851] Ein weiterer Grund mag aber darin zu finden sein, daß die Erben auch in diesem Falle von einem Notar betreut werden, den sie überdies selbst gewählt haben. Durch die notarielle Vermittlung und Abwicklung des Nachlasses waren auch schon vor der Reform von 1976 die gesetzlichen Lücken in der Praxis geschlossen worden.[852] Der Notar kann die *indivision* außergerichtlich und unbürokratisch, wenn auch nicht unbedingt kostengünstiger, teilen. Die starke Stellung des französischen Notariats[853] und die mögliche Schwäche des Gesetzes oder seiner gerichtlichen Anwendung gehen möglicherweise Hand in Hand.

[849] *Malaurie/Aynès* (1989) Nr. 944.

[850] So die Deutung von *Exner* (1994) S. 100. *Zénati/Revet* (1997) Nr. 274 bezeichnen die gerichtliche Teilung als Notbehelf (*pis-aller*).

[851] *Terré/Lequette* (1997) Nr. 927; *Pène* (2001) Rn. 2512.

[852] S. dazu den Bericht von *Roux* (1971) S. 111-122, zur Reform vo 1976 o. § 7.A.

[853] S. auch *Heinz* (2002) S. 628.

§ 10. Die Wirkung der Teilung

A. Einführung

Fragt die französische Literatur nach der Wirkung der Teilung (*effet du partage*), so ist gleichzeitig die Frage nach deren rechtstechnischer Wirkungsweise und Rechtsnatur gestellt.
Zunächst bewirkt die Teilung, daß die *indivision* auseinandergesetzt wird, d.h. die mehrheitliche Innehabung der Nachlaßobjekte wird durch eine alleinige ersetzt. Die Erben erhalten mithin die einzelnen Nachlaßgegenstände jeweils zu Alleineigentum zugewiesen. Bei einer Teilung nach dem BGB wäre die Frage, von wem der Erbe den Nachlaßgegenstand erworben habe, ganz selbstverständlich damit zu beantworten, daß sein Rechtsvorgänger die Erbengemeinschaft sei. Auf die gleiche Frage antwortet der Code civil mit der gegenteiligen Regel des Art. 883 I CC:

> *Chaque cohéritier est censé avoir succédé seul et immédiatement à tous les effets compris dans son lot, ou à lui échus sur licitation, et n'avoir jamais eu la propriété des autres effets de la succession.*
>
> Jeder Miterbe wird so angesehen, als habe er alle in seinem Lose begriffenen oder bei der Versteigerung ihm zugefallenen Gegenstände allein und unmittelbar geerbt und an den übrigen Erbschaftssachen niemals Eigentum gehabt.[854]

Aufgrund dieser Vorschrift wird jeder *indivisaire* so angesehen, als sei er bereits seit dem Zeitpunkt des Erbfalles alleiniger Inhaber der ihm zugeteilten Nachlaßgegenstände. Ist die *indivision* also einmal geteilt, so wird sie im Rahmen des Art. 883 I CC aus der juristischen Realität entfernt. Die Teilung kann daher kein Verfügungsgeschäft[855] zwischen der Gemeinschaft der *indivisaires* und einem *coïndivisaire* sein. Für das französische Zivilrecht bedeutet dies, daß die Teilung kein *acte translatif* ist, also der Auseinandersetzungsvertrag keine rechtsübertragende Wirkung hat.[856] Stattdessen wird die Teilung hinsichtlich ihrer Wirkung als *acte déclaratif* eingeordnet.

[854] Übersetzung aus *Ferid/Firsching* (2003) s.v. Frankreich Texte B, S. 69.
[855] Zur begrifflichen Unterscheidung von Verfügungsgeschäft und *acte de disposition* § 8.A.
[856] S.o. § 8.A zur rechtsübertragenden Wirkung schuldrechtlicher Verträge nach dem Konsensualprinzip.

Ein *acte déclaratif* wird begriffen als ein Rechtsgeschäft, durch welches ein bereits bestehendes Recht aufgedeckt oder bestätigt wird.[857] Außer der Teilung gehören zu diesen Rechtsgeschäften beispielsweise der Vergleich (*transaction*)[858], die Anerkennung (*reconnaissance*) der Vaterschaft sowie das (prozessuale und Schuld-) Anerkenntnis (*aveu*).[859] Für die Teilung bedeutet der *effet déclaratif* dem Grundsatz nach, daß lediglich schon bestehende Rechte, d.h. die Anteile, bestimmt werden: Die bereits seit dem Erbfall bestehenden Anteile der *indivisaires* konkretisieren sich nur.[860] Diese „schweben" (*flotter*)[861] bisher über der *masse indivise*, so daß sich das Recht jedes *indivisaire* auf den gesamten Nachlaß und jeden Nachlaßgegenstand in seiner Gesamtheit bezieht. Durch die Teilung fixiert sich nun dieses unkonkrete Recht auf konkrete Nachlaßgegenstände, die damit in das Alleineigentum des jeweiligen *indivisaire* fallen. Die Anerkennung als alleinige Inhaber der zugeteilten Gegenstände bereits seit dem Erbfall folgt aus der Rückwirkung der Teilung (*effet rétroactif du partage*) nach Art. 883 I CC.

Der Erklärung der Teilungswirkung wird in den Lehrbüchern stets der Vergleich mit anderen Rechtssystemen vorangestellt. Zunächst wird dazu kurz das römische Recht skizziert, sodann auf das deutsche Recht eingegangen, welches das römischrechtliche System jedenfalls der Teilungswirkung übernommen hat.[862] Die französische *partage* wird also immer in Abgrenzung zu einer anderen Interpretation des Instituts, nämlich der Teilung als Rechtsübertragung, erklärt.

Die Rechtsnatur der Teilung nach ihrem heutigen Verständnis ist das Ergebnis eines ungefähr 100 Jahre dauernden Streits, der unter dem Code civil in der Mitte des 19. Jahrhunderts begann und in der Mitte des 20. Jahrhunderts seinen (möglicherweise nur vorläufigen) Abschluß fand. Anlaß dieses Streits war, daß die Redaktoren des Code civil eine vom römischen Recht abweichende Regelung kodifizierten, deren Bedeutung und Inhalt bis *dato* wissenschaftlich nicht ausreichend durchdrungen war. Deshalb war praktisch seit Inkrafttreten des Code

[857] *Brenner* (1999) Nr. 224.

[858] *Brenner* (1999) Nr. 229. Nach dem BGB hat der Vergleich grundsätzlich auch verfügende Wirkung. *Bork* (1988) S. 140, 144. S. aber auch *Häsemeyer* (1995) S. 302ff. zur deklaratorischen oder konstitutiven Wirkung des Vergleichs.

[859] *Malaurie/Aynès* (1998) Nr. 982.

[860] *Zénati/Revet* (1997) Nr. 291; *Bergel/Bruschi/Cimamonti* (2000) Nr. 485.

[861] *Terré/Lequette* (1997) Nr. 845.

[862] Statt aller *Grimaldi* (2001) Nr. 912.

civil dauerhaft fraglich, auf welche Rechtsgeschäfte Art. 883 CC überhaupt anzuwenden sei. Andererseits sprach und spricht[863] nach französischem Verständnis für den *effet déclaratif* seine lange Tradition, die jedenfalls bis ins 16. Jahrhundert zurückreicht.[864]

B. Die historische Entwicklung der Teilung als *acte déclaratif*

Art. 883 CC wird als einer der *grands numéros*[865] des Code civil angesehen. Weshalb, läßt sich nur anhand seiner historischen Entwicklung begreifen. Dies gilt ebenfalls für die daraus resultierende Einordnung der Teilung als *acte déclaratif*. Dabei gebietet es die zeitliche Abfolge der Entwicklung, zunächst auf die Ursprünge der deklaratorischen Wirkung der Teilung und sodann auf ihre Kodifikation einzugehen. Es soll hier allerdings nicht die umfassende Genese dieses Rechtsinstituts wiedergegeben werden. Stattdessen soll ein Blick auf diejenigen Abschnitte seiner Entwicklung geworfen werden, die aus heutiger französischer Sicht als historische *condicio sine qua non* des Art. 883 CC gelten. Dies gilt vor allem für die Zeit bis 1804. Mit Inkrafttreten des Code civil beginnt sodann ein neuer Abschnitt, in welchem versucht wird, Art. 883 CC aus sich selbst heraus zu erklären.
Ohne die Herkunft einer Norm zu kennen, bleibt eine rechtsvergleichende Betrachtung oberflächlich, da sie bloß das bereits Ersichtliche beleuchtet. Die geschichtliche Reflexion aber deckt die ursprüngliche Funktion der Norm auf, deren Beständigkeit oder Wandel innerhalb der Rechtsordnung es zu begreifen gilt. Nur auf diese Weise läßt sich prüfen, ob gegenwärtig der Regelungszweck der Norm noch sinnvoll ist und erreicht wird.

I. Die „Entdeckung" des *acte déclaratif* unter der Herrschaft des *ancien droit*

Der Begriff des *ancien droit* suggeriert *ein* Recht (i.S.v. objektivem Recht), welches bis zum Inkrafttreten des Code civil gegolten habe. Dies ist jedoch nicht der Fall, da der Code civil ebenso wie knapp 100 Jahre später das BGB in Deutschland die juristische Landkarte Frankreichs vereinheitlichte. Zuvor teilte

[863] S. nur *Flour/Souleau* (1991) Nr. 449: „*L'article 883 – l'un des plus célèbres.*"
[864] Zu seiner möglicherweise mittelalterlichen Herkunft s. die Nachweise in Fn. 872.
[865] *Malaurie/Aynès* (1998) Nr. 20.

sich das Land vor allem in zwei Gebiete: In Nord- und Zentralfrankreich galt das von mittelalterlichen Gewohnheitsrechten geprägte *droit coutumier*, in Südfrankreich wirkte das *droit écrit*, welches neben den dortigen Gewohnheitsrechten auch das vor allem durch die *Lex Romana Visigothorum*[866] vermittelte römische Recht umfaßte.[867] Das römische Recht fand im Süden nicht automatisch wie in Deutschland subsidiäre Anwendung, sondern fungierte vor allem im Wege einer *ratio scripta* als Argumentationshilfe.[868]
Die königliche *Ordonnance* von Montils-les-Tours verpflichtete 1454 zur Aufzeichnung aller lokalen Rechte.[869] 1510 erschien die offizielle Fassung des Pariser Gewohnheitsrechts, die *Coutume de Paris*, welche 1580 noch einmal als *Nouvelle Coutume de Paris* reformiert wurde. Dieses Gewohnheitsrecht sollte bald im gesamten Norden Frankreichs als *droit commun coutumier* gelten.
Durch das *droit écrit* des Südens kam das Gewohnheitsrecht des Nordens mit dem römischen Recht in Berührung. So hatte beispielsweise der königliche Gerichtshof, das *Parlement de Paris*, eine eigene Abteilung für das *droit écrit*. Auch erlebte das römische Recht in Frankreich, ausgehend von der Universität von Bourges, gerade im 16. Jahrhundert eine neue wissenschaftliche Bearbeitung durch die vom Humanismus geprägte sog. Elegante Jurisprudenz.[870] Einflußreicher wurde im 17. und 18. Jahrhundert das Naturrecht, als dessen große Vertreter und gleichzeitig als Wegbereiter des Code civil *Jean Domat* (1625-1696) und *Robert-Joseph Pothier* (1699-1677) gelten.[871]

Die Herkunft des *effet déclaratif du partage* wird zumeist auf das 16. Jahrhundert datiert. Darüber hinaus gibt es Hypothesen, ob er nicht bereits den mittelalterlichen Rechten inhärent ist.[872] Jedenfalls aber erlangt diese Form der Teilungs-

866 Diese Aufzeichnung römischen Rechts durch den Westgotenkönig Alarich II. aus dem Jahre 506 wurde später auch als *Breviarium Alarici* bezeichnet. Näher *Kunkel/ Schermaier* (2001) S. 205ff.

867 *Wieacker* (1967) S. 340.

868 In ganz Frankreich wurde bis gegen Ende des 17. Jahrhunderts an den Universitäten ausschließlich das römische Recht gelehrt. *Lévy* (1999) S. 498. Vgl. auch das die Rezeption in Frankreich charakterisierende Rechtssprichwort *non ratione imperii, sed imperio rationis*.

869 *Gudian* (1971) Sp. 645.

870 Die „Elegante Jurisprudenz" wurde auch als *mos gallicus* bezeichnet, um ihren methodischen Unterschied zur bisherigen scholastischen Methode (*mos italicus*) der italienischen Universitäten hervorzuheben. S. dazu *Luig* (1984) Sp. 693; *ders.* (1992) S. 288ff.; *Hübner* (1973) S. 41, 43ff.; *Wieacker* (1967a) S. 167f.

871 *Arnaud* (1969) S. 69-73, 146f., 165ff., 206-209; *Dubouchet* (1998) S. 78-82, 84ff.

872 S. dazu *Desserteaux* (1908) Nr. 39-49; *Querel* (1923) S. 21; *Olivier-Martin* (1926)

wirkung erst über das aufgeschriebene Pariser Gewohnheitsrecht Einfluß auf ganz Frankreich. Da eine auf den *effet du partage* bezogene Norm aber erst in die *Nouvelle Coutume de Paris* von 1580 aufgenommen wurde, soll unsere Betrachtungsweise der Genese des *acte déclaratif* bei *Charles Dumoulin* (1500-1566)[873] beginnen.

1. *Charles Dumoulin*: „Entdecker" der Rückwirkung der Teilung

Als Kommentator des Pariser Gewohnheitsrechts setzte *Dumoulin* sich mehrfach mit Fragen der Erbteilung auseinander, sowohl in zivilrechtlicher als auch in steuerrechtlicher Hinsicht. Seine Ausführungen werden heute überwiegend dazu herangezogen, um die (angeblich) erstmalige Anwendung der deklaratorischen Wirkung der Teilung im Zivilrecht zu datieren.

Am bekanntesten ist ein von Dumoulin geschilderter Fall, zu dem er 1538 gemeinsam mit anderen Juristen ein Privatgutachten abgegeben hatte.[874] Dabei ging es um das Recht eines Dritten an einem Nachlaßgegenstand, das während der Zeit der Erbengemeinschaft von nur einem der Miterben begründet wurde. Fraglich war, ob ein solches Recht diesen Gegenstand nach der Teilung weiterhin belastet, auch wenn er nicht dem Erben zugewiesen wird, der die Belastung verursacht hatte. In dem konkreten Fall hatte ein Lehensherr ein Grundstück vorübergehend beschlagnahmt (*saisie féodale*).[875] Dieses Grundstück gehörte zum Nachlaß eines verstorbenen Vasallen, von dessen Erben einer mit der Zahlung einer im Erbfall fällig werdenden Steuer (*profits féodaux*) in Verzug geraten war. Der Verzug berechtigte den Lehensherr solange zur *saisie féodale*, bis der Erbe die Steuerschuld beglich.[876]
Dumoulin vertrat nun die Ansicht, daß die *saisie féodale* am Bruchteil auch nach der Teilung aufrecht zuerhalten sei, weil die Teilung eine Rechtsübertragung darstelle. Dies gelte unabhängig davon, ob der Schuldner-Miterbe dieses oder ein anderes Grundstück durch die Teilung erhalten habe.[877] Sein Ergebnis untermau-

S. 415f.

[873] Zu Leben und Werk von *Dumoulin* s. *G. Meyer* (1956); *Thireau* (1980) S. 23-58.

[874] *Dumoulin* (1554) Titel 1, glose 9, n° 42.

[875] S. zum Feudalsystem *Lefebvre* (1912) S. 13-22; *Bournazel* (1998) S. 389-510.

[876] Vgl. *Desserteaux* (1908) Nr. 35.

[877] Die Zustimmung des Lehensherrn zur Teilung war im 16. Jahrhundert nicht mehr erforderlich, da diese als eine notwendige Veräußerung angesehen wurde. Siehe dazu sogleich.

erte *Dumoulin* unter Hinweis auf das römische Recht,[878] welches diese Frage in Bezug auf beschränkte dingliche Rechte ebenso gelöst hatte.[879] Die übrigen (unbekannten) Gutachter sahen dagegen entsprechend einer früheren Entscheidung des *Parlement de Paris* zur Bestellung einer Hypothek die Beschlagnahme als mit der Teilung erloschen an. Sie begründeten ihren Standpunkt vor allem damit, daß die Teilung der Eintritt einer auflösenden Bedingung sei.[880] Da eine Bedingung nach französischem Verständnis damals wie heute *ex tunc* wirkt,[881] soll aus diesem Gutachten der Gegner des *Dumoulin* die Rückwirkung der Teilung stammen. Durch den Bedingungseintritt sollte der Schuldner-Miterbe rückwirkend so angesehen werden, als ob er nicht Miteigentümer des Grundstücks gewesen sei. Auf diese Weise konnte sein Gläubiger an dem Nachlaßgrundstück auch keine Rechte erlangen.

Dumoulin setzte sich mit seiner Ansicht, daß die Teilung eine Rechtsübertragung (*acte translatif*) sei und daher keine Auswirkung auf Rechte Dritter an dem zu teilenden Gegenstand habe, auch langfristig nicht durch. Bereits 1569 entschied das *Parlement de Paris*, daß die Wirksamkeit einer Hypothek[882], die an einem Nachlaßgrundstück von einem der Miterben bestellt worden war, vom Ergebnis der Teilung abhänge. Fortan wurde in der Praxis so entschieden, daß die Belastung des Gegenstandes nur dann wirksam ist, wenn der verfügende Miterbe diesen in der Teilung auch zugesprochen bekommt.[883] Anderenfalls erlischt die Hypothek oder setzt sich an denjenigen Gegenständen fort, die der Miterbe in der

[878] *Dumoulin* (1554) Titel 1, glose 9, n°43ff.

[879] S.o. § 2.C.II.1.

[880] *Dumoulin* (1554) Titel 1, glose 9, n° 42: „*Et sic judicium divisionis intentatum post praehensionem facit eam [la saisie] esse in suspenso, et pendere a futuro eventu divisionis: Sentientes quod si illi secundo genito, loco sextantis indivisi fuisset adjudicata certa portio, in eodem feudo pro diviso, quod praehensio subsisteret in ista portione, nedum prout ex nunc a tempore divisionis, sed etiam prout ex tunc a tempore praehensionis: quasi illa portio divisa tanquam eiusden naturae & subrogata sortiatur ipso iure eandem naturam & conditionem velut ab initio praehensa.*"

[881] Ursächlich hierfür ist die Bedingungslehre des *Bartolus*, der das Prinzip *conditio in contractibus trahitur retro* aufstellte. Siehe dazu *Schiemann* (1973) S. 29-34, 80f. und HKK-*Finkenauer* (2003) §§ 158-163 Rn. 9.

[882] Ob die Entwicklung der Hypothek auf die Wiederentdeckung des römischen Rechts zurückgeht oder von ihr unabhängig ist, ist umstritten. Vgl. *Kohls* (1999) S. 26. Jedenfalls ist der Begriff *hypothèque* im Mittelalter nicht gebräuchlich, dort spricht man von der *obligatio bonorum*. *Simler/Delebecque* (2000) Rn. 214. Im 16. Jahrhundert konnte sich die Hypothek auch auf eine Gesamtheit von Gegenständen beziehen.

[883] *Querel* (1923) S. 38f.

Teilung erhält.[884] Auch *Dumoulin* stellt dieses Ergebnis in einer späteren Auflage seines Kommentars der Pariser *Coutume* als selbstverständlich dar.[885]

Beinahe gleichzeitig mit diesem Rechtsproblem, ebenfalls 1538, ergab sich ein anderes, nämlich dasjenige, ob Lehensherren anläßlich der Teilung eine Veräußerungssteuer zusätzlich zur bereits im Erbfall fälligen Erbschaftssteuer erheben dürfen.[886] Dabei wurde nicht versucht, diese Steuer bei einer Teilung in Natur, sondern nur noch bei einer wertmäßigen Teilung mittels Versteigerung und Ausgleichszahlungen zu erheben. Zu dieser Frage äußerte sich *Dumoulin* in der Weise, daß es hier kein Recht zur Besteuerung gebe, weil sich die Teilung für den Lehensherrn nicht als Veräußerung darstelle.[887] Denn ein Rechtsübergang sei ja bereits mit dem Erbfall erfolgt. Außerdem wird unter Rückgriff auf D. 13,1,12,1 und seine Interpretation durch *Bartolus* die Veräußerung als eine notwendige angesehen (*alienatio neccessaria*).[888] Die Veräußerung sei nämlich für diejenigen Miterben, die die Teilung nicht verlangt hatten, eine notwendige, da sie gegen ihren Willen erfolgen könne. Für sie ebenso wie für den Lehensherrn stelle die Teilung also eine notwendige Veräußerung dar.[889] Die Besteuerung der Teilung wurde daraufhin auf Verkehrsgeschäfte beschränkt, so daß sie nur durch Dritte zu entrichten war, die einen Nachlaßgegenstand von den Miterben erwarben.[890] Die *Nouvelle Coutume de Paris* von 1580 übernahm in ihrem Art. 80[891] diese richterlich bestätigte Rechtsauffassung.[892]

[884] *Olivier-Martin* (1926) S. 461.

[885] *Desserteaux* (1908) Nr. 52.

[886] Diese Frage beschäftigte die Juristen bereits seit dem 13. Jahrhundert. *Championnière* (1837/38) S. 415-424. S. auch *Brissaud* (1912) S. 673f.

[887] *G. Boyer* (1962) S. 53.

[888] Vgl. später beispielsweise *Brodeau* (1669) Art. 80 Nr. 2, 7.

[889] *Championnière* (1837/38) S. 423f.

[890] Die Steuer bei der Veräußerung des Lehens trat im Mittelalter an die Stelle der Zustimmung des Lehensherrn zur Verfügung. Bei einer Teilung unter Miterben wechselt allerdings nicht der Inhaber des Lehens, da dieser bereits im Zeitpunkt des (steuerpflichtigen) Erbfalls erfolgte. Zu einem zweiten Vasallenwechsel kommt es dagegen, wenn ein Dritter das Lehen erwirbt. Dazu ist das Einverständnis des Lehensherrn erforderlich bzw. der Ersatz durch die Steuer. *Chevallier* (1932) S. 75ff.

[891] Art. 80 der Nouvelle Coutume de Paris: „*Si l'héritage ne se peut partir entre cohéritiers et se licite par justice sans fraude, ne sont dues aucunes ventes pour l'adjudication faite à l'un d'eux; mais s'il est adjugé à un étranger, l'acquéreur doit vente.*" So wiedergegeben bei *Dekkers* (1935) Nr. 100 *bis*.

[892] *Coquille* (1703) Kapitel 25 Art. 1; *ders.* (1703a) Nr. 157; *D'Argentré* (1621), quest. 60 Nr. 3f.; *Loisel* (1665) Nr. 4,2,13: „*De partage, licitation, & adjudication entre coheritiers ou compersonniers ne sont deubs lots ne ventes.*"; *Olivier-Martin* (1926) S. 460.

2. Der *effet déclaratif* der Teilung aus naturrechtlicher Perspektive

Im Verlaufe der nächsten beiden naturrechtlich geprägten Jahrhunderte versuchten die Juristen, die zivilrechtliche und die steuerrechtliche Sichtweise der Teilung miteinander zu harmonisieren und beide von einem gemeinsamen Prinzip abzuleiten. Dabei griff man auf das rechtstechnische Mittel der Rückwirkung zurück.[893] Diese Technik hatte den Vorteil, die Position des Miterben nach der Teilung in Einklang mit dem bis auf das Mittelalter zurückreichenden Grundsatz *le mort saisit le vif* zu bringen,[894] da hiernach der Erbe unmittelbar mit dem Erbfall als Besitzer des Nachlasses angesehen wird. Die Rückwirkung der Teilung ermöglichte nämlich, bei mehreren Miterben diesen Grundsatz hinsichtlich des Eigentums am Nachlaß weiterzuführen.[895] Im nächsten Schritt erklärte man den *effet déclaratif* als eine Fiktion, da jeder Miterbe so angesehen werde, als ob er Inhaber seines konkreten Anteils bereits mit dem Erbfall geworden sei.[896]

Von den beiden sog. Vätern des Code civil, *Domat* und *Pothier*, geht nur *Pothier* ausführlich auf die Wirkung der Teilung ein. Denn *Domat* behandelt zwar die Rechtsnatur der Teilung, allerdings nur insofern, als er in ihr eine Art von Tausch sieht.[897] *Pothier* hingegen sieht die Teilung als *acte déterminatif* an,[898] da sich die Rechte der Miterben erst durch die Teilung auf konkrete Gegenstände beziehen.[899] Daher könnte ein Miterbe allein auch nicht während der Zeit der Gemeinschaft an bestimmten Gegenständen eine Hypothek bestellen. Die Gläubiger eines Miterben hätten lediglich das Recht, der Teilung beizuwohnen, um darauf zu achten, daß ihr Schuldner Gegenstände zugeteilt bekommt, an denen eine Hypothek entstehen könne.

Pothier erläutert nicht näher, wie er rechtstechnisch diesen *acte déterminatif* konstruiert, d.h. er macht auch keine Ausführungen zu dieser Fiktion oder zur Rückwirkung dieses Rechtsgeschäftes.[900] Die Einleitung seines Kapitels findet sich heute allerdings fast wortwörtlich im Code civil in Art. 883 I wieder:[901] „*Le principal effet du partage est [...] de manière que chaque cohéritier soit censé avoir*

[893] Vgl. *Brodeau* (1669) Art. 154 Nr. 2.
[894] S.o. § 7.D.I.1 zum heutigen Verständnis des Prinzips.
[895] *Desserteaux* (1908) Nr. 66; *Olivier-Martin* (1926) S. 416.
[896] S. die Ansätze bei *Brodeau* (1669) Art. 154 Nr. 2.
[897] *Domat* (1702) Teil 2, Buch 1, Titel 1, Sektion 1, § 2 (S. 373).
[898] *Pothier* (1822) S. 582.
[899] *Pothier* (1822) S. 583.
[900] *Pothier* (1822) S. 582ff.
[901] Vgl. o. A.

seul succédé immédiatement au défunt, à tous les effets compris en son lot, n'avoir succédé à aucun de ceux compris dans les lots de ses cohériters.“[902]

Ähnlich wird die Teilung auch in einem Rechtslexikon des 18. Jahrhunderts beschrieben: Durch die Teilung erhalten die Miterben nichts Neues, sie diene lediglich dazu festzuschreiben, an welchem Anteil welcher Miterbe Eigentümer ist bzw. war. Er werde nämlich so angesehen, als habe nur er an diesen Gegenständen jemals Eigentum gehabt. Anders als bei *Pothier* wird die Teilung ausdrücklich als deklaratorisch und rückwirkend bezeichnet. Auch hier wird aber die Fiktion als Technik der Teilungswirkung nicht genannt.[903]
Die Teilungswirkung wird auch dort hinsichtlich ihrer Anwendbarkeit auf die verschiedenen Rechtsgeschäfte behandelt. Eine wirkliche oder gar einheitliche Theorie hat sich allerdings bis zum Ende des 18. Jahrhunderts nicht herausgebildet. Daher sah sich die Wissenschaft des 19. Jahrhunderts vor die Aufgabe gestellt, eine solche zu entwickeln, nachdem die Redaktoren des Code civil sich entschieden hatten, die deklaratorische Wirkung der Teilung zu kodifizieren.

II. Der kodifizierte *effet déclaratif*

1. Die Redaktion des Code civil

In der Verfassung vom 3. September 1791 sah Art. 1 vor, daß ein einheitliches Zivilgesetzbuch für ganz Frankreich zu schaffen sei. Vor 1804 gab es bereits drei Kommissionen, deren Entwürfe jedoch keine Gesetzeskraft erlangten.[904] Erst unter Napoleon konnte der Code civil verwirklicht werden.[905]

In der Begründung zu Art. 883 CC heißt es lediglich: „*Les cohéritiers étant des associés qui ont partagé une chose commune, ils se doivent garantie des vices et des évictions procédant d'une cause antérieure au partage. Ils sont d'ailleurs propriétaires de leurs lots comme s'il n'y avait jamais en d'indivision; et ils*

[902] *Pothier* (1822) S. 582.
[903] *Ferriere* (1769a) s.v. *partage*, S. 291.
[904] Dazu *Halpérin* (1992), insbesondere zum dritten Entwurf von *Cambacérès* S. 232-239.
[905] Zum Einfluß Napoleons auf die Redaktion des Code civil s. *Theewen* (1991), dort insbesondere S. 207-211 zur Substitution bei Erbenmehrheit.

supportent chacun les partes qui ont des causes postérieures au partage, comme ils profitent seuls des augmentations.“[906]

2. Der *effet déclaratif* des Art. 883 Code civil

In den ersten Jahrzehnten nach Inkrafttreten des Code civil wurde der Teilungswirkung von Seiten der Wissenschaft keine besondere Aufmerksamkeit gewidmet. So führt beispielsweise *Duranton* lediglich aus, daß durch die Teilung bestimmt werde, an welchen Gegenständen ein *indivisaire* jetzt Alleineigentum habe. Dabei bezeichnet er die Teilung auch als deklaratorisch, jedoch nicht als rückwirkend.[907] Weitere dogmatische Ausführungen macht *Duranton* nicht. Der Hinweis auf die Deklarativität der Teilung zeigt aber, daß sie nicht als rechtsübertragend verstanden wurde.
Die theoretische Auseinandersetzung mit dem Rechtsinstitut der Teilung erfolgt erst später, auch als sich zeigt, daß die Rechtsprechung zu einer extensiven, nicht dem Gesetz zu entnehmenden Anwendung des Art. 883 CC neigte.

Mit der Erstauflage der Übersetzung des Handbuchs von *Zachariä von Lingenthal*[908] durch *Aubry* und *Rau* ab 1839 rückt die Rechtsnatur der Teilung näher in den Mittelpunkt der Betrachtung. In der zweiten Auflage 1843/44 vollenden *Aubry* und *Rau* ihr Verständnis der Teilung. Dreißig Jahre später setzt *Laurent* diesem Modell sein eigenes entgegen, das für mehrere Jahrzehnte das herrschende werden sollte und noch immer in der Literatur als „Gegenmodell“ der heutigen Auffassung dargestellt wird.

[906] *Fenet* (1836) S. 239f.
[907] *Duranton* (1828) Nr. 513f.
[908] *Zachariä von Lingenthal* selbst hatte diese Theorie nicht entwickelt. Allerdings spricht er ebenfalls von einer Bedingung, unter welcher eine Verfügung über einen gemeinschaftlichen Gegenstand mit Zuteilung an den Verfügenden wirksam wird. *Zachariä von Lingenthal* (1875), § 197.

a) Die beiden Ausgangspunkte der Diskussion

aa) Die Teilung als Eintritt einer rückwirkenden Bedingung

Aubry und *Rau* sehen die Teilung entgegen der damals und heute herrschenden Meinung sowohl als deklaratorisches als auch als rechtsübertragendes Rechtsgeschäft an.[909] Als rechtsübertragend bezeichnen sie die Teilung, da diese ein Recht an einer Gesamtheit in ein Recht an einem Teil der Gesamtheit wandele.[910] Gleichzeitig sei sie deklaratorisch, weil an dem Teil der Gesamtheit ja bereits vor der Teilung das *droit indivis* bestanden habe.[911]
Die sich aus Art. 883 CC ergebende Wirkung der Teilung aber sei ihre Rückwirkung (*rétroactivité*), d.h. die Teilung wirke zurück auf den Zeitpunkt der Entstehung der *indivision*. Die Rückwirkung wiederum erklären sie aus der Rechtsnatur des Anteilsrechts, da jenes seit Beginn der *indivision* unter der auflösenden Bedingung (*condition résolutoire*) stehe, daß das Teilungsrecht ausgeübt werde.[912]

Aubry und *Rau* interpretieren die Teilungwirkung also als den Eintritt einer auflösenden Bedingung. Bedingt ist dabei das Anteilsrecht, welches rückwirkend beseitigt wird. Denn eine Bedingung wirkt nach Art. 1179 CC nicht *ex nunc*, sondern *ex tunc*.[913] Insofern fügt sich die Auslegung von *Aubry* und *Rau*, flankiert vom Anspruch auf Teilung, in das System des Code civil ein. Eine Festlegung auf die Gegenpole rechtsübertragend oder deklaratorisch wird durch den Rückgriff auf die Rückwirkung als Hauptmerkmal der Teilung umgangen.
Der Ansicht von *Aubry* und *Rau* schlossen sich weitere Autoren an.[914] Sie wird heute allerdings nicht mehr vertreten. Die Ablehnung der Lehre von *Aubry* und *Rau* wird damit begründet, daß durch das Mittel der Bedingung die Nachlaßgegenstände während der Zeit der *indivision* herrenlos seien.[915] Denn der *indivisaire*, der die Sache zugeteilt erhalte, sei ebenso wie seine *coïndivisaires* bis

[909] So bereits in der ersten Auflage ihrer Übersetzung von 1844, ausgereift in der zweiten Auflage von 1857 (Bd. 5, S. 263 Fn. 1).
[910] *Aubry/Rau* (1873) § 625 Fn. 1 sprechen hier nicht von Gesamtheit i.S.d. Nachlasses, obwohl sie sich in ihren erbrechtlichen Erläuterungen befinden. Indessen erläutern sie die Teilungswirkung ohne die Angabe von Gründen am Beispiel des Miteigentums.
[911] *Aubry/Rau* (1873) § 625 Fn. 1.
[912] *Aubry/Rau* (1873) § 625 Fn. 1.
[913] Zur Herkunft von Art. 1179 CC *Schiemann* (1973) S. 80f.
[914] Z.B. *Folleville* (1877) Nr. 35.
[915] So erstmals kritisiert von *Josserand* (1904) S. 372f.

zur Teilung nur Eigentümer unter einer aufschiebenden Bedingung gewesen.[916] Da die *indivisaires* aber nicht gleichzeitig Eigentümer unter einer auflösenden Bedingung sein könnten, habe es während der Zeit der *indivision* gar keinen wirklichen Eigentümer gegeben. Daß eine Person nicht gleichzeitig Eigentümer unter einer aufschiebenden und auflösenden Bedingung sein könne, wird damit erklärt, daß ein Eigentümer dann unbeschränktes Eigentum hätte, was jedoch dem Wesen der *indivision* widerspreche.[917]
Diese Argumentation weist einige Schwachpunkte auf. Insbesondere ist nicht einzusehen, weshalb jemand nicht gleichzeitig Miteigentümer unter einer auflösenden und Alleineigentümer unter einer aufschiebenden Bedingung sein kann. Darüber hinaus ist die Sache tatsächlich niemals herrenlos gewesen: Bis zum Erbfall stand sie im Eigentum des Erblassers, anschließend im Miteigentum der Erben, nach der Teilung im Alleineigentum eines Erben. Dennoch wird auf diese angebliche Beweisführung noch immer Bezug genommen, um die Theorie von *Aubry* und *Rau* zu widerlegen.[918]
Darüber hinaus wird die Teilung als der Eintritt einer Bedingung auch deshalb abgelehnt, weil die Teilung kein unsicheres Ereignis sei. Vielmehr stehe seit Beginn der Gemeinschaft fest, daß diese sich auseinandersetzen werde.[919] Art. 815 CC belege dies.

Die Erklärung der Teilungswirkung durch eine Bedingung ist nach der herrschenden Meinung daher ausgeschlossen. Diese Erkenntnismöglichkeit findet daher zumeist keine ausdrückliche Erwähnung.[920] Dabei ist der Lehre von *Aubry* und *Rau* ein noch heute nachwirkender Aspekt zu verdanken: die Herausarbeitung der Rückwirkung als selbständiges Merkmal der Teilung.

[916] Die herrschende französische Lehre nahm und nimmt allgemein an, daß ein aufschiebend bedingtes Recht noch nicht existiert. Vgl. *Wicker* (1994) Nr. 272. Die Lehre greift daher nicht auf ein Anwartschaftsrecht zurück, erkennt allerdings ein *droit au bénéfice de la condition* oder *droit éventuel* an, welches jedoch nicht die Keimzelle des noch entstehenden Rechts ist. *Taisne* (1995) Nr. 88; *Buffelan-Lanore* (1993) Nr. 99.
[917] *Josserand* (1904) S. 372.
[918] *Névot* (1979) S. 56.
[919] *Testu* (1997) Nr. 53.
[920] Vgl. nur *Grimaldi* (2001) Nr. 912.

bb) Deklaratorische Wirkung der Teilung kraft Fiktion

In der zweiten Hälfte des 19. Jahrhunderts legt *Laurent* seiner Auffassung der Erbteilung eine römischrechtliche Konzeption zugrunde: Bei der Teilung handele es sich um eine Rechtsübertragung. Denn die *indivisaires* würden ihre Miteigentumsanteile gegenseitig in der Weise austauschen, daß durch die Vereinigung aller Anteile in einer Person Volleigentum an der Sache entstehe.[921] Würden die *indivisaires* dagegen für ihre Anteile eine Ausgleichszahlung oder den Erlös einer Versteigerung erhalten, so handele es sich um einen Kauf.[922]
Die Nachlaßsachen könnten sich nicht bereits im Zeitpunkt des Erbfalls tatsächlich aufteilen. Selbst das Gesetz könne dies anders als bei der sofortigen Aufteilung der Nachlaßschulden und -forderungen nicht anordnen. Da es das gemeinschaftliche Eigentum an den Nachlaßsachen also tatsächlich gegeben habe, sei die Teilungswirkung nach Art. 883 CC eine Fiktion.[923] Der Zweck dieser Fiktion liege darin, das Alleineigentum jedes *indivisaires* nach der Teilung in der Weise zu schützen, daß es nicht durch Rechte Dritter beschränkt werde. Dadurch solle Rechtsfrieden unter den *indivisaires* geschaffen werden.[924]
Daß die Regelung des Art. 883 CC eine Fiktion sei, ergebe sich aus dem Wortlaut des Artikels, insbesondere aus der Formulierung „*est censé*" („wird angesehen"). *E contrario* könne daher der Schluß gezogen werden, daß die eigentliche Rechtsnatur der Teilung eine rechtsübertragende sei.[925] Dafür sprächen auch zwei weitere Vorschriften: nach Art. 884 CC haften die *indivisaires* einander für Eviktion, und nach Art. 2103 Nr.3 CC sei jeder *indivisaire* für den Fall der Eviktion in Form eines *privilège* an den Nachlaßgrundstücken gesichert.[926] Eine Haftung für Eviktion könne es aber nur bei Rechtsübertragungen geben.

Laurent argumentiert also zunächst mit dem herrschenden Auslegungsmittel seiner Zeit, d.h. mit der Auslegung nach dem Wortlaut. Der Gesetzeswortlaut wird nach Meinung der sog. *école de l'exégèse* als der vollständige Ausdruck des gesetzgeberischen Willens angesehen.[927] Ob es darauf zurückzuführen ist, daß zur

[921] *Laurent* (1887) S. 409f., 412.
[922] *Laurent* (1887) S. 413.
[923] *Laurent* (1887) S. 411.
[924] *Laurent* (1887) S. 411.
[925] *Laurent* (1887) S. 413.
[926] *Laurent* (1887) S. 465f.
[927] *Fikentscher* (1975) S. 436; *Halpérin* (1996) Nr. 27, 44; *Gläser* (1996) S. 44-48. Traditionell wird die Zeit der *école de l'exégèse* für die Zeit von 1804 bis 1900 angesiedelt. S. *Neumayer* (1974) S. 182. Zur Veränderung des wirtschaftlichen Umfelds, der Bedeutung

Zeit des Werkes von *Laurent* diese Methode bereits ihren Niedergang erlebt, oder darauf, daß sie niemals so einseitig war, wie von ihren Gegnern unterstellt,[928] jedenfalls beschränkt sich *Laurent* nicht auf den Wortlaut, sondern greift durch den Hinweis auf Art. 884 und 2103 CC auch auf die systematische Auslegung zurück. Durch den fiktiven Charakter der Teilungswirkung gelingt es ihm außerdem, eine systematische Bruchstelle im französischen Zivilrecht zu schließen.[929]

Mehr noch als die Ansicht von *Aubry* und *Rau* hat die Fiktionstheorie ihre Anhänger,[930] aber auch ihre Gegner gefunden.[931] Bis über die Jahrhundertwende hinaus ist die Ansicht von *Laurent* die herrschende zur Rechtsnatur der Teilungswirkung. Auch heute noch, da sie als überwunden gilt, wird auf sie Bezug genommen. Bei Erläuterungen der Teilungswirkungen wird sie als Gegenentwurf zum heutigen Verständnis dargestellt, in Kurzdarstellungen ohne Begründung abgelehnt.[932]
Die Kritik an der Fiktionstheorie besteht hauptsächlich aus zwei Punkten. Zum einen wird ihr vorgeworfen, daß durch sie die Zeit der *indivision* entgegen der Realität ausgelöscht werde. Vor allem widerspreche das Ergebnis der nicht existierenden *indivision* auch den Bedürfnissen der Praxis. Denn daraus folge gleichfalls, daß jedes Rechtsgeschäft, das während des „Bestehens" der *indivision* getätigt werde, rückwirkend nichtig sei. Zum anderen sei die Fiktion als rechtstechnisches Mittel abzulehnen.[933] Stattdessen sei die „wahre" Rechtsnatur der Teilung aufzuzeigen, aufgrund derer ein Rückgriff auf die Fiktion sich erübrige.[934]

des Grundeigentums sowie zunehmenden Bedeutung von Mobilien *Maillet* (1973) insbesondere S. 116-123.

[928] *Gläser* (1996) S. 58, 168ff.

[929] Dies entspricht einem der Zwecke einer Fiktion im kodifizierten System. Vgl. *Wacke* (1988) S. 359f. Näher u. III.

[930] *Marcadé* (1855) Nr. 412f.; *Gallet* (1903) S. 15f.; *Baudry-Lacantinerie/Wahl* (1905) Nr. 3276; ähnlich *Querel* (1923) S. 49f.; *Colin/Capitant* (1919) S. 774. *Toullier* (1824) Nr. 561 begründet Art. 883 CC noch mit der Rechtsregel *le mort saisit le vif*.

[931] *Desserteaux* (1908) Nr. 188.

[932] Statt aller *Grimaldi* (2001) Nr. 912 Fn. 520.

[933] Zur Beurteilung der Fiktion durch die französische Lehre s.u. III.

[934] *Flour/Souleau* (1991) Nr. 450.

b) Die Teilungswirkung in den Reaktionen auf das BGB

Im Zusammenhang mit der Rechtsnatur des *droit indivis* wurde bereits deutlich, daß ein Teil der Wissenschaft versuchte, das Gesamthandsprinzip des BGB für den Code civil zu adaptieren.[935] Mit Inkrafttreten des „*code civil allemand*" wurde den französischen Autoren darüber hinaus das Konzept einer „organisierten" Erbengemeinschaft vorgestellt. Insbesondere § 2040 BGB, nach welchem über Nachlaßgegenstände nur gemeinschaftlich verfügt werden kann, rückte in den Mittelpunkt des Interesses.[936] So wurden der *indivision* Elemente des Gesamthandprinzips unterstellt, da Art. 883 CC angeblich das gleiche Ergebnis wie nach § 2040 BGB erzielt, wenn die Nachlaßsache demjenigen zugeteilt wird, der über sie verfügt hatte.[937] Weitergehend wurde gefordert, die römischrechtliche Miteigentumskonzeption der *indivision* in ein deutschrechtliches Gesamthandseigentum umzuwandeln, da dieses allein den Bedürfnissen der Praxis entspreche.[938]
Daraus wird ersichtlich, daß es in der Auseinandersetzung mit dem BGB nicht mehr um die teilweise isolierbare Frage des Art. 883 CC geht, sondern vor allem um prinzipielle Fragen, nämlich um Grundbegriffe des Zivilrechts wie (Mit-) Eigentum und (Sonder-)Vermögen. Eine eigene Theorie des *effet déclaratif* ist nicht erkennbar.

c) Die Suche nach der „wahren" Rechtsnatur der Teilung

In den Jahren von 1920 bis 1950 befassen sich mehrere Arbeiten mit der Rechtsnatur der Teilungswirkung.[939] Deren Vorgehensweise ist nun eine grundsätzliche, indem zunächst untersucht wird, was überhaupt ein *acte déclaratif* ist, um aus der Antwort auf diese Frage die Rechtsnatur der Teilungswirkung abzuleiten.[940] Dabei wird der *acte déclaratif* insbesondere im Zusammenhang mit dem *droit indivis*, der Rückwirkung der Teilung sowie Verfügungen betrachtet.

[935] S.o. § 7.C.II.3. Insgesamt zur Auseinandersetzung mit dem BGB in Frankreich s. *Schubert* (1997) insbesondere S. 142-148.
[936] *Josserand* (1904) S. 376; *Desserteaux* (1908) Nr. 199.
[937] *Lebret* (1922) S. 62.
[938] *Josserand* (1904) S. 379.
[939] Dies sind vor allem die folgenden *thèses*: *Mouy* (1920); *Lebret* (1922); *Siesse* (1922); *Chevallier* (1932); *Veroone* (1946); *L. Boyer* (1947); *Merle* (1948).
[940] Seit dem ausgehenden 19. Jahrhundert löst die französische Wissenschaft sich aufgrund der sog. *école de la libre recherche scientifique* vom Text des Code civil zugunsten einer

aa) Die Teilung und das *droit indivis*

Die um die Wende zum 20. Jahrhundert herrschende,[941] auf die Ansicht von *Laurent* gestützte Meinung gelangte zu dem Schluß, daß die Teilung gar keine Wirkungen habe, weil sie lediglich eine seit dem Erbfall bestehende Situation festschreibe.[942] Kritisch wird diese Auffassung später als sog. Syllogismus dargestellt:[943] Der *acte déclaratif* unterscheide sich vom *acte constitutif*[944], da er im Gegensatz zu jenem eine bereits bestehende Rechtslage nicht verändere. Stattdessen erkenne er lediglich bereits bestehende Rechte an und habe außerdem die Wirkung, diese Rechte verletzende Rechtsgeschäfte für nichtig zu erklären. Daher wirke ein *acte déclaratif* auch *ex tunc*.[945]

In Abkehr von der Fiktionslehre betonen die neueren Untersuchungen, daß ein *acte déclaratif* eigene Wirkungen hervorbringe. Sein Zweck erschöpfe sich nicht darin, lediglich eine bereits bestehende Situation zu beschreiben. Stattdessen ergänze er diese Situation um einen neuen Aspekt.[946]
Zu diesem neuen Aspekt gelangt die Lehre, indem sie sich mit der Rechtsnatur des *droit indivis* auseinandersetzt. Bei diesem Recht solle es sich um ein sog. *droit éventuel* oder *droit indéterminé* handeln.[947] Dies bedeute, daß das *droit indivis* ein Recht sei, welches hinsichtlich seines Gegenstandes, auf den es sich bezieht, noch unbestimmt, nicht materialisiert sei. Erst durch die Teilung erhalte das Recht ein konkretes Objekt. Daher sei die Teilung auch ein *acte déterminatif*, welcher das *droit indivis* durch ein *droit divis* ersetze.
Obwohl sich ein Recht durch die Teilung wandele, sei die Teilung nicht als eine Rechtsübertragung zu begreifen. Die *indivisaires* seien nicht gegenseitige Rechtsnachfolger.[948] Den Erwerbstitel für das Eigentum stelle nämlich der Erbfall

dogmatischen und systematischen Erfassung des Zivilrechts. Darin mag auch ein Grund für die neue Herangehensweise liegen. Dazu *Kayser* (1991) S. 59ff.

941 S.o. 2.a.bb.

942 S. nur *Baudry-Lacantinerie/Wahl* (1905) Nr. 3270, 3276; *Colin/Capitant* (1919) S. 774.

943 Die Bezeichnung Syllogismus für die im Text dargestellte Ableitung stammt von *L. Boyer* (1947) S. 357. Siehe dagegen zum Syllogismus als logischen Schluß *Haft* (1999) S. 76f.

944 Zum *acte constitutif* s.o. § 8.A.

945 So wiedergegeben von *L. Boyer* (1947) S. 358.

946 *Chevallier* (1932) S. 214f.; *Hébraud* (1938) S. 63f.; *Veroone* (1946) S. 113; *L. Boyer* (1947) S. 362ff.

947 *Siesse* (1922) S. 474; *Chevallier* (1932) S. 57f.

948 *Veroone* (1946) S. 110; *L. Boyer* (1947) S. 411. Zu diesem Punkt wird auch angeführt, daß durch die *indivisaires* als direkte Rechtsnachfolger des Erblassers die Teilung in Einklang stehe mit dem Grundsatz *le mort saisit le vif*. Vgl. *Vincent* (1932) S. 343; *Veroone* (1946)

dar.[949] Denn an den Gegenständen, die jeder *indivisaire* durch die Teilung erhalte, habe er ja seit dem Erbfall ein Recht, das *droit indivis*. Indem aber die Teilung das *droit divis* schaffe, bringe sie etwas Neues hervor. Daher schreibe der *effet déclaratif* nicht lediglich eine bestehende Rechtslage fest. Die so festgestellte „wahre“ Rechtsnatur der Teilung bedürfe somit keiner Fiktion, weil sie tatsächlich deklaratorisch sei.

Die verschiedenen Arbeiten unterscheiden sich vor allem im Hinblick auf den Teilungsmechanismus selbst. Nach einer Ansicht würden die *indivisaires* auf ihre Rechte an denjenigen Nachlaßgegenständen verzichten, die sie in der Teilung nicht erhalten.[950] Nach anderer Meinung liege darin eben kein Verzicht, da jeder *indivisaire* nicht mehr erhalte, als ihm nach seiner Erbquote zustehe.[951] Auf die Erbquote stellt auch eine weitere Ansicht ab, welche betont, die Teilung habe vorrangig den Zweck, die *indivision* zu beenden und die Rechte jedes *indivisaire* entsprechend dem Wert seiner Erbquote zu bestimmen (*caractère attributif* der Teilung).[952] Wiederum eine andere Betrachtung sieht den Teilungsvorgang als ein Rechtsgeschäft an, durch welchen ein Recht von den Beschränkungen der gemeinsamen Innehabung durch mehrere Personen befreit werde (*caractère libératoire*), da deren Rechte an dem Gegenstand ausgelöscht würden (*effet extinctif*).[953]
Diese Ansichten sind allerdings nur differenzierte Betrachtungen derselben Sache, die lediglich unterschiedliche Aspekte besonders hervorheben.

bb) Die Rückwirkung der Teilung

Die deklaratorische Wirkung der Teilung sehen die jüngeren Autoren als der Realität entsprechend und damit nicht mehr als Fiktion an. Weil der *effet déclaratif* der Wirklichkeit entspreche, gelte er in der Teilung gleichzeitig als unveränderbar und absolut. Von dieser Erkenntnis ausgehend folgert die neue Lehre, daß ausschließlich die Deklarativität das Wesen der Teilung ausmache, nicht hingegen die aus Art. 883 CC entspringende Rückwirkung der Teilung.

S. 108.
[949] *Veroone* (1946) S. 110.
[950] *Siesse* (1922) S. 475f.; *Vincent* (1932) S. 340f.
[951] *Merle* (1948) Nr. 172f.
[952] *Chevallier* (1932) S. 57f., 214f.
[953] *L. Boyer* (1947) S. 362ff., 411.

Da die Rückwirkung nicht absolut sei, ließe sich ihr Anwendungsbereich einschränken:[954] Die *indivision* selbst sei von ihr nicht betroffen, so daß ihre Existenz nicht durch die Rückwirkung der Teilung ausgelöscht werde. Die Bedeutung der Rückwirkung liege vor allem im Bereich der Belastung von Nachlaßgegenständen während der Zeit der *indivision*.

Überwiegend wird die Rückwirkung der Teilung als eine Fiktion anerkannt.[955] Vereinzelnd wird allerdings auch versucht, die Fiktion vollständig aus der Auslegung des Art. 883 CC zu verdrängen: Die Rückwirkung trage dafür Sorge, daß die durch die Teilung erlangten Rechte frei von Belastungen seien. Damit stelle sie eine Ausnahme von dem Grundsatz *prior tempore, potior iure*[956] dar. Überdies gründe die Rückwirkung im Wesen des Rechtsgeschäfts, auf welches sie sich beziehe.[957] Da sie ihre Wirkungen nicht in der Vergangenheit, sondern erst ab dem Zeitpunkt der Teilung entfalte, sei die Rückwirkung nicht als Fiktion zu verstehen, sondern lediglich als technisches Mittel, dem *acte déclaratif* zu seiner vollen Wirkung zu verhelfen.[958]
Darüber hinaus wird sogar vertreten, daß die Teilung überhaupt keine Rückwirkung entfalte.[959] Ihr Zweck, Verfügungen nachträglich unwirksam werden zu lassen, könne auch durch das richtige Verständnis des *droit indivis* erreicht werden. Dieses sei nämlich ein Eigentumsrecht, dessen Ausübung lediglich durch die Existenz gleicher Rechte beschränkt sei.[960] Die Gesamtheit aller *droits indivis* wiederum mache das Miteigentum an dem Gegenstand aus. Daher könne ein *indivisaire* alleine nicht über die Sache verfügen, notwendig sei die Zustimmung aller.[961] Somit liege die Rechtsfolge des Art. 883 CC in der Rechtsnatur des Miteigentums begründet.[962]

[954] *Hébraud* (1938) S. 64.
[955] *Siesse* (1922) S. 476ff. Cass. civ., 8.11.1950, Sirey 1951, I, S. 125-130, 128ff. mit Anmerkung *Cornu*.
[956] Zu diesem Prinzip *Domingo/Rodríguez-Antolín/Ortega* (2003) Nr. 578.
[957] *Merle* (1948) Nr. 239.
[958] *Merle* (1948) Nr. 250. S. neuerdings auch *Wicker* (1994) Nr. 271, 295.
[959] *L. Boyer* (1947) S. 415.
[960] *L. Boyer* (1947) S. 409.
[961] *L. Boyer* (1947) S. 410.
[962] *L. Boyer* (1947) S. 410.

cc) Die Teilung und ihr vorausgehende Verfügungen

Die Rückwirkung wurde hauptsächlich hinsichtlich ihrer Bedeutung für Verfügungen über Nachlaßgegenstände untersucht. Um den Anwendungsbereich der Rückwirkung weiter zu begrenzen, wurde Bezug auf den Begriff der *inopposabilité* genommen:[963] Art. 883 CC ordne an, daß während der Zeit der *indivision* vorgenommene Rechtsgeschäfte entweder volle oder nur relative Wirksamkeit erlangen würden. Relative Wirksamkeit bedeute, daß das Rechtsgeschäft grundsätzlich wirksam sei, außer gegenüber den anderen *coïndivisaires*. Ihnen gegenüber könne sich ein Dritter nicht auf die Verfügung berufen, sie sei für die *indivisaires inopposable*. Die Entscheidung, wann ein Rechtsgeschäft absolut wirksam, d.h. *opposable* sei, treffe allerdings nicht Art. 883 CC, sondern die Regeln über die Organisation der *indivsion*.[964]
Werde nach Art. 883 CC jeder *indivisaire* so angesehen, als sei er seit dem Erbfall alleiniger Eigentümer der ihm zugeteilten Gegenstände, so liege hierin eine Fiktion, weil die *indivisaires* bis zur Teilung Miteigentümer aller Nachlaßgegenstände gewesen seien.[965]

dd) Zwischenergebnis

Die deklaratorische Wirkung der Teilung wird spätestens seit der Mitte des 20. Jahrhunderts nicht mehr als ein technisches Mittel angesehen, sondern als Ausdruck der Realität und eines zivilrechtlichen Prinzips.[966] Schlagwortartig wird diese neue Auffassung als *effet déclaratif par nature* im Gegensatz zum *effet déclaratif par fiction* bezeichnet.
Damit einher geht eine Neubestimmung des *droit indivis*. Allerdings werden der neuen Erkenntnis des *droit indivis* nur weitere Aspekte hinzugefügt, ohne die alten aufzugeben. So wird es mehrheitlich noch immer als Eigentumsrecht be-

[963] *Chevallier* (1932) S. 219-225.
[964] *Chevallier* (1932) S. 220. *Chevallier* konnte hier auf eine Entscheidung der *Cour de cassation*, D 1908, I, S. 113, sowie auf Ergebnisse von *Desserteaux* zurückgreifen, welcher bereits die Unterscheidung vom Innenverhältnis der *indivisaires* zum Außenverhältnis derselben mit Dritten vorgenommen hatte. Nach *Desserteaux* stellt Art. 883 CC nämlich eine Ausnahme von dem Grundsatz dar, daß Verträge keine Drittwirkung haben. *Desserteaux* (1908) Nr. 188. Dabei ist zu bedenken, daß die Teilung ein (schuldrechtlicher) Vertrag ist, welcher aufgrund des Konsensualprinzips auch dingliche Wirkung hat.
[965] *Chevallier* (1932) S. 224f.
[966] Vgl. nur *Planiol/Ripert* (1956) S. 881.

griffen. Wirklich neu ist aber das aus der Rechtsnatur des *droit indivis* gewonnene Verständnis der Teilung als ein *acte déclaratif* kraft Natur der Sache. Daraus folgt die strenge Unterscheidung von Deklarativität und Rückwirkung, so daß die Rückwirkung nicht mehr als konstitutiv für das Wesen der Teilung angesehen wird.
Der Begriff der *opposabilité* und die Einschränkung der Rückwirkung ermöglichen es, der *indivision* trotz Art. 883 CC eine Organisation zu geben. Damit sind die Vorarbeiten für die Reform von 1976 geleistet. Das Einstimmigkeitsprinzip kann um das Mehrheitsprinzip ergänzt werden.

d) Die Teilungswirkung nach der Erbrechtsreform von 1976

aa) Die Bestätigung des Art. 883 CC durch die Reform

Durch die Erbrechtsreform von 1976 erhält die *indivision* eine Organisation: In den Art. 815-1 bis Art. 815-17 CC werden Regeln über die Verwaltung der *indivision* und Verfügungen über Nachlaßgegenstände aufgestellt.[967] Dabei wird Art. 883 CC nicht abgeschafft, obwohl der bisherige Zweck der Norm, die fehlenden Verwaltungs- und Verfügungsvorschriften zu ersetzen, mit der Reform eigentlich entfallen war.[968] Jedoch fügte die Reform keine Norm ein, welche die Rechtsfolge von Verfügungen über Nachlaßgegenstände regelt. Anscheinend wurden dies und eine damit einhergehende Abschaffung des Art. 883 CC auch nicht diskutiert.[969] Stattdessen werden dem unverändert gebliebenen Text zwei Absätze hinzugefügt. Die Vorschrift lautet nun wie folgt:

> Art. 883 Abs.1 CC
> *Chaque cohéritier est censé avoir succédé seul et immédiatement à tous les effets compris dans son lot, ou à lui échus sur licitation, et n'avoir jamais eu la propriété des autres effets de la succession.*[970]

> Art. 883 Abs.2 CC
> *Il en est de même des biens qui lui sont advenus par tout autre acte ayant pour effet de faire cesser l'indivision. Il n'est pas distingué selon que l'acte fait cesser l'indivision en tout ou en partie, à l'égard de certains biens ou de certains héritiers seulement.*[971]

[967] S.o. § 8.A.II.1.
[968] Ähnlich *Planiol/Ripert* (1956) S. 882.
[969] *Dagot* (1977) Nr. 688ff. S. aber unten F für die 1960er Jahre.
[970] Für die Übersetzung von Abs.1 s.o. Fn. 854.
[971] Art. 883 II CC: „Das Gleiche gilt für diejenigen Gegenstände, die er [der Erbe] durch jeden

Art. 883 Abs.3 CC

Toutefois, les actes valablement accomplis soit en vertu d'un mandat des coïndivisaires, soit en vertu d'une autorisation judiciaire, conservent leurs effets quelle que soit, lors du partage, l'attribution des biens qui en fait l'objet.[972]

Die beiden neuen Absätze behandeln den Anwendungsbereich des nunmehr ersten Absatzes von Art. 883 CC. Dabei erfährt sein Anwendungsbereich durch den zweiten Absatz eine Erweiterung, da die Vorschrift jetzt auch für dingliche oder personelle Teilauseinandersetzungen gilt. Der dritte Absatz schränkt Art. 883 I CC dagegen ein, da er der Teilungswirkung solche Rechtsgeschäfte entzieht, die aufgrund eines Auftrags oder gerichtlicher Bevollmächtigung vorgenommen werden.[973]

Aus der Ausweitung des Anwendungsbereichs auf Teilauseinandersetzungen wird der Schluß gezogen, daß der Gesetzgeber die Teilungswirkung als *effet déclaratif par nature* anerkannt habe.[974]

bb) Art. 883 CC im heutigen Verständnis

Diejenigen, die die „wahre“ Rechtsnatur der Teilung entdeckten, nämlich ihre Deklarativität, haben mit ihren Untersuchungen die Fiktionstheorie vollständig verdrängt. Sie wird nicht mehr vertreten. An ihre Stelle ist die einvernehmliche, bereits als neoklassische Theorie bezeichnete Ansicht getreten,[975] daß die Teilung von Natur aus (*par nature*) deklaratorisch sei. Da ein *acte déclaratif* jedoch nicht notwendig *ex tunc* wirke, wird die Rückwirkung nunmehr losgelöst von der Deklarativität betrachtet.[976] Aus der Teilung ist ein *acte déclaratif et rétroactif* geworden.

Rechtsakt, durch dessen Wirkung die Gemeinschaft beendet wird, erhalten hat. Dabei wird nicht danach unterschieden, ob der Rechtsakt die Gemeinschaft ganz oder zum Teil beendet, nur hinsichtlich bestimmter Gegenstände oder bestimmter Erben.“

972 Art. 883 III CC: „Jedoch bewahren die Rechtsakte ihre Wirkung, die entweder aufgrund eines Auftrags der Miterben oder aufgrund einer gerichtlichen Ermächtigung wirksam ausgeführt wurden, wie auch immer die Zuweisung der Gegenstände bei der Teilung sei, deren Objekt sie gebildet haben.“

973 S.o. § 8.A.I/IV zum Auftrag und der gerichtlichen Bevollmächtigung.

974 *Dagot* (1977) Nr. 697.

975 *Malaurie/Aynès* (1998) Nr. 979.

976 So wird der Vergleich (*transaction*) als Beispiel für einen *acte déclaratif* ohne Rückwirkung bezeichnet, *Malaurie/Aynès* (1998) Nr. 984.

Dies bedeutet, daß die Organisation und überhaupt die Existenz der *indivision* mit dem *acte déclaratif* als vereinbar gelten.[977] Die Abwicklung des Nachlasses als der Zweck der Teilung wird auch erreicht, indem ein bereits seit dem Erbfall bestehendes unbestimmtes Recht, das *droit indivis*, konkretisiert wird.[978] Bis zu diesem Zeitpunkt ist das *droit indivis* bloß ein ideelles, nicht materialisiertes Recht, welches sich lediglich in einer rechnerischen Quote ausdrückt. In der Zuordnung der Nachlaßgegenstände zu dem Recht jedes *indivisaire* liegt die deklaratorische Wirkung der Teilung. Der *effet déclaratif* der Teilung wird damit aus der Rechtsnatur des *droit indivis* abgeleitet.
Die materielle Zuordnung wird rückwirkend als bereits seit dem Erbfall bestehend angesehen. Insoweit wird die Rückwirkung als Fiktion akzeptiert.[979] Da allerdings die Rückwirkung der Teilung anders als die Deklarativität nicht im Wesen der Teilung gründet, bedarf es keiner absoluten Rückwirkung. Von ihr können demzufolge bestimmte Vorgänge wie beispielsweise nach Art. 883 III CC ausgenommen werden. Die Rückwirkung ist einschränkbar.[980]
Aufgrund der Rückwirkungsfiktion gelingt es, die *indivisaires* hinsichtlich der ihnen zugeteilten Nachlaßgegenstände als direkte Rechtsnachfolger des Erblassers anzusehen.[981] Außerdem bezieht sich das *droit indivis* nur auf den Nachlaß an sich, d.h. nicht auf die darin enthaltenen einzelnen Nachlaßgegenstände.[982] An ihnen selbst haben die *indivisaires* kein eigenes Recht. Somit können sie auch keine Anteile gegen die Anteile ihrer *coïndivisaires* austauschen oder darauf verzichten.[983] Damit kann die Teilung auch keine Rechtsübertragung darstellen.

III. Die Fiktion der Rückwirkung der Teilung als Regelungstechnik

Die französischen Juristen lehnen die Rechtsfiktion und ihren Unterfall der Rückwirkung als Regelungstechnik heute überwiegend ab:[984] Der Fiktion wird

[977] *Béhar-Touchais* (1996) Nr. 13, 15.
[978] *Marty/Raynaud* (1983) Nr. 811; *Flour/Souleau* (1991) Nr. 450; *Zénati/Revet* (1997) Nr. 251.
[979] *Breton* (1976) Nr. 920; *Marty/Raynaud* (1983) Nr. 808, 813; *Flour/Souleau* (1991) Nr. 450f.; *Zénati/Revet* (1997) Nr. 251.
[980] *Malaurie/Aynès* (1998) Nr. 983.
[981] *Terré/Lequette* (1997) Nr. 974; *Malaurie/Aynès* (1998) Nr. 985.
[982] *Malaurie/Aynès* (1998) Nr. 985; *Grimaldi* (2001) Nr. 912.
[983] *Terré/Lequette* (1997) Nr. 974. A.A. *Zénati/Revet* (1997) Nr. 293.
[984] *Cayla* (1995) S. 3; *Amiel-Donat* (1994) S. 1; *Malaurie/Aynès* (1998) Nr. 981.

vorgeworfen, sie sei ein künstliches Gebilde,[985] das die Wirklichkeit verleugne, und daher eine Lüge.[986]
Diese prinzipielle Ablehnung ist ein Grund dafür, daß die Fiktionslehre von *Laurent* nunmehr als überwunden gilt.[987] Andererseits war diese Theorie für ungefähr 50 Jahre die allgemein anerkannte Erklärung des Art. 883 CC. Worin liegt also die Motivation für die Aufgabe gerade der *Fiktions*theorie? Warum unternahm die Lehre den argumentativen Kraftakt, die Teilung als deklaratorisch kraft Natur der Sache anzusehen?

1. Die Gesetzestechnik von Rückwirkung und Fiktion

Durch eine Fiktion wird an einen Tatbestand die Rechtsfolge eines anderen Tatbestandes geknüpft, da dieser andere Tatbestand entgegen dem tatsächlichen als bestehend angesehen wird.[988] Im Falle der Rückwirkung wird darüber hinaus diese Rechtsfolge als bereits in der Vergangenheit bestehend fingiert:[989] Wird einem Rechtsgeschäft durch das Gesetz Rückwirkung zuerkannt, so bedeutet dies nämlich nicht, daß sich die ontologische Wirklichkeit der Vergangenheit im Nachhinein ändert. Auch die Rechtswirkungen eines solchen Rechtsgeschäfts existieren damit nicht innerhalb der Vergangenheit.[990] Vielmehr gilt ab dem Eintritt des die Rückwirkung auslösenden Ereignisses eine neue Rechtslage *ex nunc*, welche aber so betrachtet wird, als habe sie bereits zuvor bestanden.[991] In eben dieser Betrachtung „als ob" liegt die Fiktion.[992]

[985] *Foriers* (1974) S. 17.
[986] S. nur *Foriers* (1974) S. 17; *Cornu* (1999) Nr. 208.
[987] S.o. II.2.a.bb.
[988] *Larenz/Canaris* (1995) S. 83ff. Ähnlich *Foriers* (1974) S. 8, 16, der auf die Ausdehnung einer Norm abstellt. S. auch *Dekkers* (1935) Nr. 137: „ [...] *un procédé technique qui consiste à placer par la pensée un fait, une chose ou une personne dans une catégorie juridique sciemment impropre, pour la faire bénéficier, par voie de conséquence, de telle solution pratique, propre à cette catégorie.*" So die allgemeine Meinung, s. nur *Bergel* (1985) Nr. 282.
[989] *Gallet* (1903) S. 7; *Jakobi* (1966) S. 28.
[990] *Dekkers* (1935) Nr. 122. Zur Einordnung der Rechts-wirkungen oder der Rechtsfolgen einer tatsächlichen Handlung als eigener „Realität" *Larenz/Canaris* (1995) S. 77.
[991] *Wicker* (1994) Nr. 269; *Hellwig* (1907) S. 26f.; *Zunft* (1952/1953) S. 289.
[992] S.o. II.2.c.bb. Das von *He. Fitting* vertretene Erklärungsmodell der Rückwirkung als deklarativer Akt hat in Frankreich keine Anhänger gefunden. Danach würde durch den Eintritt eines bestimmten Ereignisses lediglich eine bereits zuvor bestehende Rechtslage aufgedeckt werden, dessen Rechtsfolgen *ex tunc* volle Wirksamkeit erlangten. S. *He. Fitting* (1856) S. 19, 48. Ihm folgen aber z.B. *Enneccerus* (1888) S. 235-240; *A. Blomeyer* (1938) S. 42-48.

Nach Art. 883 I CC gilt ein *indivisaire* bereits seit dem Erbfall als Alleineigentümer der ihm erst in der Teilung zugewiesenen Nachlaßgegenstände. Dies bedeutet, daß bestimmte Rechtsfolgen des Anfalls einer Erbschaft an den Alleinerben auf die Mehrheit von Erben übertragen werden. Dazu wird die Zeit der gemeinschaftlichen Innehabung der Nachlaßgegenstände mit der Teilung aus der juristischen Wirklichkeit entfernt. Ab der Teilung gelten die hypothetischen Rechtsfolgen eines Alleinerwerbs seit dem Erbfall. Damit handelt es sich bei dieser Vorschrift jedenfalls hinsichtlich der zeitlichen Rückverlegung des alleinigen Erwerbs um eine Gesetzesfiktion.

2. Von der historischen zur Gesetzesfiktion

Die Technik der Fiktion kann verschiedene Funktionen erfüllen, beispielsweise die einer abgekürzten Verweisung,[993] einer Einschränkung oder einer Erläuterung.[994] Bei einer Verweisung ist stets ihr Ziel zu beachten, um an einen Tatbestand nicht weiterreichende Konsequenzen zu knüpfen als die Fiktion bezweckt.[995] Außerdem kann der Rechtsanwender auf die sog. historische Fiktion zurückgreifen. Dabei wird eine Fiktion eingesetzt, um eine bereits bestehende Dogmatik für einen regelungsbedürftig gewordenen Fall nicht durchbrechen zu müssen.[996] Auf diese Weise konstruierte schon der römische Prätor seine Rechtsfortbildung.[997] Auch die Rückwirkungsfiktion der Teilung läßt sich zunächst als eine historische einordnen:
Die Fiktion der Rückwirkung der Teilung – auch wenn sie als solche nicht bezeichnet wurde – wurde ab dem 16. Jahrhundert eingesetzt, um die während der Gemeinschaftszeit entstandenen Belastungen von Nachlaßgrundstücken *ex*

Für eine Rezeption durch die französische Wissenschaft veröffentlichte *He. Fitting* seine Thesen wahrscheinlich zu früh, da sich die dortige Lehre zu diesem Zeitpunkt noch nicht intensiv mit der Frage der Teilungswirkung auseinandersetzte.

993 *J. Esser* (1969) S. 37ff.; *Meurer* (1976) S. 283.

994 *Larenz/Canaris* (1995) S. 83ff.

995 *Tuhr* (1910/1957) S. 24; *J. Esser* (1969) S. 40.

996 *Jhering* (1888/1954) S. 297. Ihm folgend *Dekkers* (1935) Nr. 139; *J. Esser* (1969) S. 81; *Bergel* (1985) Nr. 282.

997 S.o. § 2.A.I/C.I. Zur Weiterentwicklung des römischen Rechts durch den Prätor und exemplarisch zu den verschiedenen Fiktionsformen im römischen Recht *Bund* (1970) S. 353-380; *Wacke* (1973b) S. 225; *ders.* (1974) S. 283; *Thomas* (1995) S. 17-63; *Hackl* (1999) S. 120-123. Zum Gebrauch der Fiktion im mittelalterlichen Frankreich *Koschaker* (1966) S. 77f.

tunc aufzuheben. De damaligen Juristen wollten von der römischrechtlichen Konzeption der Erbenmehrheit als *communio* nicht abweichen und vor allem Anteilsverfügungen nicht verbieten. Stattdessen halfen sie sich mit dem Mittel der Fiktion und entzogen der Teilung ihre rechtsübertragende Wirkung. Dabei konnten sie sogar die Einordnung der Erbteilung als *alienatio neccessaria* durch die römischen Quellen für sich beanspruchen.[998] Indem also die Teilung nicht mehr als Rechtsübertragung angesehen wurde, war es nach der bestehenden Dogmatik auch nicht erforderlich, der Teilung vorausgehende Verfügungen nach der Teilung als wirksam zu erachten.

Mit Inkrafttreten des Code civil stellte sich sodann das Problem, daß die Rückwirkung der Teilung in der sprachlichen Fassung von *Pothier* in das Gesetzbuch gelangte.[999] Die konkreten Rechtsfolgen und der Zweck der Rückwirkung aber, die *Pothier* im Anschluß an seine einleitende, sich in Art. 883 CC wiederfindende Beschreibung der Teilungswirkung ausführt,[1000] sind nicht in den Code civil übernommen worden. Dadurch wurde in Art. 883 CC eine Regelung kodifiziert, die zwar durch eine Rückwirkungsfiktion die rechtsübertragende Wirkung der Teilung negiert. Welche positiven Schlüsse aber aus dieser Anordnung zu ziehen sind, zu dieser Frage schweigt der Code civil. Der Anwendungsbereich der Rückwirkung der Teilung und seine Rechtsfolgen sind unklar.

Dies führte dazu, daß Art. 883 CC immer weitreichender angewandt wurde:[1001] Nennt *Pothier* als zivilrechtliche Folge lediglich die rückwirkende Wirksamkeit oder Unwirksamkeit von Hypotheken,[1002] so diskutiert *Duranton* 1828 zusätzlich die Anwendbarkeit der Vorschrift auf Forderungen und die Versteigerung von Nachlaßgrundstücken.[1003] *Aubry* und *Rau* zählen 1873 darüber hinaus die Erbteilsübertragung auf.[1004] Sie schließen einen Einfluß der Rückwirkung der Teilung auf die Unterbrechung oder Hemmung der Ersitzungsfrist sowie den Erwerbstitel der Ersitzung aus.[1005] 1905 widmen *Baudry-Lacantinerie* und *Wahl* dem An-

[998] S.o. I.1.
[999] S.o. I.2.
[1000] *Pothier* (1822) S. 583f.: Abgesehen davon, daß die Teilung kein steuerpflichtiger Vorgang ist, entscheidet sie über die Wirksamkeit von Hypotheken, die die Erben in der Zeit zwischen dem Erbfall und der Teilung begründeten.
[1001] Zur heutigen Anwendung s.u. C und E.
[1002] Fn. 1000.
[1003] *Duranton* (1828) Nr. 519ff.
[1004] *Aubry/Rau* (1873) § 625 (S. 558).
[1005] *Aubry/Rau* (1873) § 625 (S. 568).

wendungsbereich des Art. 883 CC und seinen Rechtsfolgen bereits 66 Lehrbuchseiten.[1006]

3. Gesetzessystematik und der Zweck der Norm

Daß der Anwendungsbereich des Art. 883 CC nach dem Gesetzeswortlaut unklar war, wurde nicht seiner Formulierung angelastet, sondern der Fiktionstechnik.[1007] Die Fiktion des Art. 883 CC schien nämlich die Sicherheit des Rechtsverkehrs zu behindern. Denn die Rechtsprechung sah sich dem Verdacht ausgesetzt, daß sie nicht nur im Fall des Art. 883 CC die unpräzise Regelung benutzte, um unter Hinweis auf die Fiktion rechtspolitisch gewollte Ergebnisse zu begründen.[1008] Auf diese Weise waren Entscheidungen der Rechtsprechung nicht mehr vorher-sehbar.[1009]

Merkwürdig erscheint aus Sicht des deutschen Zivilisten, daß, nachdem die grammatische Auslegungsmethode zu keinem Ergebnis führte,[1010] nicht die teleologische Auslegung zur Hilfe genommen wurde, um so den Anwendungsbereich der Norm zu bestimmen. Dieser Tatsache scheinen sich auch die Juristen des ausgehenden 19. Jahrhunderts bewußt zu werden. Auch wenn sie auf die Auslegungsmethoden keinen ausdrücklichen Bezug nehmen, so mehren sich doch die Forderungen, Fiktionen immer nur entsprechend ihrem Ziel (*but*) oder ihrer Nützlichkeit (*utilité*) anzuwenden.[1011] Auch beschäftigten sich einige Arbeiten mit der Genese der Teilungswirkung, um daraus Rückschlüsse auf die Gegenwart zu ziehen.[1012]

Diese Entwicklungen lassen sich wiederum in den historischen Kontext einfügen. Die Methode der im 19. Jahrhundert herrschenden *école de l'exégèse*, die wohl

[1006] *Baudry-Lacantinerie/Wahl* (1905) Nr. 3277-3346 *bis* (S. 602-668). S. auch *Wahl* (1904) S. 441-514.

[1007] Auch *Karpen* (1970) S. 25f. sieht in der Fiktionstechnik der Verweisung die Gefahr des zu weiten Anwendungsbereichs.

[1008] Vgl. *Deprez* (1953) Nr. 11f., 187, 198.

[1009] *Gallet* (1903) S. 175ff.; *Deprez* (1953) Nr. 193.

[1010] In die grammatische wird die historische Auslegung miteinbezogen, s.o. II.2.a.bb.

[1011] Vgl. *Deprez* (1953) Nr. 187, 191.

[1012] Z.B. *Desserteaux* (1908); *Chevallier* (1932). Beide Arbeiten gelangen zu dem Schluß, daß die deklaratorische Teilungswirkung vor allem aus zivilrechtlichen, nicht dagegen aus steuerrechtlichen Gründen eingeführt wurde.

zumindest überwiegend auf den Wortlaut der Norm abstellte,[1013] versagte bei gesetzestechnisch nicht perfekten Regelungen. Erst mit der Überwindung dieser Methode durch die der Freirechtsbewegung verwandten *école de la libre recherche scientifique* sah sich die Lehre in die Lage versetzt,[1014] den Zweck einer Norm in seine Auslegung miteinzubeziehen.[1015] Auch wurde bereits ab 1877 das 1852-65 erschienene Werk *Jherings* „Geist des Römischen Rechts" ins Französische übersetzt.[1016] Im dritten Band setzt er sich mit der Funktion von Fiktionen auseinander.[1017] Sinn und Zweck besteht seiner Ansicht nach unter anderem darin, neu entstehende Sachverhalte in die bestehende Dogmatik einzufügen, so daß die Praxis nicht erst die theoretische Durchdringung dieses Problems durch die Wissenschaft abzuwarten hat. Insofern dienen diese von ihm als historische[1018] bezeichneten Fiktionen dem juristischen Fortschritt. Gleichzeitig seien sie lediglich ein Übergangsstadium bis zu dem Zeitpunkt, an dem die Wissenschaft sich dem neuen Problem annimmt. Im Anschluß daran hat sich in Frankreich vielfach die Ansicht durchgesetzt, daß von der Verwendung einer Fiktion auf die Unfähigkeit der Wissenschaft zu schließen sei, ein Problem hinreichend zu erfassen und in die bestehende Systematik einzuordnen.[1019] Indem die Erbteilung als *acte déclaratif par nature* verstanden wird, fügt sie sich ohne den „Kunstgriff" der Fiktion in das Erbrechtssystem ein. Die Frage des Anwendungsbereiches von Art. 883 CC ist dadurch aber nicht gelöst.

C. Der Anwendungsbereich des Art. 883 CC

Aus der ursprünglichen Fassung des Art. 883 CC, welche mit seinem heutigen ersten Absatz identisch ist, war nicht ersichtlich, auf welche Sachverhalte er anzuwenden war. Daher mußten Lehre und Rechtsprechung zu dieser Frage Lösungen entwickeln, die teilweise in die Neufassung des Artikels übernommen wur-

[1013] So für die Fiktion *Gallet* (1903) S. 19 hinsichtlich der Auslegungsmethode der Rechtsprechung. S. aber *Starck/Roland/Boyer* (1996) Nr. 283.
[1014] *Halpérin* (1996) Nr. 122; *Dubouchet* (1998) S. 187. Zu *Jhering* s. *Schlosser* (2001) S. 166ff. m.w.N.
[1015] S. z.B. *Deprez* (1953) Nr. 199 für die Rückwirkung; *Leroyer* (1995) Nr. 477 für die Fiktion.
[1016] *Jhering*, L'esprit du droit romain, 4 Bände, ab 1877 übersetzt von *Meulenaere*.
[1017] *Jhering* (1888/1954) S. 293-301.
[1018] Fn. 996.
[1019] Fn. 984. *Cornil* (1935) S. 35f., 41; *Dekkers* (1935) Nr. 405; Noch positiv zu Gesetzesfiktionen *Duméril* (1882) S. 534-544, 452.

den. Bestimmte Fallgruppen ergeben sich allerdings aus dem Gesetz noch immer nicht.
Die Anwendung der Vorschrift bestimmt die französische Lehre nach den Rechtsgeschäften und Rechtsgegenständen, auf welche sich die Teilung bezieht.

I. Rechtsgeschäfte

Art. 883 I CC bezieht sich auf die Teilung selbst. Nach Art. 883 II CC schließt dies persönliche und gegenständliche Teilauseinandersetzungen mit ein. Weiterhin gilt die Vorschrift unabhängig davon, ob die Teilung einvernehmlich, gerichtlich oder mittels vorzugsweiser Zuteilung vorgenommen wird.[1020] Auch auf Vorwegentnahmen aus dem Nachlaß ist der *effet déclaratif* anwendbar.[1021]
Aus Art. 883 I CC geht überdies hervor, daß er sich auch auf die Versteigerung von Nachlaßgrundstücken (*licitation*)[1022] bezieht. An den Verkauf von Nachlaßgegenständen sowie an die Übertragung des *droit indivis* an einen *coïndivisaire* knüpfen sich ebenfalls die Wirkung des Art. 883 I CC, obwohl diese Verfügungen nach allgemeinen Regeln als *actes translatifs* rechtsübertragende Wirkung hätten.[1023]
Auch auf Teilungsanordnungen des Erblassers in Form der *donation-partage* wird Art. 883 CC angewandt, um dem Bedachten die Möglichkeit einer Gewährleistung nach Art. 884 CC (*garantie des lots*)[1024] zu erhalten.[1025]

Für Rechtsgeschäfte mit Dritten gilt Art. 883 CC allerdings nicht, wenn die Rechtsvorgänger des Erwerbers eines Nachlaßgegenstandes die *indivisaires* und nicht der Erblasser sind. Daher sind in diesem Fall auch die allgemeinen Gewährleistungsvorschriften anwendbar.[1026]
Im Innenverhältnis der *indivisaires* wirkt die Versteigerung eines Grundstücks an einen Dritten hingegen deklaratorisch sowie *ex tunc*.[1027] Derjenige *indivisaire*

1020 S.o. zu den verschiedenen Teilungsformen § 9.B.
1021 S.o. zur Vorwegentnahme § 8.B.I.2 und B.II.1.b.
1022 Ausgenommen von der Anwendung des Art. 883 I CC ist allerdings eine Versteigerung mit sog. *clause d'attribution*, da in diesem Fall die Eigentums-zuweisung erst im Zeitpunkt der Teilung vorgenommen wird. S.o. § 9 .
1023 *Grimaldi* (2001) Nr. 915.
1024 S. dazu u. D.I.
1025 *Béhar-Touchais* (1996) Nr. 29. Einschränkend dagegen *Patarin* (1975) Nr. 145.
1026 *Terré/Lequette* (1997) Nr. 987.
1027 S.o. § 9.C.III.

nämlich, dem die Kaufpreisforderung zugeteilt wird, wird so angesehen, als ob er seit dem Erbfall Inhaber der Forderung und Eigentümer des Grundstücks gewesen wäre.[1028] Zweck des Art. 883 CC soll auch hier der Schutz desjenigen *indivisaire* sein, dem die Forderung zugeteilt wird. Denn falls ein *coïndivisaire* an dem versteigerten Grundstück eine Hypothek bestellt hatte, könnte sich der Hypothekengläubiger nach Art. 2094 CC aus der Kaufpreisforderung befriedigen (sog. *droit de préférence*)[1029]. Da eine solche Bestellung aber aufgrund von Art. 883 I CC nicht wirksam ist, ist der *indivisaire* geschützt.
Art. 883 CC gilt sogar dann zulasten des Hypothekengläubigers, wenn dem Hypothekenbesteller die Kaufpreisforderung zugeteilt wird. In diesem Falle kann der Schuldner-*indivisaire* sich zwar nicht auf den *effet déclaratif* berufen. Dies können allerdings seine Privatgläubiger, um das *droit de préférence* des Hypothekengläubigers abzuwehren und um selbst auf die Kaufpreisforderung zuzugreifen.[1030] Begründet wird dies mit der Absolutheit der deklaratorischen Wirkung der Teilung, welche immer zu gelten habe.[1031]

Insgesamt soll Art. 883 CC lediglich auf solche Rechtsgeschäfte Anwendung finden, die entgeltlich sind, da auch die Teilung ein entgeltliches Rechtsgeschäft ist.[1032] Vor allem aber sollen die Gläubiger der *indivisaires* nicht auch im Falle von unentgeltlichen Zuwendungen benachteiligt werden. Dieses Ergebnis wird allerdings seit der Reform von 1976 bezweifelt, da der Wortlaut des Art. 883 II CC nicht nach entgeltlichen und unentgeltlichen Rechtsgeschäften unterscheidet.[1033]

II. Rechtsgegenstände

Alle körperlichen Nachlaßgegenstände unterliegen Art. 883 CC. Die Vorschrift bezieht sich seinem Wortlaut nach aber nicht nur auf Sachen, sondern auf *biens*.

[1028] *Terré/Lequette* (1997) Nr. 990.
[1029] Vgl. *Daublon* (1994) S. 1068f.
[1030] *Grimaldi* (2001) Nr. 920. Gegen diese weite Anwendung des Art. 883 CC, die den Hypothekengläubiger schutzlos stellt, argumentieren *Flour/Souleau* (1991) Nr. 464.
[1031] *Grimaldi* (2001) Nr. 920.
[1032] *Marty/Raynaud* (1983) Nr. 820.
[1033] *Marty/Raynaud* (1983) Nr. 820.

Der Begriff des *bien* umfaßt neben körperlichen auch unkörperliche Gegenstände, beispielsweise Forderungen.[1034]

Für die Teilung der Nachlaßforderungen existiert in Art. 1220 S.2 CC[1035] eine dem römischrechtlichen Prinzip *nomina sunt ipso iure divisa*[1036] entsprechende Sondervorschrift, nach welcher sich Nachlaßforderungen mit dem Erbfall kraft Gesetzes aufteilen. Allerdings bezieht der Wortlaut von Art. 832 II CC[1037] die Nachlaßforderungen in den Teilungsvorgang mit ein, so daß eigentlich auch Art. 883 I CC auf sie anwendbar sein müßte. Aber Forderungen, die sich automatisch mit dem Erbfall aufteilen, können in der Teilung nicht erneut geteilt werden. Art. 832 II und Art. 1220 S.2 CC widersprechen sich also ihrem Wortlaut nach. Daher ist unklar, ob Art. 883 I CC auf Nachlaßforderungen anwendbar ist.
Die Auflösung dieses Widerspruchs ist bereits bekannt:[1038] Im Verhältnis zu Dritten gilt Art. 1220 CC mit der Folge, daß ein Nachlaßschuldner anteilig an jeden der *indivisaires* mit befreiender Wirkung leisten kann. Umgekehrt können auch die *indivisaires* jeweils *pro rata* die Nachlaßschulden erfüllen. Im Innenverhältnis dagegen gilt ausschließlich Art. 832 II CC. Danach werden noch nicht erfüllte Forderungen in der Teilung mitberücksichtigt und verteilt. Auf diese Weise kann ein *indivisaire* Schuldner seiner *coïndivisaires* sein, wenn er eine Zahlung entgegengenommen hat.[1039]
Für die Abtretung eines Forderungsanteils durch nur einen *indivisaire* gilt Art. 883 I CC auch, ebenso wie für die Übertragung sonstiger Nachlaßgegen-

[1034] Die französische Systematik nennt als *differentia specifica* der Gegenstände die Beweglichkeit, erst dann jeweils ihre Körperlichkeit. Vgl. *Fiorini* (2002) S. 97f. Forderungen sind daher bewegliche unkörperliche Gegenstände.

[1035] Art. 1220 CC: „*L'obligation qui est susceptible de division doit être exécutée entre le créancier et le débiteur comme si elle était indivisible. La divisibilité n'a d'application qu'à l'égard de leurs hérétiers, qui ne peuvent demander la dette ou qui ne sont tenus de la payer que pour les parts dont ils sont saisis ou dont ils sont tenus comme représantant le créancier ou le débiteur.*"

[1036] S.o. § 2.B.II.2.

[1037] In der Fassung von 1804 bestand Art. 832 CC lediglich aus seinem heutigen Absatz 2, der damals wie folgt lautete: „*Dans la mésure où le morcellement des héritages et la division des exploitations peuvent être évités, chaque lot doit, autant que possible, être composé, soit en totalité, soit en partie, de meubles ou d'immeubles, de droits ou de créances de valeur équivalente.*"

[1038] S.o. § 8.B.I.1. Das heutige Verständnis des Verhältnisses von Art. 1220 S. 2 und Art. 832 II CC geht zurück auf das Urteil *Chollet-Dumoulin* vom 5.12.1907, D 1908, I, S. 113.

[1039] *Terré/Lequette* (1997) Nr. 866.

stände. Ihre absolute Wirksamkeit hängt also davon ab, ob der verfügende *indivisaire* die Forderung zugeteilt bekommt.[1040]
Art. 1220 S.2 CC wird als Ausnahmevorschrift begriffen, die entsprechend ihrer systematischen Stellung im Abschnitt *Des obligations divisibles et indivisibles*[1041] lediglich auf die Erfüllung von Verbindlichkeiten anwendbar ist.[1042] Für die Verfügung über Forderungen gilt Art. 883 CC daher uneingeschränkt.
Zuvor war erwogen worden, Art. 883 CC gegenüber Art. 1220 S.2 CC den Vorrang einzuräumen. Daraus sollte folgen, daß Verfügungen über einen Forderungsteil sowie Leistungen des Schuldners in ihrer Erfüllungswirkung vom Ausgang der Teilung abhängen würden.[1043] Die Rechtsprechung ebenso wie der Großteil der Literatur stellte dagegen auf den Zeitpunkt der Teilung ab:[1044] Bis zur Teilung galt Art. 1220 S.2 CC, so daß jeder *indivisaire* über seine Teilforderung oder -schuld verfügen konnte. Erst nach der Teilung wurde Art. 883 CC auf die Weise angewandt, daß nur noch an denjenigen *indivisaire* schuldbefreiend geleistet werden konnte, welcher Inhaber der gesamten Forderung geworden war.

III. Ausnahmsweise: Die Nichtanwendung des Art. 883 CC

Obwohl sich aus Art. 883 CC die absolute Wirkung der Teilung ergeben soll, wird die Vorschrift auf bestimmte Vorgänge während des Bestehens der *indivision* aus praktischen Gründen nicht angewandt. Allerdings stimmen diese Einschränkungen mit der Teilungstheorie überein, da sie lediglich die Rückwirkung der Teilung betreffen.
Dies gilt zum einen für die Fälle der dinglichen Surrogation, um so Veränderungen innerhalb des Nachlasses zuzulassen.[1045] Hier soll allerdings ausschließlich der *effet rétroactif* der Teilung eingeschränkt sein.[1046]
Zum anderen wird die Rückwirkung nicht auf Früchte und Erträge des Nachlasses

[1040] *Grimaldi* (2001) Nr. 917.
[1041] Art. 1217-1225 CC.
[1042] *Mazeaud/Chabas* (1999) Nr. 1766, welche ihre Auslegungsmethode *interprétation exégétique* nennen.
[1043] *Folleville* (1877) Nr. 12.
[1044] Req., 23.2.1864, D 1864, I, S. 477f.; *Marcadé* (1855) Nr. 417; *Larombière* (1885) Art. 1220 Nr. 9; *Laurent* (1887a) Nr. 49-54.
[1045] S.o. § 7.D.II.
[1046] *Béhar-Touchais* (1996a) Nr. 25.

bezogen, damit diese nicht automatisch dem *indivisaire* zugeteilt werden müssen, der die Muttersache erhält.[1047]

Weiterhin sind Rechtsgeschäfte, die entsprechend den Verwaltungsregeln der *indivision* getätigt wurden, von der Rückwirkung der Teilung ausgeschlossen. Dies ergibt sich für Geschäfte aufgrund eines Auftrags oder gerichtlicher Genehmigung aus Art. 883 III CC und für die gemeinschaftliche Bestellung einer Hypothek aus Art. 2125 II CC. Des weiteren stellen Art. 815-3 und Art. 815-4 CC Regeln für die Verwaltung auf, welche Art. 883 I CC vorgehen.[1048] Der im Hinblick auf die dort geregelten Fälle zu enge Wortlaut des Art. 883 III CC wurde bereits bei Inkrafttreten der Reform von 1976 kritisiert.[1049]

Für die Bewertung der Nachlaßgegenstände wird des weiteren im Rahmen der Auseinandersetzung nicht der Erbfall, sondern die Teilung bzw. der sog. *jour de la jouissance divise* als Bemessungszeitpunkt zugrunde gelegt.[1050]

D. Die Sicherungsmittel der Gleichheit der Teilung

Neben den allgemeinen Vorschriften bestehen spezielle erbrechtliche Regelungen, welche eine ordnungsgemäße Teilung gewährleisten sollen. Als solche sind vor allem die *garantie des lots* sowie die *rescision pour lésion* zu nennen. Beide Institute finden ihre Vorbilder im Kaufrecht in Art. 1626 und Art. 1374 CC.[1051] Auf die vergleichbare Interessenlage beim Kauf wird für den Zweck der Regelungen allerdings nicht (mehr) abgestellt. Als Regelungsgrund wird stattdessen die Sicherstellung der *égalité du partage* angegeben.[1052] Außerdem würden die kaufrechtlichen Vorschriften auf dem Kaufvertrag als *acte translatif* beruhen und ließen sich daher auf die Teilung nicht übertragen.[1053]

[1047] S.o. § 7.D.II.
[1048] S.o. § 8.A.
[1049] *Dagot* (1977) Nr. 702.
[1050] S.o. § 9.B.
[1051] Bereits nach römischem Recht haftete der Miterbe nach der Teilung analog zum Kaufrecht. S.o. § 2.C.II.1.
[1052] Statt aller *Grimaldi* (2001) vor Nr. 932.
[1053] *Grimaldi* (2001) Nr. 928.

I. *Garantie des lots* bei Eviktion

Mit dem Teilungsvertrag garantieren die *indivisaires* einander nach Art. 884 I CC[1054] die Haftung für Eviktion hinsichtlich der ihnen zugeteilten Nachlaßgegenstände (*garantie des lots*). Von der Garantie mitumfaßt werden auch Forderungen und sogar die Solvenz des Nachlaßschuldners am Tag der Teilung, Art. 886 CC.

Tritt der Haftungsfall ein, so kann der evinzierte *indivisaire* von jedem seiner *coïndivisaires* anteilig Schadensersatz verlangen, Art. 885 I CC. Der Wert des betroffenen Nachlaßgegenstandes bestimmt sich dabei nach seinem Wert zur Zeit der Eviktion.[1055] Ferner ist dieser Schadensersatzanspruch zweifach gesichert: Zum einen müssen die *coïndivisaires* im Falle der Insolvenz eines von ihnen dessen Schuld anteilig übernehmen, Art. 885 II CC. Zum anderen ist die Forderung des Evinzierten durch ein *privilège*[1056] nach Art. 2103 III CC dinglich gesichert.

II. Aufhebbarkeit der Teilung bei *lésion*

Wird durch die Teilung ein Ergebnis erzielt, nach welchem ein *indivisaire* weniger als drei Viertel des Wertes erhält, der ihm nach seiner Erbquote zustände (*lésion*), so kann er nach Art. 887 II 1 CC die rückwirkende Aufhebung der Teilung verlangen (*action en rescision*).[1057] Dem ihm zugeteilten Los wird dabei nach Art. 890 CC sein Wert im Zeitpunkt der Teilung zugrunde gelegt.[1058] Nach Art. 891 CC kann der Anspruchsgegner allerdings die Aufhebung der Teilung verhindern, indem er den Schaden des Anspruchsstellers ersetzt.[1059]

[1054] Art. 884 I CC: „*Les cohéritiers demeurent respectivement garants, les uns envers les autres, des troubles et évictions seulement qui procèdent d'une clause antérieure au partage.*" Unter *troubles* (Störungen) wird die Gefahr einer Eviktion verstanden, z.B. wenn jemand einen Herausgabeanspruch geltend macht. *Grimaldi* (2001) Nr. 929.
Der Eviktion eines *coïndivisaire* kann ein *indivisaire* nicht ausgesetzt sein, da in dieser Hinsicht das Rechtssprichwort *qui doit garantie ne peut évincer* Anwendung findet. Vgl. auch *Roland/Boyer* (1999) Nr. 360. In diesem Fall gilt stattdessen Art. 887 CC.

[1055] *Grimaldi* (2001) Nr. 930, s. dort auch Fn. 608.

[1056] Zum *privilège* s.o. § 8.B.II.2.a.

[1057] Diesem Anspruch liegt der Gedanke eines „gerechten Preises" außerhalb der vertraglichen Vereinbarung zugrunde. Vgl. *Becker* (1993) S. 27.

[1058] Vgl. o. § 9.B zum *jour de la jouissance des biens*, der sich aus Art. 890 CC ableitet.

[1059] Die Höhe des Schadensersatzes – sei er in Natur oder in Geld zu leisten – bemißt sich dabei nach dem Wert der geschuldeten Gegenstände am Tag der Erfüllung. S. *Catala* (1962) S. 99ff.

Für die *action en rescision pour lésion* gelten die allgemeinen schuldrechtlichen Vorschriften über die *rescision* nach Art. 1304-1314 CC. Mit diesem Anspruch kann nach Art. 887 I CC auch die Aufhebung der Teilung wegen Drohung (*violence*) oder arglistiger Täuschung (*dol*) verlangt werden. Die *action en rescision* verjährt nach fünf Jahren, Art. 1304 I CC. Verjährungsbeginn ist der Abschluß des Teilungsvertrags.[1060]

E. Die Folgen von Art. 883 CC über das Erbrecht hinaus

Art. 883 CC erlangt auch über das Erbrecht hinaus Bedeutung, weil die Deklarativität der Teilung ihr als von Natur aus zukommend verstanden wird. Dabei geht es nicht um die Rechtsinstitute, auf die Art. 883 CC kraft Verweisung oder aufgrund der Tatsache Anwendung findet, daß es sich bei ihnen um eine Form der *indivision* handelt.[1061] Vielmehr strahlt die Rechtsnatur der Teilung als *lex specialis* in andere Rechtsgebiete aus und verdrängt dort die allgemeinen Regelungen. Dies wird allerdings nicht mit der systematischen Auslegung, sondern mit der Rechtsnatur der Teilung als Wiedergabe der Wirklichkeit begründet.

I. Schuldrechtliche Auswirkungen

Die allgemeinen Vorschriften über Leistungsstörungen gelten für die Teilung nicht. Daher wird die Teilung auch nicht nach den allgemeinen Vorschriften durch die *action en résolution* gemäß Art. 1184 CC[1062] rückabgewickelt, sondern aufgrund der *rescision pour lésion*, die an strengere Voraussetzungen geknüpft ist. Dieses Ergebnis soll aus der Rechtsnatur der Teilung als *acte déclaratif* herrühren. Die höhere Rechtssicherheit aufgrund der Spezialregel wird als bloßer Nebeneffekt abgetan.[1063]
Für den Fall des Zahlungsverzuges sind die Gläubiger-*indivisaires* nach der Sondervorschrift des Art. 2103 III CC mit einem *privilège* gesichert.

[1060] *Patarin* (1983) S. 169f.
[1061] S. dazu § 7.B.
[1062] Art. 1184 CC regelt den Fall der Nichtleistung, wobei nach der Art der Pflichtverletzung nicht unterschieden wird. Erfüllt der Schulder seine Verpflichtung nicht, so kann der Gläubiger von dem Vertrag zurücktreten und Schadensersatz geltend machen.
[1063] *Béhar-Touchais* (1996a) Nr. 10.

Auch gesetzliche Vorkaufsrechte[1064] vor allem an Nachlaßgrundstücken können gegen *indivisaires* anläßlich der Teilung nicht geltend gemacht werden. Denn die Teilung sei aufgrund von Art. 883 CC keine Rechtsübertragung, so daß sie keinen Vorkaufsfall darstelle.[1065]

II. Sachenrechtliche Auswirkungen

Der *effet déclaratif* hat zur Folge, daß alle Rechtsgeschäfte, auf die Art. 883 CC anwendbar ist, nicht als Erwerbsgrund (*juste titre*) für die abgekürzte Ersitzung nach Art. 2265 CC in Betracht kommen, da der Erwerbsgrund in einer Rechtsübertragung bestehen muß.[1066] Andererseits hat Art. 883 CC keine Auswirkung auf die Stellung des *indivisaire* als *possesseur*, da Art. 2235 CC für die *possession* an die Rechtsstellung des Rechtsvorgängers, d.h. des Erblassers, anknüpft. Darüber hinaus ist die Zuteilung von Nachlaßgrundstücken in ihrer Drittwirksamkeit (*opposabilité*) nicht davon abhängig, daß sie den Publizitätserfordernissen für Grundstücke entspricht.[1067] Das gleiche gilt für Forderungen, deren Abtretung nach Art. 1690 CC eigentlich dem Schuldner angezeigt werden müßte.

Ob Verfügungsgeschäfte zwischen einem *indivisaire* und einem Dritten wirksam sind, bestimmt der *effet rétroactif* der Teilung. Nicht anwendbar ist hingegen die allgemeine Regel des Art. 1599 CC, nach welcher der Verkauf der Sache eines Dritten nichtig ist. Bis zur Teilung ist ein solcher Verkauf relativ wirksam, d.h. er ist grundsätzlich gültig, entfaltet allerdings gegenüber den anderen *coïndivisaires* keinerlei Wirkung (*inopposabilité*). Die endgültige Wirksamkeit oder Unwirksamkeit hängt dagegen vom Ergebnis der Teilung ab, welches bis auf den Erbfall zurückwirkt.

[1064] Als solches kommt beispielsweise das Vorkaufsrecht des Mieters eines landwirtschaftlichen Grundstücks gemäß Art. L.412-I Code rural in Betracht.
[1065] *Béhar-Touchais* (1996a) Nr. 14.
[1066] *Terré/Simler* (2002) Nr. 467.
[1067] Art. 28-3 des Dekrets Nr. 1955-22 vom 4.1.1955 unterwirft zwar alle Rechtsgeschäfte über dingliche Rechte an Immobilien den allgemeinen Vorschriften über die Publizität von Grundstücksgeschäften. Ihre Nichtbeachtung ist allerdings kein Wirksamkeitshindernis, sondern begründet nach Art. 30 desselben Dekrets lediglich Schadensersatzansprüche. S.o. § 9.B.I.

III. Steuerrechtliche Auswirkungen

Bei der Teilung fällt eine Erbschaftssteuer (*droits de mutation à titre gratuit*) nicht an, da die Steuer an den Erbfall anknüpft: Nach spätestens sechs Monaten müssen die *indivisaires* gegenüber der Finanzverwaltung die Aktiva und Passiva des Nachlasses erklären. Die Höhe der Besteuerung ergibt sich aus Art. 777 Code général des impôts (CGI).[1068] Der Notar, welcher mit der Abwicklung der *indivision* betraut ist, hat insbesondere die *indivisaires* auf ihre Steuerpflicht hinzuweisen.[1069]
Zusätzlich zur Erbschaftssteuer kann aufgrund der Teilung nach Art. 635 I Nr.7 CGI ein *droit d'enregistrement* fällig werden. Diese Steuer ist allerdings keine spezifisch erbrechtliche, da sie für jegliche Arten von Teilungen gilt.[1070] Weitere Steuerpflichten entstehen dann, wenn ein Dritter in die Teilung mit einbezogen wird. In diesem Fall müssen Ausgleichszahlungen (*soultes*) versteuert werden, da sie in steuerrechtlicher Hinsicht als *acte translatif* und nicht als *acte déclaratif* angesehen werden.[1071] Das gleiche gilt, wenn ein Dritter einen Nachlaßgegenstand ersteigert:[1072] Der erzielte Gewinn ist steuerpflichtig.[1073]

Das Steuerrecht ist im Falle der Teilung also so lange zivilrechtsakzessorisch, wie die *indivisaires* den Nachlaß unter sich aufteilen. Sobald die *indivisaires* jedoch ein Verkehrsgeschäft vornehmen, gilt dieses Rechtsgeschäft abweichend vom Zivilrecht nicht mehr als deklaratorisch, sondern als eine Rechtsübertragung, an welche sich die Steuerpflicht knüpft.

F. Art. 883 CC *de lege ferenda*

Heute steht die Diskussion um die Rechtsnatur der Teilung und des *effet déclaratif* nicht mehr im Mittelpunkt des Interesses. Vielmehr hat sich dieses auf die Frage verlagert, ob die *indivision* ein eigenes Institut ist.[1074]

[1068] Einen sehr knappen Überblick über die französische Erbschaftsteuer bietet *Nagel* (1999) S. 463f. S. auch die Steuersätze bei *Grimaldi* (2001) Nr. 241 und *Süß/Haas* (2004) Rn. 202-210.
[1069] *Grimaldi* (2001) Nr. 243.
[1070] *Chappert* (1999) S. 578.
[1071] *Chappert* (1999) S. 581.
[1072] So bereits die Rechtslage nach Art. 80 Nouvelle Coutume de Paris. S.o. B.I.1.
[1073] *Chappert* (1999) S. 582.
[1074] *Mazeaud/Chabas* (1999) Nr. 1748. S.o. § 7.C.II.3.

Die Kommission zur Reformierung des Code civil hat sich dafür ausgesprochen, den Art. 883 CC beizubehalten.[1075] Allerdings fordert sie, seinen Anwendungsbereich auf seinen eigentlichen Kernbereich zu beschränken, nämlich Verfügungen eines *indivisaire* gegen den Willen seiner *coïndivisaires* zu verhindern.

Im Vorfeld der Reform von 1976 war vereinzelt gefordert worden, den *effet déclaratif* abzuschaffen.[1076] Sofern Art. 883 CC gegenwärtig überhaupt einer Kritik unterzogen wird,[1077] gilt diese lediglich seinem weiten Anwendungsbereich. Daher wird der Vorschlag der Reformkommission zu Art. 883 CC von manchen Autoren unterstützt.[1078] Eine Umsetzung dieses Reformprojektes durch den Gesetzgeber ist derzeit allerdings nicht in Sicht. Hingegen will ein jüngerer Reformvorschlag das Erbrecht und auch die Teilung neu regeln. Der Wortlaut des Art. 883 CC soll jedoch nicht geändert werden.[1079]

G. Ergebnis

Nach Art. 883 I CC wird jeder *indivisaires* so angesehen, als sei er bereits seit dem Erbfall Alleineigentümer der ihm zugeteilten Nachlaßgegenstände. Die in dieser Vorschrift zum Ausdruck kommende deklaratorische und Rückwirkung der Teilung fand bereits vor Inkrafttreten des Code civil gewohnheitsrechtliche Anwendung. Ihr Zweck bestand darin, die *indivisaires* vor Hypothekenbestellungen durch ihre *coïndivisaires* schützen. Die Teilungswirkung sollte garantieren, daß jeder der *indivisaires* nach der Teilung ungestörter Eigentümer der ihm zugewiesenen Nachlaßsachen sein konnte. Gleichzeitig diente die deklaratorische Teilungswirkung als Argument gegen eine Teilungssteuer.

Ihren ursprünglichen zivilrechtlichen Zweck erfüllt die Teilungswirkung gemäß Art. 883 CC noch immer. Da die anfängliche Konzeption der *indivision* sich an die römische *communio* anlehnt, erschien den Juristen des *ancien droit* sowie den Redaktoren des Code civil die ausdrückliche Anordnung eines Verbotes alleiniger Anteilsverfügungen wohl denkunmöglich. Ein solches Verbot sowie ein Verbot

[1075] *Mazeaud/Chabas* (1999) Nr. 1748.
[1076] *Bouchot-Plainchant* (1967) S. 18.
[1077] S. nur *Grimaldi* (2001) Nr. 912f., der auf eine kritische Auseinandersetzung verzichtet.
[1078] *Flour/Souleau* (1991) Nr. 464 (allerdings ohne Bezug auf das Reformprojekt); *Mazeaud/Chabas* (1999) Nr. 1748.
[1079] Reformvorschlag der Senatoren *Hyest* und *About* (2001-2002).

alleiniger Verfügungen über den gesamten Gegenstand werden bis heute nicht gefordert, obwohl zugegeben wird, daß aufgrund von Art. 883 CC Verfügungen faktisch nur einvernehmlich möglich sind.[1080] Dies gilt insbesondere im Hinblick auf die durch die Reform von 1976 eingefügten (Form-)Vorschriften über das Vorkaufsrecht, welche die Wirksamkeit von Verfügungen mitregeln.

Obschon Art. 883 CC für den am BGB ausgebildeten Juristen möglicherweise archaisch anmutet, darf nicht übersehen werden, daß diese Regelung 1804 eine sehr moderne war. Das ALR beispielsweise sah eine solche Norm nicht vor. Stattdessen gelangte die preußische Rechtsprechung 1857 zu dem Ergebnis, daß nur gemeinschaftlich vorgenommene Verfügungen wirksam sind.[1081] Der BGB-Gesetzgeber kodifizierte ein solches Verfügungsverbot in § 2040 BGB erst, als er die Erbengemeinschaft nicht mehr als *communio*, sondern als Gesamthandsgemeinschaft konstruierte.[1082] Der Code civil hingegen knüpft für die Erbenmehrheit grundsätzlich an den römischrechtlichen Gemeinschaftsbegriff an:[1083] Danach haben die Gemeinschafter ideelle Anteile an der gemeinsamen Sache und können über diesen Anteil ohne Mitwirkung der anderen verfügen. Die in den Code civil übernommene freie Verfügungsmöglichkeit wird aber durch Art. 883 CC eingeschränkt. Die Teilungswirkung ist daher als gewohnheitsrechtliches Korrektiv des römischen Gemeinschaftsbegriffs zu verstehen.[1084]

Von ihrer ursprünglichen Funktion als faktischem Verfügungsverbot wandelte sich die Teilungswirkung hin zum Garant der Gleichheit der Teilung und zum die Teilung beherrschenden Prinzip.[1085] Gleichzeitig änderte sich das Regelungsverständnis des Art. 883 CC: Die einst als Rechtsübertragung verstandene Teilung wird heute als lediglich deklaratorischer Akt angesehen. Dabei gilt die Deklarativität nicht kraft Fiktion als der Teilung zugeordnet, sondern als Ausdruck der Realität.

Die Deklarativität kraft Natur der Sache erreichte die Wissenschaft, indem sie die Rechtsnatur des Anteils jedes *indivisaire*, das *droit indivis*, neu bestimmte: Den Erbteil versteht sie als ein unbestimmtes Recht, welches sich nicht auf ein konk-

[1080] *Grimaldi* (2001) Nr. 913.

[1081] S.o. § 3.A.II. Auch für das ALR wird spätestens durch die Rechtsprechung des Obertribunals die römische Gemeinschaftskonzeption aufgegeben.

[1082] S.o. § 3.B.II.2.

[1083] *Zénati/Revet* (1997) Nr.268. S.o. § 2.B.II.

[1084] So auch *Capitant* (1915-24) S. 33.

[1085] So schreibt beispielsweise noch *Duranton* (1828) Nr. 512, daß die Gleichheit der Teilung durch die *garanties des lots* gesichert werde.

retes Objekt, vielmehr auf den gesamten Nachlaß bezieht. Diese Ansicht knüpft an eine Tradition an, die das Recht der *indivisaires* als *indéterminé* oder unter einer Bedingung stehend ansieht. Allerdings wird die Teilung gerade nicht als der Eintritt einer Bedingung aufgefaßt, da sie kein ungewisses Ereignis sei, sondern auf jeden Fall eintreten werde. Allerdings erinnert die Deduktion der Teilungswirkung aus dem *droit indivis* an einen Zirkelschluß, zumindest an eine „Problemverlagerung“: Da das *droit indivis* ein noch unbestimmtes ist, wirkt die Teilung deklaratorisch. Aber weil sie deklaratorisch wirkt, kann das *droit indivis* sich nicht auf einen konkreten Gegenstand beziehen.

Das Objekt des *droit indivis* ist kein materielles, sondern ein ideelles, die *quote-part*. Diese Quote wiederum bezieht sich nicht auf die einzelnen Gegenstände des Nachlasses, sondern auf den Nachlaß insgesamt.[1086] Die *indivisaires* haben nämlich kein unmittelbares Recht an den einzelnen Nachlaßgegenständen. Trotzdem können sie nach Art. 815-14 CC über ihr Recht am Einzelgegenstand verfügen. Diese Möglichkeit widerspricht scheinbar dem Verständnis des *droit indivis* als Recht an der Gesamtheit der *masse indivise*. Denn wenn es kein unmittelbares Recht am Einzelgegenstand gibt, kann erst recht nicht darüber verfügt werden. Jedoch hängt die endgültige Wirksamkeit der Verfügung vom Ergebnis der Teilung ab.[1087] Denn das Recht, über das verfügt wird, existiert noch nicht. Erst wenn das *droit indivis* sich nach der Teilung zum *droit divis* an den einzelnen Gegenständen konkretisiert hat, wird die Verfügung endgültig wirksam oder unwirksam. Rückwirkend gilt der Verfügende nach Art. 883 I CC als der alleinige Eigentümer der Sache, sofern er den Gegenstand zugewiesen bekommen hat. Er hat also *ex post* über einen Gegenstand verfügt, welcher zum Zeitpunkt der Verfügung in seinem Alleineigentum stand. Objekt der Verfügung ist aber zunächst die ideelle Quote, welche sich nach der Teilung auf den konkreten Gegenstand beziehen kann.

Dogmatisch einfacher wäre eine andere Lösung, nämlich ein Verbot von alleinigen (Anteils-)Verfügungen vergleichbar §§ 2033 II, 2040 BGB. Der Schwebezustand entfiele und auch die Rückwirkung des Art. 883 CC wäre nicht erforderlich. Dennoch ähnelt die Rechtsstellung des *indivisaire*, anders als in der französischen Literatur angenommen, schon jetzt derjenigen eines Miterben nach dem BGB. Beide sind Inhaber eines ideellen Rechts, welches sich nur auf den Nach-

[1086] *Terré/Lequette* (1997) Nr. 973; *Grimaldi* (2001) Nr. 912; *Terré/Simler* (2002) Rn. 570. S.o. § 7.C.II.2.

[1087] Vgl. o. § 8.A.II.2.

laß, nicht jedoch auf die einzelnen Gegenstände bezieht. Die Konzeptionen von *indivision* und Gesamthandsgemeinschaft sind daher im praktischen Ergebnis fast deckungsgleich: Die Inhaberschaft der *indivisaires* an den einzelnen Nachlaßgegenständen ist – nach deutscher Terminologie – eine gesamthänderische. Nur die Rechtsfolge von Verfügungen über einen Anteil am Nachlaßgegenstand ist verschieden. Nach dem BGB ist eine solche Verfügung unwirksam.[1088] Nach dem Code civil hingegen ist die Verfügung schwebend wirksam. Die endgültige Wirksamkeit oder Unwirksamkeit hängt dort vom Ergebnis der Teilung ab.

Die Rückwirkung der Teilung hat vor allem vor der Reform von 1976 die Funktion der Organisation des Innenverhältnisses der *indivisaires* übernommen. Art. 883 CC stellt darüber hinaus den Versuch dar, zwischen den gegensätzlichen Interessen der *indivisaires* auszugleichen. Einerseits kann ein *indivisaire* durch die Verfügungsmöglichkeit noch vor der Teilung einen wirtschaftlicher Nutzen aus seinem *droit indivis* ziehen. Andererseits ist er vor Beeinträchtigungen seines Rechts durch Verfügungen der anderen *indivisaires* zu schützen. Die Berücksichtigung beider Interessen führt allerdings zu einem Schwebezustand, welcher wiederum dem Interesse aller an Rechtssicherheit entgegensteht.

Der Bedeutungswandel, welchem Art. 883 CC unterworfen war, führte dazu, daß er von einer bloß technischen Vorschrift zu einem der Grundprinzipien nicht nur der Teilung, sondern der *indivision* an sich geworden ist. Die Vorschrift steht inzwischen für die Gleichheit der Teilung bzw. die Gleichbehandlung der *indivisaires* in der Teilung entsprechend ihrer Erbquote. Das Prinzip der Gleichbehandlung wird sogar höher bewertet als die Erfüllung von Nachlaßverbindlichkeiten an einen *coïndivisaire*.[1089] Alle Fragen der Organisation der *indivision* und der Teilung werden an Art. 883 CC bzw. dem Grundsatz der Gleichheit der Teilung gemessen. So hat Art. 883 CC über die Umdeutung des *droit indivis* den Eigentums- und Vermögensbegriff des Code civil beeinflußt. Die Anerkennung eines solchen Anteils an der *masse partageable* ist jedenfalls ein Schritt in Richtung Sondervermögen, wenn nicht sogar seine stillschweigende Anerkennung. Gleichzeitig kann in der Einschränkung der Verfügungsmöglichkeit die Aufgabe des rein individualistischen Eigentumsbegriffs gesehen werden.[1090] Indem die *in-*

[1088] Vgl. o. § 4.D.I.1.
[1089] S.o. § 8.B.III.
[1090] Wenn *Mazeaud/Chabas* (1999) Nr. 1309 Art. 883 CC als Ausdruck der Individualität des Eigentums sehen, so liegt das daran, daß die Vorschrift ja die Möglichkeit von Anteilsverfügungen am einzelnen Gegenstand voraussetzt.

division neuerdings als *personnification* gedeutet wird, hat auch die französische Lehre den Weg in Richtung der Rechtsfähigkeit der Erbenmehrheit eingeschlagen.

Die theoretische Aufarbeitung der *indivision* durch die Rechtsprechung und Wissenschaft ist auch eine Reaktion auf die technischen Unzulänglichkeiten des Gesetzes. Der Wunsch nach systematischer Koheränz hat dazu geführt, daß viele Theorien „produziert“ wurden. Die rechtliche Lage läßt sich dadurch nur teilweise dem Gesetz entnehmen. Einfacher wäre es, klare Anordnungen über die Rechtsfolge und den Anwendungsbereich des Art. 883 CC in das Gesetz aufzunehmen.

§ 11. Zusammenfassung des dritten Teils

Die *indivision successorale* ist von ihrer Grundkonzeption her eine römischrechtliche *communio incidens*. Infolge dieser individualistischen Grundkonzeption des Code civil steht der einzelne Erbe und nicht die Gemeinschaft im Blickpunkt des Gesetzes. Infolgedessen stellte der Code civil für die Erbenmehrheit zunächst keine Verwaltungs- oder Organisationsvorschriften auf. Denn er ging davon aus, daß sich die *indivision* als nur vorübergehende Gemeinschaft kurzfristig nach ihrer Entstehung auflösen würde.
Die römischrechtliche Grundkonzeption wird von einer ursprünglich gewohnheitsrechtlichen Vorschrift überlagert: Nach Art. 883 I CC wird jeder *indivisaire* nach der Teilung so angesehen, als ob er bereits seit dem Erbfall Alleineigentümer der ihm zugewiesenen Nachlaßgegenstände gewesen ist. Daher ist die Verfügung eines *indivisaire* über einen gemeinschaftlichen Gegenstand nur dann endgültig wirksam, wenn der Verfügende ihn zugeteilt bekommt.
Der Nachlaß kann nach der französischen Vermögenstheorie kein Sondervermögen darstellen, weil danach jede Person nur ein Vermögen innehaben kann. Sondervermögen sind *per se* nicht zulässig. Dem Nachlaß wird inzwischen aber eine gewisse Selbständigkeit zuerkannt, nämlich die *autonomie de la masse indivise*. Vereinzelt wird die *indivision* sogar als *personnification* angesehen.

Schon kurze Zeit nach Inkrafttreten des Code civil zeigte die Praxis, daß eine Mehrheit von Erben oft über einen längeren Zeitraum hinweg gemeinschaftlich verbunden blieb. Daher schaffte zunächst die Rechtsprechung Regelungen für die Zeit der Gemeinschaft. Erst die Erbrechtsreform von 1976 fügte die entsprechenden Vorschriften, zum Teil in modifizierter Form, in das Gesetz ein. Der bereits zuvor bestehende Einstimmigkeitsgrundsatz für die Verwaltung der Nachlaßgegenstände wurde nach der Reform beibehalten, jedoch teilweise durchbrochen. Auch die Nachlaßforderungen und -schulden teilen sich im Außenverhältnis weiterhin sofort auf, werden im Innenverhältnis aber in die Auseinandersetzung miteinbezogen. Die Haftung der *indivisaires* ist eine persönliche, allerdings wertmäßig beschränkt auf die Höhe ihrer Erbquote.
Die Verwaltung ebenso wie die Auseinandersetzung der *indivision* übernimmt häufig ein Notar. Beantragt ein *indivisaire* die gerichtliche Auseinandersetzung, so kann in diesem Verfahren ebenfalls der Notar eine Rolle spielen, wenn das Gericht ihn mit der Vorbereitung der Teilung beauftragt. Die Verteilung der Nachlaßgegenstände ist grundsätzlich eine zufällige, da sie verlost werden. Be-

stimmte Gegenstände, insbesondere Betriebe, kann der Richter auf Antrag allerdings zuteilen.

Die Teilung der Nachlaßgegenstände wirkt nach Art. 883 I CC deklaratorisch und nicht rechtsübertragend. Dies bedeutet, daß durch die Teilung lediglich bereits seit dem Erbfall bestehende, ideelle Rechte einem konkreten Objekt zugeordnet werden. Die Teilung entfaltet zudem Rückwirkung, nach welcher jeder *indivisaire* so angesehen wird, als wäre er bereits seit dem Erbfall Eigentümer der ihm zugeteilten Nachlaßgegenstände. Der Zweck der Teilung als *acte déclaratif et rétroactif* ist, die Gleichbehandlung der *indivisaires* entsprechend dem Wert ihrer Erbquote zu gewährleisten. Das ihnen zugeteilte Eigentum soll nicht mit Rechten Dritter belastet sein, welche seit dem Erbfall vom einzelnen Miterben bestellt wurden.
Da durch die Teilungswirkung die Gleichbehandlung der *indivisaires* erreicht werden soll, wird das Prinzip des Art. 883 CC auf eine Vielzahl von Rechtsgeschäften angewandt. Allerdings ergibt sich diese Rechtsfolge nicht in jedem Fall aus dem Wortlaut des Gesetzes.

Vierter Teil: Vergleich des deutschen und französischen Rechts

§ 12. Ergebnis

A. Zusammenfassung: Die verschiedenen Regelungsmodelle

I. Die Rechtsnatur der Erbenmehrheit

Die dogmatische Ausgangssituation des Rechts der Erbenmehrheit nach deutschem und französischem Recht ist verschieden: Das BGB gestaltet die Erbengemeinschaft in Abkehr vom römischen Recht als Gesamthandsgemeinschaft aus, der Code civil dagegen orientiert sich grundsätzlich an der römischrechtlichen *communio incidens*.

1. Erbenmehrheit nach dem BGB

Die Erbengemeinschaft sollte ursprünglich auch nach dem BGB-Entwurf eine *communio*, d.h. eine Bruchteilsgemeinschaft sein.[1091] Der dahingehende Entwurf der ersten BGB-Kommission wurde jedoch zugunsten des jetzt geltenden Rechts nach dem Vorbild des durch die preußische Rechtsprechung fortgeführten Allgemeinen Landrechts geändert.[1092] Im Gegensatz zum römischen Recht bevorzugte das ALR nämlich die Nachlaßgläubiger gegenüber den Erben, weil sie den Gläubigern grundsätzlich gesamtschuldnerisch und nicht nur anteilig in Höhe ihrer Erbquote für die Nachlaßverbindlichkeiten hafteten. Als Folge des Gesamthandsprinzips erkennt das BGB ein Anteilsrecht des Miterben am einzelnen Nachlaßgegenstand nicht an.[1093] Verfügungen über einen (nicht existierenden) Anteil sind daher nach §§ 275 I i.V.m. 2033 II BGB rechtlich unmöglich. Der Nachlaß ist ein Sondervermögen, an welchem jeder Miterbe ein Anteilsrecht hat, über welches er nach § 2033 I BGB verfügen kann.[1094] Die Erbengemeinschaft stellt kein Rechtssubjekt dar.

[1091] S.o. § 3.B.I.
[1092] S.o. § 3.A., B.II.
[1093] S.o. § 4.C.I.1, D.
[1094] S.o. § 4.C.I.

2. Erbenmehrheit nach dem Code civil

Im Gegensatz zum BGB regelte der Code civil bis zur Erbrechtsreform von 1976 die Erbenmehrheit nur ausschnittsweise: Vorschriften für die Erbenmehrheit, die *indivision successorale*, existierten lediglich für die Teilung der Gemeinschaft in Art. 815ff. CC.[1095] Der Gesetzgeber war nämlich davon überzeugt gewesen, daß die Erben den Nachlaß alsbald aufteilen würden, so daß die Zeit bis dorthin nicht geregelt werden müsse. Die *indivision* selbst sah und sieht der Gesetzgeber lediglich als einen Fall der gemeinschaftlichen Innehabung von Gegenständen an.[1096] Ein Rechtssubjekt ist die Gemeinschaft auch nach heutiger Auffassung nicht.

Zwei Gemeinschaftsformen wie diejenige nach Bruchteilen für den einzelnen Gegenstand und die zur gesamten Hand für Sondervermögen kennt der Code civil nicht. Für eine Einzahl wie für eine Mehrzahl von Gegenständen geht der Code civil von einem Modell der gemeinschaftlichen Innehabung aus, nämlich demjenigen der *indivision*. Auch hierfür gibt es keine allgemeinen Vorschriften, vergleichbar denjenigen über die Bruchteilsgemeinschaft in §§ 741-758 BGB. Vielmehr gelten diejenigen über die Erbenmehrheit auch für andere Fälle der Gemeinschaft.

Die *indivision* entspricht von ihrem Grundkonzept her der römischrechtlichen *communio* der Miterben: Ebenso wie in Rom hat jeder Gemeinschafter neben seinem Anteil an der Gesamtheit ein Recht an den einzelnen Gegenständen inne, über welches er auch verfügen kann. Des weiteren teilen sich die Nachlaßforderungen und -schulden bereits im Zeitpunkt des Erbfalls *ipso iure* unter den Erben auf.[1097] Die römischrechtliche Konzeption wird jedoch von einer gewohnheitsrechtlichen Regelung durchbrochen, aufgrund derer sich die *indivision* als eine Mischform von Bruchteils- und Gesamthandsgemeinschaft darstellt. Denn die Teilung wird aufgrund von Art. 883 CC als lediglich deklaratorisches Rechtsgeschäft angesehen und ihre Rechtsfolgen werden auf den Erbfall zurückbezogen, d.h. die Teilung wirkt *ex tunc*.[1098] Infolgedessen wird eine Verfügung über das Recht am Einzelgegenstand vorbehaltlich der Regelungen über das Vorkaufsrecht erst durch die Teilung endgültig wirksam, wenn der betroffene Gegenstand dem Verfügenden zugewiesen wird. Anderenfalls wird die Verfügung

[1095] S.o. § 7.A.
[1096] S.o. § 7.C.
[1097] S.o. § 8.B.II.
[1098] S.o. § 10.A.

unwirksam (sofern es sich nicht um einen Fall des gutgläubigen Erwerbs handelt).[1099] In der Zeit bis zur Teilung ist die Verfügung schwebend wirksam, weil Verfügungen über das Recht am Einzelgegenstand entsprechend dem Vorbild der *communio* möglich sind. Da aber der Verfügende einem Dritten kein sicheres Recht verschaffen kann, wird das Recht der Erben an den Einzelgegenständen nicht mehr als Anteilsrecht i.S.v. Recht an der Sache verstanden, sondern nur als ein Recht über die Sache. Ein Anteilsrecht wird daher nur noch an der Gesamtheit anerkannt.[1100]

Die Gesamtheit der Nachlaßgegenstände stellt kein Sondervermögen dar, weil eine Person nach der klassischen Vermögenstheorie von *Aubry* und *Rau* nicht zwei Vermögen innehaben kann.[1101] Dem Nachlaß als *masse indivise* wird daher nur eine gewisse Selbständigkeit zuerkannt. Für eine erst seit kurzem vertretene Ansicht kommt es auf die Vermögenstheorie nicht mehr an, da sie die *indivision* zumindest für teilrechtsfähig erachtet, so daß die *indivision* selbst Vermögensträgerin ist.[1102]

II. Nachlaßverbindlichkeiten

1. Nachlaßverbindlichkeiten nach dem BGB

Die Miterben werden gemäß § 2058 BGB nicht anteilig, sondern gesamtschuldnerisch für die Nachlaßschulden verpflichtet.[1103] Bis zur Teilung können sie ihre Haftung nach § 2059 I 1 BGB auf den Nachlaß beschränken, danach haften sie mit ihrem Eigenvermögen. Eine Inventarerrichtung führt nicht zur beschränkten Haftung.

Den privaten Gläubigern eines Miterben ist bis zur Teilung der Zugriff auf den Nachlaß verwehrt. Sie können allerdings seinen Anteil pfänden, um anschließend die Auseinandersetzung zu betreiben. Gelangt ein Gegenstand aufgrund der Teilung dann in das Eigenvermögen des Miterben, können seine Eigengläubiger darauf zugreifen.

[1099] S.o. § 8.A.II.
[1100] S.o. § 7.C, § 10.B.II.2.c.
[1101] S.o. § 7.C.3.
[1102] S.o. § 7.C.II.3.
[1103] S.o. § 5.C.I.2.

2. Nachlaßverbindlichkeiten nach dem Code civil

Das französische Recht folgt hinsichtlich der Nachlaßschulden zunächst der römischrechtlichen Konzeption und teilt sie gemäß der Parömie *nomina sunt ipso iure divisa* im Erbfall kraft Gesetzes unter den *indivisaires* im Verhältnis ihrer Erbquote auf.[1104] Diese Regelung gilt allerdings nur im Außenverhältnis zu Dritten. Im Innenverhältnis dagegen werden die Schulden und Forderungen mit in die Auseinandersetzung einbezogen, indem der Wert des Loses eines *indivisaire* entsprechend erhöht oder gesenkt wird.[1105] Dabei gilt der Grundsatz, daß ein *indivisaire* nicht das Insolvenzrisiko eines seiner *coïndivisaires* tragen soll.
Die Haftung der *indivisaires* ist eine persönliche, aber anteilig beschränkt auf die Höhe der Erbquote.[1106] Ihre Haftung können sie allerdings durch die Errichtung eines Inventars auf die Nachlaßgegenstände beschränken.[1107] Die Gläubiger der *indivision* können unabhängig von der beschränkbaren Haftung ihre Forderungen aus dem ungeteilten Nachlaß befriedigen. Die privaten Gläubiger eines *indivisaire* haben das Recht, die Teilung zu verlangen. Im Anschluß an die Teilung können sie die ihrem Schuldner zugewiesenen Gegenstände pfänden.

III. Auflösung der Erbenmehrheit

1. Auflösung der Erbenmehrheit nach dem BGB

Jeder Miterbe kann dem Grundsatz nach jederzeit die Auseinandersetzung der Erbengemeinschaft verlangen. Führen die Miterben die Teilung nicht einvernehmlich durch, so setzen sie den Nachlaß entweder im Wege der freiwilligen oder der streitigen Gerichtsbarkeit auseinander.[1108] Das FGG-Verfahren vor dem Nachlaßgericht ist allerdings nur mit Zustimmung aller Miterben möglich. In diesem Fall erstellt das Gericht nach seinem Ermessen einen Teilungsplan, dem die Miterben wiederum zustimmen müssen. Dieses Verfahren kann jederzeit beendet werden, wenn ein Miterbe die Leistungsklage auf Auseinandersetzung erhebt. Sein Klageantrag ist dabei auf Zustimmung zu dem von ihm vorgelegten Auseinandersetzungsplan gerichtet. Das Gericht ist aufgrund der Disposi-

[1104] S.o. § 8.B.II.1.a.
[1105] S.o. § 8.B.I.1.a/II.1.b.
[1106] S.o. § B.II.2.a.
[1107] S.o. § 8.II.2.b.
[1108] S.o. § 5.B.II.

tionsmaxime an den Antrag gebunden und kann ihm entweder stattgeben oder ihn zurückweisen. Dem Gericht steht hierbei kein Ermessen zu. Die Teilung selbst erfolgt durch Verlosung von zuvor gebildeten Anteilen, wobei die Nachlaßgegenstände in Natur auf die Anteile verteilt werden sollen. Ist dies nicht möglich, werden sie verkauft, und der Erlös wird unter den Miterben verteilt.
Sowohl die einvernehmliche als auch die Teilung im Rahmen der Auseinandersetzungsklage wirken rechtsübertragend.[1109] Für die Teilung gelten daher die allgemeinen schuldrechtlichen und sachenrechtlichen Formvorschriften.

2. Auflösung der Erbenmehrheit nach dem Code civil

Nach dem in Art. 815 CC niedergelegten Grundsatz *nul ne peut être contraint à demeurer dans l'indivision* können auch in Frankreich die Erben jederzeit ihre Gemeinschaft beenden.[1110] Einigen sich die Erben nicht einvernehmlich, steht für die Auseinandersetzung lediglich ein gerichtliches Verfahren zur Verfügung, nämlich das der streitigen Gerichtsbarkeit.[1111] Im Rahmen der Auseinandersetzungsklage beauftragt das Gericht häufig einen Notar damit, den Auseinandersetzungsplan auszuarbeiten.[1112] Für die Teilung werden auch hier Anteile gebildet, die anschließend verlost werden.[1113] Die Zusammensetzung der Anteile bestimmen der Richter oder Notar, wobei nicht der Grundsatz der Naturalteilung gilt. Es genügt die wertmäßige Aufteilung des Nachlasses, so daß anstelle eines Nachlaßgegenstandes Ausgleichszahlungen zugeteilt werden können.[1114] Auch die Bestellung von beschränkten dinglichen Rechten an Nachlaßgegenständen ist möglich. Der Richter kann zudem den Verkauf von Nachlaßgegenständen anordnen. Darüber hinaus hat der Richter die Möglichkeit, auf Antrag bestimmte Gegenstände vorzugsweise einem der *indivisaires* zuzuteilen.[1115] Dies gilt für landwirtschaftliche, Handels-, Industrie- und Handwerksbetriebe, die als Familienunternehmen geführt werden, außerdem für Betriebe freier Berufe sowie die Wohnung des Erblassers.

[1109] S.o. § 5.C.III.
[1110] S.o. § 9.A.
[1111] S.o. § 9.B.II.
[1112] S.o. § 9.B.II.2.
[1113] S.o. § 9.B.II.3.
[1114] S.o. § 9.C.II.
[1115] S.o. § 9.C.IV.

Die Zeit der Erbengemeinschaft stellt nach dem Code civil einen Schwebezustand hinsichtlich der Rechte an den Nachlaßgegenständen dar, da die Teilung des Nachlasses deklaratorisch und *ex tunc* wirkt.[1116] Dies bedeutet vor allem, daß Verfügungen über Anteile an einzelnen Gegenständen durch einen *indivisaire* zwar möglich sind, allerdings erst nach der Teilung eine Wirkung entfalten, falls der betroffene Gegenstand dem verfügenden *indivisaire* zugeteilt wurde. Andernfalls werden solche Verfügungen unwirksam. Außerdem sind bei der Teilung die allgemeinen für Rechtsübertragungen vorgeschriebenen Formerfordernisse nicht zu beachten.[1117]

B. Funktion der Regelungsmodelle

I. Erbenmehrheit und Nachlaßverbindlichkeiten

Indivision successorale und Erbengemeinschaft dienen beide grundsätzlich als Übergangsstadium auf dem Weg zu einer neuen Zuordnung des Vermögens einer verstorbenen Person. Während dieser Zeit sind eine Vielzahl von Personen die Inhaber einer Vielzahl von Gegenständen. Diese Inhaberschaft muß rechtlich faßbar sein, da sich aus ihr die Befugnisse der einzelnen Personen hinsichtlich der Gegenstände ableiten. Die Inhaberschaft ist daher auch Ausgangspunkt der Rechtsfortbildung.

Nach dem französischen Recht ist das Recht an jedem Gegenstand ein geteiltes, nach deutschem Recht hingegen ein ungeteiltes. Das Recht an jedem Gegenstand ist nach dem BGB nicht unmittelbar dem privaten Vermögen des Rechtsinhabers zugeordnet. Statt dessen hat er ein Recht an der Gesamtheit des Nachlasses, welches dem Eigenvermögen zugeordnet ist und ein Recht an jedem einzelnen Nachlaßgegenstand vermittelt. Das französische Recht ordnet jedem Rechtsinhaber ebenfalls ein Recht an der Gesamtheit zu. Die Gesamtheit bildet nach deutschem Recht eine Einheit in der Weise, daß die Eigengläubiger der Inhaber sich nicht aus dieser Einheit befriedigen können. Umgekehrt ist es einem Gläubiger der Gesamtheit nicht gestattet, auf das Eigenvermögen der Inhaber zuzugreifen. Davon abgesehen wird der Bestand der Gesamtheit durch dingliche Surrogation erhalten. Letzteres gilt auch für das französische Recht. Allerdings bilden die einzelnen Gegenstände keine vom Eigenvermögen der Inhaber vollständig getrennte

[1116] S.o. § 10.
[1117] S.o. § 10.C., E.

Einheit, da die Gläubiger der Einheit sich grundsätzlich aus dem Privatvermögen der Inhaber befriedigen. Dieser Grundsatz ist allerdings aufgeweicht, da sie auch auf die Gegenstände der Einheit zugreifen können. Die Eigengläubiger hinwiederum sind ausschließlich auf das Eigenvermögen der Inhaber verwiesen. Dort finden sich zwar die Anteilsrechte an den jeweiligen Gegenständen wieder. Jedoch ist es ihnen nicht gestattet, diese Anteile zu pfänden. Statt dessen haben sie das Recht, die Auseinandersetzung zu verlangen, um sodann auf die ihrem Schuldner zugeteilten Nachlaßgegenstände zuzugreifen. Insofern ist das Ergebnis nach deutschem Recht dasselbe, da die Eigengläubiger den Anteil an der Gesamtheit pfänden können, um anschließend die Auseinandersetzung zu betreiben.

Wie bereits angedeutet, übernehmen die Inhaber der Gesamtheit ebenfalls die Schulden des Erblassers, da sie in beiden Rechtsordnungen als Teil der Gesamtheit gelten. Nach dem BGB kann jeder Gläubiger von jedem Inhaber den gesamten Betrag seiner Forderung verlangen, wobei der Inhaber ihn bis zur Teilung auf die Gesamtheit verweisen kann. Erst nach der Teilung ist er persönlich zur Erfüllung verpflichtet.
Nach dem Code civil kann ein Gläubiger aber jeden Inhaber persönlich für den seiner Erbquote entsprechenden Teil der Forderung in Anspruch nehmen. Dies gilt ebenfalls nach der Teilung. Allerdings kann der Inhaber nach französischem Recht seine persönliche Haftung durch die Errichtung eines Inventars ausschließen.
Nach beiden Rechten haften die Inhaber demnach persönlich, aber mit der Möglichkeit einer Haftungsbegrenzung, sofern die entsprechende Einrede erhoben wird. Davon abgesehen tritt die Haftungsbeschränkung nach dem BGB allerdings stets ein, da die Tatsache der Mehrheit der Inhaber nicht dem Willen des einzelnen unterliegt, die Inventarerrichtung hingegen schon. Während der Zeit der gemeinschaftlichen Innehabung haften nach französischem Recht sowohl der Nachlaß als auch die jeweiligen Eigenvermögen. Allerdings belastet den Gläubiger nach dem Code civil die „unbequeme“, nämlich anteilige Art und Weise der Einziehung, wenn er auf die Eigenvermögen zugreifen will.
Ein Inhaber kann nach beiden Rechtsordnungen über sein Recht an der Einheit verfügen und somit bereits vor der umfassenden Aufhebung der gemeinschaftlichen Innehabung seinen Anteil liquidieren. Dies ist nach dem Code civil auch hinsichtlich des Rechts am Einzelgegenstand möglich, nach dem BGB indessen nicht, da ein solches Recht nicht existiert. Die Verfügung über das Recht am Einzelgegenstand ist nach französischem Recht gültig, entfaltet allerdings noch keine

Wirkung. Diese tritt erst nach der Aufhebung der gemeinschaftlichen Innehabung ein, wenn der Verfügende den Gegenstand zugeteilt bekommt. Ansonsten ist die Verfügung unwirksam. Durch diese Regelung entsteht ein Schwebezustand, welcher einem Erwerber keine Rechtssicherheit bietet. Faktisch führt dies dazu, daß solche Verfügungen kaum vorgenommen werden. In der Praxis decken sich die Rechtsordnungen also in Bezug auf Anteilsverfügungen.

Die anteilige Übernahme der Erblasserverbindlichkeiten und der körperlichen Gegenstände mit der entsprechenden Verfügungsmöglichkeit entspricht der Grundkonzeption der gemeinschaftlichen Innehabung des französischen Rechts. Dem steht die Konzeption des deutschen Rechts entgegen, nach welcher sowohl die Schulden als auch die Gegenstände des Erblassers den Nachfolgern ungeteilt zugeordnet werden.

II. Auflösung der Erbenmehrheit

Das Ob der Auflösung der gemeinschaftlichen Innehabung bestimmen die Inhaber nach beiden Rechtsordnungen selbst. Sie sind dabei zeitlich nicht gebunden. Das Wie der Auflösung liegt nach dem BGB bei den Inhabern in der Weise, daß ein einzelner den übrigen Inhabern klageweise seine Vorstellung einer Aufteilung aufzwingen kann. Dies gilt insofern nur eingeschränkt, als die Gegenstände nach dem Plan des klagenden Inhabers auf Lose verteilt, also nach dem Zufallsprinzip aufgeteilt werden. Auch nach dem Code civil gilt das Losverfahren, allerdings liegt die Zusammensetzung der Lose im Ermessen des Richters. Hier gilt der Grundsatz, daß die Lose (lediglich) den gleichen Wert haben müssen. Nach dem BGB hingegen sollen sie nicht nur den gleichen Wert, sondern auch soweit wie möglich die gleiche Zusammensetzung haben. Anderenfalls müssen die nicht verteilbaren Gegenstände verkauft werden, so daß anschließend der Erlös geteilt wird.
Die Teilungswirkung nach französischem Recht übernimmt vor allem die Funktion eines Verfügungsverbots. Nach deutschem Recht dagegen hat sie lediglich die Funktion, die Wandlung der mehrheitlichen in alleinige Inhaberschaft rechtstechnisch zu erfassen.

C. Wertung

Der Nachlaß stellt eine Verwaltungseinheit dar. Ob er darüber hinaus ein Sondervermögen bildet, hängt davon ab, ob er vom Eigenvermögen der Erben haftungsmäßig abgesondert ist. Wie das französische Beispiel zeigt, ist die Absonderung auch möglich, wenn jeder einzelne Gegenstand sich anteilsmäßig im Eigenvermögen wiederfindet. Gleichzeitig beweist das französische Recht, obschon gesetzestechnisch nicht perfekt, daß eine Gesamtheit in Form der Bruchteilsgemeinschaft einer Personenmehrheit zugeordnet werden kann. Allerdings handelt es sich bei der *indivision* nicht um die reine Form einer römischrechtlichen *communio*, welche hinsichtlich ihrer wesentlichen Kennzeichen, nämlich der Anteilsverfügungen sowie der anteiligen Schuldenübernahme und -haftung, aufgeweicht wurde. Der Code civil hat daher das römischrechtliche Grundmodell bereits in modifizierter Form übernommen. Aufgrund späterer Reformen hat sich der Code civil überdies an das eigentlich konträre Modell der Gesamthand Erbengemeinschaft angenähert. Dies gilt insbesondere für die Anerkennung des Nachlasses als selbständige *masse indivise* sowie die Herausbildung des *droit indivis* als Anteil an der Gesamtheit und nicht der Summe der Anteile an den einzelnen Nachlaßgegenständen.

In beiden Ländern gibt es Tendenzen, die Erbenmehrheit als Rechtssubjekt zu konstruieren. Dies hätte dogmatische Vorteile, da auf diese Weise das Verhältnis der Erben zu Dritten leichter faßbar wäre. Denn das Rechtssubjekt wäre Gläubiger von Forderungen, so daß Forderungen nur an das Subjekt „Gemeinschaft" erfüllt werden könnten. Es wäre außerdem selbst Schuldner von Verbindlichkeiten. Darüber hinaus wären die Nachlaßgegenstände ausschließlich diesem Subjekt zugeordnet, so daß auch nur das Subjekt „Gemeinschaft" befugt wäre, darüber zu verfügen.
Allerdings würden neue Probleme entstehen oder alte an anderer Stelle wieder hervorkommen: Wer ist vertretungsbefugt? Wie erklärt sich die persönliche Haftung der Erben? Da die Erben eine Zufallsgemeinschaft darstellen, schließen sie keinen Gründungsvertrag, in welchem sie die Vertretung auf eine Person übertragen. Würden hingegen die bereits bestehenden Regelungen des Code civil oder BGB beibehalten, so ergäben sich in dieser Hinsicht keine Unterschiede zur bestehenden Rechtslage, so daß diese auch nicht geändert werden müßte. Für die Frage der Haftung wären weiterhin die bestehenden gesetzlichen Regelungen maßgeblich.

Für die Praxis ist die Konstruktionsfrage zunächst auch nicht relevant. Wesentlich sind vielmehr gerade die Fragen der Vertretung sowie diejenige nach den Rechten und Pflichten des einzelnen. Dies sind aber rechtspolitische Fragen, deren Beantwortung als erstem Schritt vor dem zweiten, nämlich der rechtstechnischen Umsetzung, erfolgen muß: Grundsätzlich sollten die Gläubigerinteressen höher als die Interessen der Erben bewertet werden, da jene von Todes wegen unentgeltlich erworben haben, die Gläubiger hingegen im Regelfall bereits eine Leistung erbracht haben oder diese noch schulden. Des weiteren ist im Außenverhältnis zu Dritten dem Interesse des Rechtsverkehrs an Rechtssicherheit Vorrang vor den individuellen Interessen der Erben zu gewähren. Dies bedeutet, daß für Rechtsgeschäfte mit dinglicher Wirkung unter den Erben die allgemeinen sachenrechtlichen Vorschriften gelten müssen. Für den Rechtsfrieden zeigt bereits ein Blick auf die Rechtsprechung des ALR zu Anteilsverfügungen, daß es besser ist, Verfügungen über den Anteil am Einzelgegenstand nicht zuzulassen. Der Erbe wird auch nicht unverhältnismäßig benachteiligt, da er dem Grundsatz nach stets die Auseinandersetzung der gesamten Gemeinschaft verlangen kann. Allerdings sollten von diesem Prinzip Ausnahmen möglich sein, um im Innenverhältnis der Erben der Einzelfallgerechtigkeit den Vorzug gegenüber der Rechtssicherheit zu geben.
Die materielle Gerechtigkeit im Einzelfall läßt sich auch im Teilungsverfahren eher verwirklichen, wenn ein unbeteiligter Dritter gestaltend in das Teilungsverfahren eingreifen kann. Diese Befugnis sollte dem Teilungsrichter entsprechend dem römischen Adjudikationsverfahren zustehen. Die Übernahme dieser Prozeßform entsprechend der *actio familiae erciscundae* würde ebenfalls bedeuten, daß auch die schuldrechtlichen Rechtsverhältnisse unter den Erben in einem Teilungsverfahren geregelt würden. Überlegenswert wäre es, einen Notar nach französischem Vorbild mit der vorbereitenden Tatsachenermittlung durch das Gericht zu beauftragen. Der Notar könnte gleichzeitig unter den Erben vermitteln, um so auf eine einvernehmliche Beendigung der Gemeinschaft hinzuwirken.

Um eine Gleichbehandlung aller Erben entsprechend ihrer Erbquote zu gewährleisten, insbesondere die übrigen Erben beeinträchtigende Verfügungen auszuschließen, bedarf es ausdrücklicher gesetzlicher Anordnungen. Bestimmte Verfügungen sollten explizit für nichtig erklärt werden. Für erst nach der Teilung erkennbare Ungleichbehandlungen beispielsweise aufgrund mangelhafter Nachlaßgegenstände sind präzise Regelungsmechanismen erforderlich, da nach Auflösung der Gemeinschaft die Rechtssicherheit auch im Verhältnis der Erben höher

als die materielle Einzelfallgerechtigkeit einzuschätzen ist. Daher fördern auch Rechtsfolgen gemäß einem „Prinzip der Rechtsnatur der Teilungswirkung" nicht die Rechtssicherheit.
Prinzipien als Regelungskonzept führen insgesamt zu Rechtsunsicherheit. Auch das Gesamthandsprinzip bedeutet eine solche Unsicherheit, die der Gesetzgeber dem BGB-Anwender sogar ausdrücklich mit auf den Weg gegeben hat. Besser sind daher klare und strenge materiellrechtliche Regelungen, sofern sie technisch gut ausgestaltet sind. Für den Fall der Erbenmehrheit kann hier erneut das römische Recht insofern als Vorbild dienen, als seine strengen Regelungen durch ein flexibles Teilungsverfahren gemildert wurden. Das materielle römische Recht hingegen ist seiner individualistischen Konzeption und Klarheit wegen zwar theoretisch bestechend, hat sich praktisch jedoch als überholt erwiesen: Dies betrifft namentlich die Verfügungsmöglichkeit über den Anteil am einzelnen Gegenstand sowie die sofortige Aufteilung der Nachlaßforderungen und -schulden.

Die Forderung nach einer Infragestellung des Gesamthandprinzips könnte als weltfremd gelten oder als nur von wissenschaftlichem Interesse und daher als irrelevant abgewiesen werden. Jedoch erfordert die zunehmende Europäisierung des Rechts ein grundsätzliches Infragestellen aller nationalen Rechtsinstitute und -prinzipien. Erleichtert werden sollte dies durch den Blick in die Rechtsgeschichte, der zeigt, warum bestimmte Institute und Prinzipien kodifiziert wurden. Denn die Wissenschaft ist nach der Kodifikation nicht stehen geblieben und kann neue, vielleicht bessere Regelungsmodelle entwickeln. Auch beweist die Rechtsvergleichung, daß andere Länder unserer Modelle für ihr Wirtschafts- und Rechtssystem bei gleichen oder ähnlichen Ergebnissen nicht bedürfen.
Überdies gehen die Wissenschaft und zum Teil die Praxis hinsichtlich des Gesamthandprinzips bereits in die Richtung seiner teilweisen Abschaffung. Denn durch die Anerkennung der Gemeinschaft als Rechtssubjekt hat das Gesamthandsprinzip allenfalls noch für das Innenverhältnis der Gemeinschafter Relevanz. Auch diese ist begrenzt, wenn das Innenverhältnis gesetzlich geregelt und auf diese Weise der Auslegung fähig ist.
Für die Erbengemeinschaft sind allerdings die aus dem Gesamthandsprinzip herrührenden Unsicherheiten überwiegend ausgefochten (sieht man einmal von der Frage der Rechtssubjektivität ab). Sie hat sich vielmehr zu einem Rechtsinstitut entwickelt, welches man kaum mehr als „Mysterienspiel"[1118] bezeichnen kann.

[1118] Vgl. noch einmal den Aufsatztitel bei *Weber-Grellet* (1982) S. 316: „Die Gesamthand – ein Mysterienspiel?".

Trotzdem ist es fraglich, ob die Erbengemeinschaft als Gesamthand sich gegenüber denjenigen europäischen Rechtsordnungen durchzusetzen vermag, welche das Gesamthandsprinzip für ihr Privatrecht nicht übernommen haben.[1119]

D. Ausblick nach Europa

Die Forderungen nach einem europäischen Zivilgesetzbuch mehren sich.[1120] Auch wenn eine Vereinheitlichung des Erbrechts zur Zeit insbesondere wegen fehlenden Binnenmarktbezugs überwiegend ausgeschlossen wird,[1121] so gibt es doch Stimmen, die eine solche fordern.[1122] Allerdings hat die Europäische Union derzeit keine Zuständigkeit für eine Rechtsvereinheitlichung auf dem Gebiet des Erbrechts.[1123] Punktuell ergeben sich jedoch bereits jetzt Vereinheitlichungen aufgrund der Rechtsprechung des EuGH oder des EuGHMR.[1124]
Der Schwerpunkt einer gesetzgeberischen Vereinheitlichung läge wohl zunächst auf der Regelung des Erbschaftserwerbs, der gesetzlichen Erbfolge, der Testierfreiheit sowie den Formerfordernissen für Verfügungen von Todes wegen.[1125] Einer umfassenden Vereinheitlichung des materiellen Rechts vorauszugehen hätte eine solche des internationalen Privatrechts,[1126] für welche auch im Erbrecht bereits eine Kompetenz nach Art. 65 b EGV besteht.[1127] Ob aber das internationale Privatrecht zumindest innerhalb der Europäischen Union einmal überflüssig wird,[1128] bleibt abzuwarten.

[1119] Vgl. beispielsweise die Länderberichte bei *Wacke/Baldus* (2002).
[1120] Vgl. *Schmidt-Kessel* (2003) S. 486ff.
[1121] Vgl. *Basedow* (2001) S. 46f.
[1122] *Pintens* (2001) S. 648; *Kuchinke* (2002) S. 611f.; *Leipold* (2002a) S. 659; vorsichtig *Fauvarque-Cosson* (2002) S. 479.
[1123] *Verbeke/Leleu* (1998) S. 183; *Pintens* (2003) S. 502.
[1124] *Kuchinke* (2002) S. 592-598. S.o. § 7.D.I.3 beispielsweise für die Gleichstellung ehelicher und außerehelicher Kinder in der gesetzlichen Erbfolge.
[1125] Vgl. dazu *Leipold* (2002a) S. 653-659. Praktisch bedeutsam wäre vor allem die Unternehmensnachfolge.
[1126] S. nur *Edenfeld* (2001) S. 457-461. Zum bisherigen Stand der Vereinheitlichung *Leipold* (2002a) S. 660. Zu nationalen Angleichungen *Pintens* (2001) S. 629-643.
[1127] *Sonnenberger* (1998) S. 984. Neben dem internationalen Privatrecht sollte auch eine im Erbrecht noch ausstehende verfahrensrechtliche Vereinheitlichung unternommen werden. S. dazu allgemein *Heß* (2001), S. 390-393.
[1128] Verneinend insofern *Basedow* (1996) S. 1929.

Für eine Vereinheitlichung des Rechts der Erbenmehrheit und ihrer Aufhebung ist unabhängig von der dogmatischen Ausgestaltung der nationalen Rechte zu empfehlen, daß die Verfügungsbefugnis über Anteile an einzelnen Gegenständen ausgeschlossen wird, die Verpflichtung der Erben nach der Teilung eine gesamtschuldnerische ist und die gerichtliche Teilung als Adjudikationsverfahren ausgestaltet wird. Schwebezustände sollten durch eindeutige gesetzliche Anordnungen ausgeschlossen werden.

Um eine umfassende Rechtsvereinheitlichung im Bereich der Erbenmehrheit umzusetzen, ist eine europäische Einigung über ihre Konzeption erforderlich: Gesamthand, *indivision* oder *trust*[1129] – diese dogmatischen Figuren in den Mutterrechtsordnungen der drei großen Rechtskreise der Europäischen Union stehen sich gegenüber. Möglicherweise ließe sich eine Einigung innerhalb der kontinentalen Rechte eher erzielen, wenn die jüngeren Tendenzen des französischen und deutschen Erbrechts vom jeweiligen nationalen Gesetzgeber aufgegriffen würden, nämlich die Versuche, in der Erbenmehrheit ein Rechtssubjekt zu erblicken. Auf dieser Ebene wäre auch der Unterschied zum *trust* des *common law* verringert, so daß die konkreten Regelungsprobleme in Angriff genommen werden könnten.

[1129] S. dazu *Helmholz/Zimmermann* (1998) S. 37ff.; *Klein* (2002) S. 175ff.; *Seif* (2002) S. 186f.

Literaturverzeichnis

Aderhold, Lutz, Das Schuldmodell der BGB-Gesellschaft, Bonn 1981. Zitiert: *Achterhold* (1981).

Amiel-Donat, Jacqueline, Préface, in: Wicker, Guillaume, Les fictions juridiques. Contribution à l'analyse de l'acte juridique, Paris 1994. Zitiert: *Amiel-Donat* (1994).

Andrés Santos, Francisco Javier, Subrogación real y patrimonios especiales en el derecho romano clásico, Valladolid 1997. Zitiert: *Andrés Santos* (1997).

Ankum, Hans, La vente d'une part d'un fonds de terre commun dans le droit romain classique, BIDR 83/84 (1980/81), S. 67-107. Zitiert: *Ankum* (1980/81).

Ann, Christoph, Die Erbengemeinschaft, Köln u.a. 2001. Zitiert: *Ann* (2001).

Arangio-Ruiz, Vincenzo, 'Societas re contracta' e 'communio incidens', in: Studi in onore di Salvatore Riccobono, Bd. 4, Palermo 1936, S. 355-395. Zitiert: *Arangio Ruiz* (1936).

Arangio-Ruiz, Vincenzo, La società in diritto romano. Corso di lezioni svolto nell'Università di Roma anno 1949-1950, Neapel 1959. Zitiert: *Arangio Ruiz* (1959).

Arnaud, André-Jean, Les origines doctrinales du Code civil français, Paris 1969. Zitiert: *Arnaud* (1969).

Arndts von Arnesberg, Karl Ludwig, Lehrbuch der Pandekten, 13. Aufl., Stuttgart 1886. Zitiert: *Arndts von Arnesberg* (1886).

Ascheuer, Annette, Der Anteil des Gesamthänders am Gesamthands-vermögen, Berlin 1992. Zitiert: *Ascheuer* (1992).

Atias, Christian, Les Biens, 6. Aufl., Paris 2002. Zitiert: *Atias* (2002).

Aubert, Jean-Luc, Introduction au droit et thèmes fondamentaux du droit civil avec annexe documentaire, 7. Aufl., Paris 1998. Zitiert: *Aubert* (1998).

Aubry, Charles / Rau, Charles-Frédéric, Cours de Droit civil français d'après la méthode de Zachariæ, 4. Aufl., Paris, Bd. 2, 1869; Bd. 6, 1873. Bd. 2 zitiert: *Aubry/Rau* (1869); Bd. 6 zitiert: *Aubry/Rau* (1873).

Ausbüttel, Frank M., Die Verwaltung des römischen Kaiserreiches. Von der Herrschaft des Augustus bis zum Niedergang des Weströmischen Reiches, Darmstadt 1998. Zitiert: *Ausbüttel* (1998).

Avenarius, Martin, Die Anrechnung von Teilleistungen auf mehrere Forderungen bei Fehlen einer Tilgungsbestimmung – § 366 Abs. 2 BGB im Spannungsfeld zwischen Schuldnerinteressen und Rechtssicherheit, AcP 203 (2003), S. 511-538. Zitiert: *Avenarius* (2003).

Bähr, Otto, Zum Erbrecht des bürgerlichen Gesetzbuchs, ArchBürgR 3 (1890), S. 141-227. Zitiert: *Bähr* (1890).

Bähr, Otto, Gegenentwurf zu dem Entwurfe eines bürgerlichen Gesetzbuches für das Deutsche Reich, Kassel 1892. Zitiert: *Bähr* (1892).

Baldus, Christian, Regelhafte Vertragsauslegung nach Parteirollen im klassischen römischen Recht und in der modernen Völkerrechtswissenschaft. Zur Rezeptionsfähigkeit römischen Rechtsdenkens, Bd. 2, Frankfurt a.M. u.a. 1998. Zitiert: *Baldus* (1998).

Baldus, Christian, Binnenkonkurrenz kaufrechtlicher Sachmängelansprüche nach Europarecht. Zur Rolle des Richters bei der Koordinierung gesetzlicher Tatbestände, Baden-Baden 1999. Zitiert: *Baldus* (1999).

Baldus, Christian, Das *ius gentium*: Modernisierung des römischen Rechts als Globalisierungsphänomen?, in: Immenhauser, Martin / Wichtermann, Jürg (Hrsg.), Jahrbuch Junger Zivilrechtswissenschaftler 1998. Vernetzte Welt – globales Recht, Stuttgart u.a. 1999, S. 19-44. Zitiert: *Baldus* (1999a).

Baldus, Chrisitan, Una actione experiri debet? Zur Klagenkonkurrenz bei Sachmängeln im römischen Kaufrecht, OIR 1999, S. 20-83. Zitiert: *Baldus* (1999b).

Baldus, Christian, Sistema juridico europeo storicamente fondato?, Labeo 47 (2001), S. 122-134. Zitiert: *Baldus* (2001).

Baldus, Christian, Rem designare: Gegenstand und Funktion der Vindikation. Romanistische Studien zum BGB, unveröffentlichte Habilitationsschrift, Köln 2002. Zitiert: *Baldus* (2002).

Baldus, Christian, Anmerkung zu BGH, Urt. v. 18.9.2002 – IV ZR 287/01, FamRZ 2003, S. 308f. Zitiert: *Baldus* (2003).

Baldus, Christian / Kaiser, Susanne, Schlechter Fang, JA 2001, S. 386-400. Zitiert: *Baldus/Kaiser* (2001).

Baldus, Christian / Mühleisen, Horst, Der Briefwechsel zwischen Carl Gottfried Svarez und Johann Georg Schlosser über die Redaktion zum Entwurf eines Allgemeinen Gesetzbuchs für die Preußischen Staaten, Aufklärung 2/8 (1994), S. 103-130. Zitiert: *Baldus/Mühleisen* (1994).

Baron, Julius, Das Erbrecht in dem Entwurf eines bürgerlichen Gesetzbuchs für das deutsche Reich, AcP 75 (1889), S. 177-280. Zitiert: *Baron* (1889).

Barth, Hans-Georg, Die nicht-organisierte Rechtsgemeinschaft im französischen Zivilrecht, Diss. München 1967. Zitiert: *Barth* (1967).

Bartholomeyczik, Horst, Das Gesamthandsprinzip beim gesetzlichen Vorkaufsrecht der Miterben, in: Dietz, Rolf / Hübner, Heinz (Hrsg.), Festschrift für Carl Nipperdey zum 70. Geburtstag. 21. Januar 1965, Bd. 1, Berlin 1965, S. 145-175. Zitiert: *Bartholomeyczik* (1965).

Barzen, Carola, Die Entstehung des „Entwurf(s) eines allgemeinen Gesetzbuchs für die Preußischen Staaten" von 1780 bis 1788, Konstanz 1999. Zitiert: *Barzen* (1999).

Barzen, Carola, Zur Entstehung des Allgemeinen Landrechts, in: Gose, Walther / Würtenberger, Thomas (Hrsg.), Zur Ideen- und Rezeptionsgeschichte des Preußischen Allgemeinen Landrechts. Trierer Symposion zum 250. Geburtstag von Carl Gottlieb Suarez, Stuttgart u.a. 1999, S. 87-99. Zitiert: *Barzen* (1999a).

Basedow, Jürgen, Europäisches Internationales Privatrecht, NJW 1996, S. 1921-1929. Zitiert: *Basedow* (1996).

Basedow, Jürgen, Codification of Private Law in the European Union: the making of a Hybrid, EuRPL 2001, S. 35-49. Zitiert: *Basedow* (2001).

Batiffol, Henri, Problèmes contemporains de la notion de biens, in: Les biens et les choses, Arch. phil. du droit 1979, S. 9-16. Zitiert: *Batiffol* (1979).

Baudry-Lacantinerie, Gabriel / Wahl, Albert, Traité théorique et pratique de droit civil. Des successions, 3. Aufl., Paris 1905. Zitiert: *Baudry-Lacantinerie/Wahl* (1905).

Baumann, Anke, Gesetzliche Erbfolge und Möglichkeiten testamentarischer Erbeinsetzung im französischen Code Civil, Diss. Münster 1996. Zitiert: *Baumann* (1996).

Bayer, Josef, Die Schuld- und Haftungsstruktur der Erbengemeinschaft, Diss. Augsburg 1993. Zitiert: *Bayer* (1993).

Beaubrun, Marcel, La loi du 3 décembre 2001 portant réforme du droit des successions, Defrénois 2003, Nr. 37655. Zitiert: *Beaubrun* (2003).

Becker, Christoph, Die Lehre von der laesio enormis in der Sicht der heutigen Wucherproblematik. Ausgewogenheit als Vertragsinhalt und § 138 BGB, Köln u.a. 1993. Zitiert: *Becker* (1993).

Becker, Christoph, Die »res« bei Gaius – Vorstufe einer Systembildung in der Kodifikation?, Köln u.a. 1999. Zitiert: *Becker* (1999).

Becker, Christoph, Das Rechtsobjekt – historisch, in: Wacke, Andreas / Baldus, Christian (Hrsg.), Juristische Vorlesungen und Prüfungen in Europa. Ein praktischer Vergleich am Beispiel des Rechtsobjekts, Stuttgart u.a. 2002, S. 49-70. Zitiert: *Becker* (2002).

Béhar-Touchais, Martine, Juris-Classeur civil, Art. 883, Fasc. 10 u. 20, Paris, Stand 1996. Fasc. 10 zitiert: *Béhar-Touchais* (1996); Fasc. 20 zitiert: *Béhar-Touchais* (1996a).

Behrends, Okko, Der Zwölftafelprozeß. Zur Geschichte des römischen Obligationenrechts, Göttingen 1974. Zitiert: *Behrends* (1974).

Behrends, Okko, Institutionelles und prinzipielles Denken im römischen Privatrecht, SZ rom. Abtl. 95 (1978), S. 187-231. Zitiert: *Behrends* (1978).

Behrends, Okko, Bodenhoheit und privates Bodeneigentum im Grenzwesen Roms, in: Behrends, Otto / Capogrossi Colognesi, Luigi, Die römische Feldmeßkunst. Interdisziplinäre Beiträge zu ihrer Bedeutung für die Zivilisationsgeschichte Roms, Göttingen 1992, S. 192-280. Zitiert: *Behrends* (1972).

Behrends, Okko / Knütel, Rolf / Kupisch, Berthold / Seiler, Hans Hermann, Corpus Iuris Civilis, Heidelberg, Bd. 2 – Digesten 1-10, 1995; Bd. 3 – Digesten 11-20, 1999. Bd. 2 zitiert: *Behrends/Knütel/Kupisch/Seiler* (1995); Bd. 3 zitiert: *Behrends/Knütel/Kupisch/Seiler* (1999).

Behrends, Okko / Knütel, Rolf / Kupisch, Berthold / Seiler, Hans Herrmann, Corpus Iuris Civilis, Die Institutionen, Heidelberg 1999. Zitiert: *Behrends/Knütel/Kupisch/Seiler* (1999).

Bellivier, Florence / Rochfeld, Judith, Droit successoral – Conjoint survivant – Enfant adultérin. – Loi n° 2001-1135 du 3 décembre 2001, RTD civ. 2002, S. 156-165. Zitiert: *Bellivier/Rochfeld* (2002).

Bénabent, Alain, Droit civil: Les obligations, Paris 1999. Zitiert: *Bénabent* (1999).

Benhamou, Yves, Brèves réflexions sur la place des juges face à la mondialisation. Contribution à l'intelligence critique de la mondialisation, D 2003, doctr., S. 366ff. Zitiert: *Benhamou* (2003).

Bergel, Jean-Louis, Théorie générale du droit, Paris 1985. Zitiert: *Bergel* (1985).

Bergel, Jean-Louis / Bruschi, Marc / Cimamonti, Sylvie, Traité de droit civil: Les biens, Paris 2000. Zitiert: *Bergel/Bruschi/Cimamonti* (2000).

Berger, Adolf, Zur Entwicklungsgeschichte der Teilungsklagen im klassischen römischen Recht, Weimar 1912. Zitiert: *Berger* (1912).

Beseler, Georg, System des gemeinen deutschen Privatrechts, 4. Aufl., Berlin 1885. Zitiert: *Beseler* (1885).

Binder, Julius, Die Rechtsstellung des Erben nach dem deutschen bürgerlichen Gesetzbuch, Bd. 3, Leipzig 1905. Zitiert: Binder (1905).

Biondi, Biondo, Diritto ereditario romano. Parte generale: Corso di Lezioni, Mailand 1954. Zitiert: *Biondi* (1954).

Blomeyer, Arwed, Studien zur Bedingungslehre, Berlin u.a. 1938. Zitiert: *A. Blomeyer* (1938).

Blomeyer, Jürgen, Die Rechtsnatur der Gesamthand, JR 1971, S. 397-403. Zitiert: *J. Blomeyer* (1971).

Bödicker, Manfred, Notwendigkeit einer Reform des Rechts der Erbauseinandersetzung bei Immobiliar-Vermögen. Eine Untersuchung der gegenwärtigen Rechtslage am Beispiel von Hausgrundstücken mit eigenem Reformvorschlag, Diss. Bonn 1988. Zitiert: *Bödicker* (1988).

Böhr, Richard, Das Verbot der eigenmächtigen Besitzumwandlung im römischen Privatrecht. Ein Beitrag zur rechtshistorischen Spruchregelforschung, München u.a. 2002. Zitiert: *Böhr* (2002).

Bomsdorf, Falk, Prozeßmaximen und Rechtswirklichkeit. Verhandlungs- und Untersuchungsmaxime im deutschen Zivilprozeß – Vom gemeinen Recht bis zur ZPO –, Berlin 1971. Zitiert: *Bomsdorf* (1971).

Bonfante, Pietro, Scritti giuridici varii, Bd. 1, Turin 1916. Zitiert: *Bonfante* (1916).

Bonnois, R., Compétence territoriale du tribunal chargé d'homologuer l'état liquidatif d'un partage amiable dans lequel un mineur est intéressé, JCP 1977, I, 2853. Zitiert: *Bonnois* (1977).

Bork, Reinhard, Der Vergleich, Berlin 1988. Zitiert: *Bork* (1988).

Bork, Reinhard, Zur Rechtsfähigkeit der Erbengemeinschhaft, in: 100 Jahre BGB – 100 Jahre Staudinger. Beiträge zum Symposium vom 18.-20. Juni 1998 in München, 13. Bearb., Berlin 1999, S. 181-185. Zitiert: *Bork* (1999).

Bork, Reinhard, Allgemeiner Teil des Bürgerlichen Gesetzbuchs, Tübingen 2001. Zitiert: *Bork* (2001).

Bornemann, W., Systematische Darstellung des Preußischen Civilrechts mit Benutzung der Materialien des Allgemeinen Landrechts, 2. Aufl., Bd. 6, Berlin 1845. Zitiert: *Bornemann* (1845).

Botsch, Elisabeth, Eigentum in der Französischen Revolution: gesellschaftliche Konflikte und Wandel des sozialen Bewußtseins. Ancien régime, Aufklärung und Revolution, München 1992. Zitiert: *Botsch* (1992).

Bouchot-Plainchant, Alfred, Introduction et conclusion, in: 65. Congrès des Notaires de France Saint-Malo 1967. L'indivision, Essai d'organisation dans l'évolution du droit, Clermont-Ferrand 1967, S. 9-20. Zitiert: *Bouchot-Plainchant* (1967).

Bournazel, Eric, La royauté féodale en France et en Angleterre (Xe-XIIIe siècles), in: Bournazel, Eric / Poly, Jean-Pierre (Hrsg.), Les féodalités, Paris 1998. Zitiert: *Bournazel* (1998).

Boyer, Georges, De la conception du fief chez Dumoulin et des principales conséquences qu'il en tire, in: Mélanges Georges Boyer, Bd. 1, Paris 1962, S. 37-56. Zitiert: *G. Boyer* (1962).

Boyer, Louis, La notion de transaction. Contribution à l'étude des concepts de cause et d'acte déclaratif, Paris 1947. Zitiert: *L. Boyer* (1947).

Bräcklein, Jürgen, Wann ist ein Nachlaß geteilt?, NJW 1967, S. 431f. Zitiert: *Bräcklein* (1967).

Brandt, Reinhard, Rousseau und Kant, in: Kervégan, Jean-François / Mohnhaupt, Heinz (Hrsg.), Wechselseitige Beeinflussungen und Rezeptionen von Recht und Philosophie in Deutschland und Frankreich. Influences et réceptions mutuelles du droit et de la philosophie en France et en Allemagne. Drittes deutsch-französisches Symposion vom 16. bis 18. September in La Bussière / Dijon, Frankfurt a.M. 2001, S. 91-118. Zitiert: *Brandt* (2001).

Brenner, Claude, in: Raynaud, Pierre / Aubert, Jean-Luc (Hrsg.), Rép. civ., Paris, Stand 1999, s.v. acte. Zitiert: *Brenner* (1999).

Brenner, Claude, in: Raynaud, Pierre / Aubert, Jean-Luc (Hrsg.), Rép. civ., Paris, Stand 2003, s.v. partage (1° notion). Zitiert: *Brenner* (2003).

Breton, André, in: Raynaud, Pierre / Aubert, Jean-Luc (Hrsg.), Rép. civ. (1976), s.v. partage. Zitiert: *Breton* (1976).

Breton, André, in: Raynaud, Pierre / Aubert, Jean-Luc (Hrsg.), Rép. civ., Paris, Stand 1976, s.v. succession. Zitiert: *Breton* (1976a).

Breton, André, Anmerkung zu Civ. 1er, 17.3.1987, D 1987, S. 589-592. Zitiert: *Breton* (1987).

Bretone, Mario, «Consortium» e «Communio», Labeo 6 (1960), S. 163-215. Zitiert: *Bretone* (1960).

Bretone, Mario, I fondamenti del diritto romano. Le cose e la natura, Rom u.a. 2001. Zitiert: *Bretone* (2001).

Brinz, Aloys, Lehrbuch der Pandekten, Bd. 3, 2. Aufl., Erlangen 1886. Zitiert: *Brinz* (1886).

Brissaud, Jean, A history of french private law, Boston 1912. Zitiert: *Brissaud* (1912).

Brodeau, Julien, Coustume de la prévosté et vicomté de Paris, Bd. 2, 2. Aufl., Paris 1669. Zitiert: *Brodeau* (1669).

Broggini, Gerardo, Iudex arbiterve. Prolegomena zum Officium des römischen Privatrichters, Köln u.a. 1957. Zitiert: *Broggini* (1957).

Brox, Hans, Erbrecht, 19. Aufl., Köln u.a. 2001. Zitiert: *Brox* (2001).

Brox, Hans, Allgemeiner Teil des BGB, 26. Aufl., Köln u.a. 2002. Zitiert: *Brox* (2002).

Buchda, Gerhard, Geschichte und Kritik der deutschen Gesamthandslehre, Marburg 1936. Zitiert: *Buchda* (1936).

Buffelan-Lanore, Yvaine, in: Raynaud, Pierre / Aubert, Jean-Luc (Hrsg.), Rép. civ., Paris, Stand 1993, s.v. condition. Zitiert: *Buffelan-Lanore* (1993).

Bund, Elmar, Die Fiktion „pro non scripto habetur" als Beispiel fiktionsbewirkter interpretatio, in: Becker, Walter G. / Schnorr von Carolsfeld, Ludwig (Hrsg.), Sein und Werden im Recht. Festgabe für Ulrich von Lübtow zum 70. Geburtstag am 21. August 1970, Berlin 1970, S. 353-380. Zitiert: *Bund* (1970).

Bundesgerichtshof, Mitglieder des (Hrsg.), Das Bürgerliche Gesetzbuch mit besonderer Berücksichtigung der Rechtsprechung des Reichsgerichts und des Bundesgerichtshofes, Bd. 2/1, 12. Aufl., Berlin u.a. 1976. Zitiert: RGRK-*Bearbeiter* (1976).

Bürge, Alfons, Das französische Privatrecht im 19. Jahrhundert. Zwischen Tradition und Pandektenwissenschaft, Liberalismus und Etatismus, Frankfurt a.M. 1991. Zitiert: *Bürge* (1991).

Bürge, Alfons, Der Einfluß der Pandektenwissenschaft auf das französische Privatrecht im 19. Jahrhundert: Vom Vermögen zum patrimoine, in: Schulze, Rainer

(Hrsg.), Europäische Rechts- und Verfassungsgeschichte. Ergebnisse und Perspektiven der Forschung, Berlin 1991, S. 221-244. Zitiert: *Bürge* (1991a).

Bürge, Alfons, 'Liberté du commerce'. Im Brennpunkt der französischen Revolution: Vom Merkantilismus zum Liberalismus, TR 59 (1991), S. 111-137. Zitiert: *Bürge* (1991b).

Bürge, Alfons, Zum Edikt De edendo. Ein Beitrag zur Struktur des römischen Zivilprozesses, SZ rom. Abtl. 112 (1995), S. 1-50. Zitiert: *Bürge* (1995).

Bürge, Alfons, Römisches Privatrecht. Rechtsdenken und gesellschaftliche Verankerung. Eine Einführung, Darmstadt 1999. Zitiert: *Bürge* (1999).

Bürge, Alfons, Le code civil et son évolution vers un droit imprégné d'individualisme libéral, RTD civ. 2000, S. 1-24. Zitiert: *Bürge* (2000).

Callewaert, Johan, Die Rechtsfähigkeit der privatrechtlichen Gesellschaften in Frankreich und Belgien im Lichte der klassischen Vermögenstheorie, Diss. Würzburg 1988. Zitiert: *Callewaert* (1988).

Capitant, Henri, L'indivision héréditaire, Rev. crit. 44 (1915-24), S. 19-36. Zitiert: *Capitant* (1915-24).

Capitant, Henry / Terré, François / Lequette, Yves, Les grands arrêts de la jurisprudence civile, Bd. 1, 11. Aufl., Paris 2000. Zitiert: *Capitant/Terré/Lequette* (2000).

Caporale, Francis, Société et indivision, Rev. soc. 1979, S. 265-288. Zitiert: *Caporale* (1979).

Carbasse, Jean-Marie, Introduction historique au droit, Paris 1998. Zitiert: *Carbasse* (1998).

Catala, Pierre, La jurisprudence gardienne de l'égalité successorale, D 1962, chr., S. 99-108. Zitiert: *Catala* (1962).

Catala, Pierre, L'indivision (*Lois n°* 76-1286 *du* 31 *décembre* 1976 *et n°* 78-627 *du* 10 *juin* 1978), Defrénois 1979, Art. 31874, zitiert: *Catala* (1979); Art. 31886, zitiert: *Catala* (1979a); Art. 32160, zitiert: *Catala* (1979b); 1980, Art. 32172, zitiert: *Catala* (1980); 1981, Art. 32576, zitiert: *Catala* (1981); Art. 32597, zitiert: *Catala* (1981a).

Cayla, Olivier, Le jeu de la fiction entre « comme si » et « comme ça », Droits. Revue français de théorie juridique, Bd. 21 (1995), La fiction, S. 3-15. Zitiert: *Cayla* (1995).

Champlin, Edward, Final Judgments. Duty and Emotion in Roman Wills 200 B.C. - A.D. 250, Berkeley u.a. 1991. Zitiert: *Champlin* (1991).

Championnière, Sur l'article 883 du Code civil, Rev. lég. et. jur. 7 (1837/38), S. 405-437. Zitiert: *Championnière* (1837/38).

Chappert, André, Variations fiscales sur le partage, Defrénois 1999, Art. 36988. Zitiert: *Chappert* (1999).

Chevallier, Jean, De l'Effet déclaratif des Conventions et des Contrats, Paris 1932. Zitiert: *Chevallier* (1932).

Chiusi, Tiziana, *Res*: Realität und Vorstellung, in: Schermaier, Martin / Rainer, J. Michael / Winkel, Laurens C. (Hrsg.), Iurisprudentia universalis. Festschrift für Theo Mayer-Maly zum 70. Geburtstag, Köln u.a. 2002, S. 101-112. Zitiert: Chiusi (2002).

Cloud, Duncan, Some thougts on vadimonium, SZ rom. Abtl. 119 (2002), S. 143-176. Zitiert: *Cloud* (2002).

Code civil Dalloz [kommentiert von Alice Tisserand, Georges Wiederkehr, François Jacob, Xavier Henry, Guy Venandet], 102. Aufl., Paris 2003. Zitiert: Code Civil Dalloz (2003).

Cohet-Cordey, Frédérique, La valeur explicative de la théorie du patrimoine en droit positif français, RTD civ. 1996, S. 819-839. Zitiert: *Cohet-Cordey* (1996).

Coing, Helmut, Europäisches Privatrecht, München, Bd. 1, 1985; Bd. 2, 1989. Bd. 1 zitiert: *Coing* (1985); Bd. 2 zitiert: *Coing* (1989).

Colin, Ambroise, Le droit de succession dans le code civil, in: Société d'études législatives (Hrsg.), Le Code civil 1804-1904. Livre du centenaire, Bd. 1, Paris 1904, S. 297-325. Zitiert: *Colin* (1904).

Colin, Ambroise / Capitant, Henri, Cours élémentaire de droit civil français, Bd. 1, Paris, 2. Aufl. 1919; 4. Aufl. 1923. Zitiert: *Colin/Capitant* (1919), *Colin/Capitant* (1923).

Coquille, Guy, Les coustumes du pays et comte de Nivernois, enclaves et exemptions d'iceluy, in: Les oevres de maistre Guy Coquille, Bd. 2, neue Aufl., Bordeaux 1703. Zitiert: *Coquille* (1703).

Coquille, Guy, Questions, reponses, et meditations sur les arcticles des coûtumes, in: Les oevres de maistre Guy Coquille, Bd. 2, neue Aufl., Bordeaux 1703. Zitiert: *Coquille* (1703a).

Cornil, Georges, Réflexions sur le rôle de la fiction dans le droit. A propos d'un livre nouveau, Arch. phil. du droit 1935 Nr. 3-4, S. 28-42. Zitiert: *Cornil* (1935).

Cornu, Gérard, Anmerkung zu Cass. civ., 8.11.1950, Sirey 1951, I, S. 125-130. Zitiert: *Cornu* (1951).

Cornu, Gérard (Hrsg.), Vocabulaire juridique, 8. Aufl., Paris 1987. Zitiert: *Cornu* (1987).

Cornu, Gérard, Droit civil: Introduction. Les personnes. Les biens, 9. Aufl., Paris 1999. Zitiert: *Cornu* (1999).

Cosack, Konrad, Welche Grundsätze sind in dem künftigen deutschen Gesetzbuche über das Verhältnis der Miterben und ihre Auseinandersetzung aufzustellen?, Schriftführer-Amt der ständigen Deputation (Hrsg.), Verhandlungen des 20. Deutschen Juristentages, Bd. 1 (1889), S. 199-217. Zitiert: *Cosack* (1889).

Cozian, Maurice / Viandier, Alain / Deboissy, Florence, Droit des sociétés, 15. Aufl., Paris 2002. Zitiert: *Cozian/Viandier/Deboissy* (2002).

Crezelius, Georg, Erbschaft- und Schenkungsteuer in zivilrechtlicher Sicht, Herne u.a. 1979. Zitiert: *Crezelius* (1979).

Crome, Carl, Allgemeiner Theil der modernen französischen Privatrechtswissenschaft als Supplement zu den deutschen Lehr- und Handbüchern des französischen Civilrechts, Mannheim 1892. Zitiert: *Crome* (1892).

Cromme, Ingrid, Vindicatio incertae partis. Ihre Bedeutung für die Erkenntnis der geschichtlichen Entwicklung des klassischen dinglichen Verfahrens, Diss. Heidelberg 1971. Zitiert: *Cromme* (1971).

Cuena Boy, Francisco, Systema y Derecho Romano. La idea de sistema juridico y su proyección en la experiencia juridica romana, Santander 1998. Zitiert: *Cuena Boy* (1998).

D'Argentré, Bertrand, Advis et consultation sur le partage des successions entre les nobles de Bretagne, in: Commentarii in consuetudines ducatus Britannicae, 3. Aufl., Paris 1621. Zitiert: *D'Argentré* (1621).

D'Ors, Alvaro, Das römische Gesetz als Amt des Magistrats, in: Barion, Hans / Böckenförde, Ernst-Wolfgang / Forsthoff, Ernst / Weber, Werner (Hrsg.), Epirrhosis. Festgabe für Carl Schmitt, 2. Aufl., Berlin 1968, Nachdruck 2002, S. 313-323. Zitiert: *D'Ors* (1968/2002).

D'Ors, Alvaro, Derecho Privado Romano, 9. Aufl., Pamplona 1997. Zitiert: *D'Ors* (1997).

Dagot, Michel, La preuve de la qualité d'héritier. Actes de notoriété, Paris 1974. Zitiert: *Dagot* (1974).

Dagot, Michel, L'indivision (commentaire de la loi du 31 décembre 1976), JCP 1977, I, 2858, 2862. Zitiert: *Dagot* (1977).

Dagot, Michel, L'indivision (commentaire de la loi du 31 décembre 1976), Paris 1978. Zitiert: *Dagot* (1978).

Dagot, Michel, Les retouches apportées au droit de l'indivision par la loi n° 78-627 du 10 juin 1978, JCP 1978, I, 2918. Zitiert: *Dagot* (1978a).

Dagot, Michel, Anmerkung zu Civ. 1re, 9.5.1978, JCP 1979, II, 19257. Zitiert: *Dagot* (1979).

Dagot, Michel, L'hypothèque de l'immeuble indivis après la loi du 31 décembre 1976, JCP 1980, I, 2994. Zitiert: *Dagot* (1980).

Dagot, Michel, Retouches 1980 au droit des partages successoraux (incidence de la loi du 4 juill. 1980 d'orientation agricole sur le droit des successions), JCP 1980, I, 3000. Zitiert: *Dagot* (1980a).

Dagot, Michel, La vente d'un bien grevé d'usufruit (C.civ., art. 815-5, alinéa 2: loi du 6 juillet 1987), JCP 1987, I, 3301. Zitiert: *Dagot* (1987).

Dagot, Michel, L'usufruit légal du conjoint survivant dans le projet de réforme du droit successoral, JCP 1995, I, 3822. Zitiert: *Dagot* (1995).

Dallafior, Roberto, Die Legitimation des Erben. Eine rechtsvergleichende und internationalprivatrechtliche Studie, Zürich 1990. Zitiert: Dallafior (1990).

Damm, Reinhard, Personenrecht. Klassik und Moderne der Rechtsperson, AcP 202 (2002), S. 841-879. Zitiert: *Damm* (2002).

Damrau, Jürgen, Die Entwicklung einzelner Prozeßmaximen seit der Reichszivilprozeßordnung von 1877, Paderborn 1975. Zitiert: *Damrau* (1975).

Daublon, Georges, Les prêts à l'acquisition immobilière. Remarques sur les hypothèques, les privilèges et quelques autres sûretés, Defrénois 1994, Art. 35887. Zitiert: *Daublon* (1994).

Dauner-Lieb, Barbara, Unternehmen in Sondervermögen. Haftung und Haftungsbeschränkung. Zugleich ein Beitrag zum Unternehmen im Erbgang, Tübingen 1998. Zitiert: *Dauner-Lieb* (1998).

Dauner-Lieb, Barbara, Die BGB-Gesellschaft im System der Personengesellschaften, in: Die Reform des Handelsstandes und der Personengesellschaften. *Fachtagung der Bayer-Stiftung für deutsches und internationales Arbeits- und Wirtschaftsrecht am 30. Oktober 1998*, München 1999, S. 95-117. Zitiert: *Dauner-Lieb* (1999).

Dauner-Lieb, Barbara, Das Ende der BGB-Gesellschaft mit beschränkter Haftung – was nun?, DStR 1999, S. 1992-1998. Zitiert: *Dauner-Lieb* (1999a).

Dauner-Lieb, Barbara, Ein neues Fundament für die BGB-Gesellschaft, DStR 2001, S. 356-361. Zitiert: *Dauner-Lieb* (2001).

Dauner-Lieb, Barbara, Rezension von Henrich, Dieter (Hrsg.), Familienerbrecht und Testierfreiheit im europäischen Vergleich, Bielefeld 2001, FamRZ 2002, S. 303. Zitiert: *Dauner-Lieb* (2002).

Dauner-Lieb, Barbara / Dötsch, Wolfgang, Prozessuale Fragen rund um § 313 BGB, NJW 2003, S. 921-927. Zitiert: *Dauner-Lieb/Dötsch* (2003).

De Laet, S. J., Note sur l'organisation et la nature juridique de la «vigesima hereditarium», L'antiquité classique 16 (1947), S. 29-36. Zitiert: *De Laet* (1947).

Deboissy, Florence, La distinction de l'indivision et de la société et ses enjeux fiscaux, RTD civ. 2000, S. 225-264. Zitiert: *Deboissy* (2000).

Decool, Grégoire / Pannagas, Swéta, Le règne absolu du droit de propriété ne peut tolérer un empiètement même minime : chronique d'un demi-centimètre de trop (À propos de Cass. 3è civ., 20 mars 2002), Gazette du Palais 2002, Nr. 33-35, doctr., S. 12f. Zitiert: *Decool/Pannagas* (2002).

Dedek, Helge, Der Besitzschutz im römischen, deutschen und französischen Recht – gesellschaftliche Gründe dogmatischen Wandels, ZEuP 1997, S. 343-365. Zitiert: *Dedek* (1997).

Dekkers, René, La fiction juridique. Étude de droit romain et de droit comparé, Paris 1935. Zitiert: *Dekkers* (1935).

Delebecque, Philippe, Juris-Classeur civil, Art. 1217 à 1225, Fasc. 55 à 57, Paris, Stand 1987. Zitiert: *Delebecque* (1987).

Delhay, Francis, La nature juridique de l'indivision. Contribution à l'étude des rapports de la notion d'indivsion avec les notions de société civile et de personnalité morale, Paris 1968. Zitiert: *Delhay* (1968).

Demuth, Björn, Grundbuchfähigkeit der BGB-Gesellschaft – logische Folge der jüngsten BGH-Rechtsprechung, BB 2002, S. 1555-1560. Zitiert: *Demuth* (2002).

Deprez, Jean, La Rétroactivité dans les Actes Juridiques, Bd. 1, thèse Rennes 1953. Zitiert: *Deprez* (1953).

Dernburg, Heinrich, Lehrbuch des Preußischen Privatrechts und der Privatrechtsnormen des Reichs, Bd. 3, 2. Aufl., Halle a.S. 1881. Zitiert: *Dernburg* (1881).

Dernburg, Heinrich, Pandekten, 3. Aufl., Berlin 1892. Zitiert: *Dernburg* (1892).

Desserteaux, Marc, Essai d'une théorie générale de l'effet déclaratif en droit civil français, Paris 1908. Zitiert: *Desserteaux* (1908).

Dettmeier, Michael, Das einseitige und das beiderseitige Kaufvertragsversprechen. Les promesses de vente unilatérale et synallagmatique – Bedeutung und Funktion der Kaufvorverträge im französischen Recht –, Diss. Köln 1999. Zitiert: *Dettmeier* (1999).

Dietz, Gudrun, Offene Fragen und Perspektiven der Bruchteilsgemeinschaft, Frankfurt a.M. 2002. Zitiert: *Dietz* (2002).

Döbereiner, Christoph, Ehe- und Erbverträge im deutsch-französischen Rechtsverkehr, Köln 2001. Zitiert: Döbereiner (2001).

Domat, Jean, Les loix civiles dans leur ordre naturel, Suivie du droit public, Bd. 1, neue Aufl., Luxemburg 1702. Zitiert: *Domat* (1702).

Domingo, Rafael / Rodríguez-Antolín, Beatriz / Ortega, Javier, Principios de Derecho Global. Aforismos jurídicos comentados, Cizur Menor (Navarra) 2003. Zitiert: *Domingo/Rodríguez-Antolín/Ortega* (2003).

Donnier, Jean-Baptiste, Juris-Classeur civil, Art. 815 à 815-18, Fasc. 10 u. 20, Paris, Stand 1998. Fasc. 10 zitiert: *Donnier* (1998); Fasc. 20 zitiert: *Donnier* (1998a).

Dörner, Heinrich, Das Erbrecht als subjektives Recht, in: Heldrich, Andreas / Sonnenberger, Hans Jürgen (Hrsg.), Festschrift für Murad Ferid zum 80. Geburtstag am 11. April 1988, Frankfurt a.M. 1988, S. 57-78. Zitiert: *Dörner* (1988).

Doucet, Michel / Fleck, Klaus E.W., Dictionnaire juridique et économique. Wörterbuch der Rechts- und Wirtschaftssprache, Bd. 1, München 1997. Zitiert: *Doucet/Fleck* (1997).

Drosdowski, Thomas, Das Verhältnis von actio pro socio und actio communi dividundo im klassischen römischen Recht, Berlin 1998. Zitiert: *Drosdowski* (1998).

Dubischar, Roland, Rezension zu Ralf Michaels, Sachzuordnung durch Kaufvertrag. Traditionsprinzip, Konsensprinzip, ius ad rem in Geschichte, Theorie und geltendem Recht, Berlin 2002, ZEuP 2003, S. 229ff. Zitiert: *Dubischar* (2003).

Dubouchet, Paul, La pensée juridique avant et après le Code civil, 4. Aufl., Lyon 1998. Zitiert: *Dubouchet* (1998).

Duguit, Leon, Les Transformations générales du Droit privé depuis le Code Napoléon, Paris 1912. Zitiert: *Duguit* (1912).

Duguit, Leon, Le droit social, le droit individuel et la transformation de l'État. Conférences faites à l'école des hautes études sociales, 3. Aufl., Paris 1922. Zitiert: *Duguit* (1922).

Duméril, Henry, Les fictions juridiques. Leur classification, leurs origines, Rev. gén. du droit 1882, S. 448-453. Zitiert: *Duméril* (1882).

Dumoulin, Charles, Commentariorum in consuetudines parisienses, Teil 1, Paris 1554. Zitiert: *Dumoulin* (1554).

Durand, Paul, Droits des copropriétaires sur les biens indivis (Examen de jurisprudence), Rev. crit. 75 (1935), S. 14-20. Zitiert: *Durand* (1935).

Duranton, M., Cour de droit français suivant le code civil, Bd. 7, Paris 1828. Zitiert: *Duranton* (1828).

Durnerin, Philippe, Le passif successoral, Paris 1992. Zitiert: *Durnerin* (1992).

Ebenroth, Carsten Thomas, Erbrecht, München 1992. Zitiert: *Ebenroth* (1992).

Eberl-Borges, Christina, Die Erbauseinandersetzung, Tübingen 2000. Zitiert: *Eberl-Borges* (2000).

Eberl-Borges, Christina, Die Rechtsnatur der Erbengemeinschaft nach dem Urteil des BGH vom 29.1.2001, ZEV 2002, S. 125-132. Zitiert: *Eberl-Borges* (2002).

Eberl-Borges, Christina, Anmerkung zu BGH, Urt. v. 11.9.2002 – XII ZR 187/00, LMK 2003, S. 5ff. Zitiert: *Eberl-Borges* (2003).

Eck, Ernst, Wortmeldung, in: Schriftführer-Amt der ständigen Deputation (Hrsg.), Verhandlungen des 20. Deutschen Juristentages, Bd. 4 (1889), S. 303-306. Zitiert: *Eck* (1889).

Eck, Ernst, Die Stellung des Erben, dessen Rechte und Verpflichtungen in dem Entwurfe eines Bürgerlichen Gesetzbuches für das Deutsche Reich, Berlin 1890, Nachdruck Glashütten/Taunus 1974. Zitiert: *Eck* (1890/1974).

Edenfeld, Stefan, Europäische Entwicklungen im Erbrecht, ZEV 2001, S. 457-463. Zitiert: *Edenfeld* (2001).

Ehrenkönig, Ernst-Michael, Die Erbenhaftung. Ein Vorschlag zur Neuregelung, Frankfurt a.M. u.a. 1991. Zitiert: *Ehrenkönig* (1991).

Eidenmüller, Alfred, Die Entwicklung zur heutigen Erbengemeinschaft an Hand der Materialien zum Allgemeinen Landrecht und der Rechtsprechung des Preußischen Obertribunals, Diss. Frankfurt a.M. 1953. Zitiert: *Eidenmüller* (1953).

Engländer, Konrad, Die regelmäßige Rechtsgemeinschaft, Berlin 1914. Zitiert: *Engländer* (1914).

Enneccerus, Ludwig, Rechtsgeschäft, Bedingung und Anfangstermin, Bd. 1, Marburg 1888. Zitiert: *Enneccerus* (1888).

Enneccerus, Ludwig, Wortmeldung, in: Schriftführer-Amt der ständigen Deputation (Hrsg.), Verhandlungen des 20. Deutschen Juristentages, Bd. 4 (1889), S. 313-314. Zitiert: *Enneccerus* (1889).

Enneccerus, Ludwig / Nipperdey, Hans Carl, Allgemeiner Teil des Bürgerlichen Rechts, 15. Aufl., Tübingen 1959. Zitiert: *Enneccerus/Nipperdey* (1959).

Erman: siehe *Westermann*.

Esser, Albert, Rechtsprobleme der Gemeinschaftsteilung, Detmold u.a. 1951. Zitiert: *A. Esser* (1951).

Esser, Josef, Wert und Bedeutung der Rechtsfiktionen. Kritisches zur Technik der Gesetzgebung und zum bisherigen Stand der Dogmatik des Privatrechts, 2. Aufl., Frankfurt a.M. 1969. Zitiert: *J. Esser* (1969).

Exner, Monika, Die Auseinandersetzung der Erbengemeinschaft im deutschen und im französischen Recht. Ein Rechtsvergleich, Diss. Bonn 1994. Zitiert: *Exner* (1994).

Fabricius, Fritz, Relativität der Rechtsfähigkeit. Ein Beitrag zur Theorie und Praxis des privaten Personenrechts, München 1963. Zitiert: *Fabricius* (1963).

Fauvarque-Cosson, Bénédicte, Faut-il un Code civil européen ?, RTD civ. 2002, S. 463-480. Zitiert: *Fauvarque-Cosson* (2002).

Fenet, P.A., Recueil complet des travaux préparatoires du Code civil, Bd. 12, Paris 1836. Zitiert: *Fenet* (1836).

Ferid, Murad / Firsching, Karl (Begr.), Internationales Erbrecht. Quellensammlung mit systematischen Darstellungen des materiellen Erbrechts sowie des Kollisionsrechts der wichtigsten Staaten, Bd. 2, München 2003. Zitiert: *Ferid/Firsching* (2003).

Ferid, Murad / Sonnenberger, Hans Jürgen, Das Französische Zivilrecht, 2. Aufl., Heidelberg, Bd. 1, 1994; Bd. 2, 1986; Bd. 3, 1987. Bd. 1 zitiert: *Ferid/Sonnenberger* (1994); Bd. 2 zitiert: *Ferid/Sonnenberger* (1986); Bd. 3 zitiert: *Ferid/Sonnenberger* (1987).

Ferrand, Frédérique, Das französische Gesetz über den pacte civil de solidarité, FamRZ 2000, S. 517-525. Zitiert: *Ferrand* (2000).

Ferrand, Frédérique, Familienerbrecht und Testierfreiheit: Das französische Recht, in: Henrich, Dieter (Hrsg.), Familienerbrecht und Testierfreiheit im europäischen Vergleich, Bielefeld 2001, S. 87-113. Zitiert: *Ferrand* (2001).

Ferriere [Ferrière], Claude-Joseph de, Dictionnaire de Droit et de Pratique, contenant l'explication des termes de droit, d'Ordonnances, de Coutumes & de Pratique. Avec les jurisdictions de France, Bd. 1 u. 2, neue Aufl., Paris 1769. Bd. 1 zitiert: *Ferriere* (1769); Bd. 2 zitiert: *Ferriere* (1769a).

Fikentscher, Wolfgang, Methoden des Rechts in vergleichender Darstellung, Bd. 1, Tübingen 1975. Zitiert: *Fikentscher* (1975).

Fiorini, Aude, Das Rechtsobjekt in Frankreich, in: Wacke, Andreas / Baldus, Christian (Hrsg.), Juristische Vorlesungen und Prüfungen in Europa. Ein praktischer Vergleich am Beispiel des Rechtsobjekts, Stuttgart u.a. 2002, S. 86-104. Zitiert: *Fiorini* (2002).

Fischer, Otto, Das Reichsgericht und das Allgemeine Landrecht für die preußischen Staaten, in: Schreiber, Otto (Hrsg.), Die Reichsgerichtspraxis im deutschen Rechtsleben. Festgabe der juristischen Fakultäten zum 50jährigen Bestehen des Reichsgerichts (I. Oktober 1929) in 6 Bänden, Bd. 2, Berlin u.a. 1929, S. 110-131. Zitiert: *O. Fischer* (1929).

Fischer, Roland, Das französische Rechtsinstitut der „Saisine". Entwicklung und Bedeutung dieses Rechtsinsituts – Auswirkungen des Insituts auf die Nachlaßabwicklung in Frankreich, Diss. Köln o.J. [1972]. Zitiert: *R. Fischer* (1972).

Fitting, Hans, Die rechtliche Natur der Anteile der Miterben nach B.G.B. mit Berücksichtigung des gemeinen und preussischen Rechts, Inowrazlaw 1901. Zitiert: *Ha. Fitting* (1901).

Fitting, Hermann, Über den Begriff der Rückziehung – Eine zivilistische Abhandlung, Erlangen 1856. Zitiert: *He. Fitting* (1856).

Flour, Jacque / Souleau, Henri, Droit civil: Les successions, 3. Aufl., Paris 1991. Zitiert: *Flour/Souleau* (1991).

Flume, Werner, Allgemeiner Teil des Bürgerlichen Rechts, Berlin u.a., Bd. 1/1, 1977; Bd. 2, 1965; Bd. 1/1 zitiert: *Flume* (1977), Bd. 2 zitiert: *Flume* (1965).

Flume, Werner, Gesellschaft und Gesamthand, ZHR 136 (1972), S. 177-207. Zitiert: *Flume* (1972).

Folleville, Daniel de, De l'effet déclaratif du partage (Explication de l'article 883 du code civil), Paris 1877. Zitiert: *Folleville* (1877).

Foriers, P., Présomptions et fictions, in: Perelman, Chaim / Foriers, P. (Hrsg.), Les présomptions et les fictions en droit, Brüssel 1974, S. 7-26. Zitiert: *Foriers* (1974).

Förster, Franz, Theorie und Praxis des heutigen gemeinen preußischen Privatrechts auf der Grundlage des gemeinen deutschen Rechts, Bd. 4, Berlin 1873. Zitiert: *Förster* (1873).

Förster, Franz / Eccius, Max Ernst, Preußisches Privatrecht, Berlin 1893. Zitiert: *Förster/Eccius* (1893).

Frank, Rainer, Erbrecht, 2. Aufl., München 2003. Zitiert: *Frank* (2003).

Fröschle, Tobias, Die Entwicklung der gesetzlichen Rechte des überlebenden Ehegatten in Frankreich und England im Laufe des 20. Jahrhunderts, Tübingen 1996. Zitiert: *Fröschle* (1996).

Gallet, Aimé, Étude sur la fiction de rétroactivité dans le droit français, Poitiers 1903. Zitiert: *Gallet* (1903).

Garaud, Marcel, La Révolution et la propriété foncière, Paris 1958. Zitiert: *Garaud* (1958).

Gardie, J.-L., Le droit sur la chose chez Kant, in: Les biens et les choses, Arch. phil. du droit 1979, S. 139-149. Zitiert: *Gardie* (1979).

Gaudemet, Jean, Étude sur le régime juridique de l'indivision en droit romain, Paris 1934. Zitiert: *Gaudemet* (1934).

Ghestin, Jacques / Goubeaux, Gilles, Traité de droit civil: Introduction générale, 4. Aufl., Paris 1994. Zitiert: *Ghestin/Goubeaux* (1994).

Gierke, Otto von, Die Genossenschaftstheorie und die deutsche Rechtsprechung, Berlin 1887, Nachdruck Hildesheim 1963. Zitiert: *Gierke* (1887/1963).

Gierke, Otto von, Personengemeinschaften und Vermögensinbegriffe in dem Entwurfe eines Bürgerlichen Gesetzbuches für das Deutsche Reich, Berlin 1889, Nachdruck Glashütten/Taunus 1974. Zitiert: *Gierke* (1889/1974).

Gierke, Otto von, Die soziale Aufgabe des Privatrechts. Vortrag gehalten am 5. April 1889 in der juristischen Gesellschaft zu Wien, Berlin 1889. Zitiert: *Gierke* (1889).

Gierke, Otto von, Deutsches Privatrecht, Bd. 1, Leipzig 1895. Zitiert: *Gierke* (1895).

Giesen, Richard, Scheinbestandteil – Beginn und Ende, AcP 202 (2002), S. 688-721. Zitiert: *Giesen* (2002).

Gläser, Mathias, Lehre und Rechtsprechung im französischen Zivilrecht des 19. Jahrhunderts, Frankfurt a.M. 1996. Zitiert: *Gläser* (1996).

Göppert, Heinrich Robert, Beiträge zur Lehre vom Miteigentum nach dem preußischen allgemeinen Landrecht, Halle 1864. Zitiert: *Göppert* (1864).

Gramentz, Dieter, Die Aufhebung der Gemeinschaft nach Bruchteilen durch den Gläubiger eines Teilhabers, Bielefeld 1989. Zitiert: *Gramentz* (1989).

Gresser, Edmont, Gesetzliche und gewillkürte Erbfolge im französischen Recht, ZEV 1997, S. 492-494. Zitiert: *Gresser* (1997).

Grimaldi, Michel, Les conditions de validité du partage d'ascendant, Defrénois 1992, Nr. 35322. Zitiert: *Grimaldi* (1992).

Grimaldi, Michel, Droit civil: Successions, 6. Aufl., Paris 2001. Zitiert: *Grimaldi* (2001).

Gröschler, Peter, Actiones in factum. Eine Untersuchung zur Klage-Neuschöpfung im nichtvertraglichen Bereich, Berlin 2002. Zitiert: *Gröschler* (2002).

Gruchot, J.A., Ueber das Miteigenthum der Erben an den einzelnen zum ungetheilten Nachlasse gehörigen Sachen, Gruchot 2 (1858), S. 377-400. Zitiert: *Gruchot* (1858).

Grundig, Walther, Die Haftung der Miterben für Nachlassverbindlichkeiten nach dem Bürgerlichen Gesetzbuch, Leipzig 1902. Zitiert: *Grundig* (1902).

Grunewald, Barbara, Die Rechtsfähigkeit der Erbengemeinschaft, AcP 197 (1997), S. 305-315. Zitiert: *Grunewald* (1997).

Guarino, Antonio, Diritto privato romano, 12. Aufl., Neapel 2001. Zitiert: *Guarino* (2001).

Gudian, G., Coutumes, in: Erler, Adalbert / Kaufmann, Ekkehard (Hrsg.), Handwörterbuch zur deutschen Rechtsgeschichte, Bd. 1, Berlin 1971, Sp. 641-648. Zitiert: *Gudian* (1971).

Guiho, Pierre / Robert, André, Droit civil: 6 – Les biens, Paris 1994. Zitiert: *Guiho/Robert* (1994).

Guinchard, Serge, L'affectation des biens en droit privé français, Paris 1976. Zitiert: *Guinchard* (1976).

Habersack, Mathias, Die Mitgliedschaft – subjektives und ‚sonstiges' Recht, Tübingen 1996. Zitiert: *Habersack* (1996).

Hackl, Karl, Vom „quasi" im römischen zum „als ob" im modernen Recht, in: Zimmermann, Reinhard (Hrsg.), Rechtsgeschichte und Privatrechtsdogmatik, Heidelberg 1999, S. 117-127. Zitiert: *Hackl* (1999).

Haft, Fritjof, Juristische Rhetorik, 6. Aufl., Freiburg u.a. 1999. Zitiert: *Haft* (1999).

Halpérin, Jean-Louis, L'impossible Code civil, Paris 1992. Zitiert: *Halpérin* (1992).

Halpérin, Jean-Louis, Histoire du droit privé français depuis 1804, Paris 1996. Zitiert: *Halpérin* (1996).

Hamon, Léo, Anmerkung zu Conseil constitutionnel, 16.1.1982, 81-132, D 1983, S. 174-176. Zitiert: *Hamon* (1983).

Hartmann, Susanne, Die Nachfolge einer Erbengemeinschaft in das Unternehmen eines Einzelkaufmanns mit Niederlassungen in Österreich und Deutschland, Regensburg 2002. Zitiert: *Hartmann* (2002).

Häsemeyer, Ludwig, Zur materiellrechtlich-prozeßrechtlichen Doppelnatur des außergerichtlichen Vergleichs und des deklaratorischen Schuldanerkenntnisses, ZZP 108 (1995), S. 289-317. Zitiert: *Häsemeyer* (1995).

Hattenhauer, Hans (Hrsg.), Allgemeines Landrecht für die Preußischen Staaten von 1794. Textausgabe mit einer Einführung, Frankfurt a.M. 1970. Zitiert: *Hattenhauer* (1970).

Hébraud, P., La copropriété par appartements. A propos d'une forme particulière de copropriété, RTD civ. 1938, S. 23-66. Zitiert: *Hébraud* (1938).

Hedemann, Justus Wilhelm, Die Fortschritte des Zivilrechts im XIX. Jahrhundert. Ein Überblick über die Entfaltung des Privatrechts in Deutschland, Österreich, Frankreich und der Schweiz, Bd. 2/1, Berlin 1930. Zitiert: *Hedemann* (1930).

Heil, Hans Jürgen, Ist die Erbengemeinschaft rechtsfähig? – Ein Zwischenruf aus der Praxis, ZEV 2002, S. 296-300. Zitiert: *Heil* (2002).

Heinrichs, Rudolf, Die Klage auf sachgemäße Teilung, JR 1948, S. 306. Zitiert: *Heinrichs* (1948).

Heinz, Volker G., Das französische Notariat, AnwBl 2002, S. 627-633. Zitiert: *Heinz* (2002).

Hellwig, Konrad, Grenzen der Rückwirkung, in: Frank, Reinhard (Hrsg.), Festschrift für die Juristische Fakultät in Gießen zum Universitäts-Jubiläum, Gießen 1907, S. 21-75. Zitiert: *Hellwig* (1907).

Helmholz, Richard / Zimmermann, Reinhard, Views of trust and *Treuhand:* An Introduction, in: Helmholz, Richard / Zimmermann, Reinhard (Hrsg.), Itineria Fiduciae. Trust and Treuhand in Historical Perspective, Berlin 1998, S. 27-44. Zitiert: *Helmholz/Zimmermann* (1998).

Hennig, Michael, Die lex Falcidia und das Erbrecht des BGB. Eine kritische Würdigung der Entscheidung des historischen Gesetzgebers, das Rechtsinstitut der falcidischen Quart aufzugeben, Berlin 1999. Zitiert: *Hennig* (1999).

Henry, Laurence-Caroline, Le régime de l'acte de notarité selon la jurisprudence récente, RTD civ. 1994, S. 11-48. Zitiert: *Henry* (1994).

Heß, Burkhard, Die Integrationsfunktion des Europäischen Zivilverfahrensrechts, IPrax 2001, S. 389-396. Zitiert: Heß (2001).

Heuschmid, Herman, Verträge über künftige Erbschaft nach französischem Recht, Diss. Bonn 1971. Zitiert: *Heuschmid* (1971).

Hilbrandt, Christian, Der Bruchteil bei der Bruchteilsgemeinschaft, AcP 202 (2003), S. 631-661. Zitiert: *Hilbrandt* (2003).

Hinrichs, Focke Tannen, Zur Geschichte der Klage finium regundorum. Eine Kontroverse mit Rolf Knütel, SZ rom. Abtl. 111 (1994), S. 242-279. Zitiert: *Hinrichs* (1994).

Historisch-kritischer Kommentar zum BGB: siehe *Schmoeckel*.

Hohensee, Wolfgang, Die unternehmenstragende Erbengemeinschaft, Baden-Baden 1994. Zitiert: *Hohensee* (1994).

Honsell, Heinrich / Mayer-Maly, Theo / Selb, Theo, Römisches Recht, Berlin 1987. Zitiert: *Honsell/Mayer-Maly/Selb* (1987).

Huber-Krebs, Hanns Walter, Wirtschaftliche Betrachtungsweise und Konformität zwischen Steuerrecht und Privatrecht, StuW 1967, Sp. 474-492. Zitiert: *Huber-Krebs* (1967).

Hübner, Heinz, Jurisprudenz als Wissenschaft im Zeitalter des Humanismus, in: Paulus, Gotthard (Hrsg.), Festschrift für Karl Larenz zum 70. Geburtstag, München 1973, S. 41-62. Zitiert: *Hübner* (1973).

Hübner, Heinz, Allgemeiner Teil des Bürgerlichen Gesetzbuches, 2. Aufl., Berlin 1996. Zitiert: *Hübner* (1996).

Hübner, Heinz, Das Grundgesetz und der zivilrechtliche Eigentumsbegriff, in: Luig, Klaus (Hrsg.), Rechtsdogmatik und Rechtsgeschichte. Ausgewählte Schriften, Köln 1997, S. 167-188. Zitiert: *Hübner* (1997).

Hübner, Ulrich / Constantinesco, Vlad, Einführung in das französische Zivilrecht, 4. Aufl., München 2002. Zitiert: *Hübner/Constantinesco* (2002).

Hubrecht, Georges E., Das französische Zivilrecht. Eine Einführung, Berlin u.a. 1974. Zitiert: *Hubrecht* (1974).

Hueck, Götz, Drei Fragen zur Gesamthandsgesellschaft, in: Lieb, Mannfred / Noack, Ulrich / Westermann, Harm Peter (Hrsg.), Festschrift für Wolfgang Zöllner zum 70. Geburtstag, Bd. 1, Köln u.a. 1998, S. 275-294. Zitiert: *Hueck* (1998).

Hyest, Jean-Jacques / About, Nicols, Propositon de loi portant réforme du droit des successions, n° 309 (session 2001-2002), www.senat.fr/leg/ppl01-309.html, Stand: 15.7.2003. Zitiert: *Hyest/About* (2001-2002).

Ionasco, Aurelian, La coproriété d'un bien, thèse Paris 1930. Zitiert: *Ionasco* (1930).

Jakobi, Bernhard, Über Rückwirkungsanordnungen im Bürgerlichen Gesetzbuch, Diss. Hamburg 1966. Zitiert: Jakobi (1966).

Jakobs, Horst Heinricht / Schubert, Werner (Hrsg.), Die Beratung des Bürgerlichen Gesetzbuchs in systematischer Zusammenstellung der unveröffentlichten Quellen, Recht der Schuldverhältnisse III. §§ 652 bis 853, Berlin u.a. 1983. Zitiert: *Jakobs/Schubert* (1983).

Jakobs, Horst Heinrich / Schubert, Werner (Hrsg.), Die Beratung des Bürgerlichen Gesetzbuchs in systematischer Zusammenstellung der unveröffentlichten Quellen, Erbrecht. §§ 1922-1985, Bd. 1, Berlin u.a. 2002. Zitiert: *Jakobs/Schubert* (2002).

Jestaz, Philippe, Organisation de l'indivision, RTD civ. 1977, S. 388ff. Zitiert: *Jestaz* (1977).

Jhering, Rudolph von, Geist des Römischen Rechts auf den verschiedenen Stufen seiner Entwicklung, Bd. 3, 4. Aufl., Leipzig 1888, Nachdruck als 8. Aufl., Basel 1954. Zitiert: *Jhering* (1888/1954).

Jhering, Rudolph von, L'esprit du droit romain dans les diverses phases de son developpement, 4 Bände, Paris ab 1877, übersetzt von Octave de Meulenaere.

John, Uwe, Die organisierte Rechtsperson. System und Probleme der Personifikation im Zivilrecht, Berlin 1977. Zitiert: *John* (1977).

Johnston, David, Trusts and Trust-like Devices in Roman Law, in: Helmholz, Richard / Zimmermann, Reinhard (Hrsg.), Itineria Fiduciae. Trust and Treuhand in Historical Perspective, Berlin 1998, S. 45-56. Zitiert: *Johnston* (1998).

Josserand, Louis, Essai sur la propriété collective, in: Société d'études législatives (Hrsg.), Le Code civil 1804-1904. Livre du centenaire, Bd. 1, Paris 1904, S. 357-379. Zitiert: *Josserand* (1904).

Jourdain, Patrice, Les actes de dispositions sur la chose indivise (Condition Juridique des actes irréguliers pendant l'indivision), RTD civ. 1987, S. 498-531. Zitiert: *Jourdain* (1987).

Jourdain, Patrice, Anmerkung zu Civ. 1re, 7.7.1987, JCP 1988, II, 20999. Zitiert: *Jourdain* (1988).

Jourdain, Patrice, Droit civil. Les biens, Paris 1995. Zitiert: *Jourdain* (1995).

Jülicher, Friedrich, Mehrheitsgrundsatz und Minderheitenschutz bei der Erbengemeinschaft. Zum Abschluß von Verpflichtungsgeschäften im Rahmen ordnungsgemäßer Verwaltung des Nachlasses, AcP 175 (1975), S. 143-157. Zitiert: *Jülicher* (1975).

Kaiser, Susanne, Eigentumsschutz in Frankreich, in: *Baldus, Christian / Miglietta, Massimo / Santucci, Gianni* (Hrsg.), Agere in rem – Eigentumsschutz in Kontinentaleuropa: Theorie und Praxis / La tutela della proprietà nell'Europa continentale: teoria e prassi, 2005 – im Druck –. Zitiert: *Kaiser* (2005).

Kant, Immanuel, Metaphysik der Sitten (1797), in: Königlich Preußische Akademie der Wissenschaften (Hrsg.), Gesammelte Schriften, Bd. 6, Berlin 1907/14. Zitiert: *Kant* (1797 / 1907/14).

Kapp, Reinhard, Die Besteuerung der Erbauseinandersetzung, 2. Aufl., Köln 1963. Zitiert: *Kapp* (1963).

Karpen, Hans-Ulrich, Die Verweisung als Mittel der Gesetzestechnik, Berlin 1970. Zitiert: *Karpen* (1970).

Kaser, Max, Die altrömische Erbenhaftung, RIDA 1 (1952), S. 507-544. Zitiert: *Kaser* (1952).

Kaser, Max, Oportere und ius civile, SZ rom. Abtl. 83 (1966), S. 1-46. Zitiert: *Kaser* (1966).

Kaser, Max, Adiudicare bei der actio finium regundorum und bei den Vindikationen, in: Ankum, Hans / Feenstra, Robert / Leemans, W.F. (Hrsg.), Symbolae iuridicae et historicae Martino David dedicatae, Bd. 1, Leiden 1968, S. 85-109. Zitiert: *Kaser* (1968).

Kaser, Max, Das Römische Privatrecht, Bd. 1, 2. Aufl., München 1971. Zitiert: *Kaser* (1971).

Kaser, Max, Neue Literatur zur 'Societas', SDHI 41 (1975), S. 278-338. Zitiert: *Kaser* (1975).

Kaser, Max, Zur Methode der römischen Rechtsfindung, in: Kaser, Max, Ausgewählte Schriften, Bd. 1, Camerino 1976, S. 3-34. Zitiert: *Kaser* (1976).

Kaser, Max, Zur Problematik der römischen Rechtsquellenlehre, in: Jakobs, Horst Heinrich / Knobbe-Keuk, Brigitte / Picker, Eduard / Wilhelm, Jan (Hrsg.), Festschrift für Werner Flume zum 70. Geburtstag. 12. September 1978, Bd. 1, Köln 1978, S. 101-123. Zitiert: *Kaser* (1978).

Kaser, Max, Das Urteil als Rechtsquelle im römischen Recht, in: Strasser, Rudolf / Schwimann, Michael / Hoyer, Hans (Hrsg.), Festschrift Fritz Schwind zum 65. Geburtstag. Rechtsgeschichte, Rechtsvergleichung – Rechtspolitik, Wien 1978, S. 115-130. Zitiert: *Kaser* (1978).

Kaser, Max, ‚Ius honorarium' und ‚ius civile', SZ rom. Abtl. 101 (1984), S. 1-114. Zitiert: *Kaser* (1984).

Kaser, Max / Hackl, Karl, Das Römische Zivilprozeßrecht, 2. Aufl., München 1996. Zitiert: *Kaser/Hackl* (1996).

Kaser, Max / Knütel, Rolf, Römisches Privatrecht, 17. Aufl., München 2003. Zitiert: *Kaser/Knütel* (2003).

Kaufmann, Horst, Zur Geschichte des aktionenrechtlichen Denkens, JZ 1964, S. 482-489. Zitiert: *Kaufmann* (1964).

Kayser, Pierre, La vie et l'oeuvre de François Gény, Quaderni Fiorentini 20 (1991), S. 53-76. Zitiert: *Kayser* (1991).

Kegel, Gerhard, Nemo *minus* iuris transferre potest, quam ipse habet, oder warum Erbteilungsverbote so kraftlos sind, in: Warda, Günter / Waider, Heribert / Hippel, Reinhard von / Meurer, Dieter (Hrsg.), Festschrift für Richard Lange zum 70. Geburtstag, Berlin u.a. 1976, S. 927-941. Zitiert: *Kegel* (1976).

Keim, Christopher, Teilung der Verfügungsbefugnis zwischen Testamentsvollstrecker und Erben durch den Willen des Erblassers?, ZEV 2002, S. 132-137. Zitiert: *Keim* (2002).

Kiefner, Hans, Der Einfluß Kants auf Theorie und Praxis des Zivilrechts im 19. Jahrhundert, in: Blühdorn, Jürgen / Ritter, Joachim (Hrsg.), Philosophie und Rechtswissenschaft. Zum Problem ihrer Beziehung im 19. Jahrhundert, Frankfurt a.M. 1969, S. 3-25. Zitiert: *Kiefner* (1969).

Kiefner, Hans, Deus in nobis – „Objektiver Idealismus" bei Savigny, SZ rom. Abtl. 112 (1995), S. 428-460. Zitiert: *Kiefner* (1995).

Kipp, Theodor / Coing, Helmut, Erbrecht. Ein Lehrbuch, 14. Bearb., Tübingen 1990. Zitiert: *Kipp/Coing* (1990).

Klein, Manfred, Ausländische Zivilrechtsformen im deutschen Erbschaftsteuerrecht, Köln 2000. Zitiert: *Klein* (2000).

Klein, Manfred, Testamentary Trusts nach Common Law und funktionsverwandte deutsche Zivilrechtsinstitute – ein Rechtsvergleich, ZVglRWiss 101 (2002), S. 175-199. Zitiert: *Klein* (2002).

Knothe, Hans-Georg, Rückwirkungen familien- und erbrechtlicher Regelungen auf das Eheschließungs- und das generative Verhalten in Vergangenheit und Gegenwart, in: Rodi, Michael (Hrsg.), Recht und Wirkung. Greifswalder Beiträge zur Rechtswirkungsforschung, Köln u.a. 2002, S. 209-254. Zitiert: *Knothe* (2002).

Koeppen, Albert, Lehrbuch des heutigen römischen Erbrechts, Bd. 1, Würzburg 1886. Zitiert: *Koeppen* (1886).

Kohler, Jürgen, Das Verfügungsverbot gemäß § 938 Abs. 2 ZPO im Liegenschaftsrecht, Köln u.a. 1984. Zitiert: *Kohler* (1984).

Kohls, Stefanie, Die Hypothek im französischen und im deutschen Recht, Frankfurt a.M. u.a. 1999. Zitiert: *Kohls* (1999).

Kollmann, Andreas, Begriffs- und Problemgeschichte des Verhältnisses von formellem und materiellem Recht, Berlin 1996. Zitiert: *Kollmann* (1996).

Korošec, Viktor, Die Erbenhaftung nach römischen Recht, Leipzig 1927. Zitiert: *Korošec* (1927).

Koschaker, Paul, Europa und das römische Recht, 4. Aufl., München u.a. 1966. Zitiert: *Koschaker* (1966).

Krenz, Uwe, Modelle der Nachlaßteilung. Eine rechtshistorische und rechtsvergleichende Untersuchung, Heidelberg 1994. Zitiert: *Krenz* (1994).

Krenz, Uwe, Anmerkung zu BverfG, Beschl. v. 14.12.1994, FamRZ 1995, S. 534f. Zitiert: *Krenz* (1995).

Krenz, Uwe, Die Auseinandersetzung der Erbengemeinschaft – Dogmatische, rechtsvergleichende und rechtspolitische Aspekte –, AcP 195 (1995), S. 361-391. Zitiert: *Krenz* (1995a).

Kreß, Hugo, Die Erbengemeinschaft nach dem Bürgerlichen Gesetzbuche für das Deutsche Reich, Jena 1903. Zitiert: *Kreß* (1903).

Kreuzer, Karl F., Grundlinien des landwirtschaftlichen Sondererbrechts in der Bundesrepublik Deutschland, AgrarR 1990, Beilage II, S. 12-19. Zitiert: *K. Kreuzer* (1990).

Kreuzer, Willy, Die Auseinandersetzung der Miterben, Würzburg 1935. Zitiert: *W. Kreuzer* (1935).

Kroeschell, Karl, Zur Lehre vom „germanischen" Eigentumsbegriff, in: Rechtshistorische Studien. Hans Thieme zum 70. Geburtstag von seinen Schülern zugeeignet, Köln u.a. 1977, S. 34-71. Zitiert: *Kroeschell* (1977).

Kroeschell, Karl, Geschichtliche Grundlagen des Anerbenrechts, AgrarR 1978, S. 147-155. Zitiert: *Kroeschell* (1978).

Kroppenberg, Inge, Die Insolvenz im klassischen römischen Recht. Tatbestände und Wirkungen außerhalb des Konkursverfahrens, Köln u.a. 2001. Zitiert: *Kroppenberg* (2001).

Kuchinke, Kurt, Über die Notwendigkeit, ein gemeineuropäisches Familien- und Erbrecht zu schaffen, in: Köbler, Gerhard / Heinze, Meinhard / Hromadka, Wolfgang (Hrsg.), Europas universale rechtsordnungspolitische Aufgabe im Recht des dritten Jahrtausends. Festschrift für Alfred Söllner zum 70. Geburtstag, München 2002, S. 589-612. Zitiert: *Kuchinke* (2002).

Kühl, Kristian, Eigentumsordnung als Freiheitsordnung. Zur Aktualität der Kantischen Rechts- und Eigentumslehre, Freiburg u.a. 1984. Zitiert: *Kühl* (1984).

Kühl, Kristian, Von der Art, etwas Äußeres zu erwerben, insbesondere vom Sachenrecht (§§ 10-17), in: Höffe, Otfried (Hrsg.), Immanuel Kant, Metaphysische Anfangsgründe der Rechtslehre, Berlin 1999, S. 117-132. Zitiert: *Kühl* (1999).

Kunkel, Wolfgang, Die römischen Juristen. Herkunft und soziale Stellung, 2. Aufl. Graz u.a. 1967, Nachdruck Köln u.a. 2001. Zitiert: *Kunkel* (1967/2001).

Kunkel, Wolfgang / Schermaier, Martin, Römische Rechtsgeschichte, 13. Aufl., Köln u.a. 2001. Zitiert: *Kunkel/Schermaier* (2001).

Kuschel, Hans-Dieter, Verfügungen über einen Erbteil, Diss. Köln 1964. Zitiert: *Kuschel* (1964).

Lange, Heinrich / Kuchinke, Kurt, Erbrecht, 5. Aufl., München 2001. Zitiert: *Lange/Kuchinke* (2001).

Larenz, Karl, Zur Lehre von der Rechtsgemeinschaft, Jherings Jahrbücher 83 (1933), S. 108-177. Zitiert: *Larenz* (1933).

Larenz, Karl, Rechtsperson und subjektives Recht – Zur Wandlung der Rechtsgrundbegriffe, in: Larenz, Karl (Hrsg.), Grundfragen der neuen Rechtswissenschaft, Berlin 1935, S. 224-260. Zitiert: *Larenz* (1935).

Larenz, Karl, Die rechtsphilosophische Problematik des Eigentums, in: Heckel, D. Theodor (Hrsg.), Eigentum und Eigentumsverteilung als theologisches, rechtsphilosophisches und ökonomisches Problem, München 1962, S. 21-41. Zitiert: *Larenz* (1962).

Larenz, Karl, Lehrbuch des Schuldrechts, Bd. 2, 12. Aufl., München 1981. Zitiert: *Larenz* (1981).

Larenz, Karl / Canaris, Klaus-Wilhelm, Methodenlehre der Rechtswissenschaft, 3. Aufl., Berlin u.a. 1995. Zitiert: *Larenz/Canaris* (1995).

Larenz, Karl / Wolf, Manfred, Allgemeiner Teil des Bürgerlichen Rechts, 8. Aufl., München 1997. Zitiert: *Larenz/Wolf* (1997).

Larombière, Léobon Valéry Léon Jupile, Théorie et pratique des obligations ou commentaire des titres III et IV du Code civil. Articles 1101 à 1386, Bd. 3, Paris 1885. Zitiert: *Larombière* (1885).

Larroumet, Christian, Droit civil: Les Biens. Droit réels principaux, 3. Aufl., Paris 1997. Zitiert: *Larroumet* (1997).

Lask, Thomas Ludwig, Rücktritt und Wandlung beim Erbauseinandersetzungsvertrag – zugleich ein Beitrag zur dinglichen Surrogation gem. § 2041 BGB, Diss. Marburg 1988. Zitiert: *Lask* (1988).

Laurent, François, Principes de droit civil, Bd. 10 u. 11, 4. Aufl., Brüssel u.a. 1887. Bd. 10 zitiert: *Laurent* (1887); Bd. 11 zitiert: *Laurent* (1887a).

Lebret, Jean, La notion de l'indivision dans le droit français actuel (L'article 815 C.civ. et les lois récentes), thèse Caen 1922. Zitiert: *Lebret* (1922).

Lefebvre, Charles, Cours de doctorat sur l'histoire du droit civil français. Les fortunes anciennes au point de vue juridique, Paris 1912. Zitiert: *Lefebvre* (1912).

Leipold, Dieter, Wandlungen in den Grundlagen des Erbrechts?, AcP 180 (1980), S. 160-237. Zitiert: *Leipold* (1980).

Leipold, Dieter, Erbrecht, Tübingen 2002. Zitiert: *Leipold* (2002).

Leipold, Dieter, Europa und das Erbrecht, in: Köbler, Gerhard / Heinze, Meinhard / Hromadka, Wolfgang (Hrsg), Europas universale rechtsordnungspolitische Aufgabe im Recht des dritten Jahrtausends. Festschrift für Alfred Söllner zum 70. Geburtstag, München 2002, S. 647-668. Zitiert: *Leipold* (2002a).

Leißheimer, Wortmeldung, in: Schriftführer-Amt der ständigen Deputation (Hrsg.), Verhandlungen des 20. Deutschen Juristentages, Bd. 4 (1889), S. 309-310. Zitiert: *Leißheimer* (1889).

Lenel, Otto, Das edictum perpetuum. Ein Versuch zu seiner Wiederherstellung, 3. Aufl., Leipzig 1927, Nachdruck Aalen 1956. Zitiert: *Lenel* (1927).

Lequette, Yves, Le privilège de la séparation des patrimoines à l'épreuve de l'article 815-17 du code civil, in: Études dédiées à Alex Weill, Paris 1983, S. 371-384. Zitiert: *Lequette* (1983).

Leroyer, Anne-Marie, Les fictions juridiques, thèse Paris II 1995. Zitiert: *Leroyer* (1995).

Lévy, Jean-Philippe, La pénétration du droit romain dans le droit français de l'ancien régime (esquisse générale), in: Bontemps, Claude (Hrsg.), Nonagesimo anno. Mélanges en hommage à Jean Gaudemet, Paris 1999, S. 475-499. Zitiert: *Lévy* (1999).

Liebs, Detlef, Damnum, damnare und damnas. Zur Bedeutungsgeschichte einiger lateinischer Rechtswörter, SZ rom. Abtl. 85 (1968), S. 173-252. Zitiert: *Liebs* (1968).

Liebs, Detlef, Die Klagenkonsumption des römischen Rechts, SZ rom. Abtl. 86 (1969), S. 169-191. Zitiert: *Liebs* (1969).

Liebs, Detlef, Lateinische Rechtsregeln und Rechtssprichwörter, 6. Aufl., München 1998. Zitiert: *Liebs* (1998).

Liebs, Detlef, Römisches Recht. Ein Studienbuch, 5. Aufl., Göttingen 1999. Zitiert: *Liebs* (1999).

Linker, Anja Celina, Zur Neubestimmung der Ordnungsaufgaben im Erbrecht in rechtsvergleichender Sicht. Eine rechtsvergleichende Untersuchung unter Berücksichtigung des deutschen und französischen Rechts, Tübingen 1999. Zitiert: *Linker* (1999).

Litzka, Philippe, Notare in Frankreich und Deutschland, München 1999. Zitiert: *Litzka* (1999).

Loisel, Antoine, Institutes coustumieres ou Manuel de plusieurs et diverses Regles, Sentences & Proverbes, tant anciens que modernes, du droit coustumier & plus ordinaire de la France, Paris 1665. Zitiert: *Loisel* (1665).

Lotz, François, Successions et Régimes matrimoniaux en Alsace-Lorraine, Paris 1964. Zitiert: *Lotz* (1964).

Lübtow, Ulrich von, Die entwicklungsgeschichtlichen Grundlagen des römischen Erbrechts, in: Studi in onore di Pietro de Francisci, Bd. 1, Mailand 1956, S. 409-516. Zitiert: *Lübtow* (1956).

Lübtow, Ulrich von, Erbrecht. Eine systematische Darstellung, Bd. 2, Berlin 1971. Zitiert: *Lübtow* (1971).

Luig, Klaus, Mos gallicus, mos italicus, in: Erler, Adalbert / Kaufmann, Ekkehard (Hrsg.), Handwörterbuch zur deutschen Rechtsgeschichte, Bd. 4, Berlin 1984, Sp. 691-698. Zitiert: *Luig* (1984).

Luig, Klaus, Pandektenwissenschaft, in: Erler, Adalbert / Kaufmann, Ekkehard (Hrsg.), Handwörterbuch zur deutschen Rechtsgeschichte, Bd. 3 , Berlin 1984, Sp. 1422-1431. Zitiert: *Luig* (1984a).

Luig, Klaus, Humanismus und Privatrecht, in: Klingenberg, Georg / Rainer, Johannes Michael / Stiegler, H. (Hrsg.), Vestigia Iuris Romani. Festschrift für Gunter Wesener zum 60. Geburtstag am 3. Juni 1992, Graz 1992, S. 285-301. Zitiert: *Luig* (1992).

MacCormack, Geoffrey, The *actio communi dividundo* in Roman and Scots law, in: Lewis, Andrew D.E. / Ibbetson, David J. (Hrsg.), The Roman Law Tradition, Cambridge 1994, S. 159-181. Zitiert: *MacCormack* (1994).

Maillet, Jean, Codifications napoléoniennes, développement économique et formation de la société française capitaliste, Quaderni Fiorentini 2 (1973), S. 111-145. Zitiert: *Maillet* (1973).

Malaurie, Philippe / Aynès, Laurent, Cours De Droit Civil: Les successions. Les libéralités, Édition Cujas, Paris 1989; 4. Aufl., Paris 1998. Zitiert: *Malaurie/Aynes* (1989).

Manthe, Ulrich, Geschichte des römischen Rechts, München 2000. Zitiert: *Manthe* (2000).

Mantovani, Dario, Le formule del processo privato romano. Per la didattica delle Istituzioni di diritto romano, 2. Aufl., Mailand 1999. Zitiert: *Mantovani* (1999).

Marcadé, Victor Napoléon, Explication théorique et pratique du Code Napoléon contenant l'analyse critique des auteurs et de la jurisprudence et un traité résumé après le commentaire de chaque titre, Bd. 3, 5. Aufl., Paris 1855. Zitiert: *Marcadé* (1855).

Martin, Didier, Le droit de l'indivision. Commentaire de la loi n° 76-1286 du 31 décembre 1976 relative à l'organisation de l'indivision, D 1977, I, S. 221-236. Zitiert: *Martin* (1977).

Martin, Didier, La coopération conjugale dans l'entreprise familiale (Commentaire de la loi n° 82-596 du 10 juill. 1982, D 1982.323), D 1982, chr., S. 293-298. Zitiert: *Martin* (1982).

Marty, Gabriel / Raynaud, Pierre, Droit civil: Les successions et les libéralités, Paris 1983. Zitiert: *Marty/Raynaud* (1983).

Marty, Gabriel / Raynaud, Pierre, Droit Civil: Les biens, bearb. v. Patrice Jourdain, Paris 1995. Zitiert: *Marty/Raynaud* (1995).

Maschi, Carlo Alberto, Disertiones. Richerche intorno alla divisibilità del *consortium* nel diritto romano antico, Mailand 1935. Zitiert: *Maschi* (1935).

Mayer-Maly, Theo, Das Eigentumsverständnis der Gegenwart und die Rechtsgeschichte, in: Baumgärtel, Gottfried / Becker, Hans-Jürgen / Klingmüller, Ernst / Wacke, Andreas (Hrsg.), Festschrift für Heinz Hübner zum 70. Geburtstag am 7. November 1984, Berlin 1984, S. 145-158. Zitiert: *Mayer-Maly* (1984).

Mazeaud, Henri, Leon u. Jean / Chabas, François, Leçons de droit civil: Biens. Droit de propriété et ses démembrements, 8. Aufl., Paris 1994. Zitiert: *Mazeaud/Chabas* (1994).

Mazeaud, Leon u. Jean / Chabas, François, Leçons De Droit Civil: Obligations – théorie générale, 9. Aufl., Paris 1998. Zitiert: *Mazeaud/Chabas* (1998).

Mazeaud, Henri, Leon u. Jean /Chabas, François, Successions – Libéralités, 5. Aufl., Paris 1999. Zitiert: *Mazeaud/Chabas* (1999).

Mazeron-Gabriel, Hélène, Le conjoint successible: un héritier comme les autres?, JCP not. 2003, I, 1215. Zitiert: *Mazeron-Gabriel* (2003).

Medicus, Dieter, Allgemeiner Teil des BGB. Ein Lehrbuch, 8. Aufl., Heidelberg 2002. Zitiert: *Medicus* (2002).

Meffert, Klaus, Die Streitgenossenschaft im klassischen römischen Recht, Berlin 1974. Zitiert: *Meffert* (1974).

Meincke, Jens Peter, Das Recht der Nachlaßbewertung im BGB, Frankfurt a.M. 1973. Zitiert: *Meincke* (1973).

Meincke, Jens Peter, Erbschaftsteuer und Zivilrecht in Rom, StuW 1978, S. 352-361. Zitiert: *Meincke* (1978).

Meincke, Jens Peter, Zum Verfahren der Miterbenausgleichung, AcP 178 (1978), S. 45-68. Zitiert: *Meincke* (1978a).

Meincke, Jens Peter, ErbStG. Erbschaftsteuer- und Schenkungsteuer-gesetz. Kommentar, 13. Aufl., München 2002. Zitiert: *Meincke* (2002).

Mentxaka, Rosa, La pignoración de colectividades en el Derecho romano clasico, Bilbao 1986. Zitiert: *Mentxaka* (1986).

Merle, Roger, Essai de contribution à la théorie générale de l'acte déclaratif, Paris 1948. Zitiert: *Merle* (1948).

Mertens, Hans-Georg, Die Entstehung der Vorschriften des BGB über die gesetzliche Erbfolge und das Pflichtteilsrecht, Berlin 1970. Zitiert: *Mertens* (1970).

Mette-Dittmann, Angelika, Die Ehegesetze des Augustus. Eine Untersuchung im Rahmen der Gesellschaftspolitik des Princeps, Stuttgart 1991. Zitiert: *Mette-Dittmann* (1991).

Meurer, Dieter, Die Fiktion als Gegenstand der Gesetzgebungslehre, in: Rödig, Jürgen (Hrsg.), Studien zu einer Theorie der Gesetzgebung, Berlin u.a. 1976, S. 281-295. Zitiert: *Meurer* (1976).

Meyer, Gert, Charles Dumoulin. Ein führender französischer Rechtsgelehrter, Nürnberg 1956. Zitiert: *G. Meyer* (1956).

Meyer, Jutta, Die Rechtsstellung des Erbteilserwerbers, Diss. Münster 1992. Zitiert: *J. Meyer* (1992).

Michaels, Ralf, Sachzuordnung durch Kaufvertrag. Traditionsprinzip, Konsensprinzip, ius ad rem in Geschichte, Theorie und geltendem Recht, Berlin 2002. Zitiert: *Michaels* (2002).

Michalski, Lutz, BGB-Erbrecht, 3. Aufl., Heidelberg 2001. Zitiert: *Michalski* (2001).

Misera, Karlheinz, Zeugnisse zum Grund des Schenkungsverbots unter Ehegatten, in: Medicus, Dieter / Seiler, Hans Hermann (Hrsg.), Festschrift für Max Kaser zum 70. Geburtstag, München 1976, S. 407-435. Zitiert: *Misera* (1976).

Misera, Karlheinz, Akzession und Surrogation zufolge einer adiudicatio. Adiudicatio und voraufgehendes Rechtsgeschäft bezüglich einer pars, SZ rom. Abtl. 103 (1986), S. 383-408. Zitiert: *Misera* (1986).

Misera, Karlheinz, Klagen *manente societate*. Zu Klagemöglichkeiten der Gesellschafter bei bestehender Gesellschaft im klassischen römischen Recht, SDHI 60 (1994), S. 395-403. Zitiert: *Misera* (1994).

Mitteis, Heinrich, Die germanischen Grundlagen des französischen Rechtes, SZ germ. Abtl. 63 (1943), S. 137-213. Zitiert: *H. Mitteis* (1943).

Mitteis, Ludwig, Römisches Privatrecht bis auf die Zeit Diokletians, Bd. 1, Leipzig 1908. Zitiert: *L. Mitteis* (1908).

Moench, Dietmar, Erbfall und Erbauseinandersetzung im Steuerrecht (I), DStR 1985, S. 551. Zitiert: Moench (1985).

Motive zu dem Entwurfe eines Bürgerlichen Gesetzbuches für das Deutsche Reich. Amtliche Ausgabe, Berlin u.a. 1888, Bd. 2, 3 u. 5. Bd. 2 zitiert: Motive (1888), Bd. 3 zitiert: Motive (1888a), Bd. 5 zitiert: Motive (1888b).

Mouy, Emile, Contribution à l'étude de la notion de l'indivision à propos des lois récentes sur la prolongation de l'indivision successorale, thèse Lille 1920. Zitiert: *Mouy* (1920).

Mugdan, Benno, Die gesammelten Materialien zum Bürgerlichen Gesetzbuch für das Deutsche Reich, Berlin 1899, Bd. 2 u. 5. Bd. 2 zitiert: *Mugdan* (1899), Bd. 5 zitiert: *Mugdan* (1899a).

Müller-Ehlen, Martina, Hereditas petitio. Studien zur Leistung auf fremde Schuld und zur Bereicherungshaftung in der römischen Erbschaftsklage, Köln u.a. 1998. Zitiert: *Müller-Ehlen* (1998).

Münchener Kommentar zum Bürgerlichen Gesetzbuch: siehe *Rebmann*.

Münchener Kommentar zum Handelsgesetzbuch: siehe *Schmidt*.

Muscheler, Karlheinz, Die Haftung des Erben im preußischen ALR, in: Köbler, Gerhard / Nehlsen, Hermann (Hrsg.), Wirkungen europäischer Rechtskultur. Festschrift für Karl Kroeschell zum 70. Geburtstag, München 1997, S. 739-761. Zitiert: *Muscheler* (1997).

Muscheler, Karlheinz, Universalsukzession und Vonselbsterwerb. Die rechtstechnischen Grundlagen des deutschen Erbrechts, Tübingen 2002. Zitiert: *Muscheler* (2002).

Nagel, Sibylle, Übersicht über die Erbschaftsteuern in der EU, ZEV 1999, S. 463-469. Zitiert: *Nagel* (1999).

Nelson, H.L.W., Zur Terminologie der römischen Erbschaftsteilung. Ercto non cito, familia erciscunda, Glotta 44 (1967), S. 41-61. Zitiert: *Nelson* (1967).

Nerson, Roger, Observations sur quelques espèces particulières d'indivision, in: Mélanges offerts à René Savatier, Paris 1965, S. 707-721. Zitiert: *Nerson* (1965).

Neumayer, Karl H., Die wissenschaftliche Behandlung des kodifizierten französischen Zivilrechts bis zur Dritten Republik, in: Coing, Helmut / Wilhelm, Walter

(Hrsg.), Wissenschaft und Kodifikation des Privatrechts im 19. Jahrhundert, Bd. 1, Frankfurt a.M. 1974, S. 173-195. Zitiert: *Neumayer* (1974).

Névot, Michel, La notion d'opération de partage, thèse Paris II 1979. Zitiert: *Névot* (1979).

Nisoli, Enrico, Die Testamentseröffnung im römischen Recht, Bern 1949. Zitiert: *Nisoli* (1949).

Nitschke, Hartmut, Das Recht der Personengesellschaften in Deutschland und Frankreich, Berlin 2001. Zitiert: *Nitschke* (2001).

Ogris, Werner, Gewere, in: Erler, Adalbert / Kaufmann, Ekkehard (Hrsg.), Handwörterbuch zur deutschen Rechtsgeschichte, Bd. 1, Berlin 1971, Sp. 1658-1667. Zitiert: *Ogris* (1971).

Olivier-Martin, François, Histoire de la coutume de la prévôté et vicomté de Paris, Bd. 2/1, Paris 1926. Zitiert: *Olivier-Martin* (1926).

Olzen, Dirk, Erbrecht, Berlin u.a. 2001. Zitiert: *Olzen* (2001).

Ortscheidt, Pierre, La possession en droit civil français et allemand, Grenoble 1977. Zitiert: *Ortscheidt* (1977).

Otte, Gerhard, Die Rechtsprechung des BGH zur formlosen Hoferbenbestimmung als Fortsetzung erbhofrechtlichen Denkens, in: Köbler, Gerhard / Nehlsen, Herrmann, Wirkungen europäischer Rechtskultur, Festschrift für Karl Kroeschell zum 70. Geburtstag, München 1997, S. 915-932. Zitiert: *Otte* (1997).

Palandt, Otto (Begr.), Bürgerliches Gesetzbuch mit Einführungsgesetz (Auszug), Unterlassungsklagengesetz, Produkthaftungsgesetz, Erbbau-rechtsverordnung, Wohnungseigentumsgesetz, Hausratverordnung, Lebenspartnerschaftsgesetz, Gewaltschutzgesetz (Auszug), 63. Aufl., München 2004. Zitiert: Palandt-*Bearbeiter* (2004).

Papakonstantinou, Kalliopi, Die Collatio dotis. Mitgift und Miterben-Auseinandersetzung im römischen Recht, Köln u.a. 1998. Zitiert: *Papakonstantinou* (1998).

Patarin, Jean, Egalité, finalité économique et finalité sociale dans la loi du 19 décembre 1961 sur le partage et la réduction, RTD civ. 1962, S. 421-454. Zitiert: *Patarin* (1962).

Patarin, Jean, Le pouvoir des juges de statuer en fonction des intérêts en présence dans les règlements de succession, in: Mélanges offerts à Monsieur le Professeur Pierre Voirin, Paris 1967, S. 618-637. Zitiert: *Patarin* (1967).

Patarin, Jean, in: Raynaud, Pierre / Aubert, Jean-Luc (Hrsg.), Rép. civ., Paris, Stand 1975, s.v. partage d'ascendant. Zitiert: *Patarin* (1975).

Patarin, Jean, Successions et libéralités, RTD civ. 1983, S. 164-178. Zitiert: *Patarin* (1983).

Patarin, Jean, Successions et libéralités, RTD civ. 1986, S. 614-627. Zitiert: *Patarin* (1986).

Patarin, Jean, Successions et libéralités, RTD civ. 1989, S. 603-612. Zitiert: *Patarin* (1989).

Patarin, Jean, La double face du régime juridique de l'indivision, in: Mélanges dédiés à Dominique Holleaux, Paris 1990, S. 331-343. Zitiert: *Patarin* (1990).

Patarin, Jean, L'impossible perfection, ou les vicissitudes de l'égalité dans le partage, in: Mélanges offerts à André Colomer, Paris 1993, S. 335-350. Zitiert: *Patarin* (1993).

Patarin, Jean, Anmerkung zu Civ. 1re, 23.3.1994, RTD civ. 1994, S. 912ff. Zitiert: *Patarin* (1994).

Patarin, Jean, Successions et libéralités, RTD civ. 1997, S. 195-204. Zitiert: *Patarin* (1997).

Patault, Anne-Marie, Introduction historique au droit des biens, Paris 1989. Zitiert: *Patault* (1989).

Pellegrin, André, De la nature juridique du partage d'ascendant, Paris 1961. Zitiert: *Pellegrin* (1961).

Pène, Abdou, Le partage de la succession, in: Grimaldi, Michel (Hrsg.), Droit patrimonial de la famille. Régimes matrimoniaux, successions, libéralités, partages d'ascendant, indivision, pacte civil de solidarité, Paris 2001. Zitiert: *Pène* (2001).

Peter, Hans, Zur Regelung des Besitzes im französischen Code civil, in: Baumgärtel, Gottfried / Becker, Hans Jürgen / Klingmüller, Ernst / Wacke, Andreas (Hrsg.), Festschrift für Heinz Hübner zum 70. Geburtstag am 7. November 1984, Berlin 1984, S. 173-190. Zitiert: *H. Peter* (1984).

Peter, Manfred, Der Ehegattennießbrauch im Erbrecht der europäischen Länder des romanischen Rechtskreises, Diss. Köln 1972. Zitiert: *M. Peter* (1984).

Petzold, Eberhard, Die Teilauseinandersetzung bei der Miterbengemeinschaft, Diss. Hamburg 1973. Zitiert: *Petzold* (1973).

Pfennig, Matthias, Die Kritik Otto von Gierkes am ersten Entwurf eines bürgerlichen Gesetzbuches, Göttingen 1997. Zitiert: *Pfennig* (1997).

Piners, Über die Haftbarkeit mehrerer Erben gegen die Erbschaftsgläubiger nach allg. Landrechte, Neues Archiv f. Preuss. Recht, 1 (1834), S. 535-548. Zitiert: *Piners* (1834).

Pintens, Walter, Die Europäisierung des Erbrechts, ZEuP 2001, S. 628-648. Zitiert: *Pintens* (2001).

Pintens, Walter, Grundgedanken und Perspektiven einer Europäisierung des Familien- und Erbrechts – Teil 3, FamRZ 2003, S. 499-505. Zitiert: *Pintens* (2003).

Planck, Gottlieb, Zur Kritik des Entwurfes eines bürgerlichen Gesetzbuches für das Deutsche Reich, AcP 75 (1889), S. 327-429. Zitiert: *Planck* (1889).

Planck, BGB: siehe *Strohal.*

Planiol, Marcel / Ripert, Georges, Traité élémentaire de droit civil, Bd. 1 u. 4, 10. Aufl., Paris 1925. Bd. 1 zitiert: *Planiol/Ripert* (1925); Bd. 4 zitiert: *Planiol/Ripert* (1925a).

Planiol, Marcel / Ripert, Georges, Traité pratique de droit civil français, Bd. 4, 2. Aufl., Paris 1956. Zitiert: *Planiol/Ripert* (1956).

Plesser, Markus Alexander, Jean Etienne Marie Portalis und der Code civil, Berlin 1997. Zitiert: *Plesser* (1997).

Pothier, Robert-Joseph, Traité des successions, in: Siffrein, M. (Hrsg.), Œuvre de Pothier, Bd. 12, neue Aufl., Paris 1822. Zitiert: *Pothier* (1822).

Préa, Étude du droit successoral en Alsace-Lorraine et en droit comparé, in: 68e Congrès des notaires de France Vittel 1971. Du règlement des successions. Méthodes et perspectives, Bd. 3, Paris 1971, S. 13-36. Zitiert: *Préa* (1971).

Prévault, Jacques, Les curiosités de la dévolution successorale en droit français, in: Frohberg, Günther / Kimminich, Otto / Weimar, Robert (Hrsg.), Recht, Umwelt, Gesellschaft. Festschrift für Alfred Pikalo zum 70. Geburtstag, Berlin 1979, S. 191-202. Zitiert: *Prévault* (1979).

Prieur, Évelyne, La place de la liberté face aux nouveaux droits du conjoint survivant, JCP not. 2003, S. 56-61. Zitiert: *Prieur* (2003).

Pringsheim, Fritz, Die Rechtsstellung des Erwerbers eines Erbteils. Zur Auslegung von § 2033 Abs. 1 BGB, Breslau 1910. Zitiert: *Pringsheim* (1910).

Protokolle: siehe *Reichs-Justizamt.*

Prütting, Hanns, Anmerkung zu BGH, Urt. v. 29.1.2001, II ZR 331/00, EWiR 2001, S. 341f. Zitiert: *Prütting* (2001).

Prütting, Hanns, Die Parteifähigkeit der Gesellschaft bürgerlichen Rechts als Methodenproblem, in: Wank, Rolf / Hirte, Heribert / Frey, Kaspar / Fleischer,

Holger / Thüsing, Gregor (Hrsg.), Festschrift für Herbert Wiedemann zum 70. Geburtstag, München 2002, S. 1177-1197. Zitiert: *Prütting* (2002).

Puchta, Georg Friedrich, Pandekten, 7. Aufl., Leipzig 1853. Zitiert: *Puchta* (1853).

Pütz-Kücking, Ingrid, Die Grundzüge des französischen Erbrechts, MittRhNotK 1981, S. 273-283. Zitiert: *Pütz-Kücking* (1981).

Querel, Georges, Du caractère fictif de l'article 883 du Code civil et de son interprétation restrictive par la jurisprudence moderne, Lyon 1923. Zitiert: *Querel* (1923).

Rabel, Ernst, Die Erbrechtstheorie Bonfantes, SZ rom. Abtl. 50 (1930), S. 295-332. Zitiert: *Rabel* (1930).

Radouant, Jean, De l'estimation des biens compris dans le partage, RTD civ. 1925, S. 541-553. Zitiert: *Radouant* (1925).

Raiser, Thomas, Gesamthand und juristische Person im Licht des neuen Umwandlungsrechts, AcP 194 (1994), S. 495-512. Zitiert: *Raiser* (1994).

Ranouil, Véronique, La subrogation réelle en droit civil français, Paris 1985. Zitiert: *Ranouil* (1985).

Rauscher, Thomas, Familienrecht, Heidelberg 2001. Zitiert: *Rauscher* (2001).

Rebmann, Kurt / Säcker, Franz Jürgen / Rixecker, Roland (Hrsg.), Münchener Kommentar zum Bürgerlichen Gesetzbuch, München, Bd. 1 (§§1-241), 4. Aufl. 2001; Bd. 2a (§§ 241-432), 4. Aufl. 2003; Bd. 5 (§§ 705-853), 3. Aufl. 1997, 4. Aufl. 2004; Bd. 6 (§§ 854-1296), 4. Aufl. 2004; Bd. 9 (§§ 1922-2385), 3. Aufl. 1997; 4. Aufl. 2004. Bd. 1 zitiert: MünchKomm-*Bearbeiter* (2001), Bd. 2a zitiert: MünchKomm-*Bearbeiter* (2003), Bd. 5 (3. Aufl.) zitiert: MünchKomm-*Bearbeiter* (1997), Bd. 5 (4. Aufl.) zitiert: MünchKomm-*Bearbeiter* (2004), Bd. 6 zitiert: MünchKomm-*Bearbeiter* (2004a); Bd. 9 (3. Aufl.) zitiert: MünchKomm-*Bearbeiter* (1997a), Bd. 9 (4. Aufl.) zitiert: MünchKomm-*Bearbeiter* (2004b).
Reichsgerichtsrätekommentar: siehe *Bundesgerichtshof*.

Reichs-Justizamt, Zusammenstellung der gutachtlichen Aeußerungen zu dem Entwurf eines Bürgerlichen Gesetzbuchs, Bd. 5, 1890, Nachdruck Osnabrück 1967. Zitiert: *Reichs-Justizamt* (1890/1967).

Reichs-Justizamt (Hrsg.), Protokolle der Kommission für die zweite Lesung des Entwurfs des Bürgerlichen Gesetzbuchs, Berlin, Bd. 2, 1898; Bd. 5, 1899. Bd. 2 zitiert: *Reichs-Justizamt* (1898), Bd. 5 zitiert: *Reichs-Justizamt* (1899).

Riccobono, S., Formulae ficticiae a normal means of creating new law, TR 9 (1929), S. 1-61. Zitiert: *Riccobono* (1929).

Rink, Otto, Der Erbteilskauf, Pirmasens 1932. Zitiert: *Rink* (1932).

Rohlfing, Stephanie, Das lokale elsässisch-moselsche Recht, ZEuP 2000, S. 620-636. Zitiert: *Rohlfing* (2000).

Roland, Henri / Boyer, Laurent, Adages du droit français, 4. Aufl., Paris 1999. Zitiert: *Roland/Boyer* (1999).

Rombach, Paul, Reform des französischen Erbrechts, ZEV 2002, S. 271-273. Zitiert: *Rombach* (2002).

Rousseau, Jean-Jacques, Du contract social ou principes du droit politique (1762), in: Gagnebin, Bernard / Raymond, Marcel (Hrsg.), Oevres complètes, Bd. 3, Paris 1964. Zitiert: *Rousseau* (1762/1964).

Roux, La liquidation des successions, in: 68ᵉ Congrès des notaires de France Vittel 1971. Du règlement des successions, méthode et perspectives, Paris 1971, S. 111-122. Zitiert: *Roux* (1971).

Rückert, Joachim, Idealismus, Jurisprudenz und Politik bei Friedrich Carl von Savigny, Ebelsbach 1984. Zitiert: *Rückert* (1984).

Rückert, Joachim, Savignys Konzeption von Jurisprudenz und Recht, ihre Folgen und ihre Bedeutung bis heute, TR 61 (1993), S. 65-95. Zitiert: *Rückert* (1993).

Rückert, Joachim, Code civil, Code Napoléon und Savigny, in: Kervégan, Jean-François / Mohnhaupt, Heinz (Hrsg.), Wechselseitige Beeinflussungen und Rezeptionen von Recht und Philosophie in Deutschland und Frankreich. Influences et réceptions mutuelles du droit et de la philosophie en France et en Allemagne. Drittes deutsch-französisches Symposion vom 16. bis 18. September in La Bussière/ Dijon, Frankfurt a.M. 2001, S. 143-176. Zitiert: *Rückert* (2001).

Rudorff, Adolf Friedrich, De iuris dictione edictum. Edicti perpetui quae reliqua sunt, Lipsiae 1869. Zitiert: *Rudorff* (1869).

Rüfner, Thomas, Amtliche Überschriften für das BGB, ZRP 2001, S. 12ff. Zitiert: *Rüfner* (2001).

Saenger, August, Gemeinschaft und Rechtsteilung, Marburg 1913. Zitiert: *Saenger* (1913).

Saint-Alary-Houin, Corinne, Les critères distinctifs de la société et de l'indivision depuis les réformes récentes du Code civil, RTD com. 1979, S. 645-695. Zitiert: *Saint-Alary-Houin* (1979).

Saleilles, Raymond, Etude sur l'histoire des sociétés en commandite, Annales de droit commercial 1897, S. 29-49. Zitiert: *Saleilles* (1897).

Saleilles, Raymond, Le Principe de la Continuation de la Personne du défunt par l'héritier en droit romain, in: Festschrift Otto von Gierke zum siebzigsten Geburtstag dargebracht von Schülern, Freunden und Verehrern, Weimar 1911, S. 1015-1034. Zitiert: *Saleilles* (1911).

Sarres, Ernst, Die Erbengemeinschaft und das Teilungskonzept des BGB, ZEV 1999, S. 377-380. Zitiert: *Sarres* (1999).

Savatier, René, Réflexions sur l'attribution préférentielle de l'exploitation familiale agricole dans la loi d'orientation agricole du 4 juillet 1980, D 1981, I, S. 187f. Zitiert: *Savatier* (1981).

Savigny, Friedrich Carl von, System des heutigen Römischen Rechts, Bd. 5, Berlin 1841. Zitiert: *Savigny* (1841).

Savy, Robert, La constitution des juges, D 1983, chr., S. 105-110. Zitiert: *Savy* (1983).

Schanbacher, Dietmar, Die Konvaleszenz von Pfandrechten im klassischen römischen Recht, Berlin 1987. Zitiert: *Schanbacher* (1987).

Schanbacher, Dietmar, Ratio legis Falcidiae. Die falzidische Rechnung bei Zusammentreffen mehrerer Erbschaften in einer Hand, Berlin 1995. Zitiert: *Schanbacher* (1995).

Schermaier, Martin, Teilvindikation oder Teilungsklage? Auf der Suche nach dem klassischen Vermischungsrecht, SZ rom. Abtl. 110 (1993), S. 124-183. Zitiert: *Schermaier* (1993).

Schiemann, Gottfried, Pendenz und Rückwirkung der Bedingung. Eine dogmengeschichtliche Untersuchung, Köln u.a. 1973. Zitiert: *Schiemann* (1973).

Schiffhauer, Horst, Besonderheiten der Teilungsversteigerung (TeilungsZV), ZIP 1982, S. 526-536 (Das Verfahren vom Antrag bis zur Terminsbestimmung); S. 660-667 (Das Verfahren von der Terminsbestimmung bis zur Erlösverteilung). Zitiert: *Schiffhauer* (1982).

Schlichting, Gerhard, Die Verfügungsbeschränkung des Verpfänders im klassischen römischen Recht, Karlsruhe 1973. Zitiert: *Schlichting* (1973).

Schlosser, Hans, Grundzüge der Neueren Privatrechtsgeschichte, 9. Aufl., Heidelberg 2001. Zitiert: *Schlosser* (2001).

Schlüter, Wilfried, Erbrecht, 14. Aufl., München 2000. Zitiert: *Schlüter* (2000).

Schmidt, Karsten, Prozeß- und Vollstreckungsprobleme der Gemeinschaftsteilung – Befunde, Kritik und Diskussionsvorschläge um §§ 749 ff. BGB –, JR 1979, S. 317-321. Zitiert: *Schmidt* (1979).

Schmidt, Karsten, Die Erbengemeinschaft nach einem Einzelkaufmann. Verfassung, Haftung, Umwandlung und Minderjährigenschutz, NJW 1985, S. 2785-2793. Zitiert: *Schmidt* (1985).

Schmidt, Karsten, Gesetzliche Gestaltung und dogmatisches Konzept eines neuen Umwandlungsgesetzes – Überlegungen zur legislatorischen Praxis und Theorie –, ZGR 3 (1990), S. 580-606. Zitiert: *Schmidt* (1990).

Schmidt, Karsten, Handelsrechtliche Erbenhaftung als Bestandteil des Unternehmensrechts. Für ein neues Verständnis des § 27 HGB im Systemzusammenhang mit §§ 130, 139 HGB, ZHR 157 (1993), S. 600-620. Zitiert: *Schmidt* (1993).

Schmidt, Karsten (Hrsg.), Münchener Kommentar zum Handelsgesetzbuch, Bd. 1 (§§ 1-104), München 1996. Zitiert: MünchKomm-*Bearbeiter* (1996).

Schmidt, Karsten, Handelsrecht, 5. Aufl., Köln u.a. 1999. Zitiert: *Schmidt* (1999).

Schmidt, Karsten, Die BGB-Außengesellschaft: rechts- und parteifähig. Besprechung des Grundlagenurteils II ZR 331/00 vom 29.1.2001, NJW 2001, S. 993-1003. Zitiert: *Schmidt* (2001).

Schmidt, Karsten, Gesellschaftsrecht, 4. Aufl., Köln u.a. 2002. Zitiert: *Schmidt* (2002).

Schmidt, Karsten, Die Gesellschafterhaftung bei der Gesellschaft bürgerlichen Rechts als gesetzliches Schuldverhältnis. Zum Stand der Rechtsfortbildung nach den BGH-Urteilen vom 24.2.2003 und vom 7.4.2003, NJW 2003, S. 1897-1904. Zitiert: *Schmidt* (2003).

Schmidt-Kessel, Martin, Auf dem Weg zu einem Europäischen Vertragsrecht, RIW 2003, S. 481-489. Zitiert: *Schmidt-Kessel* (2003).

Schmidt-Kessel, Martin / Baldus, Christian, Prozessuale Behandlung des Wegfalls der Geschäftsgrundlage nach neuem Recht, NJW 2002, S. 2076-2078. Zitiert: *Schmidt-Kessel/Baldus* (2002).

Schmitt, Gottfried von, Erbrecht (1886), in: Schubert, Werner (Hrsg.), Die Vorlagen der Redaktoren für die erste Kommission zur Ausarbeitung des Entwurfs eines Bürgerlichen Gesetzbuches, Berlin u.a. 1984, Bd. 1 u. 2. Bd. 1 zitiert: *Schmitt* (1886/1984), Bd 2: *Schmitt* (1886/1984a).

Schmoeckel, Mathias / Rückert, Joachim / Zimmermann, Reinhard (Hrsg.), Historisch-kritischer Kommentar zum BGB, Bd. 1 (§§ 1-240), Tübingen 2003. Zitiert: HK-*Bearbeiter* (2003).

Schönknecht, Elke, Die Aufrechterhaltung der gesamthänderischen Bindung als Auseinandersetzung der Miterbengemeinschaft – dargestellt anhand der Personengesellschaft des BGB und des HGB –, Diss. Marburg 1987. Zitiert: *Schönknecht* (1987).

Schröder, Rainer, Abschaffung oder Reform des Erbrechts. Die Begründung einer Entscheidung des BGB-Gesetzgebers im Kontext sozialer, ökonomischer und philosophischer Zeitströmungen, Ebelsbach 1981. Zitiert: *Schröder* (1981).

Schubert, Werner, Die Entstehung der Vorschriften des BGB über Besitz und Eigentumsübertragung. Ein Beitrag zur Entstehungsgeschichte des BGB, Berlin 1966. Zitiert: *Schubert* (1966).

Schubert, Werner, Einleitung, in: Schubert, Werner (Hrsg.), Die Vorlagen der Redaktoren für die erste Kommission zur Ausarbeitung des Entwurfs eines Bürgerlichen Gesetzbuches, Bd. 1, Berlin u.a. 1984, S. I-XIX. Zitiert: *Schubert* (1984).

Schubert, Werner, Das Bürgerliche Gesetzbuch im Urteil französischer Juristen bis zum Ersten Weltkrieg, SZ germ. Abtl. 127 (1997), S. 128-181. Zitiert: *Schubert* (1997).

Schulze zur Wiesche, Dieter, Lehrbuch der Erbschaftsteuer, 4. Aufl., Herne u.a. 1997. Zitiert: *Schulze zur Wiesche* (1997).

Schulze-Osterloh, Joachim, Das Prinzip der gesamthänderischen Bindung, München 1972. Zitiert: *Schulze-Osterloh* (1972).

Schwab, Dieter, Das BGB und seine Kritiker, ZNR 22 (2000), S. 325-357. Zitiert: *Schwab* (2000).

Schwarz, Andreas B., Zur Entstehung des modernen Pandektensystems, SZ rom. Abtl. 42 (1921), S. 578-610. Zitiert: *A. Schwarz* (1921).

Schwarz, Rolf Jürgen Georg, Das Verhältnis zwischen dem Landwirtschaftserbrecht und dem allgemeinen Erbrecht des BGB, Diss. Marburg 1988. Zitiert: *R. Schwarz* (1988).

Seif, Ulrike, Die Gesamthand als Konstruktion der Germanistik, SZ germ. Abtl. 118 (2001), S. 302-320. Zitiert: *Seif* (2001).

Seif, Ulrike, Die Rechtsobjekte im englischen Recht, in: Wacke, Andreas / Baldus, Christian (Hrsg.), Juristische Vorlesungen und Prüfungen in Europa. Ein praktischer Vergleich am Beispiel des Rechtsobjekts, Stuttgart u.a. 2002, S. 174-189. Zitiert: *Seif* (2002).

Sériaux, Alain, La notion juridique de patrimoine. Brèves notations civilistes sur le verbe avoir, RTD civ. 1994, S. 801-813. Zitiert: *Sériaux* (1994).

Sève, R., Déterminations philosophiques d'une théorie juridique : *La théorie du patrimoine* d'Aubry et Rau, in: Les biens et les choses, Arch. phil. du droit 1979, S. 247-257. Zitiert: *Sève* (1979).

Siebert, Wolfgang, Vom Wesen des Rechtsmißbrauchs – Über die konkrete Gestaltung des Rechts, in: Larenz, Karl (Hrsg.), Grundfragen der neuen Rechtswissenschaft, Berlin 1935, S. 188-224. Zitiert: *Siebert* (1935).

Siesse, Gustave, Contribution à l'étude de la communauté d'héritier en droit comparé, Paris 1922. Zitiert: *Siesse* (1922).

Simler, Philippe / Delebecque, Philippe, Sûretés. Publicité foncière, 3. Aufl., Paris 2000. Zitiert: *Simler/Delebecque* (2000).

Soergel, Hs. Th. (Begr.), Kommentar zum Bürgerlichen Gesetzbuch mit Einführungsgesetz und Nebengesetzen, Stuttgart, Bd. 4 (§§ 705-853), 11. Aufl. 1985; Bd. 21 (§§ 1922-2063), 13. Aufl., 2001. Bd. 4 zitiert: Soergel-*Bearbeiter* (1985), Bd. 21 zitiert: Soergel-*Bearbeiter* (2001).

Sohm, Rudolf, Der Gegenstand. Ein Grundbegriff des Bürgerlichen Gesetzbuches, Leipzig 1905. Zitiert: *Sohm* (1905).

Sonnenberger, Hans-Jürgen, Zur Reform der Gesellschaft des Bürgerlichen Rechts in Frankreich, RIW 1983, S. 233-242. Zitiert: *Sonnenberger* (1983):

Sonnenberger, Hans Jürgen, Der Ruf unserer Zeit nach einer europäischen Ordnung des Zivilrechts, JZ 1998, S. 982-991. Zitiert: *Sonnenberger* (1998).

Sonnenberger, Hans Jürgen / Autexier, Christian, Einführung in das französische Recht, 3. Aufl., Heidelberg 2000. Zitiert: *Sonnenberger/Autexier* (2000).

Spanke, Tobias Steffen, Das Ausscheiden einzelner Miterben aus der Erbengemeinschaft durch Abschichtung, Frankfurt a.M. u.a. 2002. Zitiert: *Spanke* (2002).

Speckmann, Werner, Der Streitwert der Erbteilungsklage, NJW 1970, S. 1259-1263. Zitiert: *Speckmann* (1970).

Spiegelberger, Sebastian, Vermögensnachfolge. Vorweggenommene Erbfolge, Erbauseinandersetzung und Unternehmertestament – Gestaltung nach Zivil- und Steuerrecht –, München 1994. Zitiert: *Spiegelberger* (1994).

Stadler, Astrid, Gestaltungsfreiheit durch Verkehrsschutz und Abstraktion. Eine rechtsvergleichende Studie zur abstrakten und kausalen Gestaltung rechtsgeschäftlicher Zuwendungen anhand des deutschen, schweizerischen, österreichischen, französischen und US-amerikanischen Rechts, Tübingen 1996. Zitiert: *Stadler* (1996).

Stamm, Jürgen, Die Auflassungsvormerkung. Eine Fiktion der bedingten Verfügung im Immobiliarsachenrecht, Berlin 2003. Zitiert: *Stamm* (2003).

Starck, Boris / Roland, Henri / Boyer, Laurent, Introduction au droit, 4. Aufl., Paris 1996; 5. Aufl., Paris 2000. Zitiert: *Starck/Roland/Boyer* (1996), *Starck/Roland/Boyer* (2000).

Staudinger, Julius von (Begr.), Kommentar zum Bürgerlichen Gesetzbuch mit Einführungsgesetz und Nebengesetzen, Berlin, Zweites Buch (§§ 397-432), 13. Bearb. 1999; Buch 2 (§§ 741-764), Neubearb. 2002; Buch 5 (§§ 1967-2063), Neubearb. 2002. Zweites Buch zitiert: Staudinger-*Bearbeiter* (1999), Buch 2 zi tiert: Staudinger-*Bearbeiter* (2002), Buch 5 zitiert: Staudinger-*Bearbeiter* (2002a).

Steiner, Anton, Die Praxis der Klage auf Erbauseinandersetzung, ZEV 1997, S. 89-92. Zitiert: *Steiner* (1997).

Stern, Yaakov, The testamentary phenomenon in ancient Rome, Historia 49 (2000), S. 413-428. Zitiert: *Stern* (2000).

Strauch, Dieter, Mehrheitlicher Rechtserwerb, Bielefeld 1972. Zitiert: *Strauch* (1972).

Strauch, Dieter, Das geteilte Eigentum in Geschichte und Gegenwart, in: Baumgärtel, Gottfried / Becker, Hans-Jürgen / Klingmüller, Ernst / Wacke, Andreas (Hrsg.), Festschrift für Heinz Hübner zum 70. Geburtstag am 7. November 1984, Berlin 1984, S. 273-293. Zitiert: *Strauch* (1984).

Strohal, Emil, Das deutsche Erbrecht auf Grundlage des Bürgerlichen Gesetzbuchs, 2. Aufl., Berlin 1901. Zitiert: *Strohal* (1901).

Strohal, Emil, Anteil am ungeteilten Nachlaß und Erbschein, in: Festschrift Otto Gierke zum siebzigsten Geburtstag dargebracht von Schülern, Freunden und Verehrern, Weimar 1911, S. 917-950. Zitiert: *Strohal* (1911).

Strohal, Emil (Hrsg.), Planck's Kommentar zum Bürgerlichen Gesetzbuch nebst Einführungsgesetz, Bd. 5, 4. Aufl., Berlin u.a. 1930. Zitiert: Planck-*Bearbeiter* (1930).

Strützli, Welche Grundsätze sind im künftigen deutschen Gesetzbuch über das Verhältnis der Miterben und ihre Auseinandersetzung aufzustellen?, in: Schriftführer-Amt der ständigen Deputation (Hrsg.), Verhandlungen des 20. Deutschen Juristentages, Bd. 1, Berlin 1889, S. 132-198. Zitiert: *Strützli* (1889).

Supervielle, Bernardo, La notion de copropriété, Bull. soc. lég. comp. 71 (1948), S. 1025-1051. Zitiert: *Supervielle* (1948).

Süß, Rembert / Haas, Ulrich, Erbrecht in Europa, Angelbachtal 2004. Zitiert: *Süß/Haas* (2004).

Taisne, Jean-Jacques, Juris-Classeur civil, Art. 1168 à 1174, Fasc. 40 à 43, Paris, Stand 1995. Zitiert: *Taisne* (1995).

Tallon, D., Retraits et préemption, RTD civ. 1951, S. 208-223. Zitiert:

Terrat, B., Du régime de la propriété dans le Code civil, in: Société d'études législatives (Hrsg.), Le Code civil 1804-1904. Livre du centenaire, Bd. 1, Paris 1904, S. 329-353. Zitiert: *Terrat* (1904).

Terré, François / Lequette, Yves, Droit civil: Les successions. Les libéralités, 3. Aufl., Paris 1997. Zitiert: *Terré/Lequette* (1997).

Terré, François / Simler, Philippe, Droit civil: Les régimes matrimoniaux, 3. Aufl., Paris 2001. Zitiert: *Terré/Simler* (2001).

Terré, François / Simler, Philippe, Droit civil: Les biens, 6. Aufl., Paris 2002. Zitiert: *Terré/Simler* (2002).

Testu, François Xavier, Sur la nature de l'indivision, D 1990, chr., S. 176. Zitiert: *Testu* (1990).

Testu, François Xavier, L'indivision, Paris 1996. Zitiert: *Testu* (1996).

Testu, François Xavier, in: Raynaud, Pierre / Aubert, Jean-Luc (Hrsg.), Rép. civ., Paris, Stand 1997, s.v. indivision. Zitiert: *Testu* (1997).

Testu, François Xavier, L'indivision successorale, in: Grimaldi, Michel (Hrsg.), Droit patrimonial de la famille, Paris 1998. Zitiert: *Testu* (1998).

Thaller, Edmond / Perceron, J., Traité élementaire de droit commercial. Á l'exclusion du droit maritime, 7. Aufl., Paris 1925. Zitiert: *Thaller/Perceron* (1925).

Theewen, Eckhard Maria, Napoléons Anteil am Code civil, Berlin 1991. Zitiert: *Theewen* (1991).

Thireau, Jean-Louis, Charles Du Moulin (1500-1566). Etude sur les sources, la méthode, les idées politiques et économiques d'un juriste de la Renaissance, Genf 1980. Zitiert: *Thireau* (1980).

Thomas, Heinz (Begr.) / *Putzo, Hans*, Zivilprozeßordnung mit Gerichtsverfassungsgesetz, den Einführungsgesetzen und europarechtlichen Vorschriften (EuGVVO), EheVO, ZustellungsVO, ZustDH, AVAG), 25. Aufl., München 2003. Zitiert: *Thomas/Putzo* (2003).

Thomas, Yan, Fictio legis. L'empire de la fiction romaine et ses limites médiévales, Droits. Revue français de théorie juridique, Bd. 21 (1995), La fiction, S. 17-63. Zitiert: *Thomas* (1995).

Tipke, Klaus / Kruse, Heinrich Wilhelm, Abgabenordnung, Finanzgerichtsordnung. Kommentar zur AO 1977 und FGO, Köln 1996. Zitiert: *Tipke/Kruse* (1996).

Toullier, C.B.M., Le droit civil français, suivant l'ordre du code, ouvrage dans lequel on a taché de réunir la théorie à la pratique, Bd. 4, 4. Aufl., Brüssel 1824. Zitiert: *Toullier* (1824).

Trockels, Friedrich, Die Erbengemeinschaft im französischen Recht, Münster 1987. Zitiert: *Trockels* (1987).

Tuhr, Andreas von, Der Allgemeine Teil des Deutschen Bürgerlichen Rechts, Bd. 1, Berlin 1910, Nachdruck 1957. Zitiert: *Tuhr* (1910/1957).

Ulmer, Peter, Die Gesamthandsgesellschaft – ein noch immer unbekanntes Wesen?, AcP 198 (1998), S. 113-151. Zitiert: *Ulmer* (1998).

Ulmer, Peter, Die höchstrichterlich „enträtselte“ Gesellschaft bürgerlichen Rechts. Zugleich Besprechung von BGH ZIP 2001, 330, ZIP 2001, S. 585-599. Zitiert: *Ulmer* (2001).

Vangerow, Karl Adolph von, Lehrbuch der Pandekten, Bd. 2, 7. Aufl., Marburg u.a. 1867. Zitiert: *Vangerow* (1867).

Vanwinckelen, Koen, Anmerkung zu EuGHMR, Urt. v. 1.2.2000, Az 34406/97 (Mazurek/Französische Republik), FamRZ 2000, S. 1077f. Zitiert: *Vanwinckelen* (2000).

Vanzetti, Maria, Il pegno su parte indivisa e le azioni divisorie, Bull. 73 (1970/73), S. 289-321. Zitiert: *Vanzetti* (1970(73).

Verbeke, Alain / Leleu, Yves-Henri, Harmonization of the Law of Succession in Europe, in: Hartkamp, Arthur / Hesselink, Martijn / Hondins Ewoud / Joustra, Carla (Hrsg.), Towards a European Civil Code, Nimwegen / Den Haag u.a. 1998, S. 173-188. Zitiert: *Verbeke/Leleu* (1998).

Verdot, René, De l'influence du facteur économique sur la qualification des actes d'administration et des actes de disposition, RTD civ. 1968, S. 449-478. Zitiert: *Verdot* (1968).

Veroone, Marcel, Étude sur la nature de la domaine d'application de l'effet déclaratif du partage, Paris 1946. Zitiert: *Veroone* (1946).

Vialleton, H., Famille, patrimoine et vocation héréditaire en France, depuis le Code civil, in: Mélanges offerts à *Jacques Maury*, Bd. 2, Paris 1960, S. 577-594. Zitiert: *Vialleton* (1960).

Vialleton, H., La place de la saisine dans le système dévolutif français actuel, in: Mélanges en l'honneur de Paul Roubier, Bd. 2, Paris 1961, S. 283-301. Zitiert: *Vialleton* (1961).

Vincent, Jean, Les propriétés collectives, les indivisions et l'effet déclaratif du partage, Rev. crit. 52 (1932), S. 284-345. Zitiert: *Vincent* (1932).

Vincent, Jean / Prévault, Jacques, Voies d'exécution et procédures de distribution, 19. Aufl., Paris 1999. Zitiert: *Vincent/Prévault* (1999).

Voci, Pasquale, Diritto ereditario romano, Bd. 1, 2. Aufl., Mailand 1967. Zitiert: *Voci* (1967).

Voirin, Pierre / Goubeaux, Gilles, Droit civil: Droit privé notarial. Régimes matrimoniaux, successions - libéralités, Bd. 2, 22. Aufl., Paris 2002. Zitiert: *Voirin/Goubeaux* (2002).

Wächter, Thomas, Die Aufnahme der Gesamthandsgemeinschaften in das Bürgerliche Gesetzbuch. Ein Beitrag zur Entstehungsgeschichte des BGB, Ebelsbach 2002. Zitiert: *Wächter* (2002).

Wacke, Andreas, Ungeteilte Pfandhaftung, Index 3 (1972), S. 454-502. Zitiert: *Wacke* (1972).

Wacke, Andreas, Die Rechtswirkungen der lex Falcidia, in: Medicus, Dieter / Seiler, Hans Herrmann (Hrsg.), Studien im römischen Recht. Max Kaser zum 65. Geburtstag, Berlin 1973, S. 209-251. Zitiert: *Wacke* (1973).

Wacke, Andreas, Ein Verfügungsverbot des römischen Verpfänders? Zur dinglichen Wirkung der Verwertungsermächtigung, Iura 24 (1973), S. 184-196. Zitiert: *Wacke* (1973a).

Wacke, Andreas, Zur Lehre vom *pactum tacitum* und zur Aushilfsfunktion der *exceptio doli*. Stillschweigender Verzicht und Verwirkung nach klassischem Recht, SZ rom. Abtl. 90 (1973), S. 220-261 und 91 (1974), S. 251-284. Teil 1 zitiert: *Wacke* (1973b); Teil 2 zitiert: *Wacke* (1974).

Wacke, Andreas, Paulus Dig. 10,2,29: Zur Pfand-Adjudikation im Erbteilungsprozess und zur Entwicklung der sog. hypothekarischen Sukzession, in: Medicus, Dieter / Seiler, Hans Herrmann (Hrsg.), Festschrift für Max Kaser zum 70. Geburtstag, München 1976, S. 499-532. Zitiert: *Wacke* (1976).

Wacke, Andreas, Der Jüngste stimmt zuerst – Der Ältere teilt, der Jüngere wählt, JA 1981, S. 176. Zitiert: *Wacke* (1981).

Wacke, Andreas, Der Tote erbt den Lebendigen. Le mort saisit le vif, JA 1982, S. 242f. Zitiert: *Wacke* (1982).

Wacke, Andreas, Eine Erbteilung mit Enttäuschungen – Ein fiktives Drama in drei Akten, samt Präludium und Epilog, in Form eines Zwei-Rollen-Stücks (wie im Examen) –, Jura 1986, S. 435-437. Zitiert: *Wacke* (1986).

Wacke, Andreas, Logische Paradoxien in antiker und moderner Jurisprudenz, in: Festschrift der Rechtswissenschaftlichen Fakultät zur 600-Jahr-Feier der Universität zu Köln, Köln u.a. 1988, S. 325-366. Zitiert: *Wacke* (1988).

Wacke, Andreas, Zur iurisdictio voluntaria, SZ rom. Abtl. 106 (1989), S. 180-209. Zitiert: *Wacke* (1989).

Wacke, Andreas, Die Testamentsvollstreckung im deutschen und europäischen Recht, Jura 1989, S. 577-581. Zitiert: *Wacke* (1989a).

Wacke, Andreas, Drittwirkung und Rechtskraftgrenzen richterlicher Gemeinschaftsteilung: »Res inter alios judicata aliis non praejudicat.« Zum Ursprung der §§ 1066, 1258 BGB im internationalen Vergleich, in: Prütting, Hans (Hrsg.), Festschrift für Gottfried Baumgärtel zum 70. Geburtstag, Köln u.a. 1990, S. 603-627. Zitiert: *Wacke* (1990).

Wacke, Andreas, Zur Beweislast im klassischen Zivilprozeß. Giovanni Pugliese versus Ernst Levy, SZ rom. Abtl. 109 (1992), S. 411-449. Zitiert: *Wacke* (1992).

Wacke, Andreas, Die Notbedarfseinrede des enterbten Haussohns. Wirkungen der Erbschaftsausschlagung für das *peculium* und Abwicklung der Pekuliarschulden bei Beendigung der Hausgewalt, SDHI 60 (1994), S. 469-497. Zitiert: *Wacke* (1994).

Wacke, Andreas, Die Entwicklung der Testamente in Antike und Mittelalter. Ein rechts- und sozialgeschichtlicher Überblick, OIR 2 (1996), S. 113-120. Zitiert: *Wacke* (1996).

Wacke, Andreas, Die Konvaleszenz von Pfandrechten nach römischem Recht, SZ rom. Abtl. 115 (1998), S. 438-461. Zitiert: *Wacke* (1998).

Wacke, Andreas, Die sorgfältige Klagen-Auswahl durch den Käufer bei umgekehrter Eviktion (Papinian Dig. 21,2,66 pr.): *Da mihi facto, dabo tibi ius?* in:

Péter, Orsolya Márta / Szabó, Béla (Hrsg.), A bonis bona discere. Festgabe für János Zlinsky zum 70. Geburtstag, Miskolc 1998, S. 63-89. Zitiert: *Wacke* (1998a).

Wacke, Andreas, Zur Folgen-Berücksichtigung bei der Entscheidungsfindung, besonders mittels *deductio ad absurdum*, in: Gerkens, Jean-François / Peter, Hansjörg / Trenk-Hinterberger, Peter / Vigneron, Roger, Mélanges Fritz Sturm. Offerts par ses collègues et ses amis à l'occasion de son soixante-dixième anniversaire, Bd. 1, Lüttich 1999, S. 547-568. Zitiert: *Wacke* (1999).

Wacke, Andreas, Eigentumserwerb des Käufers durch schlichten Konsens oder erst mit Übergabe? Unterschiede im Rezeptionsprozeß und ihre mögliche Überwindung, ZEuP 2000, S. 254-262. Zitiert: *Wacke* (2000).

Wacke, Andreas, Das Studium des Rechtsobjektes: Ausbildung zum europäischen Juristen, in: Wacke, Andreas / Baldus, Christian (Hrsg.), Juristische Vorlesungen und Prüfungen in Europa. Ein praktischer Vergleich am Beispiel des Rechtsobjekts, Stuttgart u.a. 2002, S. 23-45. Zitiert: *Wacke* (2002).

Wacke, Andreas / Baldus, Christian (Hrsg.), Juristische Vorlesungen und Prüfungen in Europa. Ein praktischer Vergleich am Beispiel des Rechtsobjekts, Stuttgart u.a. 2002. Zitiert: *Wacke/Baldus* (2002).

Wahl, Albert, Les variations de la jurisprudence sur les différentes questions relatives à l'éffet déclaratif du partage (C. civ., art. 883), in: Société d'études législatives (Hrsg.), Le Code civil 1804-1904. Livre du centenaire, Bd. 1, Paris 1904, S. 441-514. Zitiert: *Wahl* (1904).

Warmelo, Paul van, Aspects of Joint Ownership in Roman Law, TR 25 (1957), S. 125-195. Zitiert: *Warmelo* (1957).

Watine-Drouin, Caroline, Le rôle du juge relativement à la gestion et à l'utilisation des biens indivis, RTD civ. 1988, S. 267-317. Zitiert: *Watine-Drouin* (1988).

Watson, Alan, The Law of Succession in the Later Roman Republic, Oxford 1971. Zitiert: *Watson* (1971).

Weber-Grellet, Heinrich: „Die Gesamthand – ein Mysterienspiel?“, AcP 182 (1982), S. 316-334. Zitiert: *Weber-Grellet* (1982).

Welle, Arnold, In universalibus pretium succedit in loci rei, res in locum pretii. Eine Untersuchung zur Entwicklungsgeschichte der dinglichen Surrogation bei Sondervermögen, Berlin 1987. Zitiert: *Welle* (1987).

Westermann, Harm Peter (Hrsg.), Erman Bürgerliches Gesetzbuch. Handkommentar mit AGBG, EGBGB, ErbbauVO, HausratsVO, HausTWG, ProdHaftG, SachenRBerG, SchuldRAnpG, VerbrKrG, Bd. 1 (§§ 1-853) u. 2 (§§ 854-2385), 10. Aufl., Münster u.a. 2000. Bd. 1 zitiert: Erman-*Bearbeiter* (2000), Bd. 2 zitiert: Erman-*Bearbeiter* (2000a).

Wicker, Guillaume, Les fictions juridiques. Contribution à l’analyse de l’acte juridique, Paris 1994. Zitiert: *Wicker* (1994).

Wieacker, Franz, Societas. Hausgemeinschaft und Erwerbsgemeinschaft. Untersuchungen zur Geschichte des römischen Gesellschaftsrechts, Bd. 1, Weimar 1936. Zitiert: *Wieacker* (1936).

Wieacker, Franz, Hausgenossenschaft und Erbeinsetzung. Über die Anfänge des römischen Testaments, Leipzig 1940. Zitiert: *Wieacker* (1940).

Wieacker, Franz, Was ist klassisch?, in: Wieacker, Franz, Vom Römischen Recht. Zehn Versuche, 2. Aufl., Stuttgart 1961, S. 161-186. Zitiert: *Wieacker* (1961).

Wieacker, Franz, Privatrechtsgeschichte der Neuzeit unter besonderer Berücksichtigung der deutschen Entwicklung, 2. Aufl., Göttingen 1967. Zitiert: *Wieacker* (1967).

Wieacker, Franz, Vom römischen Recht, Stuttgart 1967. Zitiert: *Wieacker* (1967a).

Wieacker, Franz, Römische Rechtsgeschichte. Quellenkunde, Rechtsbildung, Jurisprudenz und Rechtsliteratur, Bd. 1, München 1988. Zitiert: *Wieacker* (1988).

Wiechmann, Dirk, Die separatio bonorum im klassischen römischen Recht, Pfaffenweiler 1992. Zitiert: *Wiechmann* (1992).

Wiedemann, Herbert, Rechtsverhältnisse der BGB-Gesellschaft zu Dritten, WM 1994, Beilage 4. Zitiert: *Wiedemann* (1994).

Wiedemann, Herbert, Anmerkung, JZ 2001, S. 661-664. Zitiert: *Wiedemann* (2001).

Wieling, Hans, Das Abstraktionsprinzip für Europa!, ZEuP 2001, S. 301-307. Zitiert: *Wieling* (2001).

Wiget, Andreas, Studien zum französischen Besitzrecht, Zürich 1983. Zitiert: Wiget (1983).

Wilhelm, Walter, Gesetzgebung und Kodifikation in Frankreich im 17. und 18. Jahrhundert, in: Ius commune I, 1967, S. 241-270. Zitiert: *Wilhelm* (1967).

Wilhelm, Walter, Begriff und Theorie der Verfügung, in: Coing, Helmut / Wilhelm, Walter (Hrsg.), Wissenschaft und Kodifikation des Privatrechts im 19. Jahrhundert, Bd. 2, Frankfurt a.M. 1977, S. 213-231. Zitiert: *Wilhelm* (1977).

Windel, Peter A., Über die Modi der Nachfolge in das Vermögen einer natürlichen Person beim Todesfall, Heidelberg 1998. Zitiert: *Windel* (1998).

Windscheid, Bernhard, Die actio des römsichen Civilrechts, vom Standpunkt des heutigen Rechts, Düsseldorf 1856. Zitiert: *Windscheid* (1856).

Windscheid, Bernhard, Lehrbuch des Pandektenrechts, Bd. 1 u. 3, 7. Aufl., Frankfurt a.M. 1891. Bd. 1 zitiert: *Windscheid* (1891); Bd. 3 zitiert: *Windscheid* (1891a).

Windscheid, Bernhard / Kipp, Theodor, Lehrbuch des Pandektenrechts, Bd. 1, 2. Aufl., Frankfurt a.M. 1906. Zitiert: *Windscheid/Kipp* (1906).

Woeß, Friedrich von, Das Römische Erbrecht und die Erbanwärter. Ein Beitrag zur Kenntnis des römischen Rechtslebens vor und nach der constitutio Antoniniana, Berlin 1911. Zitiert: *Woeß* (1911).

Wolf, Manfred, Die Fortführung eines Handelsgeschäfts durch die Erbengemeinschaft, AcP 181 (1981), S. 480-514. Zitiert: *Wolf* (1981).

Wüst, Günther, Die Gemeinschaftsteilung als methodisches Problem, Karlsruhe 1956. Zitiert: *Wüst* (1956).

Zachariä von Lingenthal, Carl Salomo, Handbuch des Französischen Civilrechts, Bd. 1, 4. Aufl., Heidelberg 1837. Zitiert: *Zachariä von Lingenthal* (1837).

Zénati, Frédéric, Pour une rénovation de la théorie de la propriété, RTD civ. 1993, S. 305-323. Zitiert: *Zénati* (1993).

Zénati, Frédéric / Revet, Thierry, Les biens, 2. Aufl., Paris 1997. Zitiert: *Zénati/Revet* (1997).

Zöllner, Wolfgang, Die Rechtsfähigkeit der BGB-Gesellschaft – ein Sachverstands- oder Kommunikationsproblem?, in: Hönn, Günther / Konzen, Horst / Kreutz, Peter, Festschrift für Alfons Kraft zum 70. Geburtstag, Neuwied u.a. 1998, S. 701-718. Zitiert: *Zöllner* (1998).

Zunft, Fritz, Grenzen der Rückwirkung im Zivil- und Zivilprozessrecht, AcP 152 (1952/1953), S. 289-322. Zitiert: *Zunft* (1952/53).

Zweigert, Konrad / Kötz, Hein, Einführung in die Rechtsvergleichung auf dem Gebiete des Privatrechts, 3. Aufl., Tübingen 1996. Zitiert: *Zweigert/Kötz* (1996).

Sachverzeichnis

1. Le droit des successeurs de droit allemand part d'un autre point de vue dogmatique que le droit français : Le Bürgerliches Gesetzbuch (BGB) crée la communauté héréditaire – s'éloignant du droit romain – comme une communauté en main commune. En revanche, le Code civil suit en principe la *communio incidens* du droit romain.

2. D'après la première proposition de loi, la communauté héréditaire du BGB était également prévue comme *communio incidens*. Mais le projet de première commission du BGB changea en faveur du droit actuel en suivant l'exemple du *Allgemeines Landrecht* (ALR) prussien. Contrairement au droit romain, le ALR avantage les créanciers successoraux au détriment des successeurs parce que chaque successeur est tenu de passif solidairement et le créancier ne doit pas réclamer à chacun un paiement partiel selon la quote-part héréditaire. Le principe de la main commune a comme conséquence, que le BGB ne reconnaît pas un droit indivis qui se rapport à chaque bien de la masse indivise. Ainsi, le cohéritier ne peut pas en disposer parce que un tel droit indivis n'existe pas. Une telle disposition serait nulle.
La succession est un patrimoine distinct auquel se rapportent les droits indivis des héritiers. Mais d'après l'opinion dominante, la communauté héréditaire n'est pas un sujet juridique. Chaque héritier peut disposer de son droit indivis.

Les cohéritiers sont responsables solidairement pour le passif successoral. Avant le partage, ils peuvent limiter leur obligation au passif successoral. Après le partage, chacque héritier est responsable avec son propre patrimoine pour l'intégralité des dettes successoraux. Les héritiers n'aboutissent pas au cantonnement de l'obligation au passif *intra vires successionis* en rédigeant un inventaire. Le bénéfice d'un inventaire n'existe pas au BGB. Avant le partage, l'actif successoral constitue un gage pour les créanciers personnels de chaque cohéritier : Ils peuvent saisir le droit indivis sur la masse indivise d'un indivisaire. Ensuite ils ont le droit de demander le partage. Si, lors du partage, un bien est attribué au indivisaire, son créancier personnel peut le saisir.

Chaque héritier peut toujours demander le partage. Au cas où un partage amiable n'est pas possible, deux modes de procédure sont prévus pour le partage judiciaire : la juridiction gracieuse ou la juridiction contentieuse. Les héritiers peuvent

faire le procès devant la juridiction gracieuse seulement d'une façon unanime. Le juge dresse l'état liquidatif selon son appréciation souveraine et les successeurs peuvent l'approuver. En cas de contestation et à tout autre moment du procès, chaque successeur peut essayer d'obtenir un partage selon la juridiction contentieuse. Le successeur demande l'acceptation de l'état liquidatif qu'il a dressé lui-même. Le tribunal est lié à cette demande d'après le principe dispositif. Le juge peut soit accepter soit débouter la demande.
Il y a autant de lots qu'il y a des héritiers. Les biens successoraux sont placés dans les lots selon le principe de l'égalité en nature. Au cas où les biens sont de valeur inégale ou ne peuvent être partagés en nature, ils sont vendus et les deniers sont repartis entre les lots. Ensuite les héritiers tirent au sort les lots composés, et après la communauté des héritiers transfère les biens de la communauté à chaque héritier. Cela signifie que les actes de partage amiable et les deux modes de partage judiciaire sont des actes translatifs. Alors chaque successeur acquiert les biens dans son lot de la communauté des successeurs. Par conséquence, les règles de forme générale sont applicables aux actes de partages.

3. Contrairement au BGB, le Code civil ne connaissait pas jusqu'à la réforme des successions de 1976 une organisation légale de l'indivision. Seulement les articles sur le partage existaient. Le législateur de 1804 envisageait l'indivision comme une situation provisoire. Pour cela il ne créait pas de régime légal de l'indivision. Ainsi l'indivision successorale n'est pas un sujet juridique.
L'indivision successorale correspond en principe à la *communio* des héritiers du droit romain : Chaque indivisaire est titulaire d'un droit indivis lequel se rapport à chaque biens et à la masse indivise dont il peut disposer. En outre, les dettes et créances successorales se répartissent *ipso iure* au jour de décès entre les successeurs. Cependant une règle coutumière change le concept romain en mélangeant la *communio incidens* et la coummunauté en main commune. Le partage est censé d'être seulement un acte déclaratif et ses suites légales sont rétroagies au jour de décès. Pour cela une cession sur un bien de la masse indivise se trouve rétroactivement validée si le bien se retrouve, lors du partage, dans le lot de cet indivisaire. Réciproquement, si le bien est mis dans le lot d'un autre indivisaire, la cession devient rétroactivement nulle, son auteur étant censé n'avoir jamais eu de droit sur ce bien. La cession est opposable aux autres successeurs jusqu'au moment du partage parce que des dispositions sur le droit à la chose sont possible comme dans le droit romain (sous réserve des règles de droit de préemtion). Mais puisque l'héritier ne peut pas rendre le cessionnaire titulaire d'un droit certain, le

droit des héritiers à une chose commune n'est plus conçu comme un droit indivis au sens d'un droit à la chose mais comme un droit sur la chose. Un droit indivis n'est pas reconnu que sur une quote-part de la masse divise.
La succession ne constitue pas un patrimoine distinct parce qu'une personne ne peut pas avoir plusieurs patrimoines selon la théorie classique d'Aubry et Rau. A cause de cela, la masse indivise n'est attribuée qu'à une autonomie certaine. Mais d'après une opinion récente, l'indivision elle-même est une personnification, alors qu'elle est titulaire d'un droit.

En ce qui concerne les dettes successoriales, le droit français suit tout d'abort le droit romain : Selon l'adage *nomina sunt ipso iure divisa*, les dettes se divisent de plein droit entre les successeurs proportionnellement à la vocation de chacun. En effet, cette règle ne s'applique que par rapport aux tiers. Dans les rapports réciproques des successeurs, les dettes et les créances constituent un compte. Par conséquence, la valeur du lot de chaque successeur est conformément augmentée ou diminuée.
Les successeurs peuvent limiter leur responsabilité pour le passif par la rédaction d'un inventaire. Les créanciers personnels peuvent demander le partage. Ensuite ils peuvent saisir les biens qui sont attribué au lot de leur débiteur.

Selon le Code civil, nul ne peut être contraint à demeurer dans l'indivision et il y a toujours la possibilité de provoquer le partage. Au cas où les successeurs n'arrivent pas à un partage amiable, il ne reste plus que partage judiciaire qui est une procédure de la juridiction contentieuse.
Pendant l'action en partage, le tribunal désigne souvent un juge commissaire ou un notaire pour présider ou procéder aux opérations de liquidation. La composition des lots peut être faite par un expert de la part du juge commissionnaire. Pour la composition il suffit l'égalité en valeur des lots qui ensuite sont tirés au sort. A la demande d'un successeur, le tribunal peut préférentiellement attribuer quelques biens, à savoir les exploitations agricoles, les entreprises commerciales, industrielles et artisanales (aussi des professions libérales) et l'habitation du *de cuius*. Car le partage est un acte déclaratif et rétroactif, les règles de forme ne s'applique pas au partage.

4. En comparant le droit allemand au droit français, l'organisation de l'indivision française a quelques inconvénients, comme l'obligation au prorata des successeurs pour les dettes successoriales et la possibilité d'aliéner un droit sur un bien

successoral. Les deux règles lèsent les créanciers successoraux parce qu'ils ne peuvent pas encaisser leurs exigences aisément. En outre l'aliénation d'un droit sur un bien diminue la masse indivise laquelle est le gage des créanciers. De plus, l'acquéreur d'un bien indivis ne sait pas jusqu'au partage si sa propriété est opposable aux autres successeurs en vertu de l'effet déclaratif et rétroactif de partage. La sécurité juridique lui manque. En effet, les aliénations sur un bien ou un droit sur le bien ne sont guère utilisés en pratique. C'est pourquoi l'effet du partage a la fonction d'une interdiction d'aliéner d'un droit.

En créant l'effet déclaratif de partage, le droit français coutumier pouvait garder le concept romain de l'indivision mais en même temps il obtenait le résultat qu'un successeur ne peut pas céder un bien ou un droit sur un bien sans le consentement des autres successeurs avant le partage. Par conséquence, les résultats pratiques du droit français et allemand concernant les dispositions se ressemblent. Mais la construction dogmatique allemande d'une interdiction est plus simple et claire.

L'avantage de droit français est son système de partage judiciaire, ça veut dire le pouvoir du juge de composer les lots selon le principe d'égalité en valeur et selon son appréciation souveraine. Le morcellement et la destruction des patrimoines sont ainsi empêchés.

Schriften zur Entwicklung des Privatrechtssystems

Herausgegeben von Christian Baldus und Christian Pohl

Band 1 Susanne Kaiser: Rückwirkender Vermögensübergang? Partage de l'indivision successorale und Erbteilung. 2005.

Band 2 Magnus Dorweiler: Vermögensvorteil und Geldwert beim Vermächtnis. 2005.

www.peterlang.de

Peter Lang · Europäischer Verlag der Wissenschaften

Katrin Stadler

Das Versorgungselement im gesetzlichen Pflichtteilsrecht – mit Bezug zum englischen Erbrecht

Frankfurt am Main, Berlin, Bern, Bruxelles, New York, Oxford, Wien, 2004.
212 S., 3 Abb., 9 Tab.
Europäische Hochschulschriften: Reihe 2, Rechtswissenschaft. Bd. 3991
ISBN 3-631-52459-5 · br. € 39.–*

Das gesetzliche Pflichtteilsrecht, das den nächsten Angehörigen des Erblassers eine zwingende Teilhabe am Nachlass gewährt, galt lange Zeit als akzeptabler Kompromiss zwischen der Testierfreiheit des Erblassers und der Familienbezogenheit des Nachlasses. In den letzten Jahren zeichnete sich in der Praxis ein spürbarer Akzeptanzverlust dieses Systems ab. Dementsprechend wird neuerdings auch in der Wissenschaft die Legitimation des Pflichtteilsrechts in Frage gestellt. Das Buch greift die aktuelle Diskussion auf und beleuchtet sie im Lichte des Gedankens der Versorgung bedürftiger Angehöriger. Vorschläge zur Reform des geltenden Pflichtteilsrechts werden unter diesem Aspekt analysiert. Vergleichend zieht die Darstellung die bedarfsabhängige Hinterbliebenenversorgung des englischen Erbrechts, das Konzept der „Family Provision", heran.

Aus dem Inhalt: Darstellung, Aufarbeitung und Analyse des geltenden Pflichtteilsrechts mit historischem Überblick · Demografische und gesellschaftliche Veränderungen im Hinblick auf die typische Struktur von Erblassern · Veränderungen in der Struktur von Vermögen und Erbschaften · Wandlungen im Familiengefüge · Analyse der „Family Provision" im englischen Erbrecht · Reformüberlegungen zum geltenden Pflichtteilsrecht

Frankfurt am Main · Berlin · Bern · Bruxelles · New York · Oxford · Wien
Auslieferung: Verlag Peter Lang AG
Moosstr. 1, CH-2542 Pieterlen
Telefax 00 41 (0) 32 / 376 17 27

*inklusive der in Deutschland gültigen Mehrwertsteuer
Preisänderungen vorbehalten

Homepage http://www.peterlang.de

FSC
www.fsc.org
MIX
Papier | Fördert gute Waldnutzung
FSC® C083411

Kolibri 360 GmbH
Ferdinand-Jühlke-Straße 7
99095 Erfurt, Deutschland
produktsicherheit@kolibri360.de

Druck:
CPI Druckdienstleistungen GmbH
im Auftrag der
Kolibri 360 GmbH
Ferdinand-Jühlke-Str. 7
99095 Erfurt